"上海高校高峰高原学科建设项目——上海音乐学院西方音乐史团队"研究成果之一

Mozart
THE GOLDEN YEARS
H.C.Robbins Landon

莫扎特：黄金年代

H.C.Robbins Landon

[美]H.C.罗宾斯·兰登
著

石晰颋
译

广西师范大学出版社
·桂林·

Author：H. C. Robbins Landon
Title：Mozart：The Golden Years
Published by arrangement with Thames & Hudson Ltd. , London
© 1989 H. C. Robbins Landon
This edition first published in China in 2022 by Guangxi Normal University Press
Group Co. , Ltd. , Guilin City
Simplified Chinese edition © 2022 Guangxi Normal University Press Group Co. ,
Ltd, Guilin City
All rights reserved.

著作权合同登记号桂图登字：20-2018-188 号

图书在版编目(CIP)数据

莫扎特：黄金年代／(美)H. C. 罗宾斯·兰登著；石晰颋译. —
桂林：广西师范大学出版社,2022.4
书名原文：Mozart：The golden years
ISBN 978-7-5598-4588-7

Ⅰ.①莫… Ⅱ.①H… ②石… Ⅲ.①莫扎特(Mozart,
Wolfgang Amadeus 1756-1791)-传记 Ⅳ.①K835.215.76

中国版本图书馆 CIP 数据核字(2022)第 028867 号

莫扎特：黄金年代
MOZHATE：HUANGJIN NIANDAI

出 品 人：刘广汉 　　　策划编辑：李 昂
责任编辑：徐 妍 　　　装帧设计：王鸣豪
广西师范大学出版社出版发行
(广西桂林市五里店路 9 号 　　邮政编码：541004)
(网址：http://www.bbtpress.com)
出版人：黄轩庄
全国新华书店经销
销售热线：021-65200318 　021-31260822-898
山东韵杰文化科技有限公司印刷
(山东省淄博市桓台县桓台大道西首 　邮政编码：256401)
开本：690mm×960mm 　　1/16
印张：29.75 　彩插：16 　字数：370 千字
2022 年 4 月第 1 版 　　2022 年 4 月第 1 次印刷
定价：128.00 元

如发现印装质量问题,影响阅读,请与出版社发行部门联系调换。

献给克里斯托弗·雷布恩

怀念前往多瑙辛根（1957 年）和布拉格（1959 年）的研究之旅

序

一切艺术同时既有外在，又有象征。有人要突破其外在，那由他自己
负责。有人要解读象征意义，那由他自己负责。

——奥斯卡·王尔德，《道连·格雷的画像》序言

　　有两本莫扎特的传记在多年前问世，如今它们已经有着学术标准般的地位：其一由赫尔曼·阿贝特（Hermann Abert）编纂，于 1919 年出版于莱比锡，到 1922 年已经印刷到第六版；其二则是出自 T. 德·魏泽瓦（T. de Wyzewa）与 G. 德·圣 - 福瓦（G. de Saint-Foix）之手的一部五卷本著作，自 1912 到 1946 年间在巴黎出版，其中后面三卷由圣 - 福瓦一人编写而成。阿贝特的著作从未被翻译成英语或法语，而魏泽瓦与圣 - 福瓦的也从未有过德语或英语版。在这些鸿篇巨作问世后，关于莫扎特的学术研究可以说是全方位地突飞猛进，从第二次世界大战后到现在，最为重要的成就包括：一、一部新的莫扎特所有音乐作品的修订版全集——《新莫扎特全集》(NMA)，几近完成，它将取代莱比锡的布莱特考普夫与哈特尔出版社在十九世纪下半叶出版的全集；二、收集整理

了莫扎特与其近亲所有已知的书信、文件以及一系列当时的图画——肖像、风景画等——作为《新莫扎特全集》的一部分出版，奥托·埃里希·德斯齐（O. E. Deutsch）与约瑟夫·海因茨·艾伯（J.H. Eibl）等合作者对此部分工作有很大贡献；三、在与萨尔茨堡莫扎特国际基金会合作下持续出版的《莫扎特年鉴》（*Mozart-Jahrbuch*），刊载了关于莫扎特研究各个方面的重要学术文献。

近年来，英美学者对莫扎特重新产生了极大的兴趣，由此出版了一些有关专业方面的重要书籍和文章，例如关于纸张水印与事件编年［阿兰·泰松（Alan Tyson）］，文本问题［泰松、克利夫·艾森（Cliff Eisen）、C.R.F. 茂德（C.R.F. Maunder）等人］，歌剧研究［安德鲁·斯泰普透（Andrew Steptoe）、B. 布洛菲（B. Brophy）等人］，交响曲研究［尼尔·萨斯劳（Neal Zaslaw）］——这里所提到的只是挂一漏万。在即将出版的新一卷《莫扎特纲目》（*The Mozart Compendium*, 包含二十余位专家的贡献）中将能看到这些研究领域的概况。然而必须提出的是，如此丰富的学术思考与研究成果能够被一般读者接触到的部分却是少之又少，甚至可以说令人惊讶地稀缺。《新莫扎特全集》已经是正确演绎莫扎特的必需品，但事实上并未被广泛使用，甚至在维也纳这样的文化中心也是这样。[1]

可能还需要再等一段时间，才会有人敢于尝试编写一本在篇幅上类似阿贝特或者魏泽瓦和圣－福瓦那样的传记。关于莫扎特，一直有新的重要事实被我们了解到：例如最近发现的多种资料，就使得《新莫扎特全集》中收录的"林茨"交响曲的版本过时了。[2] 毫无疑问，在 1991 年纪念作曲家逝世 200 周年这个时机，我们会迎来新一轮莫扎特研究的大丰收。

在有关莫扎特的问题上，普通读者与专家之间的鸿沟仍然在不断扩大：在许多情况下，尤其是在涉及详细的音乐分析时，后者的写作方式是前者完全无法理解的。随着莫扎特在世界范围内日趋受到广泛欢迎，我们可能需要更多的书籍，以普通读者能理解的术语向他们介绍复杂的事件和深刻的音乐。为了让读者完全理解音乐分析的某些方面，我们需要提供谱例，而且有一些复杂之处是任何人都难以用简单的语言说明的。

然而，我想这样的一个历程也许是值得尝试的；而在《1791，莫扎特的最后一年》(1791: Mozart's Last Year，1988年)中，我试着去掌握一种介于学术与新闻纪实之间的写作思路。而从我收到的众多信件，尤其是来自职业音乐家的信件中可以看出，这种尝试并非不获成功；因此我也决定再一次论述一个比较长的时间段——对莫扎特在维也纳的兴衰岁月的各个方面作一次研究。1781—1791这十年，总的来说，确实可谓音乐史上的一段黄金时期，而在起初的五六年间也是莫扎特取得辉煌成功的时候。即使在他的创造力与物质财富的高峰期，这个人的内心深处也隐藏着魔鬼的一面——对莫扎特来说，那是五月，那个充满渴望的世界似乎对他张开了双臂。"但是……它不同于春天的清新。它的图景与欢乐充满了绝望。"[3] 现代的医学意见将这种绝望感部分地归结于某种兼具躁狂与抑郁的状态，我们将随后详述。

我也相信如果重新检视维也纳档案馆的收藏，能够帮助我们来识别莫扎特时代舞台上诸多色彩丰富的角色——这样我们就能在这里看到研究的成果。我们现在对莫扎特时代的人物有了相当准确的认识，包括他的共济会（Freemasonry）社群世界（而我们也附上了他的共济会弟兄们的名单副本）；1791年《狄托的仁慈》(La clemenza di Tito) 首演时的观众；以及莫扎特时代的维也纳的经济和社会背景，这方面的观察源自莫扎特的共济会弟兄约翰·佩佐（Johann Pezzl），引自他笔下的《维也纳速写》(Skizze von Wien，1786—1790年)。我们也许还对莫扎特在打造的一种新型钢琴协奏曲，以及他在《女人心》(Cosi fan tutte) 第二幕中构建的致命且精心计算的一系列诱惑性场面的技术手段有了更深入的了解，在那一幕中，他以高度智性与极富效用的宏伟音乐，描绘了女性的屈从。

　　我当时认为，这些事实能够使广大公众对这不平凡的十年更感兴趣，会使他们更加好奇这段岁月的里里外外——那是能够让海顿或莫扎特平均每月创作两部新的杰作的时代。如果这个说法被认为是夸大其词，请考虑这份在1781—1791年间来自维也纳或者埃斯特哈扎的绝非正式的（而且刻意保持不完整的）无法超越的杰作清单。

　　下面列出了海顿和莫扎特的作品，共234部，但不包括两位作曲家任何的舞曲音乐、艺术歌曲、卡农和其他较小的作品，也不包括海顿在1791年于伦敦创作的任何音乐，即使他的两部交响曲（第95号和第96号）已经在1791年深秋登陆了维也纳。即使有遗漏，这个统计也是令人震惊的，可见1781—1791年确实称得上是音乐的"黄金年代"。

海顿　　　　　　　　　　　　　　　　　　　　　　　　　**作品数量**

弦乐四重奏：作品第33号（六首）

　　　　　　　第42号（一首）

　　　　　　　第50号（六首）

　　　　　　　第54/55号（六首）

　　　　　　　第64号（六首）　　　　　　　　　　　　　　　　　25

歌剧：《忠贞的回报》（1781年，1784年在维也纳首演）　　　　　1

清唱剧：《临终七言》（1786—1787年）　　　　　　　　　　　　1

弥撒：《圣塞西莉亚弥撒》（1782年）　　　　　　　　　　　　　1

交响曲：第73号、第74号，第76—81号，第82—87号（"巴黎"），第88—

10　　　　在音乐层面上，海顿与莫扎特之间的关系可能比迄今为止人们意识到的更为复杂。这项研究将表明，歌剧《忠贞的回报》(*La fedeltà Premiata*，1781年首演于埃斯特哈扎，1784 年在维也纳首演)——可能是海顿最好的一部歌剧——复杂的、多重动作的结局甚至可能与莫扎特的《费加罗的婚礼》(*Le nozze di Figaro*)之间存在着相当直接的联系。《女人心》的第二幕更是如此，莫扎特在其中对调性关系的运用反映了海顿当时最先进的一些音乐结构上的思维。海顿与莫扎特的友谊不仅仅是当时欧洲最伟大的两位音乐家之间的交流，还具有更深远的内涵。

　　在图片方面，本书虽然无意效仿已故的奥托·埃里希·德斯齐教授为《新莫扎特全集》所做的贡献，但仍然收录了一系列图片，其中包括德斯齐教授未能提供的一些肖像，其中有当时俄罗斯驻维也纳的大使格里钦（Dimitri Mikhailovich Galitzin）亲王，莫扎特的初恋对象阿罗西亚·朗格（Aloysia Lange, 母姓韦伯），以及在莫扎特职业生涯中的其他重要人物，比方说埃斯特哈齐家族的多位伯爵，以及海因里希·罗腾翰（Heinrich Franz von Rottenhan）伯爵。为了说明讨论中的要点，本书还包含了莫扎特手稿的样本以及谱例。

毋庸置疑，我的妻子艾尔丝·拉当（Else Radant）从始至终都与我紧密合作，她也为此书奉献了关于《狄托的仁慈》的一章（附录7），我亲切的同事拉斯洛·贝伦伊[①]也是如此（参见附录3以及第七章中的众多资料）。（其他协助本书得以成真的个人和机构列于"鸣谢"一章中。）我们都希望莫扎特的爱好者们能在本书中找到感动、有趣、令人惊讶甚至震惊的方面——但最重要的是，能够对他在这十年中创作的音乐杰作的数量之多留下深刻的印象，这个时代的结尾见证了法国大革命以及政治和社会变革的到来，预示着现代世界的发展，在这个世界里，莫扎特的音乐仍然是一种真实而活泼的存在。

H.C.R.L. 于福孔西耶尔城堡

1988 年 8 月 10 日

（莫扎特"朱庇特"交响曲完成 200 周年）

---

① László Berényi（1961— ），匈牙利政治家，前国会议员。（本书脚注均为译者注。）

序原注：

1. 直到最近我才坚持要求德意志唱片公司在录制由詹姆士·列文（James Levine）指挥的维也纳爱乐乐团演奏的莫扎特交响曲时，使用《新莫扎特全集》版本的乐谱。他们开始录音时使用的是旧的布莱特考普夫版本，因为维也纳爱乐乐团的资料室里没有收集《新莫扎特全集》中大部分的乐谱与分谱。

2. 克利夫·艾森：《莫扎特"林茨"交响曲 K.425 的新发现》，刊登于《皇家音乐协会会刊》，第 113 卷第一部分（1988），第 81 页及其后。

3. 伊萨克·迪内森（比利克森男爵夫人）：《哥特传说七篇》，1934 年出版于纽约，第 120 页。

目　录

第一章　前奏曲

在他们的时代，"莫扎特的父母【利奥波德和他太太，原名玛利亚·安娜·佩特尔（Maria Anna Pertl）】当时是萨尔茨堡最有型的夫妇，而他们的女儿在年轻时也被认为是个美人胚子。但是他们的儿子沃尔夫冈那时又矮又瘦，肤色苍白，在外表上毫无任何过人之处……"[1] 这段有据可循的描述来自 1792 年春，为我们描绘了莫扎特父母的可亲形象。而从留存下来的肖像中人们可以看到，两位确实形象不凡，尤其是利奥波德。（他的脸上是不是有一丝傲慢，而这也遗传给了他的儿子？）莫扎特家族的祖先可以追溯到十四世纪。利奥波德的祖辈都是有艺术修养的殷实人家，包括了共济会成员和雕刻家。最近的研究发现，他妻子佩特尔的家族，大部分是萨尔茨堡人，也包括了某些具有音乐才华的祖先。约翰·吉奥尔格·利奥波德·莫扎特（Johann Georg Leopold Mozart）作为奥格斯堡的一位书籍装订家的儿

利奥波德·莫扎特肖像局部。画作者不明，约作于 1765 年，参见插图 3。

11

子，出生于 1719 年 11 月 14 日，命名日则是 11 月 15 日，这是为了纪念克洛斯特新堡修道院和下奥地利的守护圣人（利奥波德三世）[2]。他的妻子玛利亚·安娜·佩特尔，是当地一名高官的女儿，于 1720 年的圣诞节出生于靠近萨尔茨堡的圣吉尔根。她当年住过的漂亮房子至今犹存。

利奥波德·莫扎特在奥格斯堡的圣·萨尔瓦多跟随耶稣会士学习，并在 1736 年 8 月 4 日拿到了他的文凭。第二年他前往萨尔茨堡，在本笃会大学读预科班。他在那里学习哲学与法理学，但两年后却因为"缺勤过多"而被迫退学。同一年（1739 年），他的音乐才华终于为他赢得了一条出路，让他在图恩－瓦萨辛那与塔克西斯伯爵约翰·巴普蒂斯特[①]手下找到了一个职位，此人是萨尔茨堡主教座堂之下的一位名誉法政牧师，利奥波德第一部得到出版的音乐作品——1739 年的为三把小提琴与通奏低音而作的六首教会奏鸣曲，就是题献给这位伯爵的。1743 年 10 月 4 日，利奥波德被聘用为萨尔茨堡大主教手下乐团的第四小提琴手，当时的这位主教是利奥波德·A.E. 冯·费尔米安男爵[②]，是利奥波德·莫扎特此生将要侍奉的五位萨尔茨堡大主教中的第一位，此人以 1731 年在萨尔茨堡属地内禁绝新教徒而留下了恶名。此时利奥波德觉得自己在财务上终于足够稳健，足以支撑他在 11 月 21 日在萨尔茨堡与玛利亚·安娜·佩特尔结为连理：他们成为一对忠诚而幸福的夫妻。在 1756 年，也就是小莫扎特出生的那年，利奥波德在奥格斯堡的洛特出版了他的《小提琴全面教程之尝试》（*Versuch einer gründlichen Violinschule*），随即被翻译为多种语言，并经历了多次修订，其中一个版本（1770 年版）由他本人重修：这本关于小提琴的专著立即被认为是同类书籍中最重要的理论和实践著作，对于今

12

---

① Johann Baptist von Thurn-Valsassina und Taxis（1706—1762 年），神圣罗马帝国伯爵和拉万塔尔主教。
② Count Leopold Anton Eleutherius von Firmian（1769—1744 年），他在 1731 年颁布的法令驱逐了超过两万名新教徒，使他们离开萨尔茨堡属地，对萨尔茨堡的经济和外交关系产生了灾难性的影响。

日所有十八世纪音乐的研究者而言，仍然是必不可少的阅读材料。1763 年，利奥波德成为宫廷乐队副首席。

利奥波德是一位多产的作曲家，创作宗教与世俗音乐，也包括室内乐和为玩具乐器所创作的作品［著名的"玩具"交响曲（'Toy' Symphony）之前往往被认为出自海顿之手，其实是利奥波德的一部标题为"卡萨欣"（Cassatio）的规模更加宏大、气氛欢乐的组曲中的一部分 3］。他最富魅力的作品之一是一部《音乐雪橇之旅》（Musical Sleigh-Ride），与他的儿子后来在著名的日耳曼舞曲第三号（"雪橇铃"，K.605）中使用的乐队编制一样。即便在他最热情的仰慕者眼中，利奥波德也不能被称作一位伟大的作曲家，但他的音乐风格巧妙，时常表现出的幽默感和快乐令人愉悦。他的所有流传于世的书信现在都已经收录于新版的家庭书信集［莫扎特《书信》（Briefe）］中。从中可以看出他是一个受过高等教育的人，对古代和现代文学，以及植物学和医学有深入的了解，会说几种语言，有修养，有礼貌，而且是一位出色的教师。利奥波德和他的妻子都很虔诚，对上帝的世界秩序充满了坚定的信念——这方面很像海顿。因此，1756 年 1 月某个严寒的一天，利奥波德的一句话会令人感动不已："在萨尔茨堡出生的，由上帝创造的奇迹。"

莫扎特的姐姐玛利亚·安娜的肖像局部。画作者不明。她常常被称为南妮儿，这幅肖像大约绘制于 1785 年前后，在她与约翰·巴普蒂斯特·冯·贝西托德·祖·索能伯格（Johann Baptist von Berchtold zu Sonnenburg）结婚后。

这个奇迹名为约翰尼斯·克利索斯托姆斯·沃尔夫冈·提奥菲鲁斯·莫扎特（Johannes Chrysostomus Wolfgang Theophilus Mozart），生于 1 月 27 日，并于次日在萨尔茨堡主教座堂受洗：他的名字中的前两段是指圣约翰·克利索斯托姆（St John Chrysostom），这位圣徒的瞻礼日是 1 月 27 日；沃尔夫冈是纪念他的外祖父沃尔夫冈·尼克劳斯·佩特尔（Wolfgang Nikolaus Petrl），而提奥菲鲁斯则来自他教父的名字——约翰·提奥菲鲁斯·佩格梅尔（Johann Theophilus Pergmayr）。在 1769 年前后，沃尔夫冈受坚振礼时，他又被赋予了另一重教名，希吉斯孟都斯（Sigismundus），可能是因为他的见证人是当时的萨尔茨堡大主教——施拉滕巴赫伯爵西格蒙德·克里斯多夫①[4]。我们今天所熟悉的沃尔夫冈·阿玛迪乌斯·莫扎特是因为后来他自己将名字的最后一段用拉丁文（或者法文以及意大利文）而不是德文来拼写，例如 "Wolfgang Amadeo" 或者（1777 年后）"Wolfgang Amadè"。

利奥波德在 1759 年已经明确发现他的儿子是个音乐神童。他在一本乐谱中写道："小沃尔夫冈在 4 岁时已经学会了前面的这八首小步舞曲。"随后他又写道，"小沃尔夫冈在 4 岁时也学会了这首小步舞曲"。在 G.C. 瓦根塞尔②的一首谐谑曲下，利奥波德写道："在他 5 岁生日的三天前，1761 年 1 月 24 日晚上 9 点到 9 点半之间，小沃尔夫冈学会了这首曲子。"[5]

在莫扎特家里先后七个孩子中，只有生于 1751 年的第四个孩子玛利亚·安娜（Maria Anna，昵称南妮儿），以及沃尔夫冈（第七个）活到了成年。实际上，他姐姐也是一个神童，虽然她从未尝试作曲。她日后为"萨尔茨堡城里的年轻小姐们"教授钢琴，"而且即使今天【1792 年】人们仍然认为南妮特【原文如此】·莫扎特的学生以其干净、精准而谨慎的演奏胜人一筹"。[6]

利奥波德认识到他的孩子们能够被展示给公众并且可以从中赚一大笔钱，

---

① Seigmund Christoph, Count von Schrattenbach（1698—1771 年），他就任萨尔茨堡大主教期间，先后聘用了利奥波德·莫扎特、沃尔夫冈·阿玛迪乌斯·莫扎特和约翰·迈克尔·海顿。

② Georg Christoph Wagenseil（1715—1777 年），奥地利作曲家，他的创作跨越了巴洛克和古典主义时代，在当时相当著名，其学生包括玛丽·安托瓦内特。

莫扎特在萨尔茨堡的出生地（如今的粮食胡同 9 号）：左侧后方的五层楼房的三楼，全家人在那里一直居住到 1773 年。C. 琴赫纳（C. Czichna）1837 年所作之石板画。

于是他带着他们走遍了欧洲——从维也纳的帝国宫廷到日耳曼、法兰西、英格兰、荷兰以及瑞士。此后他还带着沃尔夫冈一个人，去了三次意大利，希望能够让这个孩子在那里找到个长期的工作。实际上，沃尔夫冈很快就加入了萨尔茨堡的宫廷乐队，并在 1770 年与斐迪南·赛德尔 ① 以及约瑟夫·海顿（Joseph

① Ferdinand Seidl（1745—1773 年），小提琴家。

Haydn）的弟弟约翰·迈克尔·海顿①一同获得了"乐队首席"的头衔。7但他在 1770、1771 与 1772 年为当时处于哈布斯堡王室统治下的米兰创作了三部歌剧，是为了在那里求得一份职位。当时伦巴第总督统领斐迪南大公②确实想要聘用沃尔夫冈，但是这位大公的母亲——玛利亚·特蕾莎皇后③在一封日期为 1771 年 12 月 12 日的信中，警告他的儿子不要雇用那些"没用的人"，而斐迪南忠实地服从了她的建议。

在当时著名的作曲家约翰·阿道夫·哈塞④笔下，有一段非常有趣的针对莫扎特父子的描述流传至今，这封信是 1769 年 9 月 30 日由哈塞从维也纳写给威尼斯的一个朋友：

14　　　我在这里结识了一位莫扎德先生【原文如此】，萨尔茨堡【大】主教的宫廷乐正，他是个有头脑、机敏、经验丰富的人。我认为他非常了解自己在音乐界以及其他领域的立身处世之道。他有一个女儿和一个儿子。前者的羽管键琴演奏技艺非常好，而后者，虽然不可能超过十二三岁，但在那样的年纪已经在作曲，并且已经可以被认为是位音乐大师。我看了据说是他作曲的作品，毫无疑问它们都不错，而且不是我能在一个十二岁的男孩那里期望看到的作品……那位莫扎德先生【原文如此】是个非常有礼貌的文明人，而他的孩子们也受到很好的教育。那个男孩子尤其俊秀、活泼、大方有礼，在认识之后很难不喜欢他。当然，如果他随着年龄的增长

---

① Johann Michael Haydn（1737—1806 年），以其宗教合唱作品闻名，其学生包括卡尔·玛利亚·韦伯和安东·迪亚贝利。
② Archduke Ferdinand Karl of Austria-Este（1754—1806 年），1765 年起成为米兰的统治者，1780 年成为伦巴第总督，直到 1796 年在拿破仑大军压境下逃离意大利。
③ Maria Theresa（1717—1780 年），哈布斯堡家族唯一的女性统治者，洛林公爵夫人、托斯卡纳大公夫人和神圣罗马帝国皇后，先后掌权近四十年，有"奥地利国母"之称。
④ Johann Adolph Hasse（1699—1783 年），当时极受欢迎的歌剧作曲家。

能够继续取得必要的进步，他将成为一个天才……[8]

　　无论怎么来看，这都是一个关系紧密的家庭，而这对父子之间的关系更加亲近，以至于到后来（对沃尔夫冈来说）到了显得略有压倒性的地步。在沃尔夫冈还不到五岁的时候，某一个星期四，利奥波德和宫廷乐队的小号手 J.A. 夏赫特纳（J.A. Schachtner）在一场弥撒上演奏后一起回家，然后发现沃尔夫冈在写一首羽管键琴协奏曲。利奥波德想拿来看看，"但这还没完成。"沃尔夫冈说。"我们来看看吧，"爸爸说，"这一定是啥不得了的东西。"在对纸上的墨点和污迹逗笑一番后，利奥波德开始仔细阅读乐谱本身。"然后他盯着那张纸，全身僵硬得像是一根杆子，久久不能动弹，终于，他的眼睛里迸发出欢乐与惊奇的泪水。'夏赫特纳先生，看看这个，'他说，'这所有的内容是多么仔细而准确啊，只不过没法拿来用，因为太难了，没人能演奏它。''所以这才是一部协奏曲，'沃尔夫冈插话说，'需要不断练习才能掌握它。'"[9] 几年后（1785 年），利奥波德前往维也纳探访沃尔夫冈和康斯坦策（Constanze），在听他儿子演奏一部钢琴协奏曲后——可能是降 B 大调第 18 号（K.456）——利奥波德写道："能如此清晰地听到所有这些配器变换【我】真是愉悦，以至于我的眼里涌出了泪水。"[10]

　　在 1778 年，当他们决定要送沃尔夫冈去巴黎时，利奥波德被迫留在萨尔茨堡以履行他在大主教（当时是科勒雷多伯爵耶罗尼米斯 ① ）那里的职责，并让他妻子作为监护人同行。这次巴黎之旅可能可以如此概述：小莫扎特首先前往曼海姆，然后爱上了年轻的歌手阿罗西亚·韦伯，然后他继续前往巴黎（他母亲在那里去世了），结果没能在法国首都找到任何一个工作；在回程路上，他发现

---

① 　Hieronymus von Colloredo（1732—1812 年），1772 至 1803 年间担任萨尔茨堡大主教，是最后一任有世俗权力的萨尔茨堡大主教。

曼海姆，被称作普法尔茨宫的宫殿与广场，莫扎特在前往巴黎前后，曾经在 1777 与 1778 年在这座小城里短暂停留。J.A. 雷德尔（J.A. Riedel）的铜版画，绘于 1779 年。

阿罗西亚·韦伯已经跟着选帝侯的宫廷乐团从曼海姆去了慕尼黑，并且对他已经不感兴趣了。迄今为止，他在巴黎的失败都归因于那些他无法控制的因素，包括法国音乐家和听众的庸俗趣味。但是杰出的莫扎特学者鲁道夫·安格穆勒（Rudolph Angermüller）有一个与众不同而且更加直截了当的解释："莫扎特遭遇如此失败可能主要是出于他过度的自信。他对于法国人没有说过一句好话，那些消极评价几近于侮辱；他反感巴黎主流的音乐品位，反对法国歌唱家，质疑巴黎人是否对音乐有半点了解，然后发现他自己——在音乐方面——被与禽兽相提并论……可以在这句话里衡量他的傲慢：'我不在意巴黎人的掌声。'……如果人们在当时巴黎对莫扎特不利的音乐环境中加入这方面的考虑，就能更加

了解到这次在利奥波德鼓励下的旅行，是怎样的一个错误。" [11]

　　与此同时，利奥波德仍在萨尔茨堡活跃一时，他力图说服大主教为莫扎特提供更好的条件，他将不再仅仅是一个小提琴手，而是在保留乐队首席头衔的同时，成为宫廷管风琴师，这样不仅会有更多薪水，也能有更多休假的机会。莫扎特步履蹒跚地在曼海姆逗留了一个月，终于在 1778 年的圣诞节抵达了慕尼黑，那时他还穿着法式的丧服（令人奇怪的是，那种丧服的颜色是红色而非黑色）。他被阿罗西亚拒之门外，但她的妹妹康斯坦策可怜他，他们之间的友谊由此开始。1779 年 1 月中，当他回到萨尔茨堡时，他已经离家十六个月，而这次旅行除了使他们大为破财之外一无所获。莫扎特此时递交了出任宫廷管风琴师的申请——选拔权自然都在利奥波德掌控之中——并获得了这个职位，附带一笔 450 盾的薪水。

　　在莫扎特离开萨尔茨堡时，他是一个才华横溢的年轻人，在他名下已经颇有一些超凡脱俗并且富有预见性的作品——例如优美的"哈夫纳"小夜曲（K.250），附有宏大而交响化的首尾乐章，以及富有前瞻性的降 E 大调第 9 钢琴协奏曲（K.271），还有一些动人的宗教音乐。而当他回到萨尔茨堡后，在 1779 年及 1780 年重拾作曲时，他已经套上了一层堪称伟大的外衣。在这两年间，莫扎特发展出了一种全新而独特的音乐语言，并展现在许多体裁之中——交响曲、弥撒曲、晚祷、小夜曲、协奏曲，以及最终，体现在戏剧音乐中。他在这段时期创作的三部交响曲是风格迥异的独特而美丽的作品。第一部是简洁的三乐章 G 大调第 32 交响曲（K.318），常常被称为"序曲"。这部交响曲的三个乐章相互连贯，可以说是莫扎特最令人着迷的"序曲"之一，首尾乐章光彩辉煌，而且（在慢乐章）又饱含了温柔和怀旧的思绪，这种风格也体现在他的"哈夫纳"小夜曲的慢乐章中。下一部是抒情的降 B 大调第 33 交响曲（K.319），可以归属

16

于由海顿［及其追随者如 J.B. 万哈尔（J.B. Vanhal）］所完善的奥地利传统风格室内乐交响曲。与传统相一致，这部交响曲的配器中没有小号与定音鼓，而且整部作品展现出了一种宛如羽毛般的轻盈。第三部，第 34 交响曲（K.338）则又完全不同——这是一部 C 大调的宏伟作品，配器中包含了小号与定音鼓，其调性也与精神及情绪上的力量紧密相关。我们注意到，莫扎特对 C 大调精妙而精巧的运用富有个人特色：这是他的音乐作品的总体特色之一，尤其在如此华丽的 C 大调中，这一特色表现在 4/4 拍节奏中对附点音符的运用上：♩♫♩♩。这种莫扎特式独具特色的行进主题贯穿了第一乐章的大部分，在第 3 小节以圆号和小号宣告了自己的存在，并在第 7、11、13 小节中扩展到整个乐团，并继续前行，从而使我们听众持续感受到它的存在，到最后更是连绵多个小节。海顿在运用这华丽的 C 大调时也富有特色，并以这个调性创作了十余部交响曲，都配有小号、定音鼓，以及（埃斯特哈扎特色的）中音 C 圆号，比一般的圆号高一个八度。这其中的代表作是 1774 年的第 56 交响曲，这部交响曲有多份手抄乐谱流传，也曾多次出版，因此可能莫扎特对其也非常熟悉。像他习惯的那样，莫扎特同化了海顿在 C 大调的风格，并使它更加光彩四射、直触心底。在第 34 交响曲（K.338）第一乐章的结束部分有一段前所未有的紧张段落，在那里——除了九个小节之外——那种附点节奏或者其变体贯穿其中，从第 233 小节到第 264 小节。这是莫扎特增强音乐张力的一种手法。

更进一步地说，在宗教音乐领域，莫扎特在 1779—1780 年间在萨尔茨堡至少创作了四部大型的 C 大调宗教音乐作品——都带有当地长期以来特有的侧重铜管的配器（最多用到三支长号、两支圆号和两支小号）。其中的两部是规模宏大的晚祷曲——《多米尼卡晚祷》（*Vesperae de Dominica*，K.321）与更有名的《忏悔者的庄严晚祷》（*Vesperae Solennes de confessore*，K.339）。这两部作品都是莫扎特对他新近发现的 C 大调之庄严与魄力的宏伟展示，而这两首晚祷曲的各个乐章之间也都具备了鲜明与感人的对比，尤其是 K.339 中的"众儿童，当歌颂主名"（Laudate pueri）段落（以古典的 D 小调无伴奏合唱演绎）以及随后著名的"赞美上主"（Laudate Dominum）乐章，其中高亢的女高音独唱段落是为迈克尔·海顿的妻子玛利亚·玛德莱娜（Maria Magdalena，母姓利普）而写的，她毫无疑问是一位杰出的歌唱家，莫扎特为她写下的作品都富有令人陶醉的美。还有一处能够震撼每一位聆听者，那就是在两部晚祷曲的"三一颂"（Doxology）中展示的超凡脱俗的纯净与简洁（"厥初如何，今兹亦然，以迄永远"）——这是莫扎特深刻的宗教情怀最为直接而深刻动人的证明。

　　在如此辉煌的 C 大调传统中的另外两部作品都是弥撒曲——C 大调弥撒曲"加冕"（K.317）[12] 与较不出名但充满了素朴之美的 K.337。后一部弥撒曲以节奏缓慢的进台经开始，这个传统由此开启，进一步体现为 C 小调弥撒曲（K.427）的徐缓的开始，以及（错标日期的）D 小调进台经（K.341），而终于《安魂曲》（Requiem）。"加冕"弥撒是莫扎特在这一体裁中最受欢迎的作品，各个乐章在强有力的交响乐（之前提到的附点节奏以某种强迫性的方式积极地主导了"信经"部分）与动人的温柔〔例如在"羔羊经"中，包括了为玛利亚·玛德莱娜·利普－海顿所写的另一段美妙的独唱，可以说这一段不可思议地成为《费加罗的婚礼》中"爱神垂悯"（Porgi amor）咏叹调的先声〕之间交替。他还有一首精致而杰出的 C 大调的宗教音乐作品：在萨尔茨堡的教会传统中，会有一段管风琴与管弦乐团演奏的奏鸣曲代替使徒书信，因此这些作品就被称作"教会奏鸣曲"。每一部弥撒中都包括这样一段奏鸣曲，对 K.337 这部弥撒曲来说，与之相配的就是一部愉悦的迷你管风琴协奏曲（K.336）；而对于"加冕"弥撒来说，与之相配的则是一段真正的惊喜：这是一个以小号和定

25

音鼓奏出的极其有力的快板乐章，在三分钟的时间长度内高度浓缩了这种全新的 C 大调的音乐语言，那种附点节奏无处不在，尤其在临近尾声处。

莫扎特为萨尔茨堡创作的最后一首小夜曲也是一部较大规模的作品，（在其主要部分）拥有宏大的交响乐段落，这就是 D 大调"邮号"小夜曲（K.320），此后莫扎特去掉了这部作品的四个乐章，将其改编为一部三个乐章的交响曲。这是另一部富有预见意义的作品，以其英雄主义的音乐语言和有力而集中的主题预示了他在维也纳时期的伟大的 D 大调交响曲——第 35 "哈夫纳"交响曲（K.385）和第 38 "布拉格"交响曲（K.504）。这部小夜曲超越了之前所有的作品，甚至包括它在风格上直接的源头——1776 年的"哈夫纳"小夜曲（K.250）。它的大胆开创性，以及在一个慢乐章里（D 小调的那个乐章）那种阴郁的调子，也出现在了莫扎特的萨尔茨堡时代最后一部协奏曲体裁的作品里，即他的那部为独奏小提琴、中提琴和乐队而作的降 E 大调交响协奏曲（K.364），这可谓是在这片杰作星海中最富原创意义的作品之一。

莫扎特一直向往能够创作完整的意大利语歌剧。在萨尔茨堡宫廷的限制下没有机会实现这样的想法，但在 1779 与 1780 年间，他完成了一部舞台作品的最终稿，尽管他本人（与他父亲都）了解这是一部杰作，但直到最近世人才认识到这一点——这部作品就是舞台剧《塔莫斯，埃及之王》(*Thamos, König in Ägypten*，K.345）的戏剧音乐。一般认为这部作品有三个版本，最后一个版本是最终版。这部作品的器乐与合唱段落都富有令人精神一振的力量，而且其中与高级祭司的一幕场景中的唱段，即以 D 小调写出的"你们尘土飞扬的孩子们"(Ihr Kinder des Staubes）尤其令人吃惊，并直接预示了在《唐·乔瓦尼》(*Don Giovanni*）中即将出现的世界。在海顿或者莫扎特之前的作品中，从未出现过如此这般对于恐惧的描绘：它的效果就像掀开一幅帷幕，展现出了一整个赤裸的、令人毛骨悚然的恐惧领域，而这又是一个即将到来的音乐世界的原型。在乐队部分中，之前还有以 D 小调写作的一个段落，在第四幕之后演奏，也宛如被放出的魔鬼。这样的音乐此后会发展成新歌剧《伊多美尼欧》（*Idomeneo*）中的世界，并在 D 小调第 20 钢琴协奏曲（K.466）中达至大成。

当莫扎特在曼海姆和慕尼黑的时候，他也曾经希望能够收到一份大型意大利语正歌剧的委托，但是当时选帝侯的宫廷并未透露与之相关的意向。此后，到了 1780 年夏季，这份期待已久的委托终于出现了。《伊多美尼欧》，莫扎特第一部堪称伟大的歌剧，在（屹立至今的）慕尼黑皇宫剧院于 1781 年 1 月 29 日首演。此时，经历了 1779—1780 年的萨尔茨堡时代的杰出音乐后，我们已经开始期待在那色调浓郁的序曲中，作曲家能够让 D 大调听上去令人心神不安；我们可能也预见到合唱的力量和磁性般的品质，尤其是在惊人的 "令人惊恐的誓言" 中对加上弱音器的小号（当时还需要从别处借来弱音器，尤其是从萨尔茨堡）和盖上布的定音鼓的运用；在《塔莫斯，埃及之王》后，我们也许想到了埃莱特拉（Elettra）的唱段中充满曲折、激情燃烧的戏剧感，特别是在她最后的 "离场" 咏叹调中（在演出前最后一刻必须删去此咏叹调，这对莫扎特来说一定非常苦恼）。但是，在莫扎特（或者任何人）此前的所有音乐中，绝对没有任何东西能够预示伟大的第三幕四重唱的被压抑的力量，莫扎特在此集中描绘了他的主要角色之间的矛盾情感。这是这部作品的高潮，也是莫扎特在舞台上创作真实而有血有肉的人物的努力之体现——当埃莱特拉的理智失去平衡时，可有人用音乐对激烈的妒意进行过更加恐怖的描绘吗？她，以及我们，可以看到毒蛇在她疯狂无情的谵妄之下扭动。但是，莫扎特付出如此巨大的努力的结果是什么呢？在慕尼黑的寥寥数场演出后，1786 年，莫扎特在维也纳指导了一场非公开演出。除此之外，这部极富原创性的作品在他的一

26

生中就再也没有被搬上舞台——它的乐谱直到 1797 年才出版，因此这部歌剧的首演只是单纯的一个地方性的成功演出，在接下来的十五年中对音乐戏剧的发展几无影响。实际上，直到第二次世界大战之后，这部歌剧才在国际上取得了真正的成功。[13]

莫扎特在 1779 与 1780 年间创作的伟大音乐作品都有一个问题，即在当时，这些作品都缺乏传播：萨尔茨堡的一个小圈子里的人能听到那些交响曲和小夜曲；一个稍微大一点也更加多元的群体能够听到在萨尔茨堡主教座堂演奏的宗教音乐；但是直到莫扎特来到维也纳之后，他才开始开发他在萨尔茨堡创作的音乐这一丰厚财富。他着手将大批这时期创作的乐谱送往维也纳，其中有一批包括了他在十八世纪七十年代创作的九部萨尔茨堡交响曲［包括讨人喜爱的 A 大调第29 交响曲（K.201）］，很明显是用来在十八世纪八十年代的维也纳系列音乐会上演奏的：因此他仔细地抹去了手稿上原有的日期，这样维也纳的乐谱抄写者就不会发现他们正在准备的作品其实已经问世十年了。1987 年，这批乐谱在伦敦的苏富比拍卖行公开拍卖，并创下了当时乐谱拍卖价的世界纪录：293.5 万英镑。[14]

但是，这都是将来的事。莫扎特觉得创作《伊多美尼欧》的时光是他人生中最快乐的时光［康斯坦策在 1829 年对来自英国的文森特（Vincent Novello）与玛丽·诺维洛（Mary Novello）夫妇这么说］[15]。但这样的欢乐是短暂的。科勒雷多大主教批准了莫扎特去慕尼黑以完成歌剧并指挥首演，但这位作曲家留在那里的时间更久。直到 1781 年 3 月他被召唤去维也纳，此时那位大主教以及他的随从们，包括整个乐队都在那里。他在 3 月 16 日上午 9 点"一个人搭乘驿站邮车"来到了帝国首都。他和其他大部分从属于大主教宫廷的人员都住在圣斯蒂芬大教堂附近的条顿骑士宫，一经安顿，莫扎特立刻就旋风般地被卷入各种活动之中。这位大主教几乎每天都举办音乐会。"我们在 4 点钟演了一场音乐会，在场的有至少 20 位最为高贵的人士。切卡雷利（Francesco Ceccarelli）【大主教属下的一位阉伶歌手】昨天得在帕尔菲那里【帕尔菲（Leopold Pálffy）伯爵】表演，今天我们得去格里钦亲王那里【俄国大使】，他昨天也在我们的演出现场……现在我必须停笔了，过一会儿出门我会寄出这封信，然后我就得立刻去格里钦亲王那边……"[16]

在接下来的十年中的大部分时间里，莫扎特都会在维也纳，他注定要在那里为欧洲音乐历史贡献新的辉煌篇章。

下：为拉夫而写的咏叹调《逃离大海》（*Fuor del mare*）的首页，这份乐谱中包含莫扎特亲手修改的痕迹。作曲家签名的标题页（右图）也是首演时用的乐谱的一部分。

上：《伊多美尼欧》（1781）。未具名的水彩画，描绘了著名男高音歌唱家安东·拉夫（Anton Raaff，约 1711—1797 年）扮演的一个英雄角色，绘于 1781 年。在他职业生涯即将结束的时候，他在莫扎特的《伊多美尼欧》的慕尼黑首演上饰演了同名主角。

第一章原注：

1. 莫扎特《书信》，第四卷，第 199 页。这是一封由莫扎特的姐姐南妮儿在 1792 年 4 月写的一封非常长的信的节录，我们还会在其他地方引用这封信的其他内容，其中包括了对沃尔夫冈的一份生平简介的非常有价值的注解，而这些内容被编入了弗里德里希·施里希特戈洛（Friedrich Schlichtegroll）的《1791 年讣告集》(*Nekvolag auf das Jahr 1791*，1793 年戈塔出版）。（事实上这一段是以附言形式由莫扎特家族的一个朋友——律师阿尔伯特·冯·莫尔克（Albert von Mölk）博士加入的，很显然他用上了南妮儿提供的信息。）

2. 利奥波德的父亲和教父都被命名为约翰·吉奥尔格。参见莫扎特《书信》，第六卷，第 434 页。关于莫扎特的母亲，参见同一出处，第 435 页。

3. 利奥波德·莫扎特所作的原始的《卡萨欣》在由本书作者编辑后，由维也纳的多布林格出版。

4. 莫扎特《书信》第六卷，第 434 页，德斯齐《文献》(*Dokumente*)，第 11 页。

5. 德斯齐《文献》，第 14 页。

6. 莫扎特《书信》，第四卷，第 199 页。冯·莫尔克博士对南妮儿信件的附言，参见 1。

7. 记录于 *Hochfürstlich-Salzburger Kirchen-und Hof-Kalender für 1770*.

8. 德斯齐《文献》，第 84 页起。

9. 莫扎特《书信》，第 4 卷，第 181 页起。

10. 莫扎特《书信》第 3 卷第 373 页与第 6 卷第 217 页。

11. 摘自 R. Angermüller, *W.A. Mozart's musicalische Umwelt in Paris (1778)*, Munich-Salzburg 1982, LVI.

12. 因为在 1790 年和 1792 于法兰克福的加冕礼，以及在 1791 于布拉格的加冕礼中都演出了这部作品，参见兰登《1791》，第 50 页与第 104 页。

13. 这部作品第一张完整的录音由海顿协会在 1950 年发行，由梅因哈特·冯·扎林格（Meinhard von Zallinger）指挥，本书作者制作。

14. 1987 年 5 月 22 日由纽约的一位私人收藏家拍得。在精美的拍品目录上注明了"毫无疑问这是本世纪出现在拍卖场上的最为重要的乐谱手稿"。

15. 诺维洛，第 76 页起。

16. 莫扎特《书信》，第三卷，第 93—95 页。

第二章　维也纳1781—1782年音乐生活图景

歌剧——组织机构与剧目

　　当莫扎特来到维也纳的时候，存在两家官方（皇家）的剧场—歌剧院——克恩滕门剧院 ① 与城堡剧院 ②。虽然这两家剧院都上演德语话剧与歌剧，但当时在欧洲最受欢迎的歌剧——由意大利作曲家创作，当然也是意大利语歌剧——正式来说却不存在于奥地利的首都。这种不寻常的情况发生的原因与歌剧在十八世纪七十年代维也纳的历史紧密相关。

　　在莫扎特的青春岁月里，意大利语歌剧在维也纳风行一时，包括意大利歌剧大师和本地作曲家的作品，例如格鲁克 ③ 或者宫廷乐正弗洛里安·利奥波德·加斯曼 ④ 的作品。后者是安东尼奥·萨列里（Antonio Salieri）的老师，他在1774年去世时，皇帝约瑟夫二世深表哀痛，宫廷乐正一职此后由萨列里继

---

　　① Kärntnertortheater，官方名称为"帝国皇家维也纳宫廷剧院"，1709年建成，1761年因火灾烧毁后重建，在维也纳国家歌剧院于1869年建成后，克恩滕门剧院于1870年被拆除，其原址如今是萨赫酒店。

　　② Burgtheater，1741年奉玛利亚·特蕾莎皇后命令而建，一开始的位置毗邻霍夫堡，后来在1888年迁建至现址。

　　③ 克里斯托夫·维利巴尔德·里特·冯·格鲁克（Christoph Willibald Ritter von Gluck, 1714—1787年），著名歌剧作曲家，歌剧创新的先驱。

　　④ Florian Leopold Gassmann（1729—1774年），高产的波希米亚作曲家，先后活跃于威尼斯、维也纳与巴黎。

任，当时他的意大利语歌剧作品在维也纳和其他地方都广受好评。从 1770 年开始，萨列里每年为维也纳宫廷创作一部新作品，包括正歌剧与喜歌剧，直到 1776 年（包括该年在内），而那一年也被认为是维也纳戏剧生活中非常重要的一年。

在 1775 年尾，当时上演的法语与意大利语歌剧和芭蕾的质量每况愈下，以至于皇帝约瑟夫二世——从 1765 年起与他母亲玛利亚·特蕾莎共治——收到提议，需要紧急改善这方面的情况（他甚至考虑过取消克恩滕门剧院所有的芭蕾演出）。他也想要一部有趣的以德语上演的舞台剧。然而当时的剧场管理层却是濒临破产。1776 年 3 月 16 日，约瑟夫二世进行了一次严厉的行动：喜歌剧院和芭蕾舞团的合同被即刻解除。（这间歌剧院继续维持了下去，并自主运营直到 1777 年底。）此后不久，约瑟夫二世决定将城堡剧院改称为"日耳曼国家剧院"，由宫廷出资，并且很快就得到了民众的热情支持。在那一年接下来的几个月里，约瑟夫二世可以看到克恩滕门剧院上演了一系列的德语戏剧、歌剧（一般是外语）以及一些法语喜歌剧（德语翻译版）。但他也希望能够说服本地的剧作家与作曲家为剧院提供原创作品，而这样的努力的第一个成果——伊格纳兹·乌姆劳夫[①]的《矿工》(*Die Bergknappen*) 在 1778 年 2 月 17 日的首演，获得了维也纳大众的广泛期待。这部歌剧也标志着女高音卡特琳娜·卡瓦列里（Caterina Cavalieri）首次登台，她饰演的是剧中的女主角索菲。首演获得了约瑟夫二世以及公众的好评，卡瓦列里的表演与演唱都非常成功。当时甚至还发行了剧中某些场景的铜版画——这是很少见的事件，足以证明这部作品的影响力。这部歌剧的成功说服了皇帝将德语歌剧（以及一个以德语演出的歌剧团）作为他的"日耳曼国家剧院"的正式组成部分，而乌姆劳夫，这

① Ignaz Umlauf（1746—1796 年），奥地利作曲家，约瑟夫二世发起的德语歌剧运动的主要人物之一。

克恩滕门剧院，十八世纪八十年代维也纳的两座官方宫廷剧院之一，画中与其并列的是公众医院教堂。由 J. 海尔特（J.Hyrtl）根据卡尔·菲佛尔（Carl Pfeffel）画作而作的铜版画。
左上：安东尼奥·萨列里（1750—1825 年），宫廷乐正，当时流行的意大利语歌剧作曲家。由约翰·戈特弗雷·谢弗纳（Johann Gottfried Scheffner）所作之铜版画肖像。

位之前在城堡剧院拉中提琴的音乐家，如今被提拔为宫廷乐正，并享有 600 盾的薪水（此后他成为萨列里的下属和助理）。这部戏的编剧是约瑟夫·魏德曼（Joseph Weidmann），他也与莫扎特在《剧院经理》（*Der Schauspieldirektor*，K.486）这部戏中合作过（1786 年）。

日耳曼国家剧院一直存在到 1782 年底，在这期间偶尔也会演出意大利语歌剧［例如 1781 年上演了格鲁克的《奥菲欧》(*Orfeo*) 与《阿切斯特》(*Alceste*)，并在 1782 年复排，同一年还上演了另外两部意大利语歌剧，分别由安东尼奥·萨奇尼 ① 与安东尼奥·萨列里作曲］。在那之后，尽管莫扎特也为德语歌剧作出了成功的贡献［《后宫诱逃》(*Die Entführung aus dem Serail*)］，

30 意大利语歌剧仍重新占据了帝国的首都，也获得了市民的普遍欢迎 ¹。维也纳各个剧场的 1781 年演出季的信息被汇总出版为 1782 年《通用剧院年鉴》(*Allgemeiner Theater-Almanach*，以下简称《年鉴》)²，收录了上演的话剧与歌剧的标题和参演者信息。从 1778 年日耳曼国家剧院制作了自己的首部演出开始，这本《年鉴》就收录了其历年来各套剧目的所有的参演者信息。

在德语话剧与歌剧之外，法语的戏剧、歌剧以及来自法国的芭蕾也在维也纳有一席之地，（在 1780 年）由"达兰维尔和博堡的先生们"执导的一个特别的剧团上演，但这些"先生们""被迫在 1781 年 9 月 8 日秘密离城"。一些法语剧团合并起来以继续他们的业务，在 1782 年的《年鉴》中记录了他们"仍然存在"。这个法语剧团在克恩滕门剧院演出，同时在 1781 年 8 月，还有一群巡回出演的演员在一位库恩先生指导下，在布拉迪斯拉发登台演出。他们的剧目包括话剧、芭蕾和一部歌剧。《年鉴》还记录了玛里内利（Marinelli）剧团经皇室许可，在利奥波德城剧院定期演出（大部分是闹剧之类的剧目）。

在 1782 年的《年鉴》中记载的剧本作家们大多数都与莫扎特有着直接或者间接的联系，例如约翰·巴普蒂斯特·冯·阿莱辛格（Johann Baptist von Alxinger，共济会成员），是一个成功的作家；托比亚斯·菲利普·冯·葛伯勒男爵（Tobias Philipp von Gebler，共济会成员），是帝国议会成员，也是《塔

---

① Antonio Sacchini（1730—1786 年），意大利歌剧作曲家。先后活跃于意大利、英国与法国。

莫斯，埃及之王》的作者，莫扎特为此剧配乐（K.345）；克里斯蒂安·哥特洛布·斯蒂凡尼（Christian Gottlob Stephanie）是另一位成功的剧作家，而他的儿子小约翰·哥特里布·斯蒂凡尼（Johann Gottlieb Stephanie）在1781年7月为莫扎特提供了《后宫诱逃》的剧本，也是城堡剧院的剧目制作总监。在1781年的剧目中包括了1780年已经上演的节目，以及格鲁克、格雷特利[①]、加斯曼、帕伊谢洛[②]和萨列里的歌剧的新制作[3]。在博马舍（Beaumarchais）的《塞维利亚理发师》（*Der Barbier von Sevilien*）的德语版话剧上演之后，10月17日上演了一部名为《皮洛士与波吕克塞娜》（*Phyrrus und Polyxene*）的芭蕾舞剧（由彼得·冯·温特[③]作曲），并连演六场。当时也有"音乐剧"（配有念白台词与歌曲的舞台剧）上演，莫扎特对这种题材也很感兴趣，他的《塔莫斯，埃及之王》（最终版完稿于1779—1780年）就是一例。格奥尔格·本达（Georg Benda）作曲的《阿里阿德涅在纳克索斯》（*Ariadne auf Naxos*）和《美狄亚》（*Medea*）分别在5月7日和12月19日上演。齐默尔曼（Zimmermann）的音乐剧《安德洛墨达与珀耳修斯》（*Andromeda und*

克里斯托夫·维利巴尔德·里特·冯·格鲁克。粉笔画，绘制者不详。

约翰·巴普蒂斯特·冯·阿莱辛格（1755—1797年）。F.约翰（F.John）所作之铜版画。

托比亚斯·菲利普·冯·葛伯勒男爵（1726—1786年）。J.G.曼斯菲尔德（J.G. Mansfeld）所作之铜版画。

---

① André Grétry（1741—1813年），来自如今的比利时列日的法国作曲家，以其喜歌剧闻名。

② Giovanni Paisiello（1740—1816年），意大利喜歌剧的重要作曲家，十八世纪后半叶那不勒斯乐派的杰出代表人物之一。

③ Peter von Winter（1754—1825年），生于曼海姆的歌剧作曲家，萨列里的学生，曾活跃于慕尼黑、维也纳和伦敦，并曾经与席卡内德和洛伦佐·达·蓬特（Lorenzo Da Ponte）联手创作了多部在当时大受欢迎的歌剧。

女高音卡特琳娜·卡瓦列里在伊格纳兹·乌姆劳夫的《矿工》场景 6 之中的表演。由 J. 亚当
（J.Adam）根据卡尔·舒茨（Carl Schütz）画作而作的铜版画。

Perseus）利用一台设计巧妙的舞台机械，让舞台上出现了一条喷射烟雾的可
怖的巨龙 [4]。那一年有 101 个晚上举行了歌剧演出（区别于话剧、芭蕾、音乐
剧等）；其中德语作曲家的作品占了 44 个晚上，意大利语 35 晚、法语 22 晚。
格鲁克的作品在那一年比重最大，合计有 32 场演出 [5]。四部新创作的歌剧首演
遭遇了失败，此后不再出现在剧目清单内 [6]。必须指出的是，与其他地方（例

如那不勒斯等地）的剧院不同，在维也纳的剧场里只有首演获得好评的剧目才能继续上演，而不是每一部剧目都能保证一定数量的演出。（海顿在埃斯特哈扎的歌剧制作也是一样的情况。）

1781 年时有两部戏获得了巨大的成功——帕伊谢洛的歌剧《想象中的哲学家》（*Die eingebildeten Philosophen*，原剧为意大利语，改编为德语）与萨列里的《扫烟囱的人》（*Der Rauchfangkehrer*，德语原创剧目）。萨列里原本是一位擅长意大利语歌剧的作曲家，他精明地注意到约瑟夫二世偏爱德语歌剧，因　31

《玛利亚·特蕾莎的最后一日》（*Maria Theresa's Last Day*）。耶罗尼米斯·罗森科尔（Hieronymus Löschenkohl）在 1781 年 2 月所作之纪念铜版画，根据约翰·佩佐所述，这位画家 / 版画家把这幅作品卖出了 7 000 份拷贝，是他最早获得成功的出版作品之一。

此他在 1780 年 4 月初结束休假后，就立刻从约瑟夫二世那里获得了一份委托，为日耳曼国家剧院创作一部歌剧。玛利亚·特蕾莎皇后在 11 月末驾崩，这就意味着剧院在国丧期间都不开放，萨列里就能够有时间来排练他的新歌剧，并让歌手能够有尽可能好的表现。"卡瓦列里小姐的表演每天都有进步……"当时一份报纸这么记述。[7]

　　在所有这些团体中，莫扎特自然对管弦乐团有特别的兴趣（参见附录 4），这个乐团包括了其首席指挥（安东尼奥·萨列里），他的助理（伊格纳兹·乌姆劳夫），六位第一小提琴、六位第二小提琴、四位中提琴、三位大提琴、三位低音提琴，成对的长笛、双簧管、单簧管、大管、圆号、小号，以及一位定音鼓手——合计三十七人，作为当时的乐团而言相当可观。（海顿在埃斯特哈扎的乐团通常包括二十四位乐手，大部分时候都没有第二长笛、单簧管和小号。）

32　"和乐组"（管乐队）

　　波希米亚音乐家的特色之一就是他们在管乐队［德语可以翻译为"和乐组"（Harmonie）］上的天赋，以及他们对这种演出形式的后天培训。一开始其标准的形式是一组六重奏，包括两支双簧管（或英国管）、两支大管和两支圆号，这种形式在布拉格大行其道，也流行于贵族的庄园采邑中，海顿在 1760 年前后为此创作了大量作品。当时的波希米亚作曲家们也为此创作了很多的管乐队嬉游曲，如莫扎特此后的朋友弗兰茨·夏维耶·杜什切克①，其妻子是一位著名的歌唱家，莫扎特为她写了很多咏叹调。布拉格的帕赫塔（Pachta）伯爵

---

①　Franz Xaver Duschek（1731—1799 年），捷克作曲家，也是当时最著名的羽管键琴与钢琴演奏家之一。

家族的乐谱收藏中包括了杜什切克为木管六重奏（或者是只有一支大管情况下的五重奏）创作的大量作品，其中一些日期标记为 1762—1764 年[8]。这样的波希米亚风格组合的声音令人着迷，尤其是像在海顿的某些作品里那样，以英国管代替双簧管的时候；在慢乐章中，有一种稀有的柔和而忧郁的气质——必须指出的是，为管乐队作曲需要对这种媒介有独到的了解，这可谓是非常特殊的技能。在改编成其他体裁，比如弦乐四重奏的时候，原本为管乐队创作的作品常常会显得笨拙（例如为奥地利的修道院改编海顿的某些管乐嬉游曲的时候）。管乐队作曲首先要求简洁明了，但把这样的作品改编为弦乐的时候就常常带来奇怪的结果。

　　此后不久，在单簧管日益普及之后——海顿在十八世纪六十年代初曾经为这样的管乐六重奏写过一些作品，但他的写法与包含双簧管的六重奏并没有什么不同——奥地利—波希米亚的和乐组发展成为八重奏，一般来说包含成对的双簧管、单簧管、圆号与大管。不过某些组合，例如施瓦岑贝格（Schwarzenberg）亲王家的，则包含了双簧管、英国管、圆号与大管[9]。在1780 年前后，这种管乐八重奏风行一时：最早的例子是来自布拉迪斯拉发的巴提阿尼亲王家族的约瑟夫红衣主教①的乐队。但这种更加精细的组合形式获得成功的标志是约瑟夫二世从他的宫廷歌剧团的管弦乐队中挑选出了一支和乐组，他们的主要任务不同寻常，是演奏改编为管乐队版本的宫廷剧院歌剧选段。改编这些音乐成为一笔很有诱惑力的业务，而最初也是最成功的改编者之一就是歌剧团乐队中的第二双簧管——约翰·内泼姆克·温特②，他对莫扎特歌剧选段所作的机智而富有魅力的改编直到近期还有人演奏并录制出版。在十八

　　① 　József Batthyány（1727—1799 年），布达佩斯总教区大主教，掌管匈牙利的枢机，布拉迪斯拉发大主教宫即在其任内建成。

　　② 　Johann Nepomuk Went（1745—1801 年），单簧管演奏家与作曲家，1777 年加入城堡剧院歌剧团的乐队。

33

约翰·温特将《后宫诱逃》选段改编为管乐重奏作品的手稿的标题页与目录。手稿收藏于捷克克鲁姆洛夫的施瓦岑贝格家族档案馆。

世纪八十年代，这些改编作品通过当地的抄谱者出售。这类管乐队一开始的功能与军队相关[10]，但维也纳的皇家管乐队的功能则是给主人提供就餐时的优美的伴奏音乐，在外省也有类似的情况。因为当时社会中最流行的音乐形式一直是歌剧，管乐队的演奏为重温那些歌剧旋律提供了一种特别令人愉快的方式。这种为管乐队改编歌剧选段的传统——连同长期雇用一支和乐组来专门演奏这些选段——在一段时期内是维也纳的一大特色。1787年，钦岑多夫（Zinzendorf）伯爵曾记录过听到了管乐队改编版的莫扎特《费加罗的婚礼》选段（至少一次，很可能有两次）。1787年9月21日钦岑多夫造访了施瓦岑贝格家族在捷克克鲁姆洛夫的城堡，在他的日记里有这样的记录："用管乐演奏的歌剧《费加罗的婚礼》，我之前没听过。那些先生们在这里吃晚饭……"然后9月25日在福劳恩贝格的时候："晚饭后的音乐是《费加罗的婚礼》……"这一年早些时候，3月2日，他记下了在维也纳的一个晚上，皇家和乐组演奏了《稀罕事》（*Una cosa rara*，马丁·索勒①作曲）："那天晚上，在音乐会中，皇帝的音乐家们演奏了整部《稀罕事》，音乐有着迷人的效果。"[11]现在难以确定皇家和乐组是何时成立的——可以确定的是，1782年4月24日，宫廷档案中有一份日

① Vicente Martín y Soler（1754—1806年），西班牙作曲家，在世时以其歌剧和芭蕾舞剧作品闻名。《稀罕事》于1786年首演，大获成功，莫扎特在《唐·乔瓦尼》临近剧终时还引用了这部歌剧中的一段旋律。

期标注为这一天的文件，事关 8 位被指派为皇家和乐组成员的人，他们每人在日常薪水之外能够再收到 50 盾作为此方面的报酬。[12]

　　这种管乐队给莫扎特带来的影响可谓深远：这不仅革新了他的乐队配器，更为他提供了创作管乐小夜曲的直接动力。他最早的作品之一也成为最伟大的成就之一——为 13 件乐器而作的降 B 大调小夜曲（K.361），这部作品之前常常被描述为"为 13 件管乐器而作"，但实际上它用到的是 12 件管乐器（2 支双簧管、2 支单簧管、2 支巴塞管、4 支圆号、2 支大管）再加上低音提琴，手稿中对此有清晰的标注[13]。

　　一段时间以来，人们已经普遍认识到这部作品的问世时间被标错了——之前曾经认为它是莫扎特在慕尼黑创作的，但并没有证据能够证明。其手稿纸张中的水印说明这部作品是在莫扎特维也纳时期的早期创作，而此课题的一位专家，罗杰·黑利尔（Roger Hellyer），现在认为这部作品实际上（之前也偶尔被这么提及）是莫扎特在 1782 年给康斯坦策的结婚礼物[14]。［这就像是瓦格纳的《齐格弗里德牧歌》（Siegfried Idyll），可以视为一位作曲家奉献给他妻子的最伟大的礼物之一。］在这部作品中——以及当然，在其他的管乐小夜曲里，例如相近时期创作的降 E 大调（K.375）和 C 小调（K.388）——莫扎特展现出他已经完美吸收了这种音乐语言，并掌握了克服管乐队谱曲的特殊问题的技法。这一点在 K.361 的那几个忧郁的慢乐章中展示得尤其淋漓尽致，这几个乐章中起伏的内部线条展示出的那种非凡的感觉，说明了组合成乐队的管乐器能够以其平滑而连贯的声音创造的成就。但是莫扎特的音乐吸收管乐队的音乐语言后产出的结果远不止管乐小夜曲。从莫扎特（和贝多芬早期的）为当时的宫廷歌剧团乐队创作的乐队作品来看，这支乐队的水平虽然出类拔萃，但令人好奇的是，莫扎特笔下最为有力的管乐队音乐并不在他的交响曲里，而是存在

34

35

为 13 件乐器而作的降 B 大调小夜曲（K.361）手稿中的慢乐章的第一页，最底下一行注明了"低音提琴"。

于钢琴协奏曲中，而且配器上的这种特色是这些协奏曲最重要的创新特色之一。我们能够在协奏曲中找到具体而微的管乐小夜曲，例如在第 22 钢琴协奏曲（K.482）的慢乐章中部，钢琴——以及弦乐同样——完全沉默了 28 个小节，让管乐组合主宰了聆听者的注意力。

在莫扎特的其他钢琴协奏曲中也有这样的例子，而且他以一系列新颖而细微的方式，让和乐组的音乐特色进一步地渗透到钢琴协奏曲中。举个例子：在莫扎特的维也纳时代的作品中，当他以降 B 调写作时，他几乎总是会使用降 B 调中音圆号，而这件乐器的全音阶始于降 B（或者说，高于中央 C）。这使其演奏难度大大上升，因为即使对于十八世纪的无阀键降 B 调中音圆号来说，这音域也是非常高的（海顿在埃斯特哈扎用的 C 调中音圆号，比常规的高出一个八度，因此也同样困难）。约瑟夫二世时代的和乐组所带来的无处不在的有益影响在《女人心》第二幕中也有同样辉煌的展示。像钢琴协奏曲中那样，帝国皇家管乐队的影响也渗透进了十八世纪八十年代的维也纳歌剧创作：它革新了莫扎特的歌剧配器，而当这些剧目被引进到日耳曼地区的剧院时，给那里水平较低的管乐演奏者——老实说，是整个乐团水平较低——制造了相当麻烦的技术上（因此也涉及音乐上）的难题。路德维希·冯·本蒂姆－斯坦因福伯爵 ① 在 1784 年 10 月 24 日观摩了科隆的一场《后宫诱逃》后，在他的日记里写道[15]：“那个乐队也一塌糊涂，而那个第一小提琴【首席】，一个野蛮的家伙，表现得无比卖力，浑身是汗，对乐队尤其是管乐犯下的那么多错误骂骂咧咧……”日耳曼地区的观众们——至少在十八世纪八十年代——对莫扎特惊人的全新配器可能有着非常奇特的印象。[16]

歌剧歌唱家们

莫扎特当然对日耳曼国家剧院的男女演员们充满兴趣，自然而然地，那些歌手们对他会有更加个人化也更加直接的认识。在《后宫诱逃》以及其他德语作品（《剧院经理》）中，他会与他们中的很多人合作。在 1782 年的《年鉴》[17]中有如下清单：

歌剧团的男性演员们，按照其受雇年月排列

---

① Ludwig Wilhelm Geldricus Ernst zu Bentheim and Steinfurt（1756—1817 年），本蒂姆－斯坦因福家族一员，帝国伯爵，后来被提拔成为亲王。

1. 约瑟夫·鲁普莱西特（Joseph Ruprecht）先生，1778年以魏德曼的《矿工》（由乌姆劳夫作曲）中的弗里茨一角首度登台。他饰演情人与逗趣的仆人。

2. 约瑟夫·舒特（Joseph Souter）先生，来自布尔诺的博姆剧团。他首次登台的角色是施密特的歌剧《这次他终于下定决心》[*Diesmal hat der Mann den Willen*，由卡洛斯·多东内兹（Carlos d'Ordōnez）作曲]中的布朗克。他是男高音，并擅长饰演年轻的情人角色。

3. 约翰·巴普蒂斯特·霍夫曼（Johann Baptist Hoffmann）先生。他是男低音，擅长饰演老人。他指挥歌剧团的合唱团。

4. 弗兰肯伯格（Frankenburger）先生，生于维也纳，首次饰演的角色是1779年在格奥尔格·本达的《村中喜事》（*Der Jahrmarkt*）里饰演的杰米斯，他饰演音域较低的逗趣角色。

5. 戈特弗雷·海因里希·施密特（Gottfried Heinrich Schmidt）先生，1744年生于德绍，在1766年加入剧团，并在1779年首次登上维也纳的舞台。他饰演喜剧角色，并且因为他丰富的音乐知识，也是歌剧团的指导者之一。

6. 约瑟夫·道尔（Joseph Dauer）先生，1779年首次登台，当时饰演[蒙西尼（Monsigny）作曲的]歌剧《逃兵》（*Le déserteur*）中的阿历克西斯。他饰演年轻的情人以及类似角色。

7. 约瑟夫·瓦尔特（Joseph Walther）先生，生于波希米亚，1780年在国家剧院首次登台，饰演[J.巴尔塔（J. Barta）的]《高尚的临时工》（*Der adelige Taglöhner*）中的恩斯特。他是男高音，饰演主角或配角的情人。

36

8.弗雷德里希·根特（Friedrich Günther）先生，男低音，他擅长的角色是逗趣的老人、老学究和其他的滑稽角色。

9.卡尔·路德维希【正确名字应当是约翰·伊格纳兹·路德维希（Johann Ignaz Ludwig）】·费舍尔先生，1743年生于德累斯顿，1769年加入剧团，1780年以格雷特利《泽米雷与阿卓尔》（*Zemir und Azor*）中的山德尔在维也纳首度登台。作为男低音，他可以饰演喜剧性的角色、慈祥的父亲以及滑稽角色。

约翰·瓦伦丁·亚当贝尔格（1740年前后—1804年）是莫扎特最欣赏的男高音。不知名画家于1785年前后绘制的迷你肖像。

10.约瑟夫【正确名字应当是约翰·瓦伦丁】·亚当贝尔格（Johann Valentin Adamberger），生于慕尼黑，在意大利时应邀加入维也纳的歌剧团，1780年首次在维也纳登台，在德语版本的安佛西（Pasquale Anfossi）歌剧《被迫害的陌生人》（*L'incognita perseguitata*）中饰演阿斯特鲁巴。作为男高音，他饰演年轻的爱人，以及其他文雅而热心的角色。

歌剧团的女性演员们，按照其受雇年月排列

1.卡特琳娜·卡瓦列里小姐，生于维也纳，1780年以（乌姆劳夫的）《矿工》中的索菲一角在国家剧院首次登场，擅长饰演年轻的情人与少女角色。

2.泰博尔（Teiber）小姐，生于维也纳，1778年饰演［马克西米利安·乌尔里希（Maximilian Ulbrich）］《春天与爱情》（*Frühling und Liebe*）中的费亚米特，在国家剧院首次登台。她擅长饰演年轻的情人与天真的少女。

3.哈塞尔贝克（Haselbek）夫人，母姓辛德勒（Schindler），于1778年首度在国家剧院登台。她擅长饰演情人、少女、风流女子以及其他喜剧配角。

4.布莲娜（Brenner）小姐，以《春天与爱情》中的露易丝一角首次登台，擅长饰演年轻调皮的女子。

5.玛利亚·安娜·韦斯（Maria Anna Weiß）夫人，生于维也纳，首

科尔市场一角。卡尔·舒茨于1786年绘制的铜版画之局部，在画面右侧可见阿塔利亚出版社的招牌，门前人流涌动。

次登台是 1779 年在拉克森堡（维也纳附近的一座城堡），参演（乌姆劳夫的）《漂亮皮匠》（*Die Schöne Schusterin*）。

6. 朗格夫人，母姓韦伯，生于普法尔茨，1779 年应邀加入维也纳的歌剧团，同年以德语版 [菲利多（Philidor）和布莱舍（Blaise）的]《萨伦西的玫瑰节》（*Das Rosenfest von Salenci*）中的韩森一角在维也纳首度登台。她擅长饰演温柔、宁静的恋人，以及天真的角色。

7. 玛利亚·安娜·费希尔（Maria Anna Fischer）夫人，母姓斯特拉瑟（Strasser），1756 年生于卡尔斯鲁厄，1780 年以德语版的（格雷特利的）《虚假的魔术》（*Die abgeredate Zauberei*）中的冯·比耶德一角在国家剧院首次登台。她擅长饰演温柔的母亲及类似角色。

8. 安东尼亚·博纳斯科尼（Antonia Bernasconi）夫人，母姓里斯勒（Risler），1780 年从意大利应邀加入国家剧院，在德语版本的安佛西歌剧《被迫害的陌生人》中饰演韩森。她擅长饰演悲剧性的或温柔的情人、年轻的女士与女英雄。【1768 年她曾经在维也纳饰演格鲁克《阿切斯特》中的主角，随后前往意大利发展。】

歌剧团的合唱团包含男女歌手共 30 人。

维也纳的音乐出版者

37

当莫扎特来到奥地利首都时，那里的两家主流音乐出版商分别来自瑞士与法国，第三家出版社是一位曾经出名的法国人经营的，但这家已经时日无多。

这三家出版社中最为资深的一家的创始人是克里斯多夫·托利切拉（Christoph Torricella），1715 年出生于瑞士；十八世纪七十年代时，他是维也纳绅士街的列支敦士登大公宅邸内的版画家。莫扎特来到维也纳的几周前，

1781 年 1 月 31 日，托利切拉开办了他自己的音乐出版社，很快就幸运地吸引到了约瑟夫·海顿，1782 年他出版了海顿的新作——第 73 交响曲"狩猎"，两年后他又出版了一套装帧尤其华丽的海顿第 76 至 78 交响曲，题献给埃斯特哈齐家族的尼克劳斯（Nicolaus）亲王。同样在 1784 年，莫扎特在这家出版社出版了他的《作品集第七：题献给特蕾莎·科本泽伯爵夫人的三首奏鸣曲》，其中包括两首钢琴奏鸣曲和一首小提琴奏鸣曲（分别是 K.333、K.284 与 K.454）。与此同时，在科尔市场出现了另外一家与其竞争的音乐出版社——阿塔利亚（Artaria & Co.）。与托利切拉类似，他们的业务也是从蚀刻画以及艺术品经销开始的。与托利切拉相比，阿塔利亚明显是更加精明的商人，到了 1784 年时，托利切拉已经陷入了严重的财务困境。海顿将他的第 79、80 与 81 交响曲委托给托利切拉，他们也在 1785 年 2 月公布了出版消息，但被迫将刻板卖给了阿塔利亚，阿塔利亚随即出版了这些作品。托利切拉于 1786 年破产，在当年 8 月，他举行了一场公开拍卖会来出售他所有的刻板，这些刻板全部被阿塔利亚买下。当时阿塔利亚已经成为奥地利首都顶尖的，在各种意义上也可以说是唯一的音乐出版商 [18]。

38

　　阿塔利亚家族来自科莫湖畔的布莱维奥。他们家族中的五人在 1759 年离开布莱维奥，此后在法兰克福、莱比锡和伍兹堡参加了一系列的展会。其中有两人之后返回了意大利，余下的三人在美因茨设立了一家公司。而这其中的一对叔侄——卡洛（Carlo）和弗兰切斯科（Francesco），来到了维也纳，并从 1770 年开始在那里经销蚀刻画、光学产品和晴雨表。他们很快也开始从事乐谱进口生意。随后到 1779 年时，他们开始与海顿建立长期的合作关系——此后证明这项业务给双方都带来了丰厚的利润。

　　在莫扎特于 1781 年搬到维也纳后几个月，12 月 8 日的《维也纳日报》

（*Wiener Zeitung*）上刊登了阿塔利亚即将出版他的六首小提琴奏鸣曲的消息（K.296、K.376至K.380）。莫扎特与多家出版社合作，但阿塔利亚一直是他最重要的出版社，比方说他在那里出版了第33交响曲（K.319）与第35交响曲（K.385，"哈夫纳"），以及他题献给海顿的六首四重奏（K.387、421、428、458、464、465）。

1756年时，安托瓦·于博迪（Antoine Huberty）在巴黎开设了一家出版社，并在1757年4月2日出版了第一部专属于他的作品。在他诸多卓越的法国出版物中，我们能够发现佩尔戈莱西（Pergolesi）的《又圣母经》（*Salve*

莫扎特为钢琴和小提琴而作的六首奏鸣曲（K.296、K.376至K.380）于1781年在阿塔利亚出版时的封面页，这是他首次在维也纳出版作品。

Regina），约翰·斯塔米兹（Johann Stamitz）、安东·菲尔茨（Anton Filtz）和约翰·克里斯蒂安·巴赫（J.C. Bach，不少于十二部）的交响曲，以及海顿的多部作品，包括第 6 交响曲（"早晨"）的初版，还有，早在 1764 年，他就出版了海顿的部分弦乐四重奏（"作品第 0 号"，Hoboken II:6）。1777 年他决定离开巴黎前往维也纳，后来可以说这是一个灾难性的决定。一开始他的事业看上去还算成功，但他很显然已经太老了，无法与托利切拉、阿塔利亚竞争。他开始为阿塔利亚刻板［如海顿的《忠贞的回报》①中的咏叹调"啊，像一颗心"（Ah, come il core）］，并允许克里斯多夫·托利切拉代销他拥有的作品。所以在 1781 年，当莫扎特来到这里的时候，于博迪的事业已经明显地走下坡路了（他为其他出版商刻板的业务还在维持，尤其是为阿塔利亚）。1791 年 1 月 13 日，于博迪最终在维也纳死于赤贫——这也是很多音乐家的命运——享年 69 岁，他留下的财产大部分是锡版与铜版。

钢琴的新发展（楔槌键琴）

钢琴是由几个来自不同国家的人士各自独立发明的，但人们通常将钢琴发明者这一荣誉归功于其中的佼佼者——巴托洛缪·克里斯托福里（Bartolommeo Cristofori，1655—1731 年），他是佛罗伦萨的托斯卡纳大公的乐器制造者和收藏品负责人。对我们来说，幸运的是，有足够数量的由克里斯托福里制作的乐器留存至今，而且它们仍然能够展示美妙的声音和精妙的制造工艺。从今天收藏于美国纽约大都会博物馆的一台乐器中可以看到出自他之手的巧夺天工的擒纵机构。仅仅依靠触键，就能在乐器上明确地演奏出弱音

---

① La fedeltà premiata，1781 年 2 月 25 日在埃斯特哈扎首演的三幕歌剧，咏叹调是 "Ah, come il core"。

（piano）与强音（forte），使这种乐器获得了"fortepiano"的名称，而在十九世纪早期这个名字逐渐转变成了"pianoforte"。但在一开始，克里斯托福里的乐器并未获得音乐家的广泛接受［多梅尼科·斯卡拉蒂（Domenico Scarlatti）在西班牙的雇主就把他的钢琴改回了羽管键琴］[19]；在那个世纪的晚些时候，情况发生了逆转，留存至今的很多十八世纪被精心装饰的钢琴，实际上就是从羽管键琴改造而来的。

　　克里斯托福里的发明很快就传播开来，在十八世纪六十年代早期，在伦敦的英国（实际上是日耳曼）乐器制造商提供了一种不同样式的钢琴。克里斯托福里的乐器身形修长，形状类似羽管键琴，而伦敦以及不久之后在巴黎的那些兼做家具的乐器制造商们，为了节约空间，制造出了一种形状像斯皮耐琴（spinet）的乐器，这种乐器在后来的维多利亚时代被称作"方形钢琴"。这种英国版本的钢琴拥有一套用手操作的复杂的踏板系统，是一种体积较小但是机械上非常有效的乐器。与克里斯托福里的"三角钢琴"类似，这种英国钢琴一般来说也拥有从 到 的五个八度的音域，换言之，这是一种 F 调的乐器。虽然这样一些乐器，以及可能还有一些克里斯托福里的作品流传到了奥地利，但基本上可以确定，在 1765 或者 1770 年前，奥匈帝国应当没有现代意义上的钢琴[20]。但在日耳曼诸国的情况就不一样了。日耳曼人向来对新的技术产品感兴趣，而他们也立刻意识到了克里斯托福里的发明的重要性，并开始自己制造类似的乐器。我们已经了解，伟大的哥特弗里德·西尔伯曼（Gottfried Silbermann，1683—1753 年）不仅仅是一位管风琴制造专家，在钢琴制造方面也富有经验，约翰·塞巴斯蒂安·巴赫（J.S. Bach）在前往柏林拜访腓特烈大帝的宫廷时，曾经听到过西尔伯曼制造的这种乐器的声音。巴赫不喜欢这种

40

新乐器，或者至少一直以来都是这么说的，但毫无疑问这种乐器在日耳曼地区被接受并保留了下来。到十八世纪七十年代中期，以雷根斯堡的弗兰茨·雅各布·斯帕特（Franz Jakob Späth，1714—1786 年）和奥格斯堡的约翰·安德里亚斯·斯泰因（Johann Andreas Stein）为代表的一批乐器制造者，已经在制作质量出众的配有复杂踏板的键盘乐器，这些踏板由膝盖来操作。出自斯泰因的乐器在当时毫无疑问是整个欧洲大陆中最为精良的产品，而有趣的是斯泰因的产业此后迁移到了维也纳（在那里他们把商标改为了施特莱歇），而贝多芬早在 1796 年就成为他们的客户。

在莫扎特的童年时期，并无记录表明萨尔茨堡是否有钢琴存在——大概没有。在他遍及欧洲各地的巡回演出中，毫无疑问他直接接触了很多钢琴，尤其是 1765 年他在英国的时候。我们能够找到的关于他开始以全新的眼光看待钢琴的第一个记录，来自他 1777 年的不幸的日耳曼—巴黎之旅。他经过了奥格斯堡，在那里他去了斯泰因的乐器店，并未透露自己的身份，而是自称为"特拉松"（将 Mozart 这一姓氏反过来拼写——莫扎特一家的书信中经常运用这样的暗语来保护隐私，因为那时的书信常常被官方拆开检查）。几天后，在 10 月17 日，他在给父亲的信里提到了斯泰因的钢琴：

> 这次我应该先从斯泰因的钢琴说起。在我接触到他的作品之前，斯帕特的键盘乐器一直是我的首选，但现在我更偏爱斯泰因，他们的触键阻尼感比雷根斯堡的好得多。当我用力弹出一个音时，我能控制它的延续，或者抬起手指，然后声音就会立刻像我想要的那样停止。无论我以何种方式触键，琴声都保持均匀。从不会破碎，不会过强或者太弱或者完全不见。简而言之，它一直是均匀的……与其他乐器相比，他的乐器有一个过人之

处：它们都配有擒纵机构。只有百里挑一的乐器制造者会注重这点。但是没有擒纵机构的乐器无法避免吱嘎的噪声与振动。当你触碰琴键时，无论你是继续按着还是放开它，它的击槌在敲击琴弦后都会立刻归位。他本人告诉我当他完成一台钢琴时，他自己会坐下来试奏各种各样的段落，在上面跑动、跳跃，并继续修正调整，直到这件乐器能够适应一切曲目……

而且他的钢琴真的十分耐久：他保证乐器里的音板不会折断或裂开。当他完成一块钢琴音板之后他会将其放到户外，让它经历风雪侵袭、日晒雨淋以致它自己开裂，然后他再用楔子和胶水来使这台乐器十分坚牢。当它（音板）开裂的时候他甚至十分高兴，因为他可以保证此后不会继续裂开。实际上他经常自己在上面制造裂纹然后再将其胶合并加固。他已经完成了三台这样的钢琴。今天我又演奏了其中一台。

……最后一首 D 大调作品（奏鸣曲 K.284【205b】）在斯泰因的乐器上听起来相当精细优美。他的琴上那种要用膝盖来控制的装置也比之前乐器上的好。我只用轻轻一碰，它就能见效，而当你只是略微放开你的膝盖的时候，就再也听不到任何回响。[21]

今天能够在博物馆中找到相当数量的斯泰因出品的乐器供研究，其中有一件美国纽约大都会博物馆的藏品非常有趣，它配有一套脚键盘，这种脚键盘源自带踏板的羽管键琴（类似约翰·塞巴斯蒂安·巴赫曾经用过的那种），这意味着可以在这套键盘上演奏一个独立的声部，类似管风琴作品。此后莫扎特也会在他的由瓦尔特出品的钢琴上安装一套脚键盘。

斯泰因的钢琴非常适合精致且断奏明晰的演奏技巧，我们也知道这是莫扎特钟意的风格。（多年后，贝多芬曾批评莫扎特的钢琴演奏太过断断续

49

续；他【贝多芬】更重视钢琴演奏中的连奏技巧，几乎就像是管风琴那样。）[22]
这样的乐器发出的略有金属感的声音使其非常适合与其他乐器合奏，如在室
内乐以及协奏曲中那样。与现代乐器不同，十八世纪的钢琴能够很好地与木
管乐器融合在一起。对于这些木质框架的乐器来说，主要的技术难点在于声
音的力度难以延续，在高音区这种状况尤其明显。虽然不同的制造者采用的
方法不同，但大部分那个时期的钢琴为了给高音区提供足够的力度，会为高
音区的每个击槌配备三根琴弦，而在低音区则是两根。在此之后，制造者们
很快就为钢琴的所有音域都配备了三根琴弦——笔者曾经拥有过一台由约
翰·黑塞勒（Johann Heichele）在 1795 年前后于维也纳制造的钢琴，就是全
音域都配备了三根琴弦。当时英国产（不是维也纳或者日耳曼各地）的乐器
配备了一个很有效果的装置：被称为"单弦"的柔音踏板。在演奏者踩下这
个踏板后，其机械结构使击槌只敲击在一根琴弦上，从而产生了较为柔和的
声音。这种带有美妙光泽的机械结构直到莫扎特去世都没能流传到维也纳，
但同时代的作曲家已经开始频繁使用这种效果，并在此后因贝多芬在其"月
光"奏鸣曲（Op.27 No.2）中的应用而不朽[23]。上述这些特征可以在许多最近
的录音中听到（包括维也纳文化历史博物馆所出品的，以他们收藏的乐器进
行演奏的录音）[24]。从中可见，我们那些心怀善意却被误导的维多利亚时代的
前辈所相信并鼓吹的那个古老的神话，即现代钢琴只是对他们十八世纪祖先
的技术的改进，必然是值得怀疑的。现在我们倾向于认为现代钢琴在结构上，
尤其在琴身框架上，比起它十八世纪的祖先来说更为坚固。但在这个过程中，
古代钢琴的精致、细腻与诗意很大程度上让位给了音量、粗暴与蛮力。最令
人震撼的差异在于低音部，类似贝多芬华德斯坦奏鸣曲（Op.53）开头那样的
乐段，在现代钢琴上就无法体现其效果。[25]

在莫扎特来到维也纳后，他发现那里有一个欣欣向荣的钢琴制造学派，其中包括了约翰·尚兹和文泽尔·尚兹[1]，以及安东·瓦尔特（Anton Walter）。瓦尔特为埃斯特哈齐亲王的各个城堡提供乐器，但海顿认为他的乐器太过昂贵，而且触键过于沉重。海顿更偏爱尚兹出品的乐器，如今还能找到若干由约

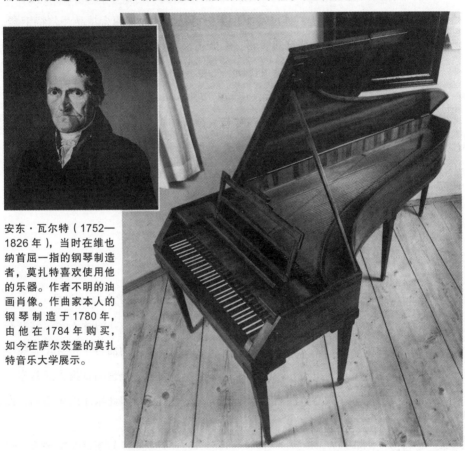

安东·瓦尔特（1752—1826 年），当时在维也纳首屈一指的钢琴制造者，莫扎特喜欢使用他的乐器。作者不明的油画肖像。作曲家本人的钢琴制造于1780 年，由他在1784 年购买，如今在萨尔茨堡的莫扎特音乐大学展示。

---

[1] Johann Schantz（1762—1828 年）与他哥哥 Wenzel Schantz（约 1750—1791 年），来自波希米亚的钢琴制造家，并在维也纳开设了钢琴作坊，其产品获得了贝多芬与海顿的赞赏与推荐。

翰·尚兹制造的钢琴[26]。保留至今的由瓦尔特出品的乐器数量更多。萨尔茨堡
50 的莫扎特音乐大学收藏了莫扎特曾经拥有的由瓦尔特制造的乐器，但很不幸，
踏板已经不存，而且其复原维修并非出自专家之手。艾森施塔特的海顿博物馆
拥有一台埃斯特哈齐家族的钢琴，最近刚刚被修复，但这台琴的高音部非常
差。与之形成对比的是，维也纳文化历史博物馆收藏有两台精品瓦尔特钢琴，
被修复一新，处于极好的可演奏状态中。用这样的乐器演奏的莫扎特、海顿或
者早期贝多芬的作品，令人耳目一新。[27]

当莫扎特在 1791 年去世后，钢琴的变革也开始了。这并不仅仅是贝多芬
的责任，由穆齐奥·克莱门蒂 ① 这位特立独行的作曲家所率领的，随后又有约
51 翰·巴普蒂斯特·克拉莫 ② 这位贝多芬心目中当时最佳的钢琴家加盟的英国学
派对此也有很大贡献。很明显，莫扎特在世的时候没有看到这种逐步的、影响
深远的变化的结果，因此需要铭记的重要一点是，现代的音乐会三角钢琴已经
与莫扎特时代精致而优美的乐器大相径庭。

1781 年在维也纳的音乐会

1782 年的《年鉴》包含了一份简短的标注为"音乐学会"的记录（第 162
页），是在大斋节期间由音乐家协会或来访的音乐家所举办的音乐会。这些在
城堡剧院与克恩滕门剧院举行的（公益性质的）音乐会的曲目——甚至是关于
其是否真实举行过的报道——都没能留存至今，因为《维也纳日报》通常不会
公告此类活动。在大斋节期间，歌剧院乐团没有演出，因此乐团的乐手们，以

---

① Muzio Clementi（1752—1832 年），出生在意大利的多才多艺的英国音乐家，身兼作曲家、钢琴家、指挥家、钢琴
乐器的开发者、钢琴制造家、音乐出版商与钢琴教师。
② Johann Baptist Cramer（1771—1858 年），生于曼海姆的英国钢琴家与作曲家，克莱门蒂的学生，当时被认为是与
贝多芬齐名的杰出钢琴家。据说贝多芬第 5 钢琴协奏曲的"皇帝"的别名就是由他所取。

及剧院本身，都可以进行其他演出（然而乐手们必须向管理者提交申请）。因此，在维也纳举行的公开音乐会的数量是被严格限制的。但在 1781 年仍然有几支私人乐团存在，大部分都属于极其富有的大贵族，例如埃斯特哈齐家族的尼克劳斯亲王，他们的演出通常在主人的宫邸中举行，并且非请莫入。科勒雷多大主教的乐团和部分歌唱家不仅仅在条顿骑士宫——他们一行人包括科勒雷多本人也都住在那里——演出，也会去其他地方作客，比方说，在俄国大使格里钦亲王的宅邸。

约翰·佐尔格·阿布莱希伯格（J.G. Albrechtsberger, 1736—1809 年），著名的作曲家与管风琴家，曾任维也纳圣斯蒂芬大教堂乐正。不具名的油画肖像。

在圣诞节和大斋节期间举行系列音乐会的唯一的官方机构——音乐家协会——成立于 1771 年，其主旨是资助去世的音乐家留下来的孤儿寡母。他们的音乐会拥有一个非常庞大的管弦乐团，人数超过 180 人，并常常与歌剧院的合唱团和独唱家一起演出，可以说是囊括了维也纳最好的音乐家。无论是作曲家还是演奏家，为此提供无偿服务都是一种荣耀的象征。音乐会的观众包括了皇室与贵族成员，音乐会上通常会演出一部清唱剧，并在幕间加入一部协奏曲或者其他器乐作品。莫扎特非常期待能够参与这些闻名遐迩的演出，而大主教对此一开始的回拒态度是之后一系列意志冲突的导火索，最终导致了莫扎特在五月离职。

1781 年音乐家协会的音乐会包含了三组曲目，每组曲目演出两场：比往年多出一组曲目（两场演出）的原因是，由于 1780 年玛利亚·特蕾莎皇后驾崩后的国丧，音乐家协会取消了圣诞节期间的音乐会。第一组音乐会在 3 月 11 日与 13 日举行，第二组在 4 月 1 日与 3 日举行。在 4 月的这两场中上演了约翰·佐尔格·阿布莱希伯格的《各各他的朝圣者》（*Die Pilgrime auf Golgotha*），也包括了城中的热门演出——莫扎特以神童身份在维也纳登台之后多年，再度回到维也纳公开献演。莫扎特在给他父亲的信中提到了他是多么希望能够参加这样的演出，因为他认为这是赢得公众——以及皇帝，这个也许是更重要的对象——认可的最佳方式。他打算演奏的曲目是他以帕伊谢洛的《塞维利亚理发师》中的咏叹调"我是林多洛"（Son Lindoro）为主题的变奏曲，在此之前现场即兴演奏一首赋格，再表演一首钢琴协奏曲（当时在维也纳还少有耳闻）。莫扎特当时想去借用"图恩伯爵夫人的美丽的斯泰因钢琴"，还提到"无论何时，只要我为公众演奏这套曲目【比方说在维也纳的沙龙里】，我总是会收到最热烈的掌声——因为这些曲目之间有着鲜明的对比，而且人人都能在其中找到适合自己趣味的东西"[28]。

52 在莫扎特及其支持者施加的相当可观的压力下，大主教让步了，在1781年3月28日莫扎特给他父亲的信的附言里，他提到他最终还是会参演一场音乐会。这是在4月的两场音乐会中的第二场，在克恩滕门剧院举行，当时的海报说明音乐会将以"一部由沃尔夫冈·阿玛蒂【原文如此】·莫扎特先生创作之交响曲"开始，"随后莫扎特先生将表演钢琴独奏。他7岁时曾经在这里登台，即便在那时他也获得了大众的普遍好评，这些好评是凭借他作为作曲家的才华，也是因为他在此艺术领域的名声，尤其是因为他的键盘演奏技艺之高超与精细"。

之前通常认为莫扎特此次演出的交响曲是第34号（K.338），这首交响曲用上了小号与定音鼓，是他于1779—1780年间在萨尔茨堡创作的交响曲中规模最为宏大的一部，但现在人们相信那场演出中上演的是第31交响曲"巴黎"（K.297），是一部管乐比重较大的作品。莫扎特在当年4月11日寄给他父亲的信中提到了这部交响曲排练的情形，那是"大获成功，乐团里有 40 把小提琴（所有的管乐器都加倍）、10 把中提琴、10 把低音提琴、8 把大提琴，以及 6 支大管"[29]。在这场音乐会之后，他在信中（4 月 4 日）写道，他确实对维也纳的听众非常满意，"我必须从头再弹一遍，因为掌声永不停息"。约瑟夫二世当时也在场。

莫扎特如今开启了他在维也纳的辉煌生涯。

维也纳的宗教音乐和约瑟夫二世的改革

维也纳在几百年间一直有着辉煌的宗教音乐传统，为教会创作的音乐作品也是延续不绝。当莫扎特抵达维也纳的时候，约瑟夫二世刚刚亲政三个半月，正要开始落实他计划中一系列内容广泛的改革。在他即将关注的各个方面中，包括了整个教会对于皇室的影响力，以及在教堂中演奏的音乐。当查尔斯·本尼（Charles Burney）1772 年造访维也纳时，他曾经写道：几乎没有哪个教堂或者修道院每天的弥撒没有歌唱家、管风琴、三到四把小提琴、中提琴和低音提琴表演，而且由于维也纳的教会活动听众众多，人们的音乐品位也受到了这种富有象征意义的教会音乐的影响，哪怕教堂里的演奏水准并不总是第一流的。因此当时的维也纳市民听音乐的大部分场合不是在教堂，就是在舞厅，而且无论本尼的描述是怎样的[30]，当时的维也纳在这两处场合中演奏的音乐都有着非同一般

查尔斯·本尼博士（1726—1814 年），英国作曲家和音乐史家。由乔治·丹斯（George Dance）于 1794 年所作之铅笔画。

约瑟夫二世，油画肖像局部。绘制于 1790 年前后，作者未知。

53

的高水准（当然，教堂里的音乐风格会更加保守一点）。

在萨尔茨堡，莫扎特曾是"现代"的宗教音乐作曲家的先锋之一，但现在他与维也纳的任何一座教堂都没有合作关系，他就很难有机会继续在那里创作宗教音乐。事实上，此后我们会看到，他在1782年开始"自由"地主动创作一部这个类别的大篇幅作品，说明他深深地被宗教音乐所吸引。而在那时，奥地利皇室土地上的教会音乐即将面临一次重大的挫折，原因是约瑟夫二世将要推行的改革。皇帝认为教会中的音乐应当被大幅度简化，而且信众应当参与到音乐中；与类似歌剧的，带有"咏叹调"和富有魅力的器乐独奏段落的弥撒曲相比，更应当推行以德语歌唱的颂歌。到1783年，这一系列改革被全面推行，而几百个维也纳教会的音乐家发现自己失去了工作[31]。

莫扎特很快就能认识约瑟夫二世，而且他将会成为这位头脑聪明、意志坚定，并引发了莫大争议的皇帝的崇拜者，这位皇帝将在接下来的九年里主导奥地利的国运。直到今天，关于约瑟夫二世的争议仍然是一个现实的话题。看上去没有人能对他的统治做出完全公正的评价。下面我将要引用的由小卡尔·A. 洛伊德① 所作的概述，对约瑟夫二世作为皇帝的生涯做了一份相对客观而公正的总结：

玛利亚·特蕾莎皇后驾崩后，她的儿子约瑟夫二世继承了她的统治，随即展开了内容广泛的改革，此前他曾经试着说服他母亲来接受这样的改革计划。在她驾崩后的一年内，他既签发了一份宽容诏书，赋予新教徒和希腊东正教徒某种程度的信仰自由，又颁布了解放农奴的特许令，保证

① Karl A. Roider Jr.，美国历史学家，曾任路易斯安那州立大学人文科学学院教务长，专注于奥地利历史研究。

每个农民都能享有人身自由。约瑟夫二世随后废除了所有传统上的和地域性的政体划分，建立了君主专制的彻底的中央集权制，对法律和司法程序进行了广泛的修改，废除了所有无法满足社会需要的修道院（包括女修道院），并颁布了对所有公民平等征税的法令。在他亲政的十年间，他签发了超过 6 000 份诏书，几乎涵盖了他自己和他的臣民所关心的每件事。在约瑟夫二世的心目中，这个国家的存在是为了保证"最大多数人的最高利益"，没有任何传统、机构或者情绪在那时能够阻挡他实现这个目的。

对于约瑟夫二世来说，不幸的是，他的全面改革并没有创造出一个人人满意的国家，却引发了反对他的抗议浪潮。在陷入了 1788 年与奥斯曼土耳其帝国之间的战争后，约瑟夫二世发现自己面对着匈牙利潜在的革命威胁和比利时的公开反叛。这些突然爆发的抗争使他震惊，他也被警告不要在帝国的其他地方进一步激起不满情绪，在这样的压力下约瑟夫二世撤销了许多改革举措。当他在 1790 年 2 月去世时，他已经确信自己一败涂地。[32]

对莫扎特来说，在约瑟夫二世主政时期，他的事业就像音乐记号中的渐强与渐弱（如果这份自负能够继续下去的话），《费加罗的婚礼》可能就在这两个符号中间的位置上。但是，莫扎特在他所有的忧虑乃至痛苦之中，仍然得体而真切地，在思想与行动上，跟随着他的皇帝。

第二章原注：

1. 参见奥托·米赫特纳（Otto Michtner）：*Das alte Burgtheater als Opernbühne*，Vienna etc.，1970，第 21 页起。

2. 由约瑟夫·杰罗德（Joseph Gerold）编纂并出版于维也纳，书中的日期为 1781 年 12 月 1 日到 1782 年 2 月 14 日；8 开本，232 页，本书作者本人收藏。

3. 1780—1781 演出季上演的作品包括：

（1）格雷特利：*Die Freundschaft auf der Probe*，编剧玛蒙特（Marmontel），1 月 22 日首演，复演 1 场。

（2）鲁普莱西特：*Was Erhält die Männer treu*，编剧丹科特（Zehnmark），2 月 5 日首演，复演 1 场。

（3）格雷特利：*Der eifersüchtige Liebhaber*，由小斯蒂凡尼翻译剧本，2 月 8 日首演，复演 3 场。

（4）格鲁克：*Die Pilgrime von Mecca*，编剧丹科特（Dancourt），2 月 12 日首演，复演 6 场。

（5）霍利：*Der Sklavenhändler von Smyrna*，编剧 C.F. 施万（C.F. Schwan），2 月 13 日首演，复演 1 场。

（6）加斯曼：*Die Liebe unter den Handwerksleuten*，由尼夫（Neefe）翻译多尔多尼（Doldoni）原作剧本，2 月 15 日首演，复演 3 场。

（7）乌姆劳夫：*Die schöne Schusterin*，由小斯蒂凡尼翻译剧本，2 月 25 日首演，复演 2 场。

（8）奥丁诺与格塞克：*Der Fassbinder*，编剧普瓦辛奈（Poinsinet），2 月 27 日首演，复演 2 场。

（9）安佛西：*Die verfolgte Unbekannte*，由小斯蒂凡尼翻译剧本，4 月 19 日首演，复演 3 场。

（10）格雷特利：*Der Hausfreund*，由小斯蒂凡尼翻译剧本，4 月 24 日首演，复演 3 场。

（11）米什卡：*Adrast und Isidore*，布雷茨纳翻译莫里哀原作剧本，4 月 26 日首演，复演 1 场。

（12）萨列里：*Der Rauchfangkehrer*（《扫烟囱的人》），编剧奥恩布鲁格（Auenbrugger），4 月 30 日首演，复演 8 场。

（13）帕伊谢洛：*Die eingebildeten Philosophen*（《想象中的哲学家》），由小斯蒂凡尼翻译剧本，5 月 22 日首演，复演 9 场。

（14）格雷特利：*Die abgeredete Zauberei*，由小斯蒂凡尼翻译剧本，7 月 11 日首演，复演 2 场。

（15）扎内蒂：*Die Wäschermädchen*，由博克（Bock）翻译剧本，7 月 11 日首演，复演 2 场。

（16）格雷特利：*Zemire und Azor*（《泽米雷与阿卓尔》），编剧玛蒙特，7 月 19 日首演，复演 4 场。（这部歌剧几年来一直在保留剧目中，阿罗西亚·朗格 1779 年曾在剧中饰演主角。）

（17）蒙西尼：*Der Deserteur*，由小斯蒂凡尼翻译剧本，8 月 1 日首演，直到 1782 年才被复演。

（18）皮契尼：*Die Sklavin und der grossmütige Seefahrer*，小斯蒂凡尼编剧，8 月 7 日首演，复演 1 场。

（19）格雷特利：*Die unvermuteten Zufälle*，由小斯蒂凡尼翻译剧本，9 月 1 日首演，复演 3 场。

（20）格鲁克：*Iphigenie in Tauris*，由阿莱辛格翻译剧本，10 月 23 日首演，复演 6 场。

（21）古列尔米：*Robert und Kalliste*，由埃森伯格（Eschenburg）翻译剧本，11 月 5 日首演，直到 1782 年方有复演。

（22）格鲁克：*Alceste*（《阿切斯特》），以意大利语演出，11 月 25 日于美泉宫城堡剧场首演，12 月 3 日在城堡剧院首演，复演 3 场。

（23）格鲁克：*Orfeo ed Euridice*（《奥菲欧与尤丽狄茜》），12 月 31 日首演。

4. 见 1 的米赫特纳同一著作，第 141 页，铜匠安东·绍尔（Anton Schauer）为此舞台设备获得了 155 盾的报酬。

5. 米赫特纳在同一著作中的统计分析。

6. *Adrast und Isidore*、*Die Wäschermädchen*、*Die Sklavin und der grossmütige Seefahrer* 与 *Die unvermuteten Zufälle*。

7. 米赫特纳同一著作，第 99 页。

8. V.J. Sykora，*František Xaver Dušek*，Prague 1958，第 214 页起。关于那些海顿的作品，参见 Landon，*Haydn: Chronicle and Works*，*The Early Years 1732—1765*，第 269 页起。

9. 施瓦岑贝格家族在克鲁姆洛夫的家族档案馆里收藏有莫扎特的《后宫诱逃》的管乐队改编版本乐谱，已故的 E.F. 施密德（E.F. Schmid，Bärenreiter Verlag, Kassel）出版这一版本时将其误标为由莫扎特本人改编，其实并非如此。

10. 例如海顿的《元帅军团进行曲》（1772 年），由本书作者于 1958 年在布拉格发现，并在多布林格出版。

11. 未曾出版的卡尔·冯·钦岑多夫伯爵日记，收藏于维也纳国家与宫廷档案馆。译文如下："（在克鲁姆洛夫）用管乐演奏的歌剧《费加罗的婚礼》，我之前没听过，那些先生们在这里吃晚饭。""（在福劳恩贝格）晚饭后的音乐是《费加罗的婚礼》。""（在维也纳）那天晚上，在音乐会中，皇帝的音乐家们演奏了整部《稀罕事》，音乐有着迷人的效果。"

12.《后宫诱逃》，*NMA* II/5（G. Croll），1982 年版，p.xix，n.56。

13. 收藏于美国华盛顿国会图书馆。

14. 关于这部作品在瓦尔德施塔腾男爵夫人家演奏的原始记录来自尼森写的传记（第466页），但描述颇有令人好奇之处：在传记中引用了莫扎特在1782年8月7日给他父亲的信，而在记述了男爵夫人家里的结婚庆祝活动之后——本书第100页处摘录了原文——尼森插入了如下一句：【"晚宴真的超出了男爵级的标准而更接近于亲王级。"】"在晚宴时还为我准备了由十六人的和乐组演奏我的作品这样的惊喜。现在我亲爱的康斯坦策……"（其他文字与第100页处相同）。我认为插入的这句话是源自康斯坦策对当时的回忆：那时的乐队当然不是十六人而是十三人。公平起见我也必须提到，丹尼尔·N. 里森（Daniel N. Leesen）和大卫·怀特维尔（David Whitwell）发表在《莫扎特年鉴1976—1977》（1978年在卡塞尔出版）中的论文 "Concerning Mozart's Serenade in B-flat for Thirteen Instruments, K.361［370a］" 并不赞同他的理论。他们认为尼森 "希望能让婚礼在描述中比实际情况更为宏大"，但他们也提到有可能是 "他受到了康斯坦策的影响，她可能提到了在婚礼现场演奏了某首乐曲"。有人认为这部小夜曲创作于1784年前后（参见第130—131页），但这与手稿纸张的某些水印不符，这些水印可以证明这部作品的创作早在两年之前。

15. 德斯齐，《文献》，第202页起。

16. 罗杰·黑利尔（Roger Hellyer）对当时奥地利宫廷和乐组做了基础性的研究，并将其整合进他的著名论著 *Mozart's Harmoniemusik*（1973年出版于牛津）之中。近年来还有一份十分有趣的论述，即由巴斯蒂安·布隆赫特（Bastiaan Blomhert）撰写的 *The Harmoniemusik of Die Entführung aus dem Serail by Wolfgang Amadeus Mozart, Study about its Authenticity and Critical Edition,* The Hague, 1987, 尤其是从第26页开始的部分。克拉迈的《音乐杂志》（*Magazin der Musik*）之中有一段取自巴提阿尼家族乐队的两位演奏家关于他们1783年前往日耳曼诸国巡演的描述。他们提到这个组合包括了 "一群技艺几近完美的管乐演奏家，在维也纳他们被称为皇家和乐组。这个组合包括8个人，能够举行一场圆满的音乐会，他们只演奏专门为他们的乐器创作或改编的作品，而他们其中也包括了作曲家和演奏大师温特，为他们自己的乐队改编了那些最出色的歌剧中的合唱、重唱甚至咏叹调选段，双簧管和单簧管通常会演奏原本的声乐部分。当时的乐队成员名单如下：

Hr. Trimsee［Triebensee］，第一双簧管

Hr. Wehend［Vent, Went］，第二双簧管

Hr. Stadler，第一单簧管

Hr. Stadler，第二单簧管，与前一位 Stadler 是兄弟

Hr. Rupp，第一圆号

Hr. Eisen，第二圆号，被认为比 Hr. Rupp 水平更高

Hr. Kautner［Kauzner］，第一大管

Hr. Druben［Trubur, Drobnay］，第二大管，也被认为比第一水平更高"

官方名单（包括各个成员的住址）具体如下：

双簧管：

Hr. Georg Triebensee

Hr. Johann Went

单簧管：

Hr. Anton Stadler

Hr. Johann Stadler

大管：

Hr. Wenzel Kauzner

Hr. Ignaz Drobnay

圆号：

Hr. Martin Rupp

Hr. Jakob Eisen

17. 出处同2，第122页起。

18. Alexander Weinmann, *Beiträge zur Geschichte des Alt-Wiener Musikverlages. Kataloge Anton Huberty (Wien) und Christoph Torricella,* Vienna 1962. 关于阿塔利亚，参见 Weinmann 的 *Vollständiges Verlagsverzeichnis Artaria & Comp.,* Vienna 1952.

19. Ralph Kirkpatrick, *Domenico Scarlatti*, Princeton, N.J. 1953, 第 178 页。

20. 有记录显示在 1763 年维也纳的一场音乐会上使用过一台现代意义上的钢琴。参见 Eva Badura-Skoda 的 "Prolegomena to a History of the Viennese Fortepiano", 刊登于 *Israel Studies in Musicology* 第二卷（Jerusalem 1980）, 第 77—79 页。

21. 莫扎特《书信》第二卷, 第 68—70 页。莫扎特在 1790 年于法兰克福的音乐会中使用过一台斯泰因的钢琴, 参见兰登《1791》, 第 14 页。

22. 兰登《贝多芬》, 第 111 页与第 62 页。

23. 根据其学生卡尔·车尔尼（Carl Czerny）所述, 贝多芬演奏这部作品的时候, 在第一乐章中全程都踩着"单弦"的踏板, 但在第一版的乐谱中, 却不需任何形式的踏板（"整个乐章应当以非常精细的方式来演奏并让人注意聆听"）。

24.（a）*Konzert zur Wiedereröffnung der Sammlung alter Musikinstrumente am I,* Juni 1966: W.A. Mozart, *Sonata fur 2 Klaviere*, K.448, Robert Schumann, *Kinderszenen,* Op.15; Jörg Demus and Norman Shetler. Harmonia Mundi. 在这组录音中使用了两台由瓦尔特制作的钢琴, 一台制作于 1785 年前后, 另一台是 1795 年前后。

（b）*Mozart in Paris-Mozart in Wien*. Jörg Demus. Harmonia Mundi, 2 LPs.

25. 更不用说结尾处著名的"滑行的八度"部分, 创作时所设想的钢琴触键远比现在要浅。

26. 保罗·巴杜拉 – 斯柯达（Paul Badura-Skoda）在维也纳拥有一台这样的钢琴, 他用这台乐器在 Harmonia Mundi 录制过一些精彩的海顿与莫扎特作品。另一台几乎一样的乐器由伦敦的阿兰·鲁宾（Alan Rubin）收藏。还有一台收藏在英国巴斯的霍尔本尼博物馆, 其音域直至 a′′′（中央 C 往上三个八度）。

27. 三十年前, 本书作者在下奥地利的罗森伯格城堡发现了一台非常漂亮且原始的三角钢琴。它从未被大修过, 并且状况优良。琴上并无签字, 说明它要么是一台在日耳曼某地制作的钢琴, 要么是一台非常早期的瓦尔特作品——他的某些乐器也没有签名。罗森伯格的这台钢琴会是现今奥地利最为古老的钢琴。

28. 莫扎特《书信》, 第三卷第 99 页。

29. 出处同上, 分别在第 106 页与第 101 页。K.338 除了铜管和定音鼓之外, 只有双簧管和大管。K.297 有长笛、双簧管、单簧管、大管、圆号、小号和定音鼓。

30. Charles Burney, *The Present State of Music in Germany, the Netherlands and United Provinces*（2 vols.）, London 1773, 1775.

31. Otto Biba, 'Die Wiener Kirchenmusik um 1783', *Beiträge zur Musikgeschichte des 18. Jahrhunderts*, Eisenstadt 1971, 7—79.

32. *Maria Theresa*, Englewood Cliffs, N.J. 1973, 177.

第三章　维也纳：社会风景

在莫扎特在维也纳的那个年代里，最有趣同时也最富原创性地记录了那个
年代的事件和社会气氛的编年史家是约翰·佩佐。他的《维也纳速写》涵盖了
1786—1790 年的时间范围，一开始分期刊登，随后整理为两卷本出版。

佩佐是约瑟夫二世时代维也纳的一个敏锐且经常展示出机智的观察者。像
莫扎特那样，他也是约瑟夫二世改革政策的支持者。他赞同皇帝力图约束贵族
和教会权势的举措，支持改革司法（尤其是刑罚）制度，他更认同约瑟夫二世
所表达的"要成为他的臣民的真正代表"的愿望，例如，约瑟夫二世本人以简
朴的服装和率真的待人方式来实践这种愿望。

佩佐描绘了这座城市日常生活的方方面面：人们如何着装，单身汉的伙食
消费是怎样的，风月行业如何营业，女士在社会中如何行为得体。他对周遭万
事都饱含兴趣：为什么维也纳人像热爱红酒那样热爱啤酒（奥地利本身是出产
红酒的国家），多瑙河如何封冻，作为公众娱乐的斗熊戏又是多么可怖。佩佐
认为，当时的维也纳人蜂拥而出，去围观罪犯被定罪，然后在惨叫声中被酷
刑处死的场面，此举令人恶心。他喜欢戏剧表演，并定期观赏歌剧与话剧演

格拉本大街，朝向科尔市场方向。佩佐将格拉本大街的人流与威尼斯的圣马可广场相提并论："无论是谁，只要有半小时的空闲，或者想活动一下腿脚，都会到格拉本大街走来走去。"在图中广场的对面矗立着特拉特纳大楼，1784 年时莫扎特曾经住在那里（参见佩佐原书第121 页）。卡尔·舒茨于 1781 年绘制的铜版画之局部。

出。他记述了维也纳首次实现舆论自由——这是约瑟夫二世最为大胆的革新之一——以及严格的审查制度被大幅度放宽（尽管并未被废除）的惊人历程。在佩佐笔下重现了十八世纪八十年代的维也纳，而且对本书来说他的著作的一大优势就是他与莫扎特生活在完全相同的年代，因此从现代的角度来看，我们就像是用莫扎特的眼睛看到了这个帝国首都那时的日常风貌。

与多幅同时代或近乎同时代的版画一起，下文摘录了佩佐描述中的部分段落，描绘了莫扎特应当已经熟悉了的这座城市中的各个生活方面以及各个重要地点。

街道和广场上的日常生活

56

摘自佩佐著作：

假设你没有家人需要赡养，没有担任公职，不是赌徒，不养情妇……每年464福林的花销已经足以让你在维也纳过得相当舒适，能够跻身于可敬的中产阶层社交圈。

在近郊居住能省下不少钱。在城里会花掉你200盾（每年）的一套公寓，在外面可能只要120……

格拉本大街在维也纳就好比圣马可（广场）在威尼斯，这里无时不是人头攒动……当夜幕降临，那些操持着最为古老的职业的女子就

圣米歇尔教堂的入口，当地有钱而时髦的阶层比较喜欢这座教堂。卡尔·舒茨于1788年绘制的铜版画之局部。

会出现，她们过于窘迫，以至于她们的服装没法在白天很好地展现自己的美丽。这些鸟儿通常出没的地方包括格拉本大街、科尔市场和霍夫……

当有一部新的歌剧或者话剧上演时，驶过格拉本大街和科尔市场的马车的吱嘎声、马蹄声和车夫的吼叫声就足以汇合成一场地狱般的音乐会。你在穿过圣米歇尔广场时得自己承担风险，因为马车会从前后左右四个方向向你驶来……

在被称为"丁字广场"的路口店铺展示的布料和配饰。卡尔·舒茨于1779年绘制的铜版画之局部。

新市场（面粉市场）一隅，维也纳最为重要的广场之一，在其背景中可见约瑟夫·约翰·内泼姆克·施瓦岑贝格亲王宫邸，在那里会举行半公开的音乐会。卡尔·舒茨于1798年绘制的铜版画之局部。

从事风月生意的年轻女子日常生活之场景，背景是维也纳的两个广场。摘自《1787年街头寻欢手册》中的铜版画，佩佐曾经提到此书。

58 **休闲娱乐**

摘自佩佐著作：

维也纳人热爱各种聚会、舞会、演出，以及各种休闲活动。在休息日，他们喜欢去普拉特公园或者奥园漫步，围观斗兽戏或者烟火表演，与家人一起去乡下旅行，以及坐到一张早早预定好的餐桌边……

左上：普拉特公园，图左侧背景中可以看到几间咖啡屋，中间则是赌场。由约翰·齐格勒（Johann Ziegler）在 1794 年前后根据洛伦茨·亚沙（Lorenz Janscha）的画作所作之铜版画的局部。

右上：私人舞会，由一支包括两支双簧管、两把第一小提琴、两把第二小提琴和一把低音提琴的乐队伴奏。由克莱门斯·科尔（Clemens Kohl）根据索勒尔（Sollerer）画作而作的铜版画。

左下：1791 年的《剧院之友年鉴》封面，描绘的是在维登剧院（自由之家剧院）上演歌剧《贤者之石》（Der Stein der Weisen）的场景，莫扎特的《魔笛》也在该剧院上演。

左下：1785 年维也纳流行的街头艺人。由 F.A. 毛伯茨（F.A. Maulbertsch）所作的蚀刻画。

皇帝和皇后从霍夫堡中庭出发前往圣斯蒂芬大教堂的礼仪队列。皇家马车由荣誉侍从骑士开道，并由日耳曼卫队保驾。由 J.G. 曼斯菲尔德根据卡尔·舒茨在 1792 年的画作而作的铜版画之局部。

　　这座休闲公园（普拉特公园）的名字可能来自西班牙语"草地"……你可以从一条两边种满栗树的林荫走廊进入这座公园……然后你就会身处一个宽阔的半圆形广场中，从那里放射出五条大路，通向不同的树林与花园。在中心地区有一些小房子和避暑别墅……

　　这座剧院［维登剧院，不久之后就会被艾曼纽埃尔·席卡内德（Emanuel Schikaneder）接管］因为刚刚落成，现在人流不断。各路巡游艺人都会来到这里，在市场开市的时候，他们会在主要广场中为他们搭建的木头房子里演出。你最好随身带一点烟草，不然你肯定受不了那里的灯

油味、打翻的啤酒味，以及观众的汗味混合在一起的气味。台上的演出十分粗野，而演员与观众之间也常常以不雅之词相互交流。

宫廷与典礼

摘自佩佐著作：

这座城市里最为核心的建筑是皇家城堡，而人人都知道这座建筑其貌不扬，但它的内在还是与这个显赫皇室相称的。一个小册子作家曾经写道："皇帝的马住的房子比他本人的更好。"这个笑话其实是真实的。

约瑟夫二世皇帝（中间）与一群出身高贵的访客——俄国的保罗大公及其随从——在美泉宫的广场上。卡尔·舒茨在1782年所作之铜版画之局部。

【1786年】今日皇室对外展示的形象已经完全改变了，他们的座右铭是节约……除了在圣体圣血节【圣三一主日后的星期四】和圣斯蒂芬瞻礼日【12月26日】，这两个日子皇帝……将以国家元首的礼仪露面，其他时候人们很难留意到在维也纳的皇帝，他的日常形象就是乘着一辆漆成绿色的由两匹马拉着的马车，在奥园里走走停停。

【1788年2月奥地利爆发了与土耳其的战争，而在下文所述日期之前，战事都对奥地利不利，以至于无法举行任何庆典】在次年……柯伯格亲王在福克沙尼打了一场值得庆祝的胜仗，并举行了庆祝仪式，在9月22日他在瓦拉几亚……又打赢了一场战役……

10 月 12 日……克里贝克将军来到这里……带来了贝尔格莱德已被攻占的消息。为此举行了连续三天的庆典……10 月 14 日在圣斯蒂芬大教堂举行了一场宏大的感恩赞礼，皇帝与他的整套班子以及贵族卫兵盛装出席……

第四章　两位康斯坦策

演员与业余画家约瑟夫·朗格，以及他妻子阿罗西亚。由丹尼尔·贝尔格在 1785 年根据朗格本人的画作而作的铜版画。

在莫扎特于 1778 年 12 月到 1779 年 1 月造访慕尼黑之后，韦伯一家搬去了维也纳，阿罗西亚在那里嫁给了演员约瑟夫·朗格（Joseph Lange），他同时还是一位出色的业余画家。塞西莉亚·韦伯（Cäcilia Weber）太太和她的两个还没出嫁的女儿住在圣彼得广场一座名为"上帝之眼"的房子的二楼，现在这座房子挂着 11 号门牌。很明显，莫扎特来到维也纳不久后就去拜访了韦伯一家，尽管他非常谨慎，没有向父亲提起此事。莫扎特必须像其他音乐家一样，和大主教随从班子里的佣人以及帮厨一起吃午饭，这让他很生气。他跟他父亲提到，在吃饭的时候他冷漠得一言不发，因为别人在餐桌上讲起的都是一些粗鲁的笑话。每个随从成员每天能收到 3 达克特的补贴，供他们在晚上演出的地方吃饭。管弦乐团和阉伶男高音切卡雷利在条顿骑士宫中的大主教宫邸举行演出，他们也会前往帕尔菲伯爵①的某处府邸或者克鲁格街 1046 号的俄国大使官邸举行音乐会。很符合莫扎特性格习惯的一点是，当他一走进大使官邸，他就一路直冲到格里钦亲王面前（这位亲王曾经在 1768 年接待过当时作为"神童"的莫扎特），完全无视所要经过的那些奴才。

> "……我是一个人去了那里，因为我不管和他们【萨尔茨堡乐团里那些言行粗鲁的音乐家】去哪里都感到羞耻；——当我到了那边走上楼之后，我看到【大主教的侍从】安格鲍尔先生在那里，他要叫佣人给我引路——但我既没理这位侍从，也没管那些佣人，而是直接穿过去走到音乐室，反正那些门都开着。——就直接走到亲王跟前向他打招呼；——我几乎忘了我的切卡雷利还有【小提琴家】布伦内蒂，哪里都找不到他们——他们被堵在乐团后面，靠着墙站着，不敢走上前来……今天格里钦亲王想听切卡雷利演唱——下一次一定会轮到我……"[1]

莫扎特已经开始定期拜访维也纳社交圈的人物。"我已经在图恩伯爵夫人那里吃过两次午饭，我几乎每天都去那里——她是我此生见过的最富魅力、最亲切的女士，而她对我的评价也很高。"她的丈夫，弗兰茨·约瑟夫·图恩-霍亨斯坦（Franz Joseph Thun-Hohenstein，1734—1800 年），是梅斯梅尔医生——一位推行"磁力疗法"的医生②——的追随者，也是维也纳的共济会会所"真和谐之路"（Zur wahren Eintracht）的成员。这位夫人婚前的姓名与头衔

63

---

① 应当是指 Count Lipót Pálffy de Erdőd（1739—1799 年），一个匈牙利贵族世家的成员。
② Franz Friedrich Anton Mesmer（1734—1815 年），德国心理学家、催眠术科学的奠基人。

是玛利亚·威尔米娜·乌菲尔德女伯爵（Maria Wilhelmine，Countess Ulfeld，
1747—1800年），她应当是莫扎特的一位真诚的崇拜者。她也是一个思想开放
而自由的母亲，养育了当时维也纳社交圈最有名也最美丽的三位少女——被称
为"三美"，分别是伊丽莎白（Elisabeth，生于1764年），1788年与安德拉
斯·拉祖莫夫斯基伯爵[①]（贝多芬的赞助者，后来成为驻维也纳的俄国大使）结
婚；克里斯蒂娜（Christiane，生于1765年），1788年与卡尔·冯·李希诺夫
斯基亲王（Carl von Lichnowsky，莫扎特与他在1789年一同前往日耳曼诸国

左：维也纳近郊的雷森堡，以及科本泽（Cobenzl）伯爵在那里的乡间小屋，莫扎特曾经在
1781年7月住在那里。由安东·赫津格（Anton Hertzinger）根据卡尔·菲利普·夏拉斯
（Karl Philipp Schallhas）的画作而作的铜版画。
右：图恩伯爵夫人，莫扎特来到维也纳后很快就成为她家的座上宾。作者不可考的油画肖像。

① Andrey Kirillovich Razumovsky 伯爵（后来晋升为亲王），1752—1836年。常驻维也纳的俄国贵族与外交官，贝多芬的重要赞助人。

旅行，后来他成为贝多芬的保护者）结婚；以及玛利亚·卡罗丽娜（Maria Carolina，1769 年出生），1793 年与驻维也纳的英国外交官克兰威廉侯爵理查德·米德（Richard Meade）结婚。莫扎特与图恩家族关系密切，在 1783 年作为老伯爵［约翰·约瑟夫（Johann Joseph），1711—1788 年］的客人造访上奥地利的小城林茨时，他写下了以这座小城为题的交响曲（第 36 号，K.425），1787 年时在布拉格他又与这个家族住在一起。[2]

伊丽莎白结婚仪式当晚发生的一些事情让她名声受损，她把这些事情的骇人细节全盘告诉了克里斯蒂娜，后者被吓坏了，以至于她随即取消了与李希诺夫斯基亲王的婚约。然而她后来还是退让了，并在 1788 年 11 月 25 日举行了婚礼，而仅仅在 12 天前，拉祖莫夫斯基还跟钦岑多夫伯爵在饭桌上提起那对准夫妇已经不再说话了。[3] 可以预料的是，与李希诺夫斯基亲王的婚事，也并不成功。

莫扎特的另一位赞助者是约翰·菲利普·冯·科本泽伯爵[①]，莫扎特在 1763 年就认识他了。科本泽当时在维也纳的宫廷里和政府中都担任高官，并在格林津的雷森堡有一座漂亮的避暑别墅（如今是维也纳人郊游的热门地点）。莫扎特在 1781 年 7 月造访那里时，记录道："这里离维也纳有一小时的路程……被称作雷森堡。我在这里已经住了一晚，而我还会在这里待几天。——这座小房子没什么可说的；但是围绕着它的郊外风景——那片森林【著名的"维也纳森林"】——他们在那里造了一个假山岩窟，并使它看上去浑然天成。一切都是那么赏心悦目。"[4] 莫扎特在维也纳的第一个钢琴学生是科本泽伯爵的一个年轻表妹——玛利亚·卡罗丽娜·迪恩斯·德·朗贝克伯爵夫人（Maria

64

---

① Johann Philipp, Graf von Cobenzl（1741—1810 年），哈布斯堡王室成员和奥地利帝国官员。

Carolina，Countess Thiennes de Rumbeke，1755 年出生）。在那时教授钢琴的收入并不多，但很快就会水涨船高。

莫扎特的自尊心很强，个性也很顽固，因此他在不久之后与傲慢的科勒雷多大主教之间的冲突也许是不可避免的，这位大主教总是想紧紧控制住他的年轻雇员。他们之间的第一次真正的争论关于即将举行的音乐家协会音乐会（1781 年 4 月 3 日）。莫扎特也遇到了其他的困难，在他 4 月 4 日写给父亲的信里，他这么解释：

> 我之前给你的信里已经写到过，现在大主教对我来说已经成为在这里的一大阻碍，因为他克扣了我至少 100 达克特，我如果在剧院举行一场演出，肯定能赚到那么多钱——因为这里的淑女太太们已经主动说要帮我推销门票……另外，我向你保证，这里是个很棒的地方——而且对我这样的水准来说，这里是世界上最好的地方——人人都会这样告诉你。——而且我很乐意尽量多赚钱，毕竟这是身体健康之后最好的事情。——不要再多想我的那些蠢事了，我也从心底里对那些事情感到内疚——吃一堑，长一智……[5]

在这段文字里，莫扎特模糊地提到了他之前失败的巴黎旅行和与阿罗西亚·韦伯之间夭折的爱情，而随着他与科勒雷多之间的关系日益紧张，他很快就会使他父亲陷入又一重绝望。4 月 11 日，莫扎特愤怒地抱怨了一场为大主教举行的音乐会："让我几乎疯狂的是，当晚我也被邀请去图恩伯爵夫人那里，结果我没法去，而在那里的是谁呢？皇帝本人。"[6] 但莫扎特还是没让他与大主教之间的关系彻底破裂，他在 4 月 28 日的信里写道："全世界都应当且必须知道，只是因为你，我最好的父亲，萨尔茨堡大主教才没有永远失去我，而他应该对此深表感激（我就是这个意思）……"这封信以明文写成，没有用暗语（莫扎特一家认为萨尔茨堡的信件检查官会开启并且阅读他们之间的通信，这当然是可能发生，甚至也许发生过的）。莫扎特想让他父亲同意他在下一年（1782 年）的大斋节期间在维也纳举行音乐会，而且假如大主教作为他的雇主（当然必须要先向他请示）不批准的话，"我还是会去"。只有在这样的条件下，他才会考虑回到萨尔茨堡。他人可以想象利奥波德有多么不悦，尽管他也会读到"昨天的音乐会后那些女士们把我留在钢琴边足足一个小时——如果我没有偷偷离开的话，可能时间更久——我以为我已经在演奏中表达了足够的谢意……"

但在这位儿子的下一封信里（5 月 9 日），情况变得更糟：

　　我仍然满怀愤怒……——我的耐性磨炼已久，但终于还是忍无可忍了。我已经不再为萨尔茨堡干那倒霉的活了——今天是我最高兴的一天；你看看这——已经两次了——我不知道我该怎样称呼他——他以最为恶劣的侮辱和无礼来对待我，为了你好，我不想再重复一遍；——他叫我臭小子、恶心的无赖——说我应该滚蛋——而我——都忍了下来——但我觉得他不仅攻击了我的自尊，也针对了你的名誉——但我仍然保持沉默——然后——八天前，一个跑腿的过来跟我说我必须立刻离开——所有其他人都被提前告知了他们的出发时间，但没人告诉我——所以我很快把我的东西打包装箱，而且——韦伯老太太发善心让我住到她的房子里——现在我有了一间属于自己的漂亮房间；我现在和那些乐于助人的人们在一起，他们为我提供了那些急需的但是（独居的人）难以拥有的东西。【下一班驿

马车上很难找到位置了】而当我去向那个人打招呼时，我听到的第一句
话是：

　　大主教："哦，臭小子，他啥时候走啊？"⁷

　　我："我想今晚离开，但所有的位置都满了。"

　　然后一切就失控了。——我是他所知的最恶心的小子——没有人像我
那样待他那么恶劣——他叫我今天马上离开，不然他就要写信回去叫人停
发我的薪水——旁人无法插嘴——终于我也怒火翻腾，于是我说道："好
吧，大主教您是对我不满么？"

　　"什么？"他威胁我，"傻瓜！蠢人！门在那里，赶紧滚出去，我不想
再跟这个可恶的浑小子有任何关系。"我说："好吧，终于——那么我也不
想跟你再有任何来往。""那就滚吧。"而我在离开的时候又听到，"就这么
决定了，明天你会拿到书面文件。"我最亲爱的父亲，告诉我吧，我是不
是做得太晚了，而不是太急了？

　　如果你愿意的话可以用密语回信给我；……如果……大主教对你有任
何一丁点儿不敬，就立刻和我姐姐一起来维也纳吧——我们三人靠我的收
入就能过日子……我再也不想听到任何关于萨尔茨堡的事了。⁸

　　必须说明的是，利奥波德的反应大体上是合理的：莫扎特与大主教的争吵
可谓骇人听闻。在 1781 年的时候，没人敢像莫扎特那样对待一位亲王兼大主
教。在那次最后的会面之后，科勒雷多大主教的内廷总管阿尔科伯爵①亲自动
手（脚），把莫扎特赶出了房间并踹下了楼，而莫扎特如果没能控制住自己的

---

　　① Carl Joseph Maria Felix Graf von Arco（1743—1830 年），科勒雷多大主教的内廷总管与财务官，兼管大主教府的厨
房，以及当地的鱼市等事务，不过让他留名史册的，还是把莫扎特踢下楼的那一脚。

怒气，对阿尔科伯爵动了手的话，那结果可能就像是莫扎特曾经在因斯布鲁克目睹的一个年轻人那样。那个年轻人打了一个贵族，然后被判处鞭打五十下——"这足足用了两个小时，"莫扎特在给他父亲的信中这么写道，"在第五下鞭打之后他的屁股就皮开肉绽……他被拖走时已经不省人事……"（摘自 8 月 8 日的信件）[9]

莫扎特对维也纳以及这座城市能为他提供的机遇做出了非常正确的判断，到 1784 年时，他已经是城内红人，财源滚滚。然而，就像他父亲担心的那样，他不仅粗暴地终结了与科勒雷多的雇佣关系，还做了另一件傻事——搬进韦伯家里住。

《后宫诱逃》

在莫扎特离开科勒雷多大主教之前，他已经与著名的演员与剧作家小哥特里布·斯蒂凡尼建立了联系，在莫扎特于 1781 年 4 月 18 日写给他父亲的信里，他第一次提到了此人"会为我创作一部全新的，而且按照他所说，非常精彩的剧本"[10]，以及为这部剧本谱曲的计划。这就是《后宫诱逃》——莫扎特首部在国际上获得成功的作品，也是首部能够让他的卓越才华面向更广大的受众的舞台巨作。

【1781 年 5 月 26 日信件】……我不知道为什么我应当把这部歌剧藏而不发。我已经先后两次向罗森伯格伯爵【奥西尼 – 罗森伯格（Orsini-Rosenberg），维也纳宫廷歌剧团的总监】致以敬意，而他也以最为有礼的态度接待了我，而且他也在图恩伯爵夫人那里听了我的歌剧【《伊多美尼欧》，不公开的演出】，与他一起看戏的还有凡·斯威腾【戈特弗

66

雷·凡·斯威腾男爵（Gottfried van Swieten），宫廷审查委员会的负责人和帝国皇家图书馆馆长】以及冯·索嫩费尔斯先生 ①【玛利亚·特蕾莎主政时期皇家歌剧团改革的负责人】——既然斯蒂凡尼是我的好朋友，一切都会好的……【1781 年 6 月 9 日信件】皇帝【约瑟夫二世】已经外出了……【奥西尼 - 罗森伯格】指派施罗德（演员）去物色一部出色的歌剧脚本，并且会给我来作曲……[11]

【1781 年 6 月 16 日信件】现在我得向你说明，为什么我们对斯蒂凡尼抱有疑虑。我恐怕得说，这个人，在整个维也纳都声名狼藉……但我不想把自己扯入那些事情。这样的恶名可能是真的，因为每个人都在说他坏话——然而，他颇得皇帝的欢心，而且在我们第一次见面的时候他就对我非常友好，他说我们已经是老朋友了，而且他如果能够为我做点什么会非常高兴。——我看过了他的两部新作品，非常出色，一部名为《门上的洞》（*Das Loch in der Thüre*），另一部是《首长与士兵》（*Der Oberamtman und die Soldaten*）……但因为罗森伯格伯爵不在，我即使拿到了剧本，也不会着手配乐——如果他不同意这个剧本，我的付出就是徒劳无功。而这是我不会去做的事情。——那么，你是不是觉得，我应该按照正歌剧那样来写一部喜歌剧？——就像正歌剧里面应当包含尽可能少的琐碎小事和尽可能多的知识与严肃事件一样，在喜歌剧里面就应该尽可能少地包含严肃知识，而尽可能多地包含琐碎与笑料。

人们想在正歌剧里面看到喜剧化的音乐的需求事实上是存在的，我也无能为力——但是在这里【维也纳】，他们对这两种类别有着明确的

---

① Joseph von Sonnenfels（1732—1817 年），奥地利法学家与作家，是当时的光明会（Illuminati）运动主导者之一，也是莫扎特与贝多芬的好友。

区分。[12]

在 7 月 4 日莫扎特写给他姐姐的信里，提到了他唯一的愉悦来自剧院。他继续写道："我希望你能在这里看一场悲剧演出：我知道没有其他的剧院能够出色地演出所有类别的戏剧，但是在这里，每个角色，最不起眼的和最可怜的，都被出色地演绎，而且演员都分两组【以备因病缺席】……"[13]

在 7 月底，莫扎特从斯蒂凡尼那里收到了《后宫诱逃》的剧本，他在 8 月 1 日告诉父亲：

这个剧本挺不错的，题材是关于土耳其的，名为《贝尔蒙特和康斯坦策》或者叫《后宫诱逃》——我会在序曲、第一幕的合唱和尾声的合唱里加入土耳其风格的音乐【带上额外的打击乐器，像是三角铁、大鼓等】。卡瓦列里小姐、泰博尔小姐、费舍尔先生、亚当贝尔格先生、道尔先生和瓦尔特先生将成为这部戏的演员。为这部剧本配乐令我非常开心，我已经写完了给卡瓦列里小姐的第一首咏叹调，以及亚当贝尔格先生的那首，还有第一幕结束时的三重唱。对于 9 月中就要完成的这部戏来说，确实时间不多……俄国大公【保罗】即将来访，所以斯蒂凡尼就问我是否能在这么短的时间内写完这部歌剧。因为皇帝和罗森伯格伯爵很快就会抵达并询问有什么东西是现成能上演的？——然后

俄国的保罗大公（1754—1801 年，之后的沙皇保罗一世），他对维也纳的访问计划促使莫扎特赶紧为《后宫诱逃》作曲，为了能够由莫扎特自己指挥为这位皇室贵宾演出。由耶罗尼米斯·罗森科尔所作之铜版画。

1782 年 7 月 16 日发布的《后宫诱逃》首演通告。

他【斯蒂凡尼】就能很高兴地说乌姆劳夫和他的歌剧是现成的（已经完稿
多时），而我为这个场合特别写了一部新作——既然我为此那么快地写了
这部戏，他也肯定会报上我的功劳。除了亚当贝尔格和费舍尔之外没人知
道这部戏，因为斯蒂凡尼求我守口如瓶，毕竟罗森伯格伯爵还没来，而
各种流言蜚语都可能出现——斯蒂凡尼不希望别人觉得他是我很重要的朋
友，他这么做都是因为罗森伯格伯爵希望如此，而在伯爵离开前，他确实
叮嘱斯蒂凡尼为我写点什么……[14]

从这封信中无法确定莫扎特是否了解这部剧本并非由斯蒂凡尼原创，而是根据克里斯托弗·弗雷德里希·布雷茨纳（1748—1807 年）① 的作品改编而来的。然而，莫扎特应当已经了解这部歌剧的出处，因为出版的剧本上将会表明"根据布雷茨纳作品自由改编……"但在那时人们认为这么做不需要获得作者的同意（布雷茨纳生活在日耳曼地区），而这样的疏漏会造成一个令人好奇的后果。

在 8 月 22 日，莫扎特写信给他父亲，告诉他《后宫诱逃》的第一幕已经完成。随后，在 9 月 20 日前后，他写道："不好意思，你可能需要为这封信【送达时】多付一点邮资，但我想让你至少能对这部戏的第一幕有些概念，这样你就能看到它的全貌，这是我所能做到的最精简的方式了。"在这张纸的背面，是康斯坦策·韦伯手写的《后宫诱逃》中那个同名角色的咏叹调"我曾多么幸福地深陷爱河"（Ach, ch liebte），在另外一张纸上列明了计划中的演员名单。[15] 因此可以说，在康斯坦策的"死对头"尚不知情的时候，她的笔迹就已经出现在他眼前了。

大约一周后，莫扎特进一步丰富了他对此的描述：

演员与剧作家小哥特里布·斯蒂凡尼，《后宫诱逃》剧本作者。由 J.G. 曼斯菲尔德根据约瑟夫·朗格已经佚失的原画而作的铜版画。

【9 月 26 日】……这部歌剧原本要以一段独白开场，但我要求斯蒂凡尼先生把它改成一段短小的咏叹调——这样的话，在奥斯敏的那首短短的歌

① Christoph Friedrich Bretzner，莱比锡的商人与剧作家，启蒙思想在莱比锡这座当时充满自由气氛的城市的代表之一。在《后宫诱逃》的不快发生后，他在 1794 年改编了《女人心》并使其以德语上演，这在某种程度上可以看作一种回报，也可以解释为对已故的莫扎特的景仰。

68 曲之后，就应该是一段二重唱而不是对话。既然我们打算让费舍尔先生来
唱奥斯敏这个角色，而且他确实能唱出出色的低音（尽管大主教曾经对我
评论说他的音即使对于男低音来说也太低了，而我保证下一次他会唱得高
一点）：应当好好利用这个人，尤其是在这里他深得人心。——但是在剧
本原作里，奥斯敏只有一首咏叹调，其他就只有三重唱和结束合唱。现在
他在第一幕就会有一首咏叹调，第二幕还会有一首。我跟斯蒂凡尼先生说
过这些咏叹调会是怎样的，在他填完词之前我就把大部分的音乐写完了。
你这会儿只拿到了开头和结尾，但它们一定会有很好的效果。因为加入了
土耳其音乐的元素，奥斯敏的愤怒被转换成了喜剧效果。我通过这段咏叹
调让他优美而深沉的低音（请无视萨尔茨堡的那个土皇帝）来发挥其魅力。
他的那些唱词，像是"所以先知的胡须"，速度没变但是有着密集的音符，
加上歌曲中的怒气逐渐累积，人们可能会觉得这首咏叹调即将结束，但接
下来的快板段落——完全不同的速度，完全不同的调——肯定会有极其出
色的效果，因为它展示出一个人在愤怒中彻底失控，失去了自我，将要打
破一切约束——所以音乐一定也要与此保持一致。但是既然那种感情，无
论是否暴烈，都不能以让人感到不快的形式表达出来，那么与之相配的音
乐，即使在最可怕的情形下，也不能够显得刺耳，而且一定要始终保持音
乐是音乐。因此我选择的调性与（咏叹调的）F 大调并不相悖，但又不是
与 F 大调最为接近的 D 小调，而是与之相关并且相邻的 A 小调，——然
后，关于贝尔蒙特的 A 大调的咏叹调"何等的迫切，何等的火热"①，你知
道在这里是如何表达的吗？那颗在爱情中热烈跳动的心，立刻由两个相隔

---

① "O wie ängstlich, O wie feurig"，出现在第一幕，贝尔蒙特唱出他即将与康斯坦策重逢时那种几近痛苦的急切心情。

八度的小提琴声部来表演——所有听过这个唱段的人都表示这是他们最喜欢的咏叹调，我也是，而且它完全为亚当贝尔格的声音打造，人们能够感受到其中的颤抖与动摇，能够看到角色心中的热情逐渐满溢，在此以音乐中的渐强来表现，也能够听到角色的叹息与期期艾艾，由加上弱音器的第一小提琴与长笛的合奏来表现。

剧中土耳其禁卫军团的合唱包含了一切人们期望的禁卫军团合唱的特色——短促而欢乐，这是为维也纳人而特别创作的。——为了适应卡瓦列里小姐不稳定的歌喉，我稍微调整了康斯坦策的咏叹调"分离是我最大的恐惧，我的眼中满是泪水"①，但在这么一首意大利式的炫技咏叹调允许的范围内，我已经尽力来表现自己的想法。

关于第一幕结束时的三重唱：佩德里奥已经说了他的主人是个建筑师，这样他就能进入花园去找他的康斯坦策；帕夏已经将他纳入自家旗下。作为帕夏手下监督者的奥斯敏对此一无所知，他是个粗暴的糊涂人，而且作为所有外来者的死敌，他显得鲁莽而无礼，他不想让他们进入花园。第一段显得很短，而且因为歌词允许我这么做，我就把它精妙地写成了三个部分，整首曲子在大调中以极弱开始，随后快速往前推进，并在结尾处有一番大闹——而这也是一幕结束时所应该有的，越吵闹越好，越简短越好，这样观众们才不会吝惜他们的掌声。

这个序曲只有十四个小节，非常短，而且一直在强弱之间切换，在强音的时候总是土耳其风格的音乐。——它持续转了多个不同的调，即使观众中有人一整晚没睡，我想他们也不会在这里睡过去。——现在我满心困

---

① 这段咏叹调通常被称为"我曾多么幸福地深陷爱河"，来自歌剧第一幕，剧中帕夏问康斯坦策为何垂泪，这首咏叹调是康斯坦策的回答。莫扎特在书信中引用的是咏叹调高潮部分的歌词"Trennung war mein banges Loos; Und nun schwimmt mein Aug' in Thränen"。

惑地停在这里：第一幕已经写完三个星期了，我还写了第二幕里的一首咏叹调以及一首只包含我的土耳其风格的祝酒二重唱【为了维也纳观众】。但我没法继续写下去了，因为在我的推动下，整个剧情要被颠覆。在第三幕的开始要么是一段迷人的五重唱，要么是一段终曲，而我宁愿把它放到第二幕结束。要这么做的话，剧本需要大改，甚至要加入一大段全新的桥段——鉴于斯蒂凡尼现在手头上都是别的活计，我必须耐心。——人人都对斯蒂凡尼多有怨言，他可能也只当着我的面表示友好，但他确实按照我想要的那样编排了剧本，每个细节都不放过，以上帝的名义，我没法再要求他更多了……[16]

69

10 月 6 日时，莫扎特向他父亲承认：

……歌剧仍然一筹莫展，我逐渐失去耐心了。——当然我也在写其他的曲子——但激情还在那里……我在一天之内写了亚当贝尔格的 A 调咏叹调，卡瓦列里的降 B 调咏叹调，还有三重唱，并在一天半之内把它们全部抄写完了。但即使现在整部歌剧已经完成，也于事无补，因为得等到两部【复排的】格鲁克歌剧演出后才能轮到我——而那两部歌剧都需要很多准备工作……[17]

利奥波德可能对剧本有所批评，因为在 10 月 13 日莫扎特回信道：

……你说得很对——但是这歌词与愚蠢、粗鲁、令人讨厌的奥斯敏的形象非常契合。我也很了解这些韵文的水平不是最好的，但它能够嵌入我音乐上的想法（这些想法在之前就已经浮现在我脑海里了），所以我必须赞同。——而且我打赌在演出的时候这些想法都不会被遗漏。就这部剧本实际包含的诗歌而言，我是真的很喜欢。像是贝尔蒙特的咏叹调"何等的迫切"那些，很难找出对于音乐来说更为出色的歌词了。而且除了"嘿"和"困扰留在我的膝上"这两句——因为困扰无法停留——这咏叹调并不差，尤其是第一部分。我不确定，在歌剧中唱词一定得是音乐的仆从。为什么意大利喜歌剧在哪里都那么成功？哪怕它们的剧本是那么一塌糊涂！即使在巴黎也是那样，我自己亲眼见过。因为在那些歌剧里音乐占有完全的主导地位，人们会容忍其他一切。因此为了让一部歌剧创造更多的欢愉，必须要有妥善安排的全盘计划，文字必须仅为音乐服务，而不是为了一时之快随意编排，看在上帝的分上，那些不成体统的韵脚对戏剧表现全无用处，反而会对其造成损害。有一些完整的诗节可以毁掉作曲家整个想法：韵文也许是音乐最重要的需求，但自顾自的韵脚则是最为有害的。那些如此迂腐地执行他们的工作的先生们会和那些音乐一起被埋没。

　　因此一位优秀的作曲家需要既了解戏剧，又能够与一位聪明的诗人合作，将自己的想法贯彻其中，就像一只真正的凤凰那样……[18]

约翰·瓦伦丁·亚当贝尔格和卡特琳娜·卡瓦列里，《后宫诱逃》在1782年首演时的贝尔蒙特和康斯坦策，由耶罗尼米斯·罗森科尔所作之剪影肖像。

　　11月17日，莫扎特终于能够报告他获得了"一些更多的材料来写我的歌剧……"[19]到1782年1月

30 日，这部歌剧的工作又被暂时搁置，一方面是因为当时正在复排两部格鲁克的作品，另一方面也是因为需要对剧本做出诸多改动，但"在复活节后它就能上演"[20]。一直到 5 月 29 日，他终于能告诉他父亲，第一次排练将在"下一个星期一"举行。可叹的是，莫扎特描述 7 月 16 日首演盛况的信件已经遗失。但在 7 月 20 日，第二场演出之后，他写道：

70

　　昨天是第二次演出，你能相信吗，与第一晚相比，昨天我竟然遭遇了更大的阴谋？整个第一幕都有人嘘声不断——但他们无法阻止咏叹调之后响亮的喝彩声。我寄希望于最后的三重唱，但"幸运"的是，费舍尔没抓住时机开唱，导致道尔（佩德里奥）也没能进来，光靠亚当贝尔格是没办法补救的，因此整首曲子的效果荡然无存，于是这次它（三重唱）没有被再演一遍。我愤怒得难以自持，亚当贝尔格也是如此，——我当时立刻就说，如果事先没有（为了歌手们）安排一点排练，我就不再演出这部歌剧了。——跟第一场演出时一样，第二幕里的两首二重唱也都再演了一遍，以及贝尔蒙特的轮旋曲"当喜悦的眼泪流淌"①。剧场的上座率可能比第一场演出时更高。在演出前一天，人们就没法买到池座前区或者三楼看台的保留座位的票了【城堡剧院的固定观众拥有可以预留给自己的座位】，包厢票也都没了，两天之内歌剧团收入了 1 200 福林（盾）。

　　我随信附上【乐谱】原稿与两本台词本。你会发现其中很多地方都被划掉了，因为我知道在这里这份乐谱很快就会被抄写复制，所以我在把乐谱给抄写员之前，就让我的奇思妙想再漫游了一阵儿，这里改一些，那里

---

　　① "Wenn der Freude Thränen fliessen"，出现在歌剧第二幕，康斯坦策和贝尔蒙特重逢后，贝尔蒙特在歌曲中表达康斯坦策对他的无上重要与重逢的欣喜欢乐。

删一点，你收到的版本就是如此。——乐谱中有些地方缺少了小号、定音鼓、长笛、单簧管以及土耳其音乐的部分，因为我找不到有那么多行的谱纸——那些部分写在额外附加的纸头上，而抄写员看上去把它们搞丢了，因为他找不着了。第一幕，当我把它带出门的时候——我记不得去哪里了——掉到泥里了，所以它这么脏。

　　我现在还有不少事情要做；到星期天的时候我必须把整部歌剧编排成管乐重奏版本，不然其他人就会代我完成它，而且还会代我拿走所有的收益……[21]

　　之前人们都认为莫扎特从未亲自将这部歌剧改编为管乐重奏版本，或者即使完成了，也没能流传至今。然而，荷兰学者巴斯蒂安·布隆赫特（Bastiaan Blomhert）重新核查了由菲斯滕贝格亲王[①]在多瑙艾辛根的城堡里收藏的一套与莫扎特同时代的《后宫诱逃》管乐队改编版乐谱与分谱，并认为这就是长期以来被认为已经佚失的莫扎特改编版[22]。在莫扎特于 1782 年 12 月 28 日给他父亲的信中也存在一个类似的令人不解之处："……现在我正准备完成我的歌剧的钢琴谱，打算把它印刷出版……"[23] 与此同时，莫扎特逐渐将更多时间花在其他事务上，钢琴谱的改编进度缓慢。这部作品的出版权卖给了托利切拉，但在莫扎特完成了第一幕，可能还有些其他内容的时候，美因茨的朔特就将其印制出版了（从 1785 年 8 月开始分期面世）。普遍认为贫困中的托利切拉已经完成了整个第一幕的雕版，虽然流传至今的只有序曲而已（布隆赫特的著作中也论及了这点）[24]。

---

　　① Fürstenberg，来自今日巴登—符腾堡地区的一个历史悠久的显赫世家，这个家族在多瑙艾辛根的城堡始建于 1488 年，保留至今的建筑在 1723 年由 Joseph Wilhelm Ernst zu Fürstenberg 建造。

俄国使团在维也纳还是听到了这部歌剧。在 10 月 19 日，莫扎特写道："最近，当他们为了那个【俄国使团】而上演这部歌剧时，我想我应该回到键盘前去指挥一下，一方面是为了要唤醒那个最近睡意蒙眬的乐团，另一方面是以这部作品之父的身份来展示我自己【既然我正好在这儿】……"²⁵ 这段记录揭示了莫扎特曾亲自指挥他的歌剧，由此可以假设他在未来的作品中也会如此：按照传统的"乐正"模式，坐在键盘前引领乐队。

当《后宫诱逃》在各地上演的时候，科勒雷多大主教——以及迈克尔·海顿——在萨尔茨堡也听到了这部歌剧。1784 年 11 月 19 日，利奥波德在给他在圣吉尔根的女儿玛利亚·安娜的信里写道："《后宫诱逃》在 17 日的演出获得了热烈的掌声，加演了里面的三段……大主教格外开恩地说了'这部戏真不差'……"²⁶

在 11 月 22 日前后的一封更为完整的信中，利奥波德对他的女儿这么说：

> 星期天这部歌剧又演了一场，大获成功，人们热爱这部戏，全城都洋溢着对它的赞美。【迈克尔·】海顿先生坐在钢琴前指挥乐团，很自然地，人人都去问他的意见，他说："这部歌剧需要一个 60—70 人的乐团，而且这里也缺少一些必需的乐器，像是单簧管和英国管【萨尔茨堡的乐团没有单簧管】，它们的部分就只能用中提琴来演奏——如果这些条件都能被满足的话，你就能听到这是一部多么杰出的作品了……"²⁷

*　*　*

《后宫诱逃》就此开始征服德语区的欧洲各国。在布拉格，人们尤其赞赏剧中留给管乐队的美妙部分。在日耳曼各国的大部分地方，这部歌剧都被认为难度颇高，但无论在哪里都获得了人们的尊重与喜爱。它充满着青春的热情与无比优美的音乐，奥斯敏的段落富有喜剧性，而且结尾满怀人性（与约瑟夫二世统治时期成为主流思潮的人文主义精神相一致）——这一切都能即刻打动观众的心。也许对于当时的听众来说，有两个特征会使他们特别吃惊：配器的丰富性以及各幕终曲的复杂程度和微妙安排。但是在故事情节的结构中——当然也是在音乐的坚实支持之下——有另一个特征在他后来的一些歌剧中变得极为重要：慷慨的宽恕行为。剧中有塞利姆帕夏对他的老仇人——贝尔蒙特的父亲的宽恕，因此塞利姆虽然曾经想把康斯坦策纳入后宫，但最终也还是释放了她。这一幕也许不像《费加罗的婚礼》结束之前伯爵夫人宽恕众人的场面那么优美动人，也不像《女人心》的结局那样出人意料，但这同样是对十八世纪维也纳的美好与体面的致敬。它所传达的那种宁静和自信的话语，在《费加罗的婚礼》中将上升到一个更高的高度，但似乎在后来的歌剧中却再未达到同样的光彩程度。

在这部歌剧大获成功之后的一个不太和谐的尾声是，剧本原作的作者布雷茨纳，公开发布了以下通告：

> 在维也纳，某位名为莫扎特的人冒用了我的创作《贝尔蒙特和康斯坦策》作为一部歌剧的剧本，我在此严正抗议此等侵害我权利的行为，并保留进一步追究的权利。
>
> 克里斯托弗·弗雷德里希·布雷茨纳 [28]

莫扎特后来的传记作者乔治·尼克劳斯·尼森（Georg Nikolaus Nissen，他后来在 1809 年与莫扎特的遗孀结婚）记述道："莫扎特的朋友们曾经将《后宫诱逃》也称作'上帝之眼的诱逃'。"[29]——尖锐地指代了把康斯坦策·韦伯从她娘家"引诱"出来这件事。在莫扎特被迫搬离条顿骑士宫之后，他父亲在他1781 年 5 月 9 日的信件的附言里，得知了他的新地址（在韦伯家的房子里）[30]。如今只能在莫扎特于 5 月 16 日的回信中想象利奥波德得知这个消息后的反应：

> 我敢向你保证，你信里写的关于韦伯家的事都不是真的。——确实，我那时对朗格【阿罗西亚，现在的朗格太太】是在发疯，但是陷于热恋中的人有什么事做不出来呢！——我确实爱过她，即使现在我仍然不能对她视而不见——所以她现在的丈夫满心嫉妒，不让她出来见人，我也很少能见到她，但这对我也算是件好事。——相信我，韦伯老太太真的是个非常和蔼可亲的女性，以我来说我尚未能够报答她的善意，因为我还没时间这么做……[31]

在这个时候，阿罗西亚即将成为母亲，她的女儿玛利亚·安娜·萨宾娜（Maria Anna Sabina）在 5 月 31 日出生。自从约瑟夫和阿罗西亚·朗格在 1780 年 10 月 31 日于圣斯蒂芬大教堂举行婚礼后，他们就住在希梅尔福街的 997 号。在结婚前，朗格被迫签署一份文件，以保证塞西莉亚·韦伯太太——阿罗西亚寡居的母亲终身可获得 700 盾的年收入，他还有义务偿还阿罗西亚在 1779 年从维也纳宫廷剧院预先领取的工资。约瑟夫·朗格被迫接受这种非同寻常的金钱条件的原因，可能仅仅是他让阿罗西亚未婚先孕。因此利奥波德对塞西莉亚·韦伯的阴谋的担心是完全有所凭依的。莫扎特很快也会遭遇到同样的勒索。很明显利奥波德听到了各种经人转述的报告，担心他儿子的情绪状况。作为父亲，利奥波德的关心造成了某种情况，从而引起了莫扎特最富特色与最为有趣的回应之一（1781 年 6 月 13 日的信件）：

乔治·尼克劳斯·尼森。他后来撰写的莫扎特传记再现了很多康斯坦策与传主共同生活的情景。

关于我的灵魂的状况，我的好爸爸，不要紧张！——我是一个字面意义上的全方位的跟其他人都一样的年轻人，而为了我的心灵安宁，我也希望其他人都能像我这样懂事明理。——你可能想到的关于我的一些事并不是真的……——我每个星期日和瞻礼日都去望弥撒，平日如果有可能也会去；我的父亲，你了解的。——那些声名不端的人与我的唯一联系就是在舞会上。——而且那是在我知道她享有恶名之前很久就被安排的——而这也只是因为我想要保证在跳法国对舞的时候能够有个舞伴。——因为，不用解释原因，我没法在那时对她弃之不管——而且谁想对别人

73

左：约瑟法·霍法（Josepha Hofer，母姓韦伯），莫扎特的大姨姐，在《魔笛》于1791年首演时，她饰演夜后一角，她后来嫁给了演员与歌唱家弗雷德里希·塞巴斯蒂安·梅耶（Friedrich Sebastian Mayer）。作者不详的剪影画。
中：康斯坦策·莫扎特。作者不详的石版画（可能是根据类似约瑟夫·朗格所作的油画肖像的再创作），1828年出版的尼森撰写的作曲家传记中的插图。
右：塞西莉亚·韦伯，莫扎特的岳母。作者不详的剪影画。

圣彼得教堂，左起第二座楼房就是"上帝之眼"，1781 年时塞西莉亚·韦伯与她的未出嫁的女儿们（约瑟法、康斯坦策和索菲）住在那里。

当面说出这样的话呢？——而且我在最后不是经常离开她，去跟别人跳舞吗？——因此在狂欢节终于结束的时候我真的很高兴。——在此之外，说我在其他地方见到过她或者说我去她住处的都是骗子。——我坚守着我的信仰，请安心吧——而且假如我不幸地——但愿不会如此——走上了邪

路，我向你保证，我最亲爱的父亲，我会承担所有责任……³²

　　向利奥波德通风报信的人看来是文泽尔·安德拉斯·吉尔洛夫斯 74
基·冯·乌拉佐瓦（Wenzel Andreas Gilowsky von Urazowa，1716—1799 年），
他是宫廷外科医生和"前厅男仆"，他们一家是莫扎特一家的多年老友，而他
的儿子弗兰茨·夏维耶·文泽尔·吉尔洛夫斯基·冯·乌拉佐瓦（Franz Xaver
Wenzel Gilowsky von Urazowa，1757—1816 年）将会是莫扎特结婚时的见证
人。几年后当利奥波德造访维也纳时，在给南妮儿的信中提到"他【吉尔洛夫
斯基】在你弟弟陷入爱河时写的那封既恶心又愚蠢的信，说明他【吉尔洛夫
斯基】也能搞出这么疯狂的事情……"³³

　　但是在 1781 年，在遥远的萨尔茨堡，无论莫扎特如何为自己辩护，一切
疯狂的行为看上去都与他密不可分。在 1781 年 7 月 25 日给他父亲的信里，莫
扎特再次提到他在考虑从韦伯家里搬出去，就是因为有人在嚼舌根："因为我
住在她们那儿，我就该娶他们家的女儿……"

　　莫扎特继续痛苦地努力说服他父亲：

　　　　并没有谈情说爱，他们看错那一幕了……我们去过几次普拉特公园，
　　但她母亲也在那里，因为我那时在家，我无法拒绝陪她们出门。——而当
　　时我并没有听到任何如此荒谬的流言蜚语，而且我得说我必须承担我的那
　　一份。——而当她母亲听说了这种流言，也从我这里证实了之后，我必须
　　说她也不想让我们再一起出去，而且为了避免更多的不快，她建议我搬去
　　其他地方，因为她说她不想成为我万一遭遇任何不幸的无辜原因……我并
　　没有爱上她【康斯坦策】，在我有空的时候（只有在晚上我在家里吃饭的

时候——因为上午我在房间里写东西，而下午我很少在家）我逗她乐或者
跟她开玩笑……如果我必须跟所有我开过玩笑的女孩子结婚，我应该已经
有至少 200 个妻子了……[34]

在 8 月 29 日莫扎特的信中，他不太老实地提到，他找到了"格拉本大街
上的一间装修漂亮的房间"[35]，几天后他说明了具体的门牌号是 1175 号，在
三楼——就像猜想的那样，这间房子就在韦伯家拐角，而且确实，整件事可能
就是来缓解利奥波德的恐惧的烟幕。结果，利奥波德变得越来越疯狂，我们可
以在莫扎特回信时的语气中略见一斑："从你针对我上一封信的态度来看，我
明白了，唉，你更愿意相信别人的流言蜚语而不是我（好像我是个恶人或者蠢
蛋，或者都是），所以你对我全无信任可言……"

到了秋天后，莫扎特在信里写到了他的富有同情心的赞助者——瓦尔德施
塔腾男爵夫人玛尔塔·伊丽莎白（Martha Elisabeth）在他的命名日（10 月 31
日）举行的庆祝活动，这位夫人此时与她丈夫分居了。在 11 月 3 日给他父亲
的信里，他写道：

　　早上我念过了祈祷词之后——正当我要给你写信的时候，一群来向我
祝贺的朋友们跑了过来——我在 12 点钟去了利奥波德城的瓦尔德施塔腾
男爵夫人那里——我在那里度过了我的命名日。晚上 11 点的时候有一支
小乐队为我演奏小夜曲，包括了两支单簧管、两支圆号和两支大管——演
奏的当然是我自己的作品——我在圣德肋撒日【10 月 15 日】写的——为
的是希克尔夫人的妹妹，也就是希克尔先生（宫廷画家）他小姑子，这首
曲子是在他家首演的。——为我表演这首曲子的六位绅士就跟教堂里的耗

子一样穷，但他们在一起演奏的水平还真不错，尤其是第一单簧管和两位圆号——我写这首曲子主要是因为冯·斯特拉克先生（他每天都去那里）应该听听我的作品。也正因如此，我写得非常仔细。——大家对它也报以热烈的掌声。——在圣德肋撒日的晚上，三个不同的地方都演出了这些曲子。——那些演奏者们在一个地方演完后，就被接去另外的地方再演一遍，还能再收一遍钱。——所以那些先生们从打开的大门那里进来，在院子里各就各位，在我准备换衣服之前，就以一开始的降 E 和弦……给了我那一份惊喜……[36]

这就是降 E 大调小夜曲（K.375）的由来（以及最早的版本），它后来的版本（使用了包括双簧管的八件管乐器）更为知名。维也纳的小夜曲是一个迷人的传统，年轻时的海顿在十八世纪五十年代对这项传统的孕育颇有贡献。

有趣的是，K.375 的手稿十分简洁，也许这能解释莫扎特对此的描述（或者，他当然也可能是在描述这部作品的质量：他的原文"vernünftig"的意思可以是"合理的"或者"仔细的"，当然也可能就是"简洁的"）。这是他涉足维也纳丰富的管乐重奏传统的第一部作品，而他想要以此打动的对象——宫廷侍从约翰·基利安·斯特拉克（Johann Kilian Strack），同时也是约瑟夫二世在音乐上的好友。据说斯特拉克的影响曾经使宫中对海顿的音乐（以及部分意义上的莫扎特作品）不甚欢迎。但对莫扎特来说，他一直称斯特拉克为"我的好朋友"，这是莫扎特一直以善意取人的例证。约瑟夫·希克尔（Joseph Hickel，1736—1807 年）是一位颇有才干的肖像画家，活动范围不限于维也纳，也活跃于日耳曼诸国和丹麦，并在十八世纪九十年代造访英国。他在 1786 年绘制了约瑟夫·朗格饰演哈姆雷特的画像。

莫扎特在维也纳的朋友还包括了奥恩汉默一家，他们家的女儿约瑟法跟莫扎特学习钢琴，而莫扎特认为她很无趣①；虽然她可能其貌不扬，但她还是成为了一名杰出的钢琴家，并在 1786 年与一位名为约翰·贝森尼（Johann Bessenig）的公务员结了婚。莫扎特在 1781 年将他在维也纳首度出版的作品——六部小提琴奏鸣曲，作品第二号②——题献给她。他的 D 大调双钢琴奏鸣曲（K.448）也是为了与约瑟法一起演奏而作的。这部奏鸣曲在他们家的一场音乐会里首演，与之一同上演的还有他的降 E 大调第 10 双钢琴协奏曲（K.365）——可能是配有单簧管、小号与定音鼓的修订版？——莫扎特之前叫人把这首曲子的乐谱从萨尔茨堡送过来³⁷。他在 11 月 24 日的信中写道：

> 昨天是在奥恩汉默家的定期音乐会……来的人包括了图恩伯爵夫人（我邀请她来的）、凡·斯威腾男爵、【约翰·B.】古德努斯（Johann B. Gudenus）男爵，还有那位有钱的皈依犹太人——魏茨腊【卡尔·亚伯拉罕·魏茨腊·冯·普兰肯斯特恩男爵③，或者他的儿子雷蒙德·魏茨腊·冯·普兰肯斯特恩（Raimund Wetzlar von Plankenstern，1752—1810 年），他们是莫扎特在 1782—1783 年时的房东，也是莫扎特第一个孩子雷蒙德·利奥波德（Raimund Leopold）的教父】、费尔米安（Firmian）伯爵【这个显赫家族的一员，在他们住在意大利的奥地利管辖区域内时与莫扎特成为朋友】，以及冯·道布拉怀克先生及他儿子【约翰·巴普蒂斯

---

① Josepha Barbara Auernhammer（1758—1820 年），长年活跃于维也纳的钢琴家，是贝多芬本人之后第一位演绎他的 C 大调第 1 钢琴协奏曲的钢琴家。

② 分别是 C 大调第 17 号，K. 296；F 大调第 24 号，K. 376；F 大调第 25 号，K. 377；降 B 大调第 26 号，K. 378；G 大调第 27 号，K. 379；降 E 大调第 28 号，K. 380。

③ Karl Abraham Wetzlar von Plankenstern（1715—1799 年），成功的犹太商人与银行家，1777 年被约瑟夫二世封为男爵。

特·安东·道布拉瓦·冯·道布拉怀克（Johann Baptist Anton Daubrawa von Daubrawaick），以及他儿子弗兰茨·安东（Franz Anton），来自一个显赫的波希米亚世家，父亲曾经在萨尔茨堡大主教手下任职，并经常前往维也纳处理大主教的事务】——我们演奏了那首双钢琴协奏曲，还有一首我特别为这个场合而写的四手联弹奏鸣曲，都获得了热烈的成功。我会让冯·道布拉怀克先生把这首奏鸣曲的谱子带给你，他儿子表示很自豪能够把它放进自己的行李里，毕竟他也是个萨尔茨堡人。而他的父亲，在离开的时候，大声对我说："作为你的同乡我很自豪——你是萨尔茨堡的一大荣耀——我希望时过境迁之后，我们能重新拥有你——然后我们肯定不会让你离开。"——而我就说："对我而言，我的故乡永远拥有优先权……"[38]

76

　　莫扎特在维也纳的名声缓慢但稳步地增长。当然并非一路顺风。他曾经希望能够成为符腾堡公主伊丽莎白[①]的（临时）钢琴教师，这位公主当时正与俄国大公使团一同在维也纳访问（伊丽莎白是大公的妃子玛利亚·费多罗夫娜[②]的妹妹）。但是，莫扎特在12月15日的信里愤懑地写道："皇帝约瑟夫二世把我的一切都给搅和了，因为他只知道萨列里。"[39]这是莫扎特第一次正式地提到安东尼奥·萨列里，宫廷剧院的总监，在接下来的十年里他们会成为彼此的眼中钉、肉中刺。但这封信的重点在几行之后：利奥波德害怕的最恶劣的状况发生了——他儿子决定结婚。他写道："你是不是被这个想法震惊了？"

―――――――――――

　　① Duchess Elisabeth of Württemberg（1767—1790年），符腾堡公爵腓特烈·欧根之女，后来嫁给了奥地利的弗兰西斯大公（神圣罗马帝国末代皇帝弗兰茨二世，奥地利帝国首任皇帝弗兰茨一世）。
　　② 出生时的名字与头衔是 Sophie Dorothee Auguste Luise Prinzessin von Württemberg（1759—1828年），是沙皇保罗一世的第二个妻子，继任沙皇亚历山大一世之母。玛利亚·费多罗夫娜（俄语：Мария Фёдоровна）是她皈依东正教时的教名。

但是亲爱的、最好的父亲，听我说吧！我不得不向你透露我的计划，现在请允许我解释我的理由，都是非常实际的理由。像其他成年男子一样，自然也在我体内大声召唤，可能比很多其他更为高大强壮的人更加强烈。我不可能像现在大部分年轻男人那样生活——首先，这是因为我对信仰的虔诚；然后，我对我的邻人怀有很深的敬意和高尚的意图，以至于我无法去引诱那个天真的女孩；第三点是，与妓女勾搭实在是太令人恐惧且恶心了，非常可能陷入疾病的恐慌中，就我的健康而言，我无法接受这一点。所以我可以向你保证，我从未与那种女人有过任何关系……

莫扎特继续写道，他倾向于寻求一种安静的、居家的生活，他从未亲自打理过自己的床单、衣服等，而有一位妻子的话，就能把这些事情都管理得更好。他已经仔细考虑过并且不会改变主意了。"……然后，谁是我的爱意的对象呢？——我求求你，不要再被吓到。不是韦伯家的人吧？是，是一个韦伯——不是约瑟法——不是索菲——而是康斯坦策，中间的那位……"接下来莫扎特对康斯坦策的两位姐妹的形象没说什么好话——也许那都是真的，但必然是为了尽量突出康斯坦策的形象。[40]

但这都是徒劳的。利奥波德已经听到了很多吓人的传言——其中很大一部分来自日耳曼作曲家彼得·冯·温特，当时此人在维也纳做萨列里的学生，看来就是他将当时在维也纳众人皆知的情况通报给了利奥波德：事实上韦伯家成功地迫使莫扎特签下一份合同（与朗格为阿罗西亚签下的那份类似），规定他"恪守与康斯坦策·韦伯小姐的婚约，期限为三年"[41]，如果他没能做到，他同意每年付给她300盾。康斯坦策把这份文件撕毁了，但它所造成的破坏已经无可挽回。

当然，当时的莫扎特年轻鲁莽，而塞西莉亚·韦伯太太则是一位精于算计的母亲。康斯坦策在两人的夹缝之中纠结，而且她对这份恋情并没有那么投入，她在后来提到莫扎特的时候说她当时"更钟意于他的才华，而不是他这个人"[42]。但这些事件还是对莫扎特一家造成了很大的冲击，而南妮儿似乎从此未能走出他们对康斯坦策为人的怀疑——尽管他们可能是不对的。

莫扎特在同一封信（12月22—26日）里还提到了他和意大利作曲家及钢琴家穆齐奥·克莱门蒂（Muzio Clementi，1752—1832年）之间的竞赛，这场对决由约瑟夫二世安排（莫扎特补充说，在一次晚宴上皇帝曾经提到他"绝对是一个有才华的人"），赛后皇帝给了他50达克特。在后来的一封信（1782年1月12日）中，莫扎特告诉他父亲："……克莱门蒂弹得不错，至少是在注重右手表现的部分——他的长处在于三度的过渡段落——其他方面就毫无感觉或者品位可言：简而言之，他就是个机修工。"[43]

在这场著名的竞赛发生近一年后，钦岑多夫伯爵还在他1782年12月5日的日记里记录，皇帝"一直在讲音乐，讲那场莫扎特与克莱门蒂之间的对

左：穆齐奥·克莱门蒂。由托马斯·哈蒂（Thomas Hardy）在1794年根据他自己所绘之油画肖像而作的蚀刻画。

右：卡尔·冯·钦岑多夫伯爵，他的未出版的日记包含了许多当时社会与音乐的场景描述，尤其侧重于维也纳。由F.H.福格尔（F.H. Füger）所作之油画。

决"⁴⁴——进一步拉近了莫扎特与奥地利最高权力中心的距离。在 1782 年 1 月
9 日他写道："我越来越可以肯定他对我很满意。皇帝对我非常慷慨，而且私
下对我说了很多事。——他也提到了我的婚姻。——谁知道呢？——也许——
你怎么想？——总是能试一下。"⁴⁵

78   很明显莫扎特在撒大网——来自皇室的任命，虽然不乏暗示，但尚未成
真。这位作曲家眼中有三个可能的机会，在给他父亲的下一封信中（1782 年
1 月 23 日）⁴⁶，他具体描述了一番。其一是刚刚去世的列支敦士登亲王弗兰
茨·约瑟夫（Franz Joseph，1726—1781 年）之子——年轻的阿洛伊斯·约瑟
夫亲王（1759—1805 年）①正在组织一支"和乐组"（管乐队），而莫扎特必然
会为此作曲。虽然莫扎特称"这部分没什么值得期待的"，但既然除了长期合
同之外，他不会接受别的邀约，这至少是一件板上钉钉的事情。其二，很自
然，是在约瑟夫二世那里谋求一个职位。第三则是在马克西米利安大公②那里
求职，这位大公据说对莫扎特评价很高（至少莫扎特是这么认为的）。"亲爱
的、最好的父亲！——如果我能从天父那里拿到一张书面保证让我保持健康，
不要生病——啊，我就要在今天与我亲爱的、忠贞的女子结婚。——我现在
已经有了三个女学生——给我带来了每月 18 达克特的收入——因为我不再按
照 12 堂课一个教程来教琴了，而是按月收费。——她们常常整个星期都旷课，
通过这一点，我得到了经验教训——现在，不管她们来不来，每人每月都得
付给我 6 达克特……"莫扎特觉得他可以每年写一部歌剧，并举行一场慈善
音乐会，还可以出版乐谱，根据订阅来发布作品，参与其他音乐家的定期音

---

① 阿洛伊斯一世（Alois I. Joseph von Liechtenstein）从 1781 年起被封为列支敦士登亲王。
② 奥地利大公马克西米利安·弗朗茨（Archduke Maximilian Franz von Österreich，1756—1801 年），1784 年成为科
隆大主教与选帝侯，贝多芬一家与他在波恩的宫廷乐团关系密切，而这位大公也曾协助贝多芬本人前往维也纳去向莫
扎特学习。

乐会，"尤其是那些活跃已久、有声望的人"。莫扎特以对未来的期望总结了他的这些想法，而这一期望（至少在开始的时候）是完全正确的，"我不会走下坡路——相反，一切必然会更好"。他表现得如此急迫，也是因为与康斯坦策相关的需求，他宣称："我要尽快解救她。"

利奥波德对他儿子心目中的未婚妻仍然有所疑虑，因为在 1 月 30 日的信件中我们可以看到莫扎特写道："不要用如此邪恶的想法来猜疑我亲爱的康斯坦策——相信我，如果她真有这样的想法，我绝对不会爱上她。——她和我——我们两人都已经长时间目睹了她母亲的盘算……"[47] 韦伯太太期望这对年轻夫妇在结婚后继续与她同住。莫扎特想要打乱这个计划，但与此同时他也汇报了，当他在晚上 9 点去见康斯坦策的时候，"彼此见到对方的快乐被她母亲苦涩的话语从头到尾地破坏了"[48]。

那年春天在维也纳的大事件是莫扎特在 3 月 3 日于城堡剧院举行的定期音乐会。曲目包括了《伊多美尼欧》的选段、一首即兴的钢琴《幻想曲》，以及在萨尔茨堡创作的 D 大调第 5 钢琴协奏曲（K.175），配以新创作的轮旋曲（K.382）作为末乐章，莫扎特称这部作品"引起了一股狂热风潮"[49]。这首轮旋曲成为他在这个时代的最成功的作品：它以动听的旋律和绝妙的柔美配器（使用了玩具小号和定音鼓）作为开始，钢琴的慢速段落富有狂想曲的色彩，再加上华丽耀眼的结尾，使得这首相对严谨的、曼海姆风格的协奏曲的其他部分相形见绌。其中展现出的源自海顿的民歌风格元素，清晰地展示了莫扎特很快就了解并学习到了维也纳人欣赏、喜欢的风格。

莫扎特也开始参与一系列的音乐会活动。他在 5 月 8 日给父亲的信里写道：

新市场的"面粉坑"（左侧）和施瓦岑贝格宫邸。面粉坑大厦内的赌场是菲利普·雅各布·马丁组织的冬季音乐会的场地。莫扎特也在这里举行音乐会，最有名的是 1785 年 2 月和 3 月的场次。作者不详的蚀刻画，约作于 1825 年前后。

79   这个夏天在奥园，每个星期天都会有一场音乐会。去年冬天开始有一位【菲利普·雅各布·】马丁（Philipp Jakob Martin）组织了一系列面向非专业爱好者的音乐会，每个星期五都在新市场的"面粉坑"① 举行。——你当然知道这里有很多音乐爱好者，包括素质很高的，男女都有。——但

---

① Mehlgrube，这个地名最早在 1375 年出现，当时在那里交易面粉和谷物，由此得名。莫扎特时代的这座大厦于 1697 年落成，在一楼有用于举办舞会和化装舞会的大厅，1781 年时这座大厅被改造为音乐演出的场所。海顿、莫扎特与贝多芬都曾在这里留下足迹。当时的建筑于 1897 年被拆除，重建为宾馆，并拥有一间以弗兰茨·莱哈尔为名的餐厅，莱哈尔本人亲自指挥了这间餐厅的开幕式。如今这座宾馆名为大使酒店（Hotel Ambassador）。

D大调第35交响曲"哈夫纳"（K.385）开头部分的手稿，可以在最上面和最底下分别看到长笛和双簧管的声部，这是后来加进去的。

对我来说事情并不是那么顺利。——这位马丁现在从皇帝那里获得了一份特许，允许在奥园组织十二场音乐会……还包括在城里最重要的广场上的四场规模宏大的晚间音乐会。——整个夏天所有音乐会的套票价格是2达克特。现在你很容易就能想到，我们将找到足够的套票听众——而且因为我现在也参与了这个项目并为之奔忙，听众的数量也会更多……凡·斯威腾男爵和图恩伯爵夫人也帮了很大的忙。——那个乐队全部由业余爱好者组成——除了大管、小号和定音鼓……[50]

与此同时，为了在萨尔茨堡庆祝哈夫纳家族被封爵的活动，利奥波德要求他儿子写一部新的交响曲。尽管莫扎特忙得不可开交，他还是遵从了他父亲的愿望，在 7 月 27 日的信中他写道："你一看到开始时的快板乐章就会被震撼到【新的第 35 '哈夫纳'交响曲（K.385）】，但是——我没法再做更多了——我要尽快写出一部夜曲，但那是给管乐队的（不然我也会把这首曲子提供给你）——在 31 日星期三，我要交出两段小步舞曲、行板和终曲——如果可能的话——我还得交出一部进行曲【也就是说，整部作品原本是一部更大规模的夜曲形式的作品，但只有四个乐章以 K.385 的名义流传至今】……我用你喜欢的 D 大调写成。"[51]

80

那首新的"夜曲"一般被认为是降 E 大调小夜曲（K.375）的八重奏版本。在同一封信里我们也能见证莫扎特向康斯坦策·韦伯求爱的最后阶段的开始。他这么写道：

文泽尔·安东，考尼兹亲王（Wenzel Anton, Prince Kaunitz, 1711—1794 年），当时的奥地利外交大臣。1782 年 7 月时，兹希（Carl Zichy von Vasonykö）伯爵邀请莫扎特与他一同乘车前往拉克森堡，与考尼兹亲王见面。上图铜版画由 J.G. 哈伊德（J.G. Haid）作于 1774 年，右图由 S. 克莱纳（S. Kleiner）作于 1724 年前后。

我最亲爱的、最好的父亲！——我必须恳求你，凭你对世间万物的爱：同意我与我亲爱的康斯坦策的婚事。——请不要以为这仅仅是为了结婚——那个我可以等——但在我看来此事如此紧急，是因为它事关我的名誉，我的女孩的名誉，以及我的身心健康。——我心情不宁，思绪混乱——人怎么能在这样的境遇下正常思考或者工作呢？——这一切都是怎么变成这样的呢？大部分人都以为我们已经结婚了——她母亲对此非常苦恼——而我和那个可怜的女孩更是痛苦不

堪。——但要补救这种情况也很容易。——相信我，尽管维也纳物价昂贵，但只要精打细算和仔细安排，在这里生活并不比其他地方艰难——而对于一个单身汉，尤其是陷入爱河的单身汉来说，这是不可能的。——如果有别人能够拥有像我即将拥有的女子那样的伴侣，都可以确定地认为他自己是幸福的。——我们打算过宁静而安逸的生活——而我们仍然会非常幸福。——而且请不要担心——因为如果时运不济，我哪天生了病的话（尤其在结婚后），我可以打赌那些最高贵的贵族家庭们会为我提供一个避风港。我对此非常有自信。——我知道考尼兹亲王【当时的外交大臣】在皇帝和马克西米利安大公面前说了我什么。——我期待你的许可，我最亲爱的父亲，——我充满自信地等待——我的名誉与心境就靠它了——不要让你自己等待过久，才在即将到来的未来，享受到拥抱你已经成家的儿子的那份喜悦……

81   很明显，莫扎特开始认为如果他有什么不测，他能够得到来自维也纳社会的帮助。与此相反，他父亲回信写道，社会对他心目中亲爱的人也有非常不同的看法。与之前类似，我们只能从莫扎特在 7 月 31 日愤怒的回信中重现他们当时的争论。

那么，整个世界都宣称因为我的自我膨胀和言辞批判，我已经成为音乐教授们以及其他人的仇敌！——哪个世界？——也许是萨尔茨堡的世界，因为在这里不管是谁，都能很容易看到、听到完全相反的东西；——而那将是我的回复。你这时也应该收到我的前一封信了；——而我也不再犹豫，无论你的下一封信里写了什么，有没有同意我的婚事；——你不能以任何理由反对它——而你确实也没有理由！——你的信让我更加明确——她是一个好女子，来自好的父母，——我能够养活她——我们彼此相爱——彼此需要……[52]

这些事情很快就到了头。8 月 4 日之前不久，莫扎特写信给瓦尔德施塔腾男爵夫人，这位夫人一直是这对年轻情侣的友好的保护者（康斯坦策为了离开她母亲的操控，去男爵夫人那里居住），信件内容如下：

韦伯夫人的女仆……私下里告诉了我一些事，尽管我并不相信这会真的发生，因为这对他们全家来说有如卖淫，然而因为韦伯夫人的愚蠢，这也可能成真，而这令我十分不安。

82

索菲【康斯坦策的妹妹】含着眼泪走出来——而当女仆问她为什么哭，她说："快去悄悄告诉莫扎特，让康斯坦策回到家里来，因为——我的母亲已经下定决心要叫警察把她抓回来！"——这里的警察是可以随便闯进别人家里的吗？——也许只是一个想让她回家的陷阱。——但如果这真的要发生，我想最好的解决办法只能是明天早上就和康斯坦策结婚——或者如果可能的话今天就结。——因为我不想让我的爱人陷入这样的丑闻——【她】作为我的妻子就不会发生这些。——还有一件事：——【康斯坦策的监护人】索瓦特（Thorwarth）今天被叫来【韦伯家】了。——我想请您给我一些友好的建议——也为我们这些可怜的生灵提供一份帮助。——我应该会一直在家。——我亲吻您的手 1 000 次，而且我……

十分焦急。康斯坦策尚一无所知，不知索瓦特先生有没有来您府上拜见？——

我们两人今天在午餐后有没有必要跟他一起去？ 53

这样的话，那时确实有足够的理由来尽快完成这桩婚事，而这就是莫扎特和康斯坦策打算做的。在 1782 年 8 月 7 日与 17 日给利奥波德的两封信里，有着他对那些事件的令人感动的记述：

我最亲爱的爸爸！【原文为法语】

如果你认为你的儿子会做不老实的事，你就严重地误解他了——

我亲爱的康斯坦策，现在（感谢上帝）终于是我的妻子了，她知道我的境况，而且很长时间以来她也知道我能从你这里期望什么。——但她对我的友谊与爱意如此深厚，她愿意——而且她心甘情愿地放弃了她的未来而来与我共享——我的命运。我亲吻你的双手，并且满怀着一个儿子对父亲的所有感激之情，感谢你同意我的婚事并给予慈父的祝福：——但确实，我知道我可以依靠它……在结婚的时候只有她母亲和最小的妹妹在场——没有其他人。冯·索瓦特先生作为我们两人的监护者和证婚人；冯·泽托先生【约翰·卡尔·泽托·冯·克朗斯托夫（Johann Carl Cetto von Kronstorff），区议员】带新娘出来；弗兰茨·吉尔洛夫斯基作为我的伴郎。——当我们被宣布结为夫妇时，我和我妻子都开始抹眼泪。——所有在场的人都被感动了，甚至包括牧师。——看到我们如此感动，大家也都饱含热泪。——我们完整的结婚庆祝活动还包括了瓦尔德施塔腾男爵夫人提供的一顿晚宴——那可真的超出了男爵的标准，更接近亲王级别。——现在我亲爱的康斯坦策比起以前上百倍地更加想去萨尔茨堡！——而我敢打赌——当你了解她之后，你也会为我的幸运而喜悦……明天我会和【格鲁克，著名作曲家】吃午饭……[54]

【8月17日】上一次我忘记告诉你了，在宝尊堂瞻礼日【8月2日】①，我和我妻子一同去了戴蒂尼修会教堂祈祷——尽管我们的宗教信念尚不足以驱使我们这么做，看在之前那些际遇的份上我们也必须这么做，没有它们我们也不会结婚。——但在我们结婚前一段时间，我们就已经总一起去望弥撒，去忏悔和自省——而我发现，我从来没有像在她身边那样，如

---

① 宝尊堂（拉丁语：Portiuncula），或译"博俊古辣小堂"，是位于意大利中部翁布里亚大区阿西西城外4公里外，天使之后圣殿大堂内的一个小教堂，方济各会的发祥地。

此虔诚地祈祷，真诚地惭愧与反思；——而她的感受也是一样的。——简
而言之，我们是天造地设的——而安排世间万物也安排了我们的姻缘的上
帝，必不会抛弃我们……[55]

第二天，8 月 18 日，两位康斯坦策在新市场的一场晚间夜曲演出上相遇
了，那场演出由莫扎特的同事 P.J. 马丁组织：演出的曲目是新的管乐队版本的
《后宫诱逃》，门票可以在"演出开始前……柠檬水摊位旁边……"[56]买到。康
斯坦策·韦伯，现在已经改姓为莫扎特，终于可以听到为与她同名的舞台角色
谱写的那温暖且鼓舞人心的音乐了。

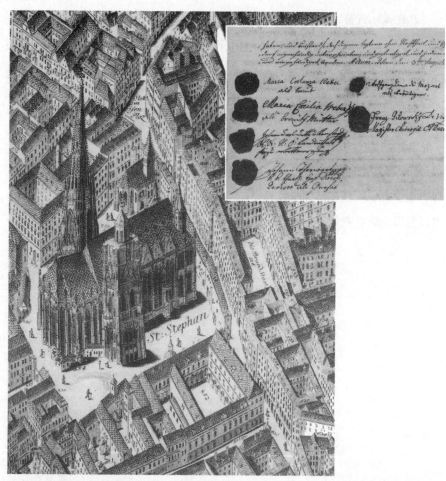

维也纳的圣斯蒂芬大教堂鸟瞰图［来自丹尼尔·胡伯（Daniel Huber）绘制的城市全图］，以及莫扎特和康斯坦策在 1782 年 8 月 4 日的结婚证书上来自新郎、新娘以及证婚人的签名与印章。

第四章原注：

1. 莫扎特这封满是怨言的信写于 1781 年 3 月 17 日，《书信》第三卷，第 93—95 页。也见于第 98 页上 1781 年 3 月 24 日的信。格里钦：德斯齐《文献》，第 73 页。

2. 莫扎特《书信》第三卷，第 98 页。兰登《贝多芬》，第 64 页。Alfred Stix, *H.F. Füger*, Vienna-Leipzig 1925, 86（由 Füger 在 1788 年绘制的"三美"的画像收藏于维也纳的奥地利国家画廊，Tafel xxiii 中有复制品）。德斯齐《文献》，第 250 页。

3. 钦岑多夫《日记》：伊丽莎白的婚礼（1788 年 11 月 4 日）；婚礼之夜（11 月 9 日），在 11 月 10、11 与 12 日的日记中也有记录。

4. 莫扎特《书信》第三卷，第 139 页。

5. 出处同上，第 102 页起。

6. 出处同上，第 105、108 与第 109 页。

7. 奴仆等往往用第三人称来称呼。

8. 莫扎特《书信》，第 110—112 页。

9. 出处同上，第 146 页。

10. 出处同上，第 107 页。

11. 出处同上，第 120 页起，第 127 页。

12. 出处同上，第 132 页。

13. 出处同上，第 138 页。

14. 出处同上，第 143 页起。

15. 出处同上，第 160 页。

16. 出处同上，第 162—164 页。

17. 出处同上，第 165 页。

18. 出处同上，第 167 页。

19. 出处同上，第 175 页。

20. 出处同上，第 196 页。

21. 出处同上，第 212 页起。

22. 1988 年 1 月在萨尔茨堡的莫扎特周中演出了这个版本，参见 *The Harmoniemusik of Die Entführung aus dem Serail by Wolfgang Amadeus Mozart-Study about its Authenticity and Critical Edition,* the Hague, 1987。布隆赫特博士也在骑熊人出版社出版了根据多瑙艾辛根版本修订的乐谱。

23. 莫扎特《书信》第三卷，第 246 页。

24. Haberkamp, Textband, 177—180, Blomhert, Op.cit., 122—124.

25. 莫扎特《书信》第三卷，第 112 页。

26. 出处同上，第 343 页起。

27. 出处同上，第 346 页。

28. 德斯齐《文献》，第 187 页。

29. 尼森，第 465 页。

30. 莫扎特《书信》，第 112 页。

31. 出处同上，第 116 页。

32. 出处同上，第 129 页起。

33. 出处同上，第 386 页，利奥波德在 1785 年 4 月 8 日给他女儿的信。

34. 出处同上，第 140 页起。

35. 出处同上，第 153 页与 154 页（9 月 5 日）。

36. 出处同上，第 171 页起。

37. 关于这部协奏曲为了这个场合可能用过的编制扩大版，参见克歇尔，第 335 页。

38. 莫扎特《书信》第三卷，第 176 页，以及第六卷，第 94 页。

39. 出处同上，第三卷，第 179—182 页。马克西米利安大公提议由莫扎特担任伊丽莎白公主的老师，而公主也答复说如果由她来决定，她不会看中其他人选。但"皇帝提议了萨列里"。

40. 关于这部分的信件，参见兰登《1791》，第 196 页。
41. 莫扎特《书信》第三卷，第 186 页。更多细节可参见兰登《1791》，第 196 页。
42. 尼森，第 415 页。
43. 莫扎特《书信》第三卷，第 191 页。
44. 钦岑多夫日记，原文以法文写成。
45. 莫扎特《书信》第三卷，第 190 页。
46. 出处同上，第 194 页。
47. 出处同上，第 196 页。
48. 出处同上，第 197 页起，1782 年 2 月 13 日的信件。
49. 出处同上，第 199 页。
50. 出处同上，第 208 页。
51. 出处同上，第 214 页起。
52. 出处同上，第 216 页起。
53. 出处同上，第 217 页起。
54. 出处同上，第 281 页起。
55. 出处同上，第 220 页。
56. 德斯齐《文献》，第 182 页。

第五章　维也纳的音乐会；萨尔茨堡间奏曲之1783年

在莫扎特和康斯坦策结婚后，他们打算尽快回一次萨尔茨堡，但有两个因
素使得这次旅行不得不被推迟：首先是传说中的俄国保罗大公使团一行人即将
抵达奥地利首都（莫扎特很明显希望能够借此获得某些机会或认可）；其次是
康斯坦策不久之后就发现她怀孕了，而到了 1782 年 11 月，那时的天气变得
格外糟糕——八匹马拉的邮车从维也纳向西出发后，没能走到第一个驿站就被
迫折返——这样就不太适合年轻女子上路远行了。最后，他们还有一件事要担
心，那就是科勒雷多大主教的态度：他会不会想要逮捕莫扎特？（他和萨尔茨
堡宫廷的合同从未正式解除过。）[1]甚至有人建议让他们家人在第三地见面，但
利奥波德还是说服了他儿子，他并不需要害怕这样的事情。

在 1782 年 12 月 28 日的一封信中，莫扎特描述了他繁忙的生活：

> 总的来说，我有那么多事情要做，以至于我常常不知从何下手；——
> 整个上午到下午两点都在教课；——然后我们吃饭；——午饭后我得至少
> 给我可怜的肚子一小时时间来恢复；然后——只有在晚上我才能作曲——

而即使这样也很难一直保持，因为我常常被邀请去别人的定期音乐会演出；——那一套给订阅者的协奏曲还差两部没写。——那些协奏曲实际上介于太难与太简单之间——是非常漂亮的曲子——非常悦耳——当然也不会显得空洞——只有内行人才能在这里或那里发现令人满足之处——但与此同时外行人也能感受到愉悦，尽管不知为何。我正在发售订阅套票——每张票 6 达克特……[2]

信里提到的就是著名的一套共三部的钢琴协奏曲（第 11、12 与 13 号，K.413—415），在 1783 年 1 月 15 日的《维也纳日报》上首次刊登了销售启事：

音乐新闻

音乐家莫扎特先生在此向各位尊敬的公民公布，他的三部新创作的钢琴协奏曲业已出版。这三部协奏曲，可以由一支包括管乐器的大型乐团伴奏，也可以仅仅由 2 把小提琴、1 把中提琴与 1 把大提琴组成的四重奏伴奏。对已经订阅其乐谱的客人而言，可以在四月初收到这套（由他本人亲自抄写修订的精装版）乐谱。从本月 20 日起到 3 月底，可以以 4 达克特的价格购买订阅套票。他的公寓位于高桥，赫伯斯坦恩小楼 437 号三楼。

85

这份启事又刊登了两次。可以留意到莫扎特原本计划的 6 达克特的价格（如他信里所说）现在已经降价了，可能是因为利奥波德的劝导，他担心（事实证明是对的）原定的价格太过昂贵。莫扎特在 1783 年 1 月 22 日的信里写道："关于那三部协奏曲，你不必为它们是否太过昂贵而担忧；——毕竟我觉得我应该为每部协奏曲收 1 达克特——然后——我倒是想看看有谁能只花 1 达克特就把它们抄写一遍！——因为我直到有了一群订阅者之后才会发布这些曲子，所以它们不能被【别人来】抄写……我很快就会把那些长的和短的华彩乐段发给我亲爱的姐姐；——我还没写下那首轮旋曲【K.382】里面的短的华彩，因为当我演奏那首曲子的时候，我就弹出现在我脑子里的音符……"[3] 莫扎特似乎说的是 A 大调第 12 协奏曲（K.414）里的华彩，看上去是这三部协奏曲里首先被创作出来的（也是阿塔利亚第一版里面的第一首作品）。

之前普遍认为在 1783 年问世的这套乐谱没有被人再度抄写过，但我相信这套作品中的部分是有抄本的：1959 年春我在捷克斯洛伐克时，发现了一组莫扎特钢琴协奏曲的手抄分谱。它们收藏在海布镇（位于苏台德地区，以前的德文名是埃格）的图书馆里，而最有趣的是，这些分谱是由维也纳的一位仔细而可靠的抄谱者抄录的——约翰·拉德尼茨基（Johann Radnitzky），在这个时期，约瑟夫·海顿经常找他抄谱子。（海顿于 1782 年创作的第 76—79 交响曲，由拉德尼茨基在 1783 年底、1784 年初抄录后，再由海顿更正并签署，随后送到伦敦的佛斯特那里出版。那些抄本上有 "Radnitzky" 或 "Rky" 的签字。[4]）海布的莫扎特作品抄本里包括以轮旋曲（K.382）作为结尾的 D 大调第 5 钢琴协奏曲（K.175），两首曲子都由拉德尼茨基抄写，但没有签名，还包括上述一套协奏曲中的两首，F 大调第 11（K.413）和 C 大调第 13（K.415），也都由拉德尼茨基抄写，后者有 "Rky" 的签名[5]。在 K.413 的乐谱中还有另一位抄谱者。这是因为作曲家通常会要求抄谱者到他们家里去，并在他们亲自监督下进行工作，而且通常来说一个抄谱者从来不会完整抄写一部作品的全部分谱（以防止作品被盗版）。在 1784 年 5 月 15 日的信中，莫扎特要求他父亲安排在他们家里抄写那四部钢琴协奏曲，"因为萨尔茨堡的抄谱者并不比维也纳的更加可信——我确信霍夫斯泰特把【迈克尔·】海顿的乐谱都抄了两遍——我真的有他最新的三部交响曲……"[6] 而约瑟夫·海顿——尽管莫扎特提到的为了他的新的定期音乐会而抄录的交响曲并不是他的作品——也提到过，即使"你叫他们在你家里把一切都抄完，你仍然可能被骗，因为那些鼠辈会在乐谱下面再垫一层纸，因此他们能够偷偷复制他们抄写的乐谱……"[7]

86

约翰·托马斯·冯·特拉特纳（1717—1798年），格拉本大街"特拉特纳大楼"的业主（参见第 155 页），他的妻子是莫扎特的学生。他是莫扎特一家的朋友，还是他们三个孩子的教父，虽然那三个孩子都早早夭折了。由 J.G. 曼斯菲尔德在 1781 年根据约瑟夫·希克尔绘制的肖像而制作的铜版画。

看来莫扎特的订阅计划并未取得很大的成功。我们可以在 1783 年 2 月中旬他给他的赞助人瓦尔德施塔腾男爵夫人的一封情绪消极的信[8] 中发现这一点。在信中，莫扎特提到他欠他的一个学生的丈夫一笔钱，这位学生是特雷西娅·冯·特拉特纳①（莫扎特将其名字错拼为"特拉纳"），而现在到了还钱的时候，"如果我今明两天无法还钱，他就会起诉；——夫人您可以想象，那会将我带入多么不愉快的处境！——我现在无力支付，哪怕一半欠款都不够！——如果我能够预想到预订我的协奏曲会花那么长的时间，我就会在筹钱时要求比较长的时间期限！——夫人，我向您祈祷，看在天国的分上，向我伸出援手，这样我就不至于声名涂地！……"

已经债务缠身的莫扎特走上了一条可能是最为危险的道路：借债还债。确实，这可能是因为莫扎特的这个家庭并没有像他之前承诺他自己（和他父亲）的那样，去过简朴而平静的生活。仅仅三个星期前，他还在叫他

① Maria Theresa von Trattner（1758—1793 年），莫扎特来到维也纳后最早的钢琴学生之一。

父亲从萨尔茨堡送一套扮演意大利小丑的制服过来 [9]。康斯坦策和他想要去参加里道腾大厅著名的假面舞会，莫扎特会扮演小丑，但他也写道，"我们更喜欢在家开舞会"，信的内容如下：

> 上星期我在我的房子里开了一场舞会。来的各位绅士和淑女每人要付 2 盾。——我们的舞会从晚上 6 点开始，7 点结束；——什么，只有一小时么？——不，不——是早上 7 点；——你不明白我怎么会有这样充足的空间吧？——嗯，情况是我一直忘了告诉你，我已经搬到新公寓一个半月了——也在高桥区——隔了几所房子；——我们现在住在赫伯斯坦恩小楼，412 号，三楼——房东是冯·魏茨腊先生【魏茨腊·冯·普兰肯斯特恩】，一个有钱的犹太人。——在这里我有一间房间——也就 1 000 平方英尺那么大吧【夸张修辞】……和一间卧室——再加一间门厅——以及一间精美考究的厨房；——我们住的房子隔壁还有两个大房间空着——而我们就是在那里办舞会的——魏茨腊男爵和他太太都在场——瓦尔德施塔腾男爵夫人也来了——还有冯·埃德尔巴赫先生【本尼迪克特·S.埃德尔巴赫（Benedikt S. Edelbach），萨尔茨堡的法学教师弗兰茨·约瑟夫·埃德尔巴赫（Franz Joseph Edelbach）之子】——废话连篇的吉尔洛夫斯基【莫扎特结婚时的证婚人】——小斯蒂凡尼和他太太——【男高音】亚当贝尔格和他太太——朗格和他太太——等等——我几乎没法记下所有那些名字……

就算是客人们都出了钱来承担成本，这样的生活看上去仍然非常浮华。二月里，莫扎特被迫暂时搬去科尔市场那里的一处临时住所，魏茨腊男爵支付了他这段时间的租金（以及搬家费用），他自己的住处被男爵借用了（所以可能莫扎特一家住在那里时并无租金开支）。莫扎特没提到的是他搬进去的这个住处曾经（直到1780年）由塞西莉亚·韦伯太太拥有，他可能是从她那里得知这个地方的。

莫扎特在3月12日给他父亲的信里提到，

> 我们在里道腾大厅【霍夫堡】的假面舞会上表演了——我们的哑剧正好填补了两场舞之间的半小时休息，——我的小姨子饰演科伦宾，我扮成小丑哈勒昆，我的小舅子是皮耶罗，一位年长的舞蹈家（默克）是潘塔隆，还有一位画家（格拉西）演医生。——哑剧的剧本和音乐都是我编

里道腾大厅的舞会场景（参见插图22），很多重要的社交活动在此举行。由卡尔·舒茨在1800年前后绘制的着色铜版画。莫扎特在1783和1786年曾经参加过这里的华服舞会。

的。——舞蹈家默克是个好人，教了我们舞步；而且我可以告诉你，我们

演得很棒。——我随信附上当晚分发的演出通知，发这份通知的人戴着面

具，打扮成马车骑兵①……[10]

87

莫扎特的债务尚未成为他心头的重担。他开始成为维也纳每一场大音乐会
中不可或缺的部分。3 月 11 日，他参演了阿罗西亚·朗格在城堡剧院的慈善音
乐会，他在给萨尔茨堡的信里写道：

> 我还演奏了一首协奏曲【未说明具体曲目】。——剧场座无虚席，维
> 也纳的公众再一次用如此温暖的方式来回报我，我真的非常高兴。——我
> 都已经走下舞台了。——但他们的掌声仍然不停——于是我就必须把轮旋
> 曲再演一遍【K.382，为第 5 钢琴协奏曲（K.175）新作的结尾】；——那
> 可真是掌声如潮。——而这也是我即将在 3 月 23 日星期天举行的定期音
> 乐会的好兆头。——我还在另一场音乐会上指挥了我的交响曲【第 31 交
> 响曲"巴黎"，K.297】。——我的小姨子唱了那首咏叹调"不知来自何处"
> 【Non sò，d'onde viene，K.294，莫扎特在 1778 年为她创作】——格鲁克
> 坐在朗格家的包厢隔壁，我妻子也跟他们同一包厢。——他对交响曲和咏
> 叹调赞不绝口，并邀请我们四人在下周日一起吃饭……[11]

维也纳这个年度的音乐季的重头戏是莫扎特自己在城堡剧院的音乐会。剧
场被挤得水泄不通，约瑟夫二世皇帝本人亲自到场并热烈鼓掌（他之前已经送

---

① Postillion，骑在牵引马车的马上的骑兵，而不是如一般的马车夫那样在车上驾驭马匹。马车骑兵通常出现在较为
庄重与正式的场合的马车列队中。

来了25达克特）。音乐会的曲目，按照3月29日给利奥波德的信中的记录，具体如下 [12]：

88   1. D大调交响曲【第35交响曲，K.385"哈夫纳"】，前三个乐章。

    2. 咏叹调"如果失去父亲"（Se il padre perdei），选自《伊多美尼欧》（朗格夫人演唱）。

    3. "我演奏了那套订阅协奏曲里的第三部"，那就是C大调第13协奏曲（K.415），在这个场合，可能加入了小号和定音鼓（原版手稿中没有这两个声部）。

    4. 约翰·瓦伦丁·亚当贝尔格演唱了为鲍姆嘉顿（Paumgarten）伯爵夫人而作的场景与咏叹调，K.369［"可怜的我，去何方"（Misera, dove son），原本为女高音创作］。亚当贝尔格自然是莫扎特的明星男高音。

    5. D大调小夜曲（K.320，"邮号"）中的两个协奏乐章（第三和第四）。

    6. "我演奏了我的D大调协奏曲，在这里非常流行，我也把附有变奏的轮旋曲一起寄给你（K.175与K.382）。"

    7. 特蕾莎·泰博尔演唱的《卢奇欧·苏拉》（Lucio Silla）中的咏叹调"离开之时心已碎"①，这是我在1772年写的"最后一部米兰歌剧"。

    8. "我演奏了一小段独奏赋格（因为皇帝在场），然后以帕伊谢洛的歌剧《想象中的哲学家》中的一首咏叹调'赞美你，上主'（Salve tu, Domine）为基础演奏了一首变奏曲【此后编号为K.398】——我必须把

---

① "Parto, m'affretto"，选自歌剧《卢奇欧·苏拉》的第二幕。

它加演一遍。我还演奏了根据【格鲁克的】《麦加朝圣者》（*Die Pilgrimme von Mekka*）中的咏叹调‘我等愚蠢小民认为’（Unser dummer Pöbel meint）改编的变奏曲【K.455】。”

9. “朗格太太唱了我新写的轮旋曲”【宣叙调“我那热切的希望”（Mia speranza adorata）与轮旋曲“你有所不知”（Ah，non sai），K.416，由她在 1783 年 1 月 11 日于“面粉坑”举行的一场定期音乐会上首演】。

10. 开场交响曲的最后一个乐章。

这场音乐会是一个巨大的成就，也是莫扎特来到维也纳之后职业生涯的最高峰。但有了这样的成功，为什么莫扎特还是没法像他计划的那样来销售那三部协奏曲呢？考虑到当这三部作品最终卖给阿塔利亚之后，印刷版一问世就极度抢手，以至于因为磨损而更换了好几块印版 [13]，那么它们遭受的挫折就更加显得莫名其妙了。阿塔利亚版在 1784 年底、1785 年初面市，到十八世纪末时已经售出了“远远超过 500 份”。那么为什么莫扎特自己的售卖无法达到这个数目呢？哪怕他费了很多心思来抄写这些作品，使它们能够在家里以室内乐的方式演奏（类似英国人的形式，例如萨缪尔·施罗特 [①] 1774 年的《为羽管键琴或钢琴而作的六首协奏曲：以两把小提琴和低音提琴……伴奏》，作品第 3 号）。或者仅仅是因为阿塔利亚能够比作曲家本人更好地推销他的作品？［令人好奇的是，阿塔利亚出版的第 13 协奏曲（K.415）中，没有包括小号与定音鼓的分谱。］

当时对莫扎特来说最大的新闻是，意大利歌剧团在维也纳重开。他在 5 月

---

① Samuel Schroeter（1753—1788 年），钢琴家与作曲家，生于勃兰登堡的古本，成年后活跃于伦敦，曾经接任约翰·克里斯蒂安·巴赫（“伦敦巴赫”）作为英王乔治三世的夏洛特王后的音乐教师。

7 日给他父亲的信里汇报："意大利喜歌剧重又上演了，我对此非常高兴。——那位喜歌剧男主角尤其出色。他的名字是弗兰切斯科·贝努奇①……"[14] 我们也可以了解到洛伦佐·达·蓬特当时也来到了维也纳，他和莫扎特的合作将成为这位作曲家歌剧事业的主要力量。

莫扎特在 6 月 17 日成为父亲。他们为这个男孩取名为雷蒙德·利奥波德：他的教父是雷蒙德·冯·魏茨腊，男爵的长子，不幸刚刚逝世（莫扎特对此十分遗憾）。魏茨腊没能参加在霍夫堡教堂的命名礼，由莫扎特的音乐界同事菲利普·雅各布·马丁代为出席。第二天莫扎特在给利奥波德的信里描述他新生的儿子是个"漂亮又结实的小子，圆得像个球"[15]，现在没有什么能够阻挡莫扎特他们去萨尔茨堡了。（似乎他们从未觉得将新生儿留给乳母照料有何不妥，而当莫扎特和康斯坦策回到维也纳后，才发现那个孩子已经死了。）

*   *   *

这是莫扎特最后一次回到萨尔茨堡。大主教终究还是一个仁慈的人，而莫扎特能够与父亲和姐姐重逢也是喜不自胜。至于康斯坦策，似乎无论是利奥波德还是南妮儿都没能对她产生什么好感。在她弟弟去世一年后，南妮儿总结了他们家对于康斯坦策的感受，在她笔下的莫扎特"违背父亲的意见而结了婚，并选择了一个完全不适合他的女子……"[16] 本书作者曾经尝试过，在另一个语境里，为康斯坦策·莫扎特提供一份"证言"[17]。作为对此类争议的总结，人们可以认为：（一）除了上文引用的信件（其源头的偏见由来已久），并没有其他十八世纪的文献中包含对康斯坦策不利或不友好的记述；（二）莫扎特深爱着她，并认为她是他命中注定的妻子；（三）康斯坦策保留

---

① Francesco Benucci（1745 年前后—1824 年），十八世纪杰出的男中音/男低音歌唱家，1783 年当约瑟夫二世重组意大利歌剧团时，通过奥地利大使的邀请，他与南希·斯托拉切［Anna（Nancy）Storace］一起来到维也纳，成为新歌剧团的台柱。

了所有莫扎特的信件，也包括了他批评她的内容，尽管大部分都只是调笑（如果她真的认为这些内容会有害于她，她很可能不会这么做——显然这些信件并非如此）。

约翰·迈克尔·海顿，约瑟夫·海顿的弟弟，受雇于萨尔茨堡的科勒雷多大主教。作者不详的剪影肖像，出版于 1808 年。

　　莫扎特和康斯坦策应当是在 7 月 28 日抵达了萨尔茨堡，在 29 日他们和南妮儿一起拜访了他们在萨尔茨堡的朋友。南妮儿的日记——以电报式的简洁文字写成——记录了她弟弟和弟媳的活动概要："【7 月】29 日上午 7 点与弟弟和弟媳望弥撒，再去拜访哈根瑙尔（Dominicus Hagenauer）、兴登霍芬（Schiedenhofen）和巴里珊尼（Sigmund Barisany）。下午我们去了卡特尔（Catherl）家，然后一起弹琴。来看我们的有山德美尔、韩赛尔、波隆纳（Michelangelo Bologna）、夏赫特纳、切卡雷利、比伯（Kajetan Biber）、雷特和卡特尔，兴登霍芬夫妇也来看我们。然后与波隆纳一起散步。白天天气不错，晚上有雷雨，雷声彻夜。"他们一起去玛利亚·普莱恩的圣地教堂（"乘坐两部马车"）郊游，在漂亮的嘉布遣山散步，还去了利奥波德斯克恩宫观光（"把那里的一切都看遍了"）。[①] 还有一天，莫扎特"在下午给了我一块冰，晚上给了我一拳"。在 9 月 4 日 "早上 11 点半，我们所有人，包括我弟弟和第一次来的弟媳，去了大浴场。我们打牌，雨很大"。日记中两次提到过迈克尔·海顿：9 月 12 日，他和"费亚拉先生"（Joseph Fiala）一起过来，并合作演奏了四重奏，

---

①　此处提到的几处景点分别是：Maria Plain，位于萨尔茨堡北面的天主教朝圣教堂；Kapuzinerberg，位于萨尔茨堡的萨尔察赫河东岸，海拔 640 米；Schloss Leopoldskron，是由萨尔茨堡大主教利奥波德·A.E. 冯·费尔米安伯爵（利奥波德·莫扎特在萨尔茨堡的首任雇主）利用驱逐新教徒而获得的财富在 1736 年兴建的洛可可风格宫邸，其中收藏了大量艺术品，包括提香、伦勃朗、鲁本斯的画作。

他两天后又来了一次。[18]

康斯坦策也记得一些事情，多年以后，她让尼森通过传记收录了这些事[19]："不理想的情况使他【莫扎特】几个月内都无法出发上路，而即使当他已经离开【维也纳】时他仍然心绪不宁：一个债主不准他在还清 30 福林的借款之前离城。莫扎特不能没有这笔钱……他……为迈克尔·海顿写了两首美妙的小提琴与中提琴二重奏……"

还有一份记录是关于这些作品如何问世的：

> 迈克尔·海顿本来应当为圣座【此处指大主教】创作小提琴与中提琴的二重奏。但他没法及时完成，因为他生病了，而且因病不能工作的时间比他预料得更长。因为这样的延误，他被威胁可能要被克扣薪水，因为他的东主可能不知道他的健康状况，或者了解的情况有误。在当时天天拜访海顿的莫扎特了解到这个情况后，坐下来开始动笔为他焦虑的朋友创作，他的速度超乎寻常，那些二重奏在几天内就完成了，并以迈克尔·海顿的名义递交上去。

康斯坦策从迈克尔·海顿的两位朋友为他撰写的传记中引用了这份非常有说服力的记述，那本传记出版于 1808 年。[20]

为萨尔茨堡的同事创作这两首曲子的行为既是善意的举动，也是敬意的表现。莫扎特对迈克尔·海顿的作品的评价很高（直到现在才逐渐被世人所知）；当莫扎特离开萨尔茨堡前往林茨时，他带走了一部迈克尔·海顿新创作的 G 大调交响曲（之前一直被称作莫扎特的第 37 交响曲），他为这部交响曲加了一个慢板引子（K.444）并以此上演这部交响曲。

90

迈克尔·海顿原先计划为大主教创作六首小提琴与中提琴二重奏，柏林图书馆收藏了他的四首二重奏（分别是 C、D、E、F 大调）。仔细分析这四部作品，就能发现出于莫扎特笔下的两部，即 G 大调（K.423）和降 B 大调（K.424），是通过精心设计——选择了两个在迈克尔·海顿已经完成的四首中未曾使用过的调性——来组成一套完整的曲目的。莫扎特也费了不少功夫来模仿迈克尔·海顿的风格进行作曲，因为他不想被人识破而使海顿倒霉。毕竟大主教也是一个内行人，而且虽然他解雇了莫扎特，但他很熟悉这位前雇员的创作风格，并在萨尔茨堡宫廷内继续演奏他的作品。然而，他从未识破海顿交上来的六首二重奏里其实有两首出自莫扎特之手。[迈克尔·海顿"将【莫扎特的】原稿作为圣物那样珍藏"，这些原稿保留至今，在私人收藏家手中。这些作品自然没有在莫扎特生前出版，奥芬巴赫的 J. 安德烈（J. André）在 1793 年将其首次出版。]

莫扎特用来掩饰这些作品的作者的技巧包括在 K.424 的开头乐章中优雅的叽叽喳喳的音符与颤音，以及在 K.423 的末乐章中引用的流行曲调。在研究这些富有魅力的模仿作品的时候，需要留意的是，莫扎特的特长之一就是能够完美地模仿其他作曲家。在这两首二重奏问世之前五年，他就曾经在一封给他父亲的信里提道："如你所知，我在作曲的时候能够多多少少地借用或者模仿任何类型以及任何风格。"[21] 但需要补充的是，莫扎特对这些小小的二重奏也很感兴趣，而且用心投入，从而创作出两部微型的杰作。

*　　*　　*

91　　近半个世纪之后，康斯坦策回忆起萨尔茨堡的一件事，我们能够从南妮儿的日记里大致重建当时事件发生的顺序：

文森特·诺维洛，他和妻子玛丽一起在 1829 年拜访了康斯坦策，他们在日记里记录了与康斯坦策谈话的内容，包括对莫扎特生活的回忆。由威廉·汉弗莱（William Humphreys）根据文森特的儿子爱德华·彼得·诺维洛（Edward Peter Novello）绘制的肖像画而作的铜版画。

1783 年 10 月

1 日上午波隆纳和布林格（Abbé Franz Joseph J.N. Bullinger）来我们这里，下午来的是罗宾尼（Robiny）、切卡雷利、布林格、托马塞利（Giuseppe Tomaselli）、费亚拉、费纳（Ludwig Feiner）和其他人。演了一首交响曲、歌剧四重唱、C 大调钢琴协奏曲，亨利（Abbé Henry）来了一首弦乐协奏曲，波隆纳唱了一首咏叹调。然后去了剧院。美好的一天。[22]

在文森特和玛丽·诺维洛夫妇于 1829 年拜访康斯坦策后，玛丽——他们两人都写日记——留下了这样的记录："她跟我们说，在他们结婚后回到萨尔茨堡的时候，他们一起唱了四重唱'我将独自远游'（Andrò rammingo），而他被这首歌深深打动，以至于泪流满面，走出了房间，过了好一会儿，在她的安慰下，他的情绪才平静下来。"毫无疑问，他们表演的是《伊多美尼欧》第三幕中的那段深情而又阴郁的四重唱。罗斯玛丽·休斯（Rosemary Hughes）作为诺维洛日记的富有同情心的编辑，曾经说过："在这段四重唱里，年轻的伊达曼特面临被流放等不幸……【而他们的表演】使得莫扎特心中情绪汹涌，就好像是一个不祥的预兆。"

C 小调弥撒（K. 427）

莫扎特访问萨尔茨堡的一个主要原因与他最为重要的宗教音乐作品之间密

切相关——一部在康斯坦策名义下的还愿弥撒。当时确切的缘由已经隐没在神秘中：在下面会引用的一封信里，莫扎特提到了康斯坦策的一些病症，而她的康复成为创作这部弥撒的原因在尼森撰写的传记里则表示这部作品是庆祝他们的第一个孩子平安降生；又或许这部弥撒是为了纪念他们历尽艰辛终于成婚。早在 1783 年 1 月 4 日莫扎特在给他父亲的信里就提到：

> 关于那句誓言，是非常真诚的；——我不是未经预想就把它写下的——我在内心深处真诚地作出了那个承诺，并希望能够一直坚守它。——当我立誓时我尚未和我妻子结婚——既然我被深深说服，在她康复后我就会马上娶她，那个承诺对我来说也就很容易了——你知道，各种时机和环境上的问题让我们没能过来；——但是，作为见证，我要坚守我的承诺，那部写到一半的弥撒乐谱正充满希望地躺在我的书桌上。[23]

作为戈特弗雷·凡·斯威腾男爵的周日音乐会的参与者，莫扎特对赋格曲尤其关注，而康斯坦策对亨德尔和 J.S. 巴赫此类作品的兴趣，启发了莫扎特创作一些出色的前奏曲与赋格，例如为钢琴创作的 C 大调幻想曲与赋格（K.394）。莫扎特在 1782 年 4 月 20 日给他姐姐的信里写道：

> ……这首赋格曲能问世，真的是因为我亲爱的康斯坦策。——我每个星期天都会见面的凡·斯威腾男爵给了我所有的亨德尔和 J.S. 巴赫的乐谱，让我带回家（在我为他演奏了这些作品之后）。——当康斯坦策听到那些赋格曲后，她非常喜欢它们……——因为她经常听我即兴创作……她就问我有没有把那些曲子中的任何部分写下来。——而当我告诉她没有

之后——她狠狠地批评了我一顿……她一直在恳求我，直到我为她写了一首赋格曲，这就是这首曲子的由来。——我特地把速度标注为"庄严的行板"，这样这首曲子就不会被演奏得太快。我打算——如果我有时间，时机也刚好的话——就再写五首，然后把它们给凡·斯威腾男爵……[24]

在这封信里我们能够看到对于在这部弥撒曲中出现的赋格的最直接的解释，包括《荣耀经》的结束段［"与同圣神"，（Cum Sancto Spiritu）］和《圣哉经》［"贺三纳响彻云霄"（Osanna in excelsis）］。慢速的《垂怜经》以高贵而神圣的 C 小调开始，然后转到关系大调（降 E 大调），中间的"基督，垂怜我等"（Christe）部分，是一段悠长而喜悦的女高音独唱——这段注定是为康斯坦策写的（事实上在首演时也是由她演唱的）。在他们订婚后与刚结婚的头几年，莫扎特都在为康斯坦策写练声曲，而其中之一（K.393 中的第二首），大约是在 1782 年 8 月为她创作的，已经包含了那句悠扬的"基督，垂怜我等"的原型，毫无疑问这是一份最美的结婚礼物（按照上文提到过的，我们还可以加入那首为十三件管乐器而作的小夜曲）。

之前科勒雷多大主教所期望的弥撒曲的首要要求是简洁，不允许赋格的存在。不再受到这方面的约束后，莫扎特的想象力就得到放飞了。很明显他打算创作一部规模宏大的集大成之作，汇聚各种风格于一体——从而产生了将撒克逊风格的赋格曲与意大利式的咏叹调并置的美妙效果［"赞美你"（Laudamus Te）］。也许最能展现他的灵感且最不同凡响的乐章是"除免世罪者"（Qui tollis），其中突然加入了一个双重合唱团（八个声部，并会在《圣哉经》中再度出现）。在这段加入了三支长号作为支撑的广板中，我们听到的是那种巴洛克传统中众所周知的、连续不断的、以复附点音符写成的固定音型式的乐章，

在此莫扎特向我们展示了一场震撼人心的盛会——就
像伟大的莫扎特学者赫尔曼·阿贝特在很多年前说的
那样，宛如绝望的忏悔者们成群结队，在十字架前巡
游不息[25]。莫扎特对教会音乐有非常明确的想法，并
认为就其本质而言，它应该是保守的。我们在这部作
品里能够扎扎实实地听到莫扎特式宗教音乐的精髓，
这种风格要到 1791 年的魔幻般的《圣体颂》（*Ave,
verum corpus*）和《安魂曲》才会重现世间。

圣彼得修道院的本笃会
修士多明尼库斯·哈根
瑞尔，莫扎特的朋友和支
持者，他在 1801 年成为
圣彼得修道院住持。由
C. 科尔在 1801 年根据油
画肖像而作的铜版画。

　　现在并不清楚当莫扎特把这部弥撒带去萨尔茨堡并
打算在那里演出时，这部作品到底写得怎么样了。可能
就像他信里提到的那样，已经完成了一半：可能是《垂
怜经》和《荣耀经》。《信经》最终都未完成，而《羔
羊经》则从未动笔。很明显这部弥撒曲不能在科勒雷多
大主教的主教座堂上演，但还有另一个同样重要的场所，而且莫扎特还与那里
长期保持着友好的关系——本笃会的圣彼得修道院。关于这部弥撒曲首演的唯
一信息来自南妮儿的日记："【1783 年 10 月】23 日去弥撒。然后去了合唱之家
【男童合唱团所在地，在现在的西格蒙—哈夫纳街】来排练我弟弟的弥撒曲，我
弟媳是【女高音】独唱……【26 日】去了圣彼得那里，我弟弟的弥撒曲上演了，
整个宫廷乐团的人都在……"[26]

94

　　幸运的是，部分首演时使用过的乐谱留存至今，从中我们能够看到：（一）
演出的部分包括了《垂怜经》《荣耀经》《圣哉经》和《降福经》；（二）现存的
部分分谱——管风琴和第一、第二、第三长号——是由 C 小调转调至在一开始
更难演奏的降 B 小调（当音乐转到降 B 大调时会比较容易演奏）。有看法认为

93

莫扎特C小调弥撒首演时《荣耀经》开头部分的管风琴分谱，可见作曲家本人手写的修订之处。

这首弥撒曲首演于 1783 年 10 月 26 日，场地是萨尔茨堡圣彼得修道院（下图），而不是莫扎特之前的雇主科勒雷多大主教所驻的萨尔茨堡主教座堂（上图）。两幅蚀刻画都是由库特·朗姆夏（Kurt Remshard）根据安东·丹雷特（Anton Danreiter）的画作而作。

萨尔茨堡的汉尼拔广场（现名玛卡特广场），旁边是所谓的"舞蹈大师之家"，利奥波德从1773年开始到1787年去世都住在这里，莫扎特1783年在这里向他父亲和姐姐介绍了康斯坦策。根据佐尔格·佩佐特（Georg Pezolt）画作而作的铜版画，1830年前后。

这样特别的改变是为了使得高亢而困难的女高音独唱部分（康斯坦策的部分）　94
在某种程度上不那么突出。也可能还有别的技术上的原因，我们现在已经不得
而知了。

　　凑巧的是，每年10月26日，萨尔茨堡的圣彼得修道院都会庆祝马斯垂特
主教圣阿曼德（St Amand）的瞻礼日，他是这座修道院的第二主保圣人。这
个日子的庆祝典礼十分隆重，而其中的特色之一就是通常会省略弥撒曲中的整
段《信经》——正是莫扎特的C小调弥撒曲中未完成的部分［而其中包括了一

段虽然未曾被演奏但已经基本成型的"他因圣神由童贞玛利亚取得肉躯"（Et incarnatus est），是整部作品中难度最高的女高音独唱段落〕。我们之前已经发现，原版的演出乐谱中没有《信经》。然而，存在一种情况就是，当圣阿曼德瞻礼日恰好是星期天时——比方说1783年——《信经》将包括在当天的弥撒曲中。我们可能永远无法知道当天到底发生了什么，不过可能《信经》要么就被省略了，要么就用格里高利圣咏中的相应段落填补（可能消失的《羔羊经》也是类似的状况？）。

圣彼得修道院的合唱团包括了大约10个男童和成年男子，演奏乐器的人数可能也大致相同。那里的乐团没有大管与长号，莫扎特他们可能是从宫廷乐团里，或是从城里的乐队领班和他的学徒那里借了人。南妮儿告诉我们整个宫廷乐团的人都在，那就意味着，弥撒曲中几乎与第一独唱女高音同样困难的第二独唱女高音，是由与他们家庭友好的一个阉伶歌手演唱的，可能是弗兰切斯科·切卡雷利或者米开朗基罗·波隆纳，男高音声部由南妮儿日记中提到的另一个他们家的朋友朱塞佩·托马塞利（1756—1837年）演唱。唯一一段男低音独唱是在《降福经》段落，可能是由合唱团男低音声部中的某位佼佼者演唱的。莫扎特本人要么在演奏管风琴，要么就是指挥（以演奏小提琴的形式？）。[27]

＊　＊　＊

第二天9点半，康斯坦策和莫扎特就离开了萨尔茨堡。他们前往林茨，途径兰巴赫修道院①。他们抵达那里的时候正好可以让莫扎特赶上演奏《羔羊经》中的管风琴。（"那里的主教再次见到我的时候不胜欣喜……"）11月4日星期四，莫扎特在林茨的剧院举行了一场音乐会，"因为我没带着别的交响

---

① Stift Lambach，位于上奥地利韦尔斯兰县的本笃会修道院，始建于1040年，以其罗曼风格湿壁画和巴洛克建筑闻名。希特勒童年时曾经在该修道院下设的学校求学，后来纳粹党的党徽，就源自他在此求学时看到的建筑上的装饰图案。

兰巴赫修道院，1783 年 10 月底，莫扎特和康斯坦策在从萨尔茨堡前往林茨的途中曾经拜访此地。由约翰·齐格勒在 1770 年前后创作之铜版画。

曲的乐谱，我就飞快地写了一部新的"。这就是广受喜爱的"林茨"交响曲（K.425），整个创作过程最多花了五天，而且其中包含了一个听上去不动声色，但对音乐家来说充满了戏剧性的创新——在慢乐章的引子里应用了小号与定音鼓，从而为这段静静地散发光芒的行板乐章增添了一层庄严而辉煌的色彩。

　　当莫扎特他们抵达上奥地利的首府（林茨）时，"老"图恩伯爵的一位仆人已经在等他们了："那位年轻的图恩伯爵（维也纳图恩的弟弟）立刻来找我，跟我说他父亲已经等我两个星期了，而我应当直接去他那里，因为我应该去那儿做客……我在那里受到的礼遇简直无法用言语描述……"[28]

*   *   *

1783 年 12 月 22 日与 23 日，维也纳举行了音乐家协会每年一度的圣诞音乐会。音乐会上演了海顿的作品，维也纳新组建的意大利歌剧团的歌手们也参加了演出，莫扎特为此提供了一首新的"轮旋曲"[宣叙调和咏叹调"微风轻拂"（Misero! o sogno!），K.431]，由他的朋友——男高音约翰·瓦伦丁·亚当贝尔格演唱。莫扎特本人也演奏了一首钢琴协奏曲，可能是由第 13 钢琴协奏曲（K.415）新改编的"扩大"版本。整场音乐会的曲目如下：[29]

> 交响曲【序曲】和合唱——海顿【可能是他在 1775 年创作的清唱剧《托比亚之回归》（*Il retorno di Tobia*）的序曲和开幕合唱】。
>
> 由安东尼奥·M.G. 萨奇尼创作之咏叹调［曼迪尼（Paolo Stefano Mandini）先生和卡瓦列里小姐演唱］。
>
> 钢琴与乐队之协奏曲，由莫扎特创作并演奏【只在 12 月 22 日；在第二场音乐会演出了一首由斯勒辛格独奏的小提琴协奏曲】。
>
> 科策卢【可能是利奥波德·科策卢（Leopold Koželuch）】创作之交响曲。
>
> 莫扎特新作之轮旋曲（亚当贝尔格演唱）。
>
> 朱塞佩·萨尔蒂①创作之三重唱（卡瓦列里、亚当贝尔格、曼迪尼演唱）。

---

① Giuseppe Sarti（1729—1802 年），意大利歌剧作曲家与指挥家，莫扎特在《唐·乔瓦尼》中引用过他的歌剧中的旋律。

由J.A.哈塞、萨奇尼和卡尔·迪特尔斯·冯·迪特尔斯多夫（Carl Ditters von Dittersdorf）创作之合唱作品。

演出指挥：约瑟夫·斯达策（Joseph Starzer）。

莫扎特在12月24日给他父亲的信里提到了这些音乐会，并说第一场座无虚席而第二场则空空荡荡。莫扎特和海顿是不是在这两场音乐会里第一次相遇的？那一年海顿能比往年更早离开埃斯特哈齐，因为那里的歌剧演出季在11月底就结束了。很可能他出席了音乐家协会的演出，原因之一就是协会很快决定在接下来的音乐会（1784年大斋节期间）再度上演《托比亚之回归》。如果确实两人都在场，那么海顿就会听到莫扎特最伟大的声乐作品之一，与海顿更客观，有时更玩世不恭的方法相比，其中展现的力度、激情以及个人对唱词的深深投入，在脚本的处理上都体现出了明显的区别。"微风轻拂"对海顿以及在场的其他作曲家而言，必然是一大启示——这是莫扎特很快将在意大利歌剧领域展示出的才华的一个清晰的预演。

第五章原注：

1. 关于天气，参见莫扎特《书信》第三卷，第241页，1782年11月13日的信；关于大主教，参见同一出处，第269页起，1783年5月21日的信。在后来的一封信中（1783年7月5日，同一出处，第277页起），莫扎特引用了在维也纳的某些人的说法："你会见识到的，你再也没法逃脱的。你不知道那个下作的亲王能做出什么……"利奥波德安抚他的回信可见莫扎特在7月12日的信（同一出处，第279页起）。

2. 莫扎特《书信》第三卷，第245页，以及第六卷，第124页。

3. 出处同上，第三卷，第251页起。

4. 参见威廉·桑迪斯（William Sandys）与西蒙·安德鲁·福斯特（Simon Andrew Forster）的 *The History of the Violin*, London 1864, 在第310页可见拉德尼茨基的草本来到伦敦的日期（2月14日、2月24日、5月6日）。另外 *Joseph Haydn: Critical Edition of the Complete Symphonies*（ed. Landon），vol viii, Phiharmonia No.596, Vienna, 2nd ed., 1981 的前言插图中有一幅由拉德尼茨基签字的海顿第77交响曲的一页。

5. 在海布的分谱中还包括了莫扎特的第 6 钢琴协奏曲（K.238）、第 17 钢琴协奏曲（K.453，不完整）和第 26 钢琴协奏曲 "加冕"（K.537），还有由拉德尼茨基抄录的科策卢的一首钢琴协奏曲的分谱。这些莫扎特作品的乐谱都未曾收录在克歇尔目录里。

6. 莫扎特《书信》第三卷，第 313 页起。

7. *The Collected Correspondence and London Notebooks of Joseph Haydn*（ed. Landon），第 71 页。

8. 莫扎特《书信》第三卷，第 257 页起。

9. 莫扎特《书信》第三卷，第 251 页起。

10. 莫扎特《书信》第三卷，第 259 页。

11. 莫扎特《书信》第三卷，第 259 页。

12. 莫扎特《书信》第三卷，第 261 页起，以及第六卷，第 137 页。

13. *NMA*, Werkgruppe 15, Band 3（Christoph Wolff, 1976），p. viii.

14. 莫扎特《书信》第三卷，第 268 页。

15. 出处同上，第 273 页。

16. 出处同上，第 199 页起。

17. 兰登《1791》，第十三章。

18. 莫扎特《书信》第三卷，第 282—288 页。

19. 尼森，第 475—477 页。

20. 由不明人士出版之 *Biographiche Skizze von Michael Haydn*, Salzburg 1808（by G. Schinn and F.J. Otter）。

21. 莫扎特《书信》第二卷，第 265 页，1778 年 2 月 7 日的信件。

22. 莫扎特《书信》第三卷，第 288 页。已故的约瑟夫·海因茨·艾伯作为注释编辑（vi, 154），相信这里的四重唱是来自路易吉·加蒂（Luigi Gatti）的 *Olimpiade*，1775 年在萨尔茨堡首演。波隆纳是指米开朗基罗·波隆纳，与切卡雷利一样都是阉伶歌手。约瑟夫·费亚拉（约 1754—1816 年）是一位作曲家，也是萨尔茨堡当地乐团的一员，他演奏双簧管，但也拉大提琴。阿贝·约瑟夫·布林格是阿尔科伯爵的家庭教师之一，也是莫扎特家的好友。费纳是萨尔茨堡乐团的第二双簧管。阿贝·亨利是一个前耶稣会会士和小提琴家。剧院里上演的是莎士比亚的《罗密欧和朱丽叶》。诺维洛，第 114 页起。

23. 莫扎特《书信》第三卷，第 247 页起；尼森，第 476 页。

24. 莫扎特《书信》第三卷，第 202 页。

25. Hermann Abert, *W.A. Mozart*（2 vols.），7th ed., Leipzig 1956, ii, 122.

26. 莫扎特《书信》第三卷，第 290 页。

27. *NMA*, Werkgruppe i, Abteilung i, Band 5（Monika Holl, Karl-Heinz Köhler, 1983），pp. ix-xix.

28. 莫扎特《书信》第三卷，第 291 页，1783 年 10 月 31 日的信件。

29. C.F. Pohl, *Denkschrift*, 60f.; 莫扎特《书信》第三卷，第 299 页。

第六章　1784年的系列音乐会与赞助；莫扎特加入共济会

从 1784 年 2 月 9 日起，莫扎特开始将他的新作品记在某种音乐日记
里——一份持续不断并具有主题性的"我的所有作品的目录"[1]。这份文件的
重要性无与伦比，它保证了作品的真实性，并确定其时间顺序（虽然很多留存
至今的手稿也都标记了日期）。但不幸的是，它并不是完整的，不仅是因为有
相当数量的真实作品没有包括在内，而且有时候莫扎特会成批记录他的作品，
将不同的几部作品列在同一天里。这种情况的一个实例是 1788 年 6 月 26 日，
那一天收入目录的作品包括降 E 大调第 39 交响曲（K.543）、一部小进行曲
（K.544）、C 大调钢琴奏鸣曲（K.545），以及为弦乐而作的 C 小调慢板与赋格
（K.546），很明显这四部作品不都是在 6 月 26 日这一天创作或者完稿的。但这
份目录还有一个宝贵之处是，它提供了各部歌剧完整的演员信息（在核实某些
扑朔迷离的情况，例如《狄托的仁慈》首演角色的名单时，能够提供很大的帮
助）和乐队编制。对于 F 大调第 19 钢琴协奏曲（K.459），这份目录中的记录
标明了乐队编制中的小号和定音鼓，但它们的分谱已经佚失（总谱手稿中也没
有这两个声部，可能它们是写在附加的纸上，莫扎特和海顿在他们的稿纸行数

不足以容纳所有乐器或声部时都会这么做）。

为什么莫扎特开始编辑这份目录？也许是因为他觉得有必要为他的创作生涯加入某些秩序，也有可能是他认识到他的职业道路即将走上一条陡峭的上升曲线，而他需要以这份目录作为一个参考"工具"。毕竟海顿也在记录一份类似的（尽管没有那么规整的）目录——被后世称为《草稿目录》（Entwurf-katalog），但没有记录日期、乐队编制或演员名单。

这份目录中记录的第一部作品是降 E 大调第 14 钢琴协奏曲（K.449），为莫扎特的学生芭芭拉（巴贝特）·冯·普洛伊尔创作，她是宫廷议员戈特弗雷·伊格纳兹·冯·普洛伊尔的女儿①，冬季住在城里，夏季则住在郊外景色优美的德布灵区。莫扎特不仅为她写了这部活泼灵动的协奏曲，还有宏伟的 G 大调第 17 钢琴协奏曲（K.453）。芭芭拉有一本留言本，她的朋友们都在那上面留下了自己的痕迹，包括海顿（一首卡农曲）、莫扎特（为对位大师先生而作的小葬礼进行曲，K.453a）和康斯坦策·莫扎特（在她丈夫去世后，为他的这位学生画了一幅莫扎特的水彩画肖像[2]）。1784 年 3 月 23 日，她在他们家族的宅邸里举行的音乐会上首演了为她创作的协奏曲之一，钦岑多夫伯爵认为她的演奏非常精彩。[3]

莫扎特在 1784 年 3 月 3 日给他父亲的信中，记述了他在维也纳音乐活动中的惊人的热度如戏剧般突然显现。

> 从这个月 17 日开始，在大斋节期间的三个连续的周三，我会在特拉特纳那里举行三场音乐会，我已经有了 100 个买了套票的听众，而当这个

①　Maria Anna Barbara（"Babette"）Ployer（1765—1811 年），奥地利钢琴家，曾经跟随莫扎特学习钢琴与作曲，莫扎特也以她的卓越水平为荣。她是宫廷议员戈特弗雷·伊格纳兹·冯·普洛伊尔（Gottfried Ignaz von Ployer）的侄女而非女儿。

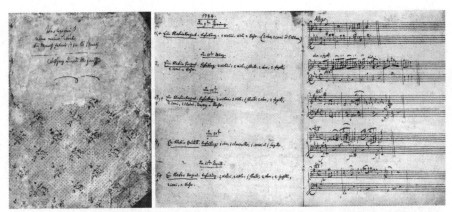

莫扎特自己的作品目录封面，从1784年2月使用到1791年，右图是这份目录里最初收录的
几部作品，包括四部钢琴协奏曲（第14—17号，K.449、450、451和453）以及（倒数第
二行）为钢琴、双簧管、单簧管、圆号与大管而作的五重奏（K.452）。也请参见327页。

系列演出开始的时候应该能很轻松地再招来30人。——今年我应该还会
在剧院举行两场音乐会——所以你可以很容易地想到我有表演新曲目的义
务——所以我必须作曲。——整个早上都留给学生了。——而在晚上我几
乎天天都得【公开】演奏。——下面你会看到一大堆音乐会的清单，这些
都是基本确定我要出席的演出。——我现在要跟你赶快说说，我是怎样在
这个时候坚持举行私人音乐会的——钢琴大师里希特（Richter）要在上面
我提到的那个场地里举行六场周六音乐会。——贵族们放出消息来，说除
非我也参演，不然他们就不感兴趣。里希特先生请我去参加——我答应他
我会参演三场。——然后我发布了我自己的三场音乐会的套票，人们就纷
纷过来了……[4]

在信里接下来的清单中，莫扎特列举了他参演的22场音乐会，其中有　　107

十八世纪八十年代莫扎特在维也纳的音乐会的门票，如今只有两张存世。

5场在俄国大使格里钦亲王宅邸举办，9场在埃斯特哈齐伯爵约翰·巴普蒂斯特（Johann Baptist, Count Esterházy）宅邸举办，他还参演了3场里希特的音乐会，还有3场不公开的音乐会和2场在剧院的公开演出。

几天后，莫扎特在3月20日给他父亲的信里附上了一份他个人音乐会的套票订购者名单[5]。那些名字读起来就像摘录自《哥达年鉴》①，可谓是维也纳社会精华之所在。这是他在当时风靡全城的最有力的证明。关于这份名单（参见附录1），他补充道：

> 我的订购者比里希特和费舍尔两人的总数还多出30人。——这个月17日的第一场音乐会非常成功——大厅完全爆满。——而我演奏的那首新的协奏曲【第15钢琴协奏曲，K.450】也大获好评。——无论在哪里都能听到对这场音乐会的赞美。——明天本应是我在剧院举行的第一场音乐会——然而，列支敦士登亲王阿洛伊斯要在他的宫邸里上演一部歌剧——这不仅会吸引贵族阶层的核心人物，也会把【宫廷】乐团中所有优秀成员全拉走。——所以我登出了一份书面通知，把我的音乐会推迟到4月1日。——现在我必须停笔了，因为我必须去参加兹希伯爵【卡尔·兹希·冯·瓦松尼科伯爵，匈牙利贵族】的音乐会。——恐怕在大斋期结束前，你都得对我有点耐心……

---

① *Gothaischer Hofkalender*，是一本欧洲皇室和高等贵族的名录，还包括主要的政府、军队和外交团体信息，以及各国的统计数据。初版于1763年问世，自1785年起每年出版，直至1944年。其收藏的档案在1945年被苏联军队破坏。

根据4月1日的《维也纳传单报》(*Wienerblättchen*)[6]，莫扎特在城堡剧　　108
院举行的这场宏大的音乐会包括了如下曲目：

1. 一首带有小号和定音鼓的大交响曲【第35 "哈夫纳"（K.385）或者
第31 "巴黎"（K.297）？——可能只演了前三个乐章】。

2. 由亚当贝尔格先生演唱的一首咏叹调。

3. 莫扎特先生将演奏一首全新的钢琴协奏曲【第16钢琴协奏曲
（K.451），3月22日完稿】。

4. 一首全新的大交响曲【第36 "林茨"（K.425）？】。

5. 由卡瓦列里小姐演唱的一首咏叹调。

6. 莫扎特先生将演奏一首全新的五重奏【为钢琴和管乐器而作的五重
奏（K.452），完稿于3月30日】。

7. 由【安东尼奥·】马切斯（Antonio Marchesi）先生演唱的一首咏
叹调。

8. 莫扎特先生将在钢琴上即兴演奏。

9. 音乐会将以交响曲结束【第一首曲目的末乐章】。除三首咏叹调外，
所有曲目都由音乐大师莫扎特先生创作。

十天后，莫扎特又就之前未能及时写信向他父亲道歉[7]：

但你知道我现在得做多少事！——我从我的三场订购音乐会里收获了
无数的荣誉。——同时我在剧院里的音乐会也非常成功。——我写了两首
气派的协奏曲【K.450与451】，还有一首五重奏【K.452】获得了格外的

好评——我自己把它看作我这辈子写过的最好的东西。——这是为一支双簧管、一支单簧管、一支圆号、一支大管和钢琴而写的曲子；我真希望你也能听到它！——它被演奏得多么美好！——（老实说）其他情况下一直要熬夜真的让我疲劳——还要演奏那么多东西——而我的听众从不觉得疲劳，这对我来说是莫大的赞美……今天我又完成了一首为普洛伊尔小姐而写的协奏曲【K.453，莫扎特在两天后将其编入了目录】；——而现在我换衣服正换到一半，准备去考尼兹亲王家。——昨天我在利奥波德·帕尔菲家演出【帕尔菲伯爵，他妻子是华德斯坦女伯爵】。明天我还有一场【南内特·】拜耳（Nanette Bayer）小姐的音乐会【拜耳小姐是宫廷乐团的一位退休小号手约翰·恩斯特·拜耳（Johann Ernst Bayer）的女儿，因为那天是复活节的周日，不准进行公开音乐会演出，这一场应该是私人活动】……[8]

* * *

在莫扎特1784年大斋期的演出季观众名单中，我们可以着重研究一下对这位作曲家特别重要的三个人物：戈特弗雷·凡·斯威腾男爵（1733—1803年）；迪米特里·米哈伊洛维奇·格里钦亲王（1721—1793年）；以及埃斯特哈齐家族，尤其是约翰·巴普蒂斯特·埃斯特哈齐伯爵（1748—1800年）。这三位后来都成为莫扎特的长期赞助人。

凡·斯威腾男爵

作为玛利亚·特蕾莎皇后的私人医生杰哈德·凡·斯威腾（Gerhard van Swieten）之子，戈特弗雷生于荷兰，11岁时与他父亲一起前往维也纳，他在那里加入了奥地利的外交部门。他曾经被派驻布鲁塞尔和巴黎，1769年在英

格兰，并在次年年底晋升至他一生中最为重要的职位——驻柏林腓特烈大帝宫　109
廷的大使。他在那里度过了七年，在此期间他了解到约翰·塞巴斯蒂安·巴赫
和亨德尔的作品，并深受他们的影响——当时这两位作曲家仍然是普鲁士音乐
生活的主角。斯威腾也对巴赫的两个儿子的作品青睐有加，分别是卡尔·菲利
普·艾曼纽埃尔·巴赫（C.P.E. Bach）和放浪形骸但是才华横溢的威廉·弗里
德曼·巴赫（W.F. Bach）。斯威腾回到维也纳后，出任了帝国皇家图书馆的馆
长，几年后——1781年，正好是莫扎特来到维也纳那年——他被任命为教育
委员会主席，年薪 7 000 盾，外加 1 000 盾的住房补贴。在获得这个尊贵的职
务后不久，斯威腾被赋予了额外的任务，监督王国内所有印刷出版物的审查工

维也纳的约瑟夫广场，图中可见帝国皇家图书馆，以及右侧的集会大厅（里道腾厅）。由卡
尔·舒茨所作之铜版画，1780 年。这座图书馆内也有一座大厅，并在馆长戈特弗雷·凡·斯
威腾男爵（右图为 J.G. 曼斯菲尔德为其所作之铜版画肖像）指导下举行过音乐会演出。

作——无比重要的责任。作为一名尽职尽责的官员，斯威腾与约瑟夫二世皇帝的改革理念保持着高度的一致。

这位男爵一生未婚，他从 1768 年开始关注莫扎特，当时的契机是非常维也纳式的——《装痴作傻》①在首演前被迫取消演出。当莫扎特在 1781 年来到维也纳后，他很自然地被约瑟夫广场上的帝国皇家图书馆所吸引，那里的大厅有音乐会举行，同时在同一幢建筑里的男爵的住处内又有大量巴赫和亨德尔的乐谱可供研究。我们可以在莫扎特给他父亲的信里了解到斯威腾的圈子：

> 【维也纳，1782 年 4 月 10 日】……我想你在寄回那首轮旋曲【K.382】给我的时候，能否请你也一同寄来亨德尔的 6 首赋格曲，以及埃伯林②的托卡塔与赋格。——每个星期天中午 12 点我都去凡·斯威腾男爵那里——而我在那里什么都不做，只是演奏亨德尔和巴赫。
>
> 我在收集巴赫家族的赋格曲——不仅仅是塞巴斯蒂安·巴赫，也包括艾曼纽埃尔和弗里德曼——还有亨德尔的，那些我没有的谱子。——我也想让男爵听听埃伯林的作品……[9]

110   莫扎特也让他父亲寄一点自己的作品来维也纳，让他可以在斯威腾的音乐会上演奏，但是看来利奥波德婉拒了，为此莫扎特在 1783 年 4 月 12 日的回信中提道：

> 当天气暖和一点后，请爬到阁楼上找一点你自己的宗教音乐作品寄给

---

① *La finta semplice*，莫扎特 12 岁时（1768 年）创作的三幕喜歌剧。当时利奥波德带着小莫扎特在维也纳，应约瑟夫二世的邀请创作了这部歌剧。但当时其他作曲家散布流言称这部作品是利奥波德代笔的，导致利奥波德最终取消了演出。

② Johann Ernst Eberlin（1702—1762 年），活跃于萨尔茨堡的作曲家。

我们；——你不必为此感到尴尬。——凡·斯威腾男爵和斯达策都像你我一样，熟知音乐的流行口味一直在变换——而且同时——这种变换也不幸地延伸到宗教音乐范畴，尽管事情本来不应该是这样——这也是为什么真正的宗教音乐——总是会在阁楼里——而且几乎都被虫子啃完了……[10]

在十八世纪八十年代，斯威腾抽出时间在贵族人士中组织了一个社团，目的是在相关人士的家族在位于维也纳的宅邸里上演私人音乐会的时候演奏那些"旧的"音乐。这个社团被命名为"合作者协会"，他们演出了 C.P.E. 巴赫的作品和亨德尔的清唱剧，通常由莫扎特来改编（根据当时的乐手情况而定，例如有没有小号等）。我们在后面将会提到，在约翰·巴普蒂斯特·埃斯特哈齐伯爵宅邸里举行过一些亨德尔作品的演出。在莫扎特创作较少的那几年里，这些亨德尔改编作品是他不多的日常收入来源之一。

在莫扎特去世后，海顿与凡·斯威腾的关系更为亲近，这部分是因为这位作曲家当时不再需要在匈牙利长期逗留，而他们都在奥地利首都。这使得两人合作组织了海顿的最后三部清唱剧的演出：《临终七言》（*The Seven Words*）的声乐版、《创世记》（*The Creation*）与《四季》（*The Seasons*）。贝多芬也曾经接受过斯威腾的赞助，他为当时年迈的男爵演奏了巴赫的平均律，并将他在1800年创作的第一交响曲题献给斯威腾。

这位男爵有着强硬、吝啬、不好相处的名声。他并非——尽管有很多与之相反的提法——是维也纳任何一家知名的共济会会所的成员，但他可能之前加入过某个在柏林的会所，而且他的理念和原则也是当时的共济会所宣扬的——启蒙主义和改革思潮。《创世记》中的很多章节包含着明显的共济会理念，不过这其中有多少来自斯威腾，又有多少源自英语文本，仍然有待研究。就莫扎特来说，斯威腾是其主要的赞助人之一，也是他时运不济时的忠诚支持者——在莫扎特计划的 1789 年的系列音乐会里，他是唯一一个订购者。[11]

若干年前，艾尔丝·拉当发现了一本未曾出版过的奥地利日记，在日记里 1791 年（莫扎特人生的最后一年）的部分中，斯威腾是一个主要人物。这本日记的主角是弗兰茨（之后改名为利特尔·冯）·海因特（Ritter von Heintl）[12]，是摩拉维亚边疆山区里一个贫穷的农家子弟，在斯威腾等人的襄助下，这个年轻人成为一位声名显赫且富有的律师。他在日记中将斯威腾描绘为一位高尚而慷慨的启蒙时代人物。

【第 55 页】我在 1789 年 8 月 24 日抵达维也纳……我的所有家当合计 12 盾。我的第一个住处在一个大牌裁缝的房子里……为此我每月要预付 2 福林。我必须要修整打理好我的鞋子和靴子，那又花掉我 6 福林 30 克罗伊策，所以我就只剩 3 福林 30 克罗伊策来过日子……【第 56 页】我从不吃早饭，中午就和另外几个学生一起去一家食堂……那里饭菜量都很少——一小碗汤，一小片牛肉配一点蔬菜，1/4 块面包要花掉我 1 格罗申（相当于 1/10 盾），也就是说一天要花 6 克罗伊策……我的晚饭就是干面包。那时候 6 克罗伊策大概能买到一块 17 洛特重的面包。我每天晚饭会吃 1/3。

他为别人的小孩做家庭教师，每天上课两小时，为他带来了每月 4 福林 30 克罗伊策的收入。但因为他不擅长拉丁语，他失去了一开始的工作，不过又找到了其他学生。而他们分散在市内各处，以至于他在不同课程之间必须跑来跑去才能保证按时抵达。他后来每天授课 9 个小时，每个月能收入 24 福林。他以这份收入支持他的两个兄弟在奥尔米茨念书，而他自己则在晚上学习。1791年时他的身体状况难以为继，也曾希望获取一份奖学，金但并未成真。他向戈特弗雷·凡·斯威腾男爵求助。日记里的记录如下：

【从第 75 页开始】在恐惧中，我前往凡·斯威腾男爵位于约瑟夫广场帝国皇家图书馆大楼里的住所【1791 年 4 月 2 日下午 4 点】。在这个不同寻常的时刻，我被人带到前厅，有人去通报后让我进入阁下的书房。他手里拿着我的请愿书，并在外面用红墨水写了我的名字。他接下来对我说的话我永生难忘："我读了你的请愿书，我觉得写得很好，而且我被它打动了。作为我对你的同情的最初体现，收下这个吧。"（他递给我一张 5 福林的纸币）"我能帮你的不多，但每个月都过来收下这笔钱吧。"这简直超越了我最为夸张的想象……我弯下腰亲吻这位恩人穿着的绿色长袍，上面佩戴着圣斯蒂芬骑士团的骑士指挥官十字勋章……【第 77 页】在第一个月过去后，再去他那里领取那 5 福林对我来说有点为难：我担心他可能不会记得我，而且因为我不再处于窘迫的绝境中，我觉得也很难去提醒他兑现他的承诺。但与此同时，不接受这样一个富于善意的邀请也是不合时宜、不知感恩的。而高贵的斯威腾并未忘记我：在我一进房间时他就认出了我，询问我的近况，而且将那 5 福林按进我的掌心；我还未特意提到钱时，他就已经准备好了……

斯威腾继续赞助海因特，而当这位年轻人成为法学博士时，斯威腾还去了他在希梅尔巷的住处作客，并将他的侄女罗塞蒂伯爵夫人的事务委托给海因特。

我们也会提到，由于斯威腾被认为与共济会在 1791 年的密谋有联系，他在 1791 年 12 月 5 日被解职，而这天也是莫扎特去世的日子。这两个人的命运又一次交错。

迪米特里·米哈伊洛维奇·格里钦亲王

首先关于其名字的拼写，一般将其拼为 "Dimitri"，而在其姓氏的拼写上有诸多拼法（Golozin、Gallizin 等，重音应当在第二部分 Galitzin），我选择了当时在维也纳最为通行的拼法，莫扎特的同时代人也是这样称呼这位卓越的俄国外交官的。

在 1789 年维也纳的《官绅录》（*Hofschematismus*）里，他名列各国使节之中，在"俄国"条目下，头衔为"常驻帝国宫廷特命大使与全权代表，圣安德鲁与圣亚历山大·涅夫斯基骑士团成员，圣弗拉基米尔骑士团大十字勋章勋贤，圣安妮骑士团成员。宫邸在克鲁格街 1046 号"。[13]

从 1762 到 1792 年的三十年间，格里钦一直在维也纳担任大使，他深得约瑟夫二世信任，并在塑造奥地利—俄国外交关系中功勋卓著。1721 年 5 月 15 日，他出生于奥布（图尔库），位于今天的芬兰①，是一个知名的尊贵家族的成员。这个家族可以追溯到俄罗斯帝国的创始人留里克（Rurik，862—879 年间执政）。格里钦家族的直系祖先曾经是伊凡三世手下的一名上尉。因为他一直在羊毛手套外面再戴上很厚实的皮革手套（这种手套被称为"格里查"），就有了格里钦的诨名。他在 1558 年逝世，当时已经是一个教名为约拿斯的僧侣。他的后代中包括了外交官、政府部长、科学家，但大部分都入伍从军，也包括了一些最终死于监狱或者流放至西伯利亚的革命者。

---

① 这座城市的芬兰语名称是 Turku，瑞典语名称是 Åbo，位于芬兰西南部，是该国第六大城市，也是最古老的城市（在 1154 年已有记载）。图尔库是芬兰第一个首都（1812 年以前），也是第一个教区（成立于 1300 年，后来成为大主教区），还是芬兰第一所大学（奥布皇家学院，建于 1640 年）的所在地。

俄国大使格里钦亲王在普拉特公园里拥有的亭子。由老基利安·彭海默（Kilian Ponheimer）根据 A. 布劳恩（A. Braun）的画作而作的铜版画，约 1775 年前后。

　　这位亲王的父亲——米哈伊尔·米哈伊洛维奇·格里钦（Mikhail Mikhailovich Galitzin）是一名近卫军官，并在彼得大帝执政时期表现出色，被任命为当时被占领的芬兰的总督。尽管俄国的管制是严酷的，芬兰人还是爱戴格里钦，称他为"芬兰人之神"。这位亲王此后被派去乌克兰统领军队，他在那里积攒了一笔财富。1730 年他在陆军元帅和军事学院院长任上于莫斯科去世，享年五十有五。

　　迪米特里·米哈伊洛维奇是这位元帅的 17 个孩子之一。他加入了外交部门，并被派往巴黎，在路易十五的宫廷中出任大使，1761 年在巴黎任期中，

113

他的妻子——凯瑟琳·迪米特洛夫娜（Catherine Dimitrovna）公主去世了，而他就此未再续弦。1762 年 1 月 12 日，他被任命为驻维也纳宫廷大使。在那个时候，大使可以在一个岗位上任职多年，比如威廉·汉密尔顿爵士，以及他后来的妻子艾玛夫人，[①] 几乎成为那不勒斯高层社交圈里知名的装饰品。格里钦亲王来到维也纳后，很快就购入了第一份不动产。在约瑟夫二世于 1766 年 4 月 7 日向公众开放普拉特公园后，格里钦亲王就在那里购入了一片原来建有守林人小屋的土地，位于今天的主干大道和焰火大道（展览街）之间，并在那里建起了一座亭子。

格里钦亲王在克鲁格街的宫邸包括了 11 间主要的房间，还有无数小房间。家佣由一位管家领头，还包括一名秘书、一名会计、三个侍从、一个跑腿的、一个打扫房间的、两个厨子、一个翻译、一个糕点师、一个门房、一个烧炉工、一个采买家用的人、两个园丁、一个布置餐桌的人和一个烘烤师傅，再加上男女佣人 23 人（马厩、后厨等的人手）。宫邸的墙上挂满了各种画作——在他的遗嘱里列明了 254 幅画，此外还有无数的雅致服饰、14 辆马车、11 匹马，以及 552 瓶珍酿。

他的夏季别墅位于当时维也纳市郊的奥塔克林区，那一带直到现在还被称作"格里钦堡"，被森林、花园和绿野围绕，而在别墅之外他还单独建造了一座亭子（存留至今）。格里钦在那里创造了一个十八世纪的乐园，以假山、溪流、喷泉再加上仿造的罗马遗迹和希腊神庙为装饰。这位亲王也资助奥塔克林的穷人和需要帮助的人，获得了他们的爱戴。

在 1781 年底至 1782 年初那个冬天，在俄国的保罗大公与夫人（以北方伯

① Sir William Hamilton（1730—1803 年），英国外交家、考古学家、火山学家和收藏家，从 1764 到 1800 年出任驻那不勒斯王国大使。此处提到的他的妻子艾玛夫人是指 Emma Hart（1765—1815 年），后来她以与英国海军中将——第一代纳尔逊子爵霍雷肖·纳尔逊的风流韵事闻名。

爵和伯爵夫人的名义）及其随从访问维也纳的时候，俄国大使馆成为当时社交活动的中心。一段日子后，在 1782 年 10 月，当俄国使团从意大利返回后，他们在皇帝约瑟夫二世、马克西米利安大公以及一群当地贵族的陪同下，前往格里钦在顿巴赫的普雷迪希斯图尔的别业，"来欣赏那里格外优美的风光，并参观俄罗斯帝国大使格里钦亲王在他新购置的这片土地上正在进行的改善工作……"[14]

　　1790 年时，格里钦已近 70 岁，A.K.拉祖莫夫斯基伯爵来协助他一同工作。拉祖莫夫斯基对贝多芬来说就好比格里钦对莫扎特一样。当格里钦在 1793 年 9 月 30 日因尿路阻塞去世后，他获得了广泛的悼念。他为他的家人、朋友和佣人们留下了慷慨的遗赠，但曾经为他工作的两位音乐家——弗兰茨·苏帕尼兹[①]与他的同事彼得·波拉索夫斯基（Peter Polasovsky）一同起诉，追索 6 500 盾。对于这样一位杰出的小提琴家、海顿—贝多芬传统的弦乐四重奏的开创者之一来说，这样庞大的金额必然意味着他们曾经举行了无数的演出——肯定包括室内乐，这点毫无疑问，但也可能包括乐团演出——而没有收到酬劳。这一事件为这位外交官几乎无瑕的人生留下了一个疑问。[15]

　　1784 年的时候，莫扎特每周都在格里钦的沙龙演奏两次，但在此之前，他就已经频繁地提到这位亲王了。在 1782 年 12 月 21 日给利奥波德的信里，他提到了这位亲王两次："我被邀请参加他【格里钦】的所有音乐会，每次他都派马车接送我，并以最高的礼节接待我……；在格里钦那里，罗森伯格伯爵也来跟我说话，并跟我说我真的应该写一部意大利语的歌剧……"[16] 所以格里钦的沙龙在当时不仅仅是进行音乐会演出的地方，也是能够与维也纳社会

---

① 此处所指的似乎是小提琴家 Ignaz Schuppanzigh（1776—1830 年），是贝多芬的好友，也与舒伯特关系密切。他组建的弦乐四重奏乐队首演了贝多芬的大部分弦乐四重奏作品，尤其是他的晚期四重奏。

中富有影响力的人物见面的场所。莫扎特可能在 1782—1783 演出季和 1783—1784 演出季都定期在那里演出，而在那之后可能也继续参演，虽然自从 1784 年之后就没有文本记录了。但毫无疑问的是，格里钦是在十八世纪八十年代早期推动莫扎特在维也纳的事业发展的决定性力量。

埃斯特哈齐家族和约翰·巴普蒂斯特伯爵

尼克劳斯·埃斯特哈齐亲王（1714—1790 年），以"大王"闻名。肖像画作者已不可考。

这个庞大的匈牙利贵族家族通常都与约瑟夫·海顿的名字联系在一起，但是就像我们即将讲到的那样，有诸多史料可以证明他们也与莫扎特有着紧密的联系，而且他们足以为此自豪。

这个家族人数众多，再区分成大量的小分支，以各自的采邑为名（所以有了"老弗拉克诺"分支、"弗拉克诺次子"分支，等等）。在十八世纪八十年代，这个家族有两个主要的分支——亲王一支与伯爵一支。当莫扎特来到维也纳时，这个家族亲王一支的族长是尼克劳斯一世（1714—1790 年），又被称作"大王"，他以建造了坐落于新锡德尔湖匈牙利一侧的埃斯特哈扎城堡而闻名。亲王一支拥有庞大的财产与权力，他们拥有的土地从匈牙利北部边陲直至南方后来属于南斯拉夫的地域。在 1780 年时，亲王一支的公开收入达到了近 80 万盾。[17]

在 1783 年前，亲王一支的世袭头衔是由其家族中年长的男性成员持有的，而此封号与采邑通常也（根据长子继承制）由长子继承，亲王的其他子女享有伯爵或者女伯爵的头衔。但是在 1783 年，约瑟夫二世颁旨使得所有的分支成员都可继承"神圣罗马帝国亲王（女亲王）"的头衔，而在这样的情况下，家族中担任族长的年长男性成员在继承族长之位后就加上了"侯爵"的头衔。[18]这一发展在很大程度上能够帮助我们核实在 1790 年与 1792 年时莫扎特所在的维也纳的共济会会所中至少一位最为重要的成员的身份。

　　莫扎特与埃斯特哈齐家族最早的联系记录可以参见他给在萨尔茨堡的父亲的信笺，1783 年 2 月 15 日他写道："麻烦你尽快把那本收有为了【曼海姆的双簧管演奏家弗雷德里希·】拉姆（Friedrich Ramm）或者【贝加莫双簧管演奏家朱塞佩·】费伦蒂（Giuseppe Ferlendi）【又名费伦蒂斯，1775 年到 1778 年是萨尔茨堡乐团的成员】写的双簧管协奏曲【长笛协奏曲 K.314 的原版】的乐谱册寄给我；——埃斯特哈齐亲王的双簧管乐手为了这曲子会付给我 3 达克特——而且如果我为他写一首新的，我还能拿到 6【达克特】……"[19]1781年到 1790 年时，埃斯特哈齐乐团的第一双簧管乐手是安东·梅耶（Anton Mayer），但我认为莫扎特可能提到的是这支乐团的一个前任成员——维托里诺·科伦巴佐（Vittorino Colombazzo），海顿在 1768 年 9 月招募他加入了那支乐团。他在当年 12 月底离开，但又在 1779 年 10 月回到那里，直到尼克劳斯亲王在 1780 年 3 月 15 日将其解职。在那之后，他频繁活跃于维也纳，既是一名独奏家，又——最有意思的是——成为莫扎特所在的共济会会所"新希望之王"（New Crowned Hope）的成员，因此与这位作曲家有了一层紧密的联系，虽然这要到 1783 年才会发生。安东·梅耶在亲王的乐团之外的音乐活动几乎不为人所知，而科伦巴佐在整个十八世纪八十年代都一直活跃于维也纳，在图恩和塔克西斯亲王的乐团中常常能够见到他的名字。不管怎样，在 1783 年莫扎特已经与埃斯特哈齐的乐团建立了联系。[20]

115

莫扎特与这个家族的第二重，也是更为直接的联系与尼克劳斯·埃斯特哈齐亲王本人有关。若干年前，本书的作者在一幅绘制于 1790 年前后的莫扎特所在的共济会会所"新希望之王"的集体画卷中，确认了画面中主持仪式的会所导师就是尼克劳斯亲王。这是因为在之前未出版的一份当年的共济会会所成员名单中，在仪式主持人导师的部分列明了尼克劳斯亲王的名字，同时画面中的那个中心人物也与这位尼克劳斯大王的其他画像非常相似 [21]。在那以后，我们又在梅尔克修道院发现了一张印刷出来的"新希望之王"会所在 1790 年的名单——与之前的名单相比，其中包括了一些微小然而重要的不同之处。这份印刷出来的名单（参见附录 2）与之前的名单相比，虽然都是同一年的，但日期更加靠后。尼克劳斯亲王死于 1790 年 9 月，因此——如果我们的分析是正确的——这幅画是在 1790 年 1 月至 9 月间绘制的（或者也可能作为纪念，在那之后绘制）。

最近，约阿希姆·胡尔维兹 [①] 在维也纳的地方总会所的文件里发现了一份 1792 年的"新希望之王"会所的名单，而在"现有弟兄"中的第 18 号，我们能够看到"埃斯特哈齐，尼克劳斯侯爵"，他的职业被写成"皇室内廷总管"。这里的"侯爵"头衔是个经常发生的错误，因为这只可能是指尼克劳斯大王的次子 [22]，他的名字也是尼克劳斯，生于 1741 年，死于 1809 年，而在 1783 年之前他的头衔一直是"伯爵"，在那之后则是"亲王"。海顿为了 1777 年 8 月他与魏森伍尔夫女伯爵玛利亚·安娜·弗兰奇斯卡·乌戈纳德（Maria Anna Franzisca Ungnad）的婚事而创作了他的庆典歌剧《月之世界》[②]。但这里就有了个问题：在 1790 年的共济会典礼中的那位人物，是否可能是这位年轻的尼

---

① Joachim Hurwitz（1926—1993 年），人类学与历史学家。他从 1965 年开始担任鹿特丹的地域与民族学博物馆的馆长。在此之外，他在海顿相关研究领域也做出了许多贡献。

② Il mondo della luna，约瑟夫·海顿所作之三幕喜歌剧，1777 年在埃斯特哈扎首演。

克劳斯，而不是他的父亲？这个问题可以在我于几年前发现的两幅保存至今的油画上找到答案。我在一座由魏森伍尔夫家族后人阿尔特格拉夫·萨尔姆（Altgraf Salm）拥有的城堡——坐落在上奥地利的施泰尔埃格——中发现了这两幅已经破损的画作：这是尼克劳斯伯爵和他妻子的画像，在背面都注有文字，而且都绘制于 1783 年[23]。1790 年，这位晚辈的尼克劳斯亲王是 49 岁，仍在壮年，而在那幅集体肖像中的主持仪式的导师则很明显是个老人，而且就像上文所说的那样，与尼克劳斯大王的其他肖像非常相似。应当提到的还有，在 1790 年时，后者的孙子——尼克劳斯侯爵二世（1765—1833 年）只有 25 岁，而且也不太可能加入这么一个兄弟会，在 1790 或 1792 年时这样做，不仅不再流行，而且已经是切实的危险行为。

如果读者希望能够了解埃斯特哈齐家族伯爵谱系的简单脉络，必须从如下人物开始：

1. 莫扎特从 1783 年到 1789 年的主要赞助者之一，是约翰·埃斯特哈齐伯爵。

2. 在上述这段期间内，有两位名叫约翰的埃斯特哈齐伯爵：约翰·巴普蒂斯特和约翰·内泼姆克（Johann Nepomuk）。

3. 至今为止，莫扎特学者们不仅搞混了这两人，而且——除了 P.A. 奥泰克谢① 之外——都选了错误的人选（约翰·内泼姆克）。

为了理清埃斯特哈齐家族错综复杂的家谱，

约翰·内泼姆克，加兰塔的埃斯特哈齐伯爵。F. 卢根多夫（F. Lütgendorff）所作之石版画，作于 1827 年。

① Philippe Alexandre Autexier（1954—1998 年），法国音乐史家，着重于对莫扎特以及其他与共济会相关的作曲家的研究。

116

我们首先从一位直系后裔开始，她就是莫妮卡·埃斯特哈齐女伯爵，她向我们介绍了她的侄子——拉斯洛·贝伦伊，并且为了这本书，由他向我们分享了这段时期内这个家族的亲王谱系与伯爵谱系的完整历史。没有这份丰富的信息资源，我们就会仍然陷入以往的晦暗不明的环境中。我们在附录3中具体列明了由拉斯洛·贝伦伊提供的这份家谱的细节。以此我们能够得出结论：莫扎特在维也纳期间的这位赞助人是约翰·巴普蒂斯特伯爵，因为约翰·内泼姆克伯爵在这段关键时期中的大部分时间都不在这座城市，他在特兰西瓦尼亚（今日罗马尼亚的一部分）领有官职。

除了这位伯爵的子女中四人的出生地和出生日期所能提供的信息外，在共济会会所"希望之王"（约翰·内泼姆克伯爵在1781年时曾经是那里的导师）和"新希望之王"的名单中也能找到确凿的证据。1782年3月27日，约翰·内泼姆克伯爵成为特兰西瓦尼亚管制议会的一员。拉斯洛·贝伦伊在他的

埃斯特哈齐伯爵夫人玛利亚·安娜（母姓帕尔菲）和她丈夫约翰·巴普蒂斯特·埃斯特哈齐伯爵。由F.H.福格尔所作之肖像，分别作于1786年与1795年前后，原作皆已不存。

报告里说："在此之后，他于1785年被任命为学校委员会主席这一要职，在1789年更成为胡内德和泽兰德郡的治安长官。"因此，当莫扎特于1783—1784年定期在"约翰"·埃斯特哈齐伯爵宅邸演出时，以及在1789年同一位赞助者上演了莫扎特改编版的亨德尔《弥赛亚》（*Messiah*）时，约翰·内泼姆克伯爵都在遥远的特兰西瓦尼亚[24]。也因为这个原因，在那幅共济会仪式的油画于1790年（或在此之后）绘制时，在画面左侧的约翰·内泼姆克伯爵套着一身旅行的披风，而且是在旁观这个仪式而并非参与——他确实，不在场。

还有别的证据，比如莫扎特在1784年3月26日与27日参演了约翰·埃斯特哈齐伯爵的私人音乐会，而在约翰·内泼姆克伯爵在维也纳的共济会会所的记录里，1784年3月30日的记录是"不在场"。因此，这位"约翰"·埃斯特哈齐作为莫扎特的赞助者，只可能是另一位在世的人物，那就是约翰·巴普蒂斯特伯爵。

117

约翰·巴普蒂斯特在家族内的绰号是"红约翰"，出自他年轻时候头发的颜色。他在1771年成为皇室内廷总管，并在次年与帕尔菲女伯爵玛利亚·安娜（1747—1799年）成婚。他是家族中的"弗拉克诺次子"分支的继承人之一，根据拉斯洛·贝伦伊的论述，这一分支"整个十八世纪在他们位于布拉迪斯拉发的宫邸里都保留着一支管弦乐队，并经常把乐队带去他们在博诺拉科沃、塔塔和茨卡瓦的城堡。遗憾的是，在历经两次大战的摧残，以及第二次世界大战之后的岁月后，他们曾经保存的乐谱只有一小部分存留至今，即使这样，这部分乐谱仍然包括了好几百部音乐作品，其中几十部出自莫扎特笔下"。[25]

保罗·沃兰尼茨基，约翰·巴普蒂斯特·埃斯特哈齐伯爵的音乐总监。由海因里希·菲利普·博斯勒（Heinrich Philipp Boβler）所作之铜版画。

值得一提的是，在 1784 年的"希望之王"会所名单中还有一位保罗·沃兰尼茨基①，是"贤明的弟兄埃斯特哈齐的音乐总监"（此处的埃斯特哈齐是指约翰·巴普蒂斯特伯爵）。沃兰尼茨基与莫扎特同年出生，是一个多产的作曲家、小提琴家和乐队首席——1799 年《创世记》首演时的乐团就由他领衔。

令人好奇的是，1796 年的《维也纳与布拉格音乐年鉴》（*Jahrbuch der Tonkunst von Wien und Prag*）中写道，"约翰·冯·埃斯特哈齐伯爵是众所周知的音乐界的好友，他自己也是一位富有乐感、技法精细的双簧管演奏家"（第 16 页）。这位在十八世纪八十年代成为莫扎特的第一批赞助者的文雅之士，很明显自己也是一个非常有意思且不同寻常的人物。

当莫扎特加入共济会后，他认识了另外几位埃斯特哈齐家族成员，包括弗兰茨·埃斯特哈齐·德·加兰塔伯爵（Franz, Count Esterházy de Galántha，被称为"昆-昆"），他是匈牙利皇家宫廷大臣，"希望之王"会所的成员。他于 1785 年去世，作为对他以及另一位去世的共济会弟兄梅克伦堡-斯台利茨公爵乔治·奥古斯特（Georg August，"三鹰"会所的荣誉成员）的纪念，莫扎特创作了他最为杰出的共济会音乐——《共济会葬礼音乐》（K.477），在悼念仪式上演奏。当莫扎特在 1786 年初加入了"新希望之王"会所后，他能够结识到至少四位作为会员的埃斯特哈齐家族的伯爵——三位在维也纳，一位在外省。

1. 约翰·巴普蒂斯特，莫扎特的朋友和赞助者。

2. 弗兰茨（Franz, 1746—1811 年），来自"弗拉克诺次子"分支，是塔塔的领主，约翰·巴普蒂斯特的哥哥，驻那不勒斯和西西里宫廷大使，内廷大臣，枢密院议员和金羊毛骑士团成员。

① Paul Wranitzky（1756—1808 年），来自摩拉维亚的奥地利作曲家与指挥家，与莫扎特、海顿和贝多芬都关系密切。

莫扎特在 1785 年创作的《共济会葬礼音乐》(K.477) 是为了纪念这两位逝世的共济会弟兄：
梅克伦堡 – 斯台利茨公爵乔治·奥古斯特 (左图，作者已不可考的油画局部，作于 1769 年
前后) 与弗兰茨·埃斯特哈齐伯爵 (右图，由弗兰茨·巴尔科根据 J.G. 海伊德原画而作之铜
版画，1769 年)。

3.弗兰茨·瑟拉芬（Franz Seraphim，1758—1815 年)，弗兰茨伯爵
（"昆 – 昆"）之子，内廷大臣（1780 年) 和枢密院议员。

4.约翰·内泼姆克，加兰塔的埃斯特哈齐伯爵（1754—1840 年)，来自
切斯奈克分支，内廷大臣（1775 年)，枢密院议员和特兰西瓦尼亚管制议会
成员。

在维也纳古时的秘密档案库里收藏着一套来自巴黎的一个共济会会所的名
单[26]，这家会所名叫"故友重逢"（Les Amis-réunis），名单来自 1784—1786
年。在这些名单中我们能够找到一些熟悉的名字，例如多尼男爵（d'Ogny，
后来被封为伯爵)，他是海顿的"巴黎"交响曲的委托者。在"自由通信成员"

共济会会所"希望之王"1790年的名单局部，在"到场弟兄"中能够看到来自埃斯特哈齐家族的三位成员——弗兰茨·瑟拉芬伯爵，约翰·巴普蒂斯特伯爵和尼克劳斯亲王——以及莫扎特本人，其职业标注为"宫廷乐队指挥"，之后的罗马数字"三"表示他属于第三等级，或共济会导师。

分类中，我们能够看到在 1784 年 12 月 8 日有三位奥地利（匈牙利）人加入：分别是帕尔菲伯爵、萨帕利（Zapary）伯爵和埃斯特哈齐伯爵，在 1786 年他们还曾经与"塔列朗（Talleyrand）男爵先生，驻那不勒斯宫廷大使"与"孟德斯鸠（Montesquieu）男爵先生"一同出席会所集会。这里出现的埃斯特哈齐——根据拉斯洛·贝伦伊所述——是弗兰茨伯爵，即尼克劳斯伯爵（1711—1764 年）之子，驻圣彼得堡大使，以及他的妻子安娜·玛利亚·卢伯密斯卡（Anna Maria Lubomirska）公主——也是莫扎特在"新希望之王"里结识的弗

119 兰茨伯爵本人，上文列举的第二号。这位伯爵是个臭名远扬的登徒子，当他在默尔西（Mercy）伯爵领衔的奥地利驻巴黎大使馆任职时，他的名字与一系列出轨及决斗事件紧密相连。他的名字也出现在玛利亚·特雷莎皇后和她女儿玛丽·安托瓦内特的信函中，她们认为有埃斯特哈齐这样习气的人〔这是指弗兰茨伯爵，还是指他的远房表亲，即这个家族在法国的分支的瓦伦丁（Valentine）伯爵，仍有不确定之处〕，不能担任法国王后的随员。

* * *

此时在维也纳，莫扎特的名字正是城中热话。他的朋友——单簧管演奏家安东·斯塔德勒（Anton Stadler），在 1784 年 3 月 23 日于城堡剧院举行了一场管乐队音乐会，其中首演了莫扎特伟大的管乐小夜曲（K.361）的部分片段。一位名叫 J.F. 申克（J.F. Schink）的乐评家当晚在场，他在精准地描述了乐曲之后，评论道："每一件乐器的处理都是大师手笔——哦，这是什么样的效果啊！——堪称宏伟壮丽……莫扎特的未来不可限量，他的音乐疆域就像被上帝的荣光照耀的土地一样……"[27] 任何一个有耳朵的人都会被这种全新的管乐队的表现手法震惊，而莫扎特此时正引领这股潮流。

一个月后——4 月 29 日——莫扎特参演了一场在城堡剧院举行的音乐会，皇帝陛下也在场；这场音乐会的焦点是一位从曼图亚来的技艺超凡的小提琴家——雷金娜·斯特里那萨其（Regina Strinasacchi，1764—1823 年），[28] 莫扎特为她创作了一部降 B 大调小提琴奏鸣曲（K.454）。当晚他们合作演出了这首曲子，莫扎特还演奏了一首钢琴协奏曲。莫扎特的这首小提琴奏鸣曲完稿晚了，只能不经排练就上演。他为斯特里那萨其提供了完整的小提琴分谱，但据说他自己是背谱演奏了钢琴部分，手稿上只写下了某种简略的记号。约瑟夫二世几乎无法相信他所见到的与听到的。而当差不多两百年后，在瑞典的一份私人收藏中发现了这部作品的原版手稿时，可以很明显地看到小提琴的部分是

乔万尼·帕伊谢洛（1740—1816 年），著名的歌剧作曲家。由文森特·阿罗加（Vicent Alloga）根据伊丽莎白·维吉–勒布朗（Elisabeth Vigée–Lebrun）原画而作的铜版画。

先写出来的，墨迹（如今）显得更为暗淡，而钢琴部分则是后来挤进去的[29]。几个月后，克里斯多夫·托利切拉（共济会成员）将这部新的奏鸣曲与另外两部奏鸣曲（两部钢琴奏鸣曲，K.333 与 K.284）一并出版，制作精美的印刷版题献给了特蕾莎·科本泽伯爵夫人，并包含了不容错认的共济会的标志——预示着莫扎特自己对这个组织的认同。

"帕伊谢洛现在在这里，他刚从俄国回来，——他要在这里写一部新歌剧。"五月份的时候，莫扎特在给他父亲的信里这样写道[30]。5 月 8 日，帕伊谢洛自己记下了他在当月 1 日抵达了维也纳，被皇帝接见，与他交谈了一个小时，并获得了创作一部新歌剧的委托，其成果就是大获成功的《威尼斯的泰奥多罗亲王》(Il rè Teodoro in Venezia)。莫扎特在 6 月 9 日给他父亲的信中写道：

> 明天在德布灵乡间的普洛伊尔家别墅会有一场音乐会，巴贝特小姐会演奏为她新写的 G 大调协奏曲【K.453】——我会参演那部五重奏【为钢琴和管乐器而作的 K.452】——我们还会合作一首双钢琴奏鸣曲【K.448】。我应该会用马车去接帕伊谢洛，让他能有机会听一下我的作品和我学生的演奏：——要不是指挥家【朱塞佩·】萨尔蒂必须要在今天启程【去俄国】，我也会接他过来。——萨尔蒂是个完完全全的诚实而得体的人！——我为他演奏过很多次……[31]

莫扎特在那时获得了迅猛的成功，无论在声望上还是经济上，于是他们就急需一处更大的新住处，从而可以容纳持续不断登门拜访的抄谱者和学生，并有空间能够进行讨论组织音乐会、邀请订户等工作。6 月 18 日，莫扎特付清了他在特拉特纳大楼住处的租金余额，几天后通知了他的房东他要搬走。特拉特

格拉本大街，右前方的大楼就是特拉特纳大楼，莫扎特一家在 1784 年 9 月搬去更加宽敞的新家之前就居住在这里。卡尔·舒茨 1781 年所作之铜版画局部。

纳大楼的账本有如下记录："租客方在 1784 年 6 月 23 日发出正式且合法的通知，将于圣米歇尔日退租。将来他会住在城里的学校大街 816 号【原文如此，实际是 846 号】的卡米西纳大楼。"他们在 9 月 29 日搬去了更大、更豪华但也更加昂贵的新家，每年租金为 460 盾（之前的住处只需 150 盾一年）。

莫扎特在 8 月 13 日去了帕伊谢洛的新歌剧的首演场。现在我们只能从利奥波德在 1784 年 9 月 14 日给他女儿的信里了解到当时发生了什么：

> 我儿子在维也纳那时可病得不轻，——在帕伊谢洛的新歌剧首演那晚，他所有的衣服都被汗浸透了……之后他患上了风湿热，如果不马上医治，就会进一步感染。他写信给我："我连续 4 天肚子里都不住地绞痛，而到最后总是会呕吐出来。现在我必须非常谨慎。我的医生是齐格蒙德·巴里珊尼先生【萨尔茨堡大主教的私人医生西尔维斯特·巴里珊尼（Silvester Barisani）的小儿子】，他抵达这里后几乎天天来看我。他在这里很受人敬重，也是非常聪明的人……" [32]

1784 年 8 月 23 日，莫扎特的姐姐玛利亚·安娜在圣吉尔根（她母亲的故乡）与约翰·巴普蒂斯特·冯·贝西托德·祖·索能伯格结婚，他是当地的一名官员，是一个有着五个孩子的鳏夫，他在 1801 年去世后，玛利亚·安娜继续活了很多年。在女儿搬去圣吉尔根之后，利奥波德定期与她通信，而这些信件常常包含着在维也纳的莫扎特给利奥波德的那些现已不存的信件里的重要信息。9 月 21 日，莫扎特的第二个孩子卡尔·托马斯（Carl Thomas）出生，他活到了 1858 年，并成为奥地利在意大利的一名官员。

122

* * *

莫扎特在维也纳生活的年月里，与共济会建立了深厚的联系。这个组织的理念——人性、宽容、兄弟情谊——深得莫扎特认同，因此他被这个组织所吸引也是顺理成章的事。在维也纳国家档案馆的秘密文件收藏中，一份由"仁慈"（Zur Wohlthätigkeit）会所在1784年12月5日向它在维也纳的姊妹会所发出的文件中，包含了如下信息[33]：

> 推举乐队指挥莫扎特。——我们的前任秘书霍夫曼弟兄在可敬的姊妹
> ☐处忘记登记这位被推举的成员。他在四周前已经在可敬的☐区获
> 得推举，因此如果最可敬的姊妹☐对他没有异议，我们应当在下一周
> 开始其入会步骤。

在维也纳之东

　　5　　　　　　　　　　　　　　　　　　　秘书：斯万克哈特

57 XII 84

莫扎特曾经加入过的维也纳共济会会所的徽记："仁慈"以及在1785年之后重组的"新希望之王"（后者后来去掉了名字中的"新"字）。

莫扎特在 12 月 14 日以学徒等级加入了共济会。在这个他深入其中的组织里，看上去这位作曲家找到了一群志趣相投的人，与他自己有着类似的想法和志向。共济会对莫扎特的生活与思考有着深入的影响。可能是在 1791 年 11 月的一次会所聚会上，上演了莫扎特最后一部完成的作品——《共济会小康塔塔》（K.623），作曲家在那里染上了疾病，并引发了一系列并发症，从而导致三周后因肾衰竭而早逝。[34]

第六章原注：

1. 完整的标题是"我的所有作品的目录，从 1784 年 2 月至……"（*Verzeichnüss aller meiner Werke vom Monath Februario 1784 bis Monath……*）。目录原件由斯蒂芬·茨威格（Stefan Zweig）的后人所有，并永久借与大英图书馆收藏。德斯齐曾经先后在维也纳（1938 年）和纽约（1956 年）出版过影印本。本书编纂的时候，一份由阿兰·泰松编辑的新版本正在准备出版。

2. 画像收录于德斯齐《图像》第 25 项。莫扎特《书信》第六卷，第 162—164 页。

3. 德斯齐《文献》，第 198 页，钦岑多夫日记。

4. 莫扎特《书信》第三卷，第 303 页起。

5. 出处同上，第 305 页起。附录 1 中收录的手稿是维也纳的奥地利国家图书馆收藏的手稿原件的复印件。

6. 德斯齐《文献》，第 198 页。

7. 莫扎特《书信》第三卷，第 309 页起。

8. 出处同上，第六卷，第 704 页。

9. 出处同上，第三卷，第 201 页。钦岑多夫伯爵曾经（在他写于 1782 年 6 月 14 日的日记里）描述过斯威腾在霍夫堡的住所。在格里钦亲王处吃了晚饭后，他和当晚聚会的其他人一起走到了帝国皇家图书馆。钦岑多夫认为他的这套房子令人愉悦，里面甚至包括了一间他的佣人居住的漂亮房间，一间用不带金饰的蓝白锦缎装饰的餐厅。男爵的卧室饰有黄色的锦缎，他的书房（绿色为底色，墙上有着黄色的藤蔓花纹）里有引人注目的架子和一张漂亮的书桌。他的住处有走廊，直通帝国皇家图书馆著名的画廊。钦岑多夫觉得这座画廊极其壮美。同行的女士们则欣赏了皇室收藏中的铜版画。

10. 莫扎特《书信》第三卷，第 264 页。

11. 这一部分的大部分内容来自这个领域的标杆性文献：Edward Olleson, "Gottfried van Swieten, Patron of Haydn and Mozart"，收录于《皇家音乐协会学报》，1962—1963 年号，第 63 页起。

12. 关于海因特，参见兰登的 *Haydn: Chronicle and Works, The Early Years, 1732—1765*，第 63 页起。

13.《官绅录》，第 341 页。这座宅邸是从 Joseph Cavallion, Count von Salmour（Salmor）那里租来的，现在的门牌号是克鲁格街 10 号。

14.《维也纳日报》，1782 年 10 月 9 日。

15. 此事件摘自 Albert Elmar, "Demetrius Michalowitsch Fürst von Galitzin", *Wiener Geschichtsblätter*, 33, Jg,1978, Heft 2, 77—82。

16. 莫扎特《书信》第三卷，第 244 页。

17. 这笔收入折合本书撰写时的币值大约相当于 1 700 万英镑或 2 800 万美元。也可参见 J. Harich, "Das Fürstlich

Esterházysche Fideikomiß”, *Haydn Yearbook*，第四卷（1968），第 29 页。

18. Else Radant, "The Diaries of Joseph Carl Rosenbaum 1770—1829", *Haydn Yearbook*，第五卷（1968），第 18 页。

19. 莫扎特《书信》第三卷第 256 页起，以及第六卷第 133 页。

20. 兰登, *Haydn: Chronicle and Works, Haydn at Eszterháza, 1766—1790*, 70, 75. C.F. Pohl, *Haydn*, vol. II, Leipzig 1882, 143. 科伦巴佐是音乐家协会的会员，他曾经先后于 1784 年在城堡剧院和 1787 年在克恩滕门剧院举行音乐会。我相信科伦巴佐是为了其中某个这样的场合需要莫扎特提供协奏曲。曾经有人认为（克歇尔，第三版）只有残篇留存至今的 F 大调双簧管协奏曲（K.293）可能是 1783 年在维也纳开始创作的，其编制包含了单簧管，但 NMA, Serie V, Werkgruppe 14（Franz Giegling, 1981）则认定这首有趣的残篇——只有开头的小回旋曲（第 1—50 小节）有完整配器——写作于 1778—1779 年，可能是在 1778 年秋季。

21. 兰登, *Mozart and the Masons*, London 1982.

22. 他最大的儿子安东（于 1790—1794 年间继承亲王头衔）也是一位共济会成员。参见兰登, *Mozart and the Masons*, 第 66 页（"Gerubell"）。

23. 在兰登的 *Haydn: Chronicle and Works, Haydn at Eszterháza, 1766—1790* 的插图中第一次被出版，具体是插图第 7、8。

24. 拉斯洛·贝伦伊埃斯特哈齐伯爵约翰·内泼姆克在特兰西瓦尼亚的活动提供了如下饶有兴味的注解：

似乎需要简明解释一下他被任命为学校委员会主席的重要性。这与约瑟夫二世在 1785 年计划对教育制度进行的大刀阔斧的改革有关，在其他触及根本的改革举措之外，这些改革还削弱了天主教神职人员对教育的控制。因此必须挑选非常特殊的人，顶着教会和各地极端保守分子的激烈反对，监督改革的推行。因此，这个在此之前都微不足道的学校委员会主席一职的任命成了事关信任的最敏感的任命，由合适的人领导各地方也变得相当重要。因此，约翰伯爵被任命为特兰西瓦尼亚两地的治安长官，尽管他在这两地并没有住宅或庄园，而此类任命通常需要这类条件。因此，很明显，他有一项重要的工作要做，这很可能使他一直远离维也纳和他的家——匈牙利西部的奥兹洛普（Oszlop）城堡。作为一个天主教名人，他的妻子来自特兰西瓦尼亚最重要的新教贵族，但却"背叛教皇"，约翰伯爵在绝对必要的情况之外，很可能并不十分珍惜在特兰西瓦尼亚富有宗族色彩及新教气氛浓厚的贵族环境中度过的时光。

然而，据轶记录，他找到了一个方法来缓解他的困境。他得到了共济会弟兄在赫尔曼施塔特（如今罗马尼亚的锡比乌，当时是特兰西瓦尼亚地区会议的所在地）的援助，并且值得注意的是，在十八世纪八十年代中期，他定期参加一个名为"圣安德烈斯与三片海叶"的会所聚会。据说到 1785 年，该会所共有 132 名会员，汇聚了当时特兰西瓦尼亚的政治和知识精英。会所的大宗师是佐尔格·德·洛森奇·班菲（Count Georg Banffy de Losoncz）伯爵，从 1789 年开始担任特兰西瓦尼亚总督直至去世，他也是这位约翰·埃斯特哈齐伯爵的姐夫。

似乎约翰伯爵在 1790 年完成了他的任务。因为，我们看到，他的儿子拉斯洛（László）于这一年在维也纳出生。可以推测，在 1791 年以及 1792 年的部分时间他也是用于更改任命为枢密院议员。

显然，在 1793 年和 1795 年之间，他不得不再度前往特兰西瓦尼亚逗留一段时间，至少在 1795 年 3 月 16 日被任命为特兰西瓦尼亚地区会议议员之前是这样，这个职位不再需要他继续逗留在特兰西瓦尼亚。

拉斯洛·贝伦伊提供了约翰·内泼姆克·埃斯特哈齐伯爵的每个子女的出生日期和地点。

弗兰茨	Ferenc（Franz）	1778 年 3 月 16 日	维也纳
约翰	János（Johann）	1779 年 2 月 4 日	维也纳
阿洛伊修斯	Alajos（Aloysius）	1780 年 2 月 19 日	维也纳
佐尔格	György（Georg）	1781 年 7 月 21 日	维也纳
迈克尔	Mihály（Michael）	1783 年 2 月 9 日	赫尔曼施塔特
玛利安娜	Marianna	1786 年 1 月 23 日	赫尔曼施塔特
约瑟法	Josepha	1787 年 7 月 12 日	赫尔曼施塔特
丹尼斯	Dénes（Denis）	1789 年 3 月 7 日	赫尔曼施塔特
拉斯洛	László（Ladislaus）	1790 年 6 月 29 日	维也纳
艾格尼丝	Agnes	1793 年 1 月 19 日	克劳森堡（今日罗马尼亚的克卢日—纳波卡）
约翰与玛利亚	János（Johann）and Maria	1793 年 11 月 19 日	克劳森堡

这位伯爵也是"希望之王"会所的成员，在 1785 年 12 月 11 日的重整维也纳各共济会会所的皇室敕令之下，这个会所也改名并与另外两个会所——"慈善"（莫扎特所在的会所）和"三火"（Three Fires）——合并，新成立的"新希望之王"会所在 1786 年 1 月 14 日举行了第一次聚会。它们保存至今的名单上记录了这位伯爵在维也纳逗留（1781—

1783 年）以及在 1781 年后离开维也纳的时间。

年度	编号与姓名	职位	会员状态
1781	1 约翰·埃斯特哈齐伯爵	皇室内廷总管	导师
1782（2 月 8 日）	11 约翰·埃斯特哈齐伯爵	皇室内廷总管	【以墨笔加注】离开的导师
1783（2 月 9 日）	12 约翰·埃斯特哈齐伯爵	皇室高等内廷总管	离开的导师

在接下来的数年中，这位伯爵被列入"不在场的弟兄"有如下几次：1784 年 3 月 30 日"第 110 号……在赫尔曼施塔特"；1785 年第 186 号；1786 年 3 月第 25 号；【1789 年】（根据其他资料确定的年份）"第 31 号……在赫尔曼施塔特"。1790 年印制的名单参见附录 2。

资料：维也纳宫廷与国家档案馆。Vertrauliche Akten 72(alt 114），fol. 3（1790）；10(1789）；113(1786）；238(1783）；243（1782）；249（1785）；265（1781）；295（1784）.

25. 参见 Bardos Kornel, *A tatai Esterházyak zenéje 1727—1846,* Budapest 1978。

26. 维也纳宫廷与国家档案馆。Vertrauliche Akten 76（alt 118），fol 72. Fol. 37—60，可见其他的巴黎会所名单。

27. 德斯齐《文献》，第 206（与 198）页。

28. 当雷金娜·斯特里那萨其在萨尔茨堡首度登场时，利奥波德在 1785 年 12 月 7 日给她女儿的信里这么写道："她没有一个音不是富有表现力的……总而言之我得说，一个有才华的女性能够比男性演奏家更富表现力……"莫扎特《书信》第三卷，第 467 页。

29. *NMA,* Serie viii, Werkgruppe 23, Band 2（Reeser），1965, p.xiv

30. 莫扎特《书信》第四卷，第 313 页。关于帕伊谢洛的信，也可参见兰登，*Haydn: Chronicle and Works, Haydn at Eszterháza, 1766—1790,* 第 491 页。

31. 莫扎特《书信》第三卷，第 318 页。

32. 出处同上，第 331 页。

33. 德斯齐《文献》，第 204 页。

34. 关于莫扎特去世前后的状况，参见兰登《1791》，第 11 章。

插图 1：未完成的沃尔夫冈·阿玛迪乌斯·莫扎特肖像中的一部分，由其姐夫约瑟夫·朗格于 1789 至 1790 年之间绘制，这是莫扎特最后一幅肖像，也是康斯坦策认为最好的一幅画像。

插图 2：玛利亚·安娜·莫扎特，母姓佩特尔，1720 年生于圣吉尔根，1742 年搬到萨尔茨堡。这幅没有签名的莫扎特母亲的肖像绘制于 1775 年前后，被认为出自佩特罗·安东尼奥·洛伦索尼之手。

插图 3：利奥波德·莫扎特，小提琴家与作曲家，出生于 1719 年，并在 1747 年结婚。莫扎特父亲的这幅肖像绘制于 1765 年前后，像他妻子的画像那样，也被认为是佩特罗·安东尼奥·洛伦索尼的作品。

插图4：利奥波德·莫扎特与他的子女在钢琴前，由约翰·内泼姆克·德拉·克罗切于1780—1781年在萨尔茨堡绘制的家庭肖像。在画面的背景里可见一幅莫扎特母亲的肖像。她陪同莫扎特于1778年3月前往法国首都巴黎。但在这次被证明为不成功的旅行中，她于7月3日在巴黎去世，莫扎特在9月也结束了他的巴黎之旅。

插图 5：阿罗西亚·朗格，母姓韦伯，是莫扎特的初恋对象。从 1779 年起她成为维也纳宫廷歌剧院的女高音，并在 1780 年与演员和业余画家约瑟夫·朗格结婚。这幅画由 J.B. 冯·兰皮绘制于 1784 年，她在这幅画中的形象是饰演德语版本的歌剧《泽米雷与阿卓尔》中的主角泽米雷，该歌剧由安德烈·格雷特利作曲。

插图 6：康斯坦策·莫扎特，母姓韦伯，是阿罗西亚的妹妹，1782 年 8 月 4 日，她与莫扎特在维也纳的圣斯蒂芬大教堂结婚。这幅画在她结婚之后不久由其姐夫约瑟夫·朗格绘制。他绘制的未完成的莫扎特肖像创作于 1789 至 1790 年间。

插图 7：莫扎特与康斯坦策只有两个孩子未夭折，他们是生于 1784 年的卡尔·托马斯（图右）与生于 1791 年的弗兰茨·夏维耶。这幅画由汉斯·汉森绘制于 1798 年前后，这位画家在 1802 年还画过一幅康斯坦策的肖像，这是出于她之后再婚的丈夫乔治·尼克劳斯·尼森的委约。两人于 1809 年在布拉迪斯拉发结婚。

插图 8：维也纳圣斯蒂芬大教堂，卡尔·舒茨 1792 年所作之铜版画（参见插图 11）。莫扎特于 1782 年在这座大教堂结婚，1791 年 12 月在他被安葬在郊区圣马克斯公墓的某处无名墓地之前，他的葬礼也在这里举行。

插图 9：奥园的林荫走廊，这个公园——与普拉特公园一样——是维也纳人进行户外活动时最喜爱的地方。在奥园里面有一个演出音乐会的亭子，莫扎特在 1782 年 5 月 26 日首次在这里举行的音乐会上亮相。

插图10：普拉特公园中的忘忧堂，在画面左侧前方的马车中能够看到对莫扎特青睐有加的利奥波德二世皇帝，他身边是宫廷歌剧院的总监，奥西尼 – 罗森伯格伯爵。约翰·齐格勒1783年所作之蚀刻画的局部。

插图 11：从美景宫山顶俯瞰维也纳，在画面中间凸显的是圣斯蒂芬大教堂高耸的尖顶（高度为 140 米）。这是贝纳多·贝洛托绘制的一系列帝国首都风景画之一，完成于 1760 年前后，也就是莫扎特以神童的名义首次来到维也纳（1762 年秋）之前不久，当时他在美泉宫为玛利亚·特蕾莎皇后演奏（参见插图 24）。

插图 12：维也纳城郊的乡下大路，画面上是通往教区教堂的宽阔大路，由约瑟夫·齐格勒所作之铜版画。当莫扎特和康斯坦策在教堂街的奢华住处的花费给他们带来了过于沉重的经济压力后，他们在 1787 年搬到城郊，在这里住了几个月。

插图 13：维也纳的新市场（面粉市场），从南端望去的景象。在这个广场中坐落着这座城市的一座重要的赌场，被称作"面粉坑"（参见本书第 94 页），在这里也举行音乐会。由贝纳多·贝洛托于 1759 年前后绘制的油画局部。

插图 14—16：十八世纪八十年代，莫扎特在维也纳时期的音乐界重要人物包括了：

（左上）安东尼奥·萨列里，宫廷乐正，也是意大利语歌剧的多产作曲家，由约瑟夫·威利布洛德·马尔勒绘制的油画肖像。

（右上）俄国大使格里钦亲王，音乐界的重要赞助人，也慷慨资助了在维也纳的莫扎特。由亚当·F. 布劳恩绘制的油画肖像。

（右下）卡洛·阿塔利亚，著名音乐出版社阿塔利亚的创始人之一，他们从 1781 年开始出版莫扎特的作品。由 F. 克鲁泽辛格于 1780 年前后绘制的油画肖像。

第七章　利奥波德访问维也纳；海顿与莫扎特的友谊

在 1783 年的萨尔茨堡之旅中，莫扎特向他父亲和姐姐介绍了康斯坦策。
在此之后，利奥波德在 1785 年前往维也纳探访他的儿子和儿媳。莫扎特之前
已经在催促他尽快出行，而且毫无疑问他父亲也很期待能够成行（这是他数
年来第一次前往维也纳），尤其是因为——就像他在 1785 年 1 月 14 日给在圣
吉尔根的女儿的信里用嘲讽的笔调所表达的那样——他"能不花自己的钱去
【那里】旅行，还能欣赏你弟弟的华丽生活"[1]。而实际上，他把年轻的海因里
希·马尚德（Heinrich Marchand）带去了维也纳，当时马尚德大概 15 岁，即
将要成为一名出色的小提琴家，而他和他妹妹玛加雷特（Margarete，比海因
里希小一岁，后来成为一名歌唱家）都已经在利奥波德门下学习音乐。他们的
父亲是慕尼黑的剧院经理提奥巴尔德·马尚德（Theobald Marchand，1741—
1800 年），他为此次旅行提供了一辆马车。

很明显，利奥波德之前对他儿子和康斯坦策的持家能力是颇有怀疑的——
而他很快就成为第一个承认这个错误的人。他了解到莫扎特即将要启动一系列
重要的音乐会，并开放套票出售：

　　【利奥波德在 1 月 22 日给他女儿的信中】就在这时候我收到了你弟弟寄来的十行字，他在里面说他的第一场定期音乐会会在 2 月 11 日举行，而且【这个系列将会在】每个星期五上演；这样他在大斋期的第三周肯定能找出一天给海因里希【·马尚德】在剧场办一场音乐会；这样我就该马上过去，——上周六【1 月 15 日】他演奏了那六部四重奏，他赶在他的好朋友海顿以及其他好友之前，把这些四重奏的乐谱以 100 达克特卖给了阿塔利亚。他的信的结尾是这样写的："现在我得再坐下来写我那首刚刚开了个头的协奏曲【第 20 钢琴协奏曲（K.466），在 2 月 10 日完稿】"，再见！[2]

　　这封简短但是富有历史意义的信中信，第一次提到了：1. 六部题献给海顿，并由阿塔利亚以作品第十号的名义出版的弦乐四重奏（K.387 等）；2. 那部划时代的 D 小调钢琴协奏曲。信中提到的系列音乐会在新市场"面粉坑"大厦里的赌场举行，日期分别是 2 月 11 日、13 日与 25 日，以及 3 月 4 日、11 日和 18 日，而海因里希·马尚德的音乐会是在 1785 年 3 月 2 日在城堡剧院举行的。

124

　　利奥波德在 1 月 28 日从萨尔茨堡前往慕尼黑，去那里见马尚德的父亲并借到了马车。他原本打算在复活节期间的第一个星期日出发，但实际上晚了一天。利奥波德在 2 月 2 日告诉他女儿："马尚德一家本来以为我要到星期六晚上才到，但我在下午 1 点就不声不响地到了那里，并走进餐厅大喊：'我也要吃点东西。'你可以很容易就想象到他们都蹦出来奔向我，喜悦和亲吻几乎把我压倒……"[3]

　　与此同时在维也纳，约瑟夫二世皇帝写了一封信给约翰·安东·佩尔根伯爵①，即下奥地利的执政首脑，此人将对莫扎特的生活起到至关重要的影响：

①　Johann Anton Graf von Pergen（1725—1814 年），服务于哈布斯堡家族的政治家与外交官，是约瑟夫二世时代最为重要的政界要人之一。

【1785 年 1 月 31 日 】"我了解到有人提议在克恩滕门剧院上演那部名剧《费加罗的婚礼》的德语版本，但是，因为这部戏含有太多需要被谴责的内容，我必须指出，审查机构要么就必须完全禁止它，要么就必须承诺会对其进行更改，并为该作品的上演以及它可能对观众造成的印象负责……"[4] 计划上演这部戏的是休伯特·库普夫（Hubert Kumpf）和艾曼纽埃尔·席卡内德的剧团——几年前他在萨尔茨堡活动时，莫扎特就知道了他——并由

约翰·安东·佩尔根伯爵，约瑟夫二世要求他保证对《费加罗的婚礼》的任何改编版本都予以审查，以保证其内容与情绪可被接受。由 F. 约翰根据施密德（Schmid）原画而作之铜版画。

约翰·劳滕斯特劳赫（Johann Rautenstrauch）翻译剧本，译本于同年在维也纳出版，而莫扎特也有一本。（在印刷版的剧本前言中，劳滕斯特劳赫将这个译本题献给"那【失去的】200 达克特的回忆"，源自其演出被取消一事。）

1785 年 2 月 11 日在维也纳发生了几个重要事件：

1. 莫扎特提交申请，想要加入音乐家协会，成为其会员可以使他的妻儿在他去世之后享有一份足够保障温饱的补贴。在他的申请书中，莫扎特"为他未能及时提交洗礼证明表示遗憾"，但他保证会将其送来。在三月中旬，莫扎特又提交了一次申请，并提醒该协会他已经"为其提供了数次内容可观的服务并打算在将来继续"。因此协会的记录显示（1785 年 8 月 24 日），"在收到洗礼证明后，将进行进一步的决定"。莫扎特并没能提交那份文件，因此这些手续从未完成。所以康斯坦策在 1792 年急需资助时，无法指望这个组织提供协助。

2. 下午 1 点时，利奥波德（和年轻的马尚德）抵达了这座城市。利奥波德

在他儿子家一直住到 4 月 25 日，而他给在圣吉尔根的女儿和女婿写的信，包含了对莫扎特的生活方式和演出现场的最为生动而准确的描述。

3. 约瑟夫·海顿成为共济会"真和谐之路"的入门学徒，但他此后没能参加其他任何聚会[5]。海顿的入会仪式是从 1 月 28 日推迟至今的（因为他那时在匈牙利）。莫扎特参加了 1 月 28 日的聚会，但 2 月 11 日他没能出席，因为他当天在"面粉坑"的第一场定期音乐会上首演了他的 D 小调钢琴协奏曲。

利奥波德旅行的时候，冬日的天气可谓恶劣无比——大雪、冰封、道路湿滑——而他到维也纳后，这样的天气仍然继续。在他 2 月 16 日寄往圣吉尔根的第一封信里，他写道：

> 你弟弟有个漂亮房子，所有装饰齐全【可能是指家具、帘幕、屏风等】，毕竟他一年要为此付掉 480 福林【原文如此，实际上是 460 福林】的租金。同一个星期五【2 月 11 日】傍晚 6 点，我们乘车去他的第一场定期音乐会，当时前厅里已经聚满了大量有头有脸的人物。每个来听这六场在大斋节期间的音乐会的人都要付 1 个金币【13.5 盾】或者 3 达克特。演出是在"面粉坑"，他只用付半个金币就能使用这个场地。这场音乐会无与伦比，乐团出类拔萃，在交响曲之外还有一个意大利歌剧团的歌手唱了两首咏叹调。然后是沃尔夫冈的一首全新的、无比精彩的钢琴协奏曲。我们抵达的时候抄谱者还在抄这首曲子的谱子，而且你弟弟都没时间先把轮旋曲弹一遍，因为他必须指导乐谱抄写。星期六【2 月 12 日】晚上，海顿先生和两位廷第男爵【安东（Anton Tinti）和巴托洛缪·廷第（Bartholomäus Tinti）男爵，安东是常驻维也纳的萨尔茨堡大臣，两人都是海顿所在的共济会会所成员】与我们在一起，上演了新的四重奏【K.458、464、465】，

125

但就这三首新的，此外三部四重奏我们都已经有了乐谱。这些新作可能稍微简单一点，但都写得很妙。海顿先生对我说：'凭上帝作证，也凭我作为一个诚实的人，我告诉您，您的儿子是我所知的最伟大的作曲家，无论是人格上还是名望上：他品位不凡，而且更重要的是他拥有关于作曲这门学问的所有可究尽的知识。'星期天晚上在【城堡】剧院有那位意大利歌手【路易莎或阿罗西亚·】拉斯齐【Luisa Laschi，莫扎特 1786 年上演《费加罗的婚礼》时的伯爵夫人的扮演者】的音乐会，她即将要回意大利。她唱了两首咏叹调，随后是一部大提琴协奏曲，一个男高音和一个男低音又各唱了一首咏叹调，然后你弟弟演奏了那首为帕拉迪斯写的并送到巴黎去的华丽的协奏曲【可能是降 B 大调第 18 钢琴协奏曲（K.456），为了盲人钢琴家玛利亚·特蕾西娅·冯·帕拉迪斯[①] 而作，她 1783 年夏天在萨尔茨堡】。当晚我的位子离美丽的符腾堡公主【伊丽莎白，此后嫁给弗兰西斯大公爵】只隔两个包厢，而且能够将乐器的交错听得如此清晰，让我的眼中涌出了泪水。

当你弟弟离开舞台时，皇帝把帽子拿在手中，并且探出身去高喊："太棒了，莫扎特！"，表达了他的赞美——当他再出来演奏时，欢迎他的是一片掌声。——昨天我们没有去剧院——那里天天都有音乐会。我刚刚开始感受到旅行途中着凉带来的后果了。在星期天晚上，我在去音乐会之前喝了接骨木茶，而且穿得非常暖和；星期一我在床上又喝了茶，在床上待到 10点，下午也喝了茶，然后今天早上也是；——然后来了一个医生，是你弟媳私下里安排的，他到我床边，为我把脉，然后说情况挺好，并给我开了

---

① Maria Theresia von Paradis（1759—1824 年），奥地利盲人钢琴家与作曲家，曾经在萨列里与科策卢门下求学，晚年开设学校为女性提供音乐教学。

处方，都是我已经在吃的药。今晚在剧院还有一场演出——你弟弟又要演奏一首协奏曲。我现在感觉好多了，而且会再喝一大杯接骨木茶。我会带一些你弟弟的新作品回来。小【儿子】卡尔很像你弟弟。我发现他身体很好——但小孩总会时不时有长牙的问题——而昨天他就没那么正常——今天他又好了。其他情况下这个孩子都挺好的；大部分时候都很友好，一跟他说话就笑：我只见他哭过一次，但很快就又开始笑了。——现在他又有牙的问题了。——昨天，15 日【这封信分好几天写完】在剧院又有一场音乐会，有一个歌声很棒的女孩子【伊丽莎白·迪斯特勒（Elisabeth Distler），意大利歌剧团里一个十几岁的女高音】，你弟弟弹了那首全新的 D 大调【钢琴】协奏曲【可能是第 16 钢琴协奏曲（K.451）】。非常棒，如此，等等。今天我们会去萨尔茨堡的代表人普洛伊尔举办的一场私人音乐会……[6]

在 2 月 21 日星期一，利奥波德继续记录他在教堂街（学校大街）的生活：

你大概已经收到了我的第一封信。——我以为我已经摆脱了过来路上着凉的影响：但昨晚我留意到我的左大腿开始痛，然后在上床前我的风湿病又犯了。所以今天早上我在起床之前喝了牛蒡根茶，而且直到下午 1 点半才起床吃午饭，你弟媳的最小的妹妹索菲小姐陪我吃了饭；而且这会儿，晚上 8 点了，她还陪着我，因为你弟弟、他媳妇和海因里希【·马尚德】去了特拉特纳先生那里吃午饭，很遗憾我必须回绝这个邀请。而今晚你弟弟要参加兹希伯爵举办的一场盛大的音乐会，勒布伦先生和他妻子【双簧管演奏家路德维希·奥古斯特·勒布伦（Ludwig August Lebrun）和他妻子弗兰奇斯卡·多罗提亚（Franziska Dorothea），母姓但齐（Danzi），两人

都是曼海姆宫廷乐团成员】将首次在这里登台；你弟媳和马尚德则会出席
我们的代理人普洛伊尔举办的音乐会。今天我们可能还是跟以往一样，不
到凌晨 1 点不会上床睡觉。在 17 日星期四，我们和你弟弟的岳母韦伯女
士一起吃了午饭，就我们 4 个人，跟她一起的是她女儿索菲，因为她大女
儿【阿罗西亚】在格拉兹。我必须告诉你这顿饭真是不多不少，而且厨艺
精湛，主菜是一只精致而肥满的烤雉鸡——总的来说每道菜都是精心准备
的。18 日星期五的午餐是在斯蒂凡尼那个年轻人那里吃的，除了我们 4 人
之外还有勒布伦先生、他妻子、卡尔·卡纳比希【Carl Cannabich, 1764—
1806 年, 从曼海姆来的作曲家】和一位教士。我这会儿必须得说这里没人
守斋【即使在大斋节期间之外，星期五通常也是斋戒日，当天不应吃肉而
是吃鱼】。在这里的饭桌上都是肉，那只雉鸡配着卷心菜，这些菜肴足够招
待一位王子，最后上桌的菜肴是生蚝，之后还有美味的甜点，更不用说一
瓶又一瓶的香槟。不用多说，咖啡也是必备的。晚上 7 点我们从那里乘车
去“面粉坑”参加你弟弟的第二场定期音乐会，又是非常棒的演出。亨利
【海因里希·马尚德】演奏了一首小提琴协奏曲。斯蒂凡尼先生一见面就问
起你，而且我们一直叙旧，聊个不停。直到现在我们都还没遇到过哪顿饭
是遵守大斋期戒律的。昨天，20 日，我们去演员米勒先生【约翰·海因里
希·弗雷德里希·穆勒 (Johann Heinrich Friedrich Müller)】家吃饭，一共
有 21 人。那顿饭也非常棒，但不过火。他必须有大房子住，因为他有 8 个
孩子，为此他每年要付 700 福林的租金。斯蒂凡尼先生的公寓很小——但
他每年得为此付 500 福林，因为这房子就在圣米歇尔广场上，【城堡】剧院
旁边。勒布伦先生和他妻子在 23 日星期三和 28 日星期一分别举行了两场
音乐会。在 18 日的时候，第一场音乐会的所有包厢票就都卖光了，这些人

要赚一笔大钱啊。——22日星期二, 今天早上我又喝了牛蒡根茶, 然后直到10点半才起床。勒布伦先生和太太来看我们, 并一起待到下午1点半, 我们像平常那样在2点去吃午饭。我写到这里的时候已经是下午5点, 外面大雪纷飞……我几乎还没有步行去过任何地方, 除了去圣斯蒂芬【大教堂】望弥撒, 因为那里很近。我很担心被冷风吹到, 在天气变好之前我肯定不会启程回家……我在音乐会上认识了各种各样的人物, 比方说凡·斯威腾男爵, 他也邀请我去他的住处拜访。还有图恩和华德斯坦伯爵夫人姐妹【玛利亚·威尔米娜·图恩伯爵夫人, 婚前是乌菲尔德女伯爵, 以及她妹妹玛丽·伊丽莎白·华德斯坦伯爵夫人 (Marie Elisabeth, Countess Waldstein)】, 一位弗雷堡男爵, 纳格尔男爵【约瑟夫·安东·冯·纳格尔 (Joseph Anton von Nagel), 莫扎特的学生特雷西娅·冯·特拉特纳的父亲, 此后不久莫扎特将两部C小调作品——伟大的幻想曲 (K.475) 和奏鸣曲 (K.457) 题献给他】, 普鲁士大使冯·贾科比男爵【von Jacobi, 共济会会员, 也是海顿与莫扎特的朋友】, 本尼迪克特·埃德尔巴赫【萨尔茨堡一名律师的儿子】, 冯·索嫩费尔斯先生和他妻子,【作曲家】斯达策先生和阿斯佩尔梅耶 (Franz Aspelmayr) 先生, 帕尔亲王【帕尔亲王文泽尔·约翰 (Wenzl Johann, Prince Paar, 1719—1792年), 他们家的老朋友, 现在是莫扎特同一个会所的弟兄】,【卡尔·】欧斯伯格 (Carl Auersperg) 亲王【军队将领, 莫扎特的赞助者】, 还有太多其他名字我无法记住……[7]

莫扎特在3月10日借城堡剧院举行了另一场音乐会。演出公告上写道: "他不仅将演奏一首刚刚完成的全新的钢琴协奏曲【C大调第21钢琴协奏曲 (K.467)】, 更将在即兴环节使用一套特别的大型踏板键盘。"[8] 利奥波德在下一封信（3 月 12 日）里也提到了这套类似管风琴的踏板键盘：

> 勒布伦和他的妻子举行了三场很厉害的音乐会：第一场他们收入了
> 1 100 福林、第二场 900 福林、第三场 500 福林。你弟弟在他的定期音乐会
> 上收入了 559 福林，比预期更好一点，因为他在"面粉坑"的六场演出的
> 套票观众名单超过 150 人，——每人要付一个金币来听这六场音乐会：而
> 在此之外他还频繁参演剧场里的其他音乐会……我们从来没有在凌晨 1 点之
> 前上床过，也从没有在早上 9 点之前起床过，总是在下午 2 点或者 2 点半吃
> 午饭。天气令人讨厌！每天都有音乐会，也一直有学生来，乐谱、抄写，如
> 此，等等。我能躲到哪里去呢？——除非等到这些系列音乐会结束，我很难
> 描述那些吵闹纷扰：我来这里后已经看到你弟弟的大钢琴被搬去剧院或者
> 其他地方至少 12 次。他定做了一套巨大的钢琴脚踏板，安装在钢琴下面并
> 且比钢琴还长两英尺，无比沉重，但它还被搬去了兹希伯爵和考尼兹亲王
> 那里……明天会举行了为了寡妇们而办的音乐会【音乐家协会的演出】……[9]

＊　　＊　　＊

1785 年 1 月，音乐家协会邀请了莫扎特和温琴佐·里吉尼[①]为即将在大斋
期举行的音乐会创作新的声乐作品。莫扎特一开始想选择一部诗篇来谱曲，但
很快就想到了一个主意：将他最近的那部 C 小调弥撒中的完成部分改编为一
部康塔塔。为此，他看来（这方面的证据很少，但有一个不容辩驳的来源：阿
贝·斯塔德勒[②]）请到了洛伦佐·达·蓬特来一起合作。文森特·诺维洛和玛

---

① Vincenzo Righini（1756—1812 年），意大利歌剧作曲家、歌唱家与指挥家。
② Maximilian Johann Karl Dominik Stadler，又称 Abbé Stadler（1748—1833 年），奥地利作曲家、音乐学家与钢琴家。
他是十八世纪末十九世纪初维也纳音乐界最有地位的人物之一，与海顿、莫扎特、贝多芬和舒伯特都是朋友，并发表
了多篇关于莫扎特的论文。

丽·诺维洛在 1829 年造访维也纳时，他们见到了那位可敬的阿贝，并通过他看到了海顿曾经拥有的郎曼 & 布罗德里普制造的钢琴 [10]（文森特在上面 "弹了几个和弦"），并且——

在问到莫扎特是在什么场合下创作出如今这个形式的《忏悔者大卫》（*Davidde Penitente*）的时候，他告诉我，莫扎特来到维也纳后，接到了创作一些清唱剧风格的作品的要求。因为当时的时间限制，来不及不够写一部全新的作品，他就从那部弥撒中截取了很多段落……达·蓬特再为此配上唱词，然后莫扎特加入了那首精致的 E 小调三重唱和两段新的独唱，从而完成了这部新作品。[11]

音乐家协会的管理者们在决定这次音乐会的确切曲目的过程中有着不少的争议。其中有一份曲目单中包含了三部海顿的交响曲，"演出应当以新的 D 小调交响曲【第 80 交响曲】开场……" 到最后留下来的只有这部交响曲，而两场音乐会的曲目是：

1. 海顿：D 小调第 80 交响曲
2. F.L. 加斯曼：合唱《爱神与普赛克》[①]
3. 海顿：合唱 "消失在一瞬间"，选自【1784 年版本的】《托比亚之回归》[②]

---

① F.L. Gassmann: Chorus, "Amore e Psiche".
② "Svanisce in un momento", *Il ritorno di Tobia*.

128

在第一场音乐会的中场休息时，上演了两首咏叹调（分别由斯蒂凡诺·曼迪尼和弗兰奇斯卡·勒布伦演唱）和一首双簧管协奏曲（勒布伦担当独奏）；在 15 日的中场休息时，先是曼迪尼，然后是卡瓦列里演唱了咏叹调，之后是一段合唱，再之后萨奇尼又带来了一首咏叹调，随后是海因里希·马尚德独奏的一首小提琴协奏曲。下半场是莫扎特的新的康塔塔，由卡瓦列里、伊丽莎白·迪斯特勒和约翰·瓦伦丁·亚当贝尔格作为独唱。一开始有人提议由安东尼奥·萨列里担当指挥，但后来萨列里的名字被划去，由莫扎特替代。当时的乐团包括大约 20 把小提琴、6 到 8 把中提琴、7 把大提琴、7 把低音提琴、2支长笛、6 或 7 支双簧管（其中一人也可以演奏单簧管，在第 6 号新咏叹调里会用到）、6 或 7 支大管、6 支圆号、2 支小号、2 支长号和定音鼓。合唱团有60 多人（包括来自圣米歇尔教堂、圣斯蒂芬教堂和苏格兰修道院的男童）。参演总人数大约有 150 人。第一场音乐会有 660 名观众，但第二场就只有大约225 人，大部分贵族包厢都是空着的。莫扎特宏伟而有力的音乐——新写的两首咏叹调与弥撒中最精彩的部分不相上下——看来并没能使得两场音乐会都满座 [12]。当 1824 年贝多芬在克恩滕门剧院上演他的第九交响曲时，也遇到了同样的状况：第二场演出乏人问津。

利奥波德可能描述过这两场音乐会的信件现已不存，但还是有这么几行字保留了下来："如果我的儿子没有借款，我想他现在在银行里应该已经存了2 000 福林。肯定能有那么多钱，而且将吃喝这些方面考虑进去的话，他们持家已经不能再节约了……" [13]

在复活节星期五（3 月 25 日），利奥波德给他的女儿写信道：

就在我写这封信的时候，天气就从阳光普照变得大雪纷飞：几天前也

129

约瑟夫·冯·索嫩费尔斯。由安德拉斯·雷瑟（Andreas Leicher）根据安东·格拉夫（Anton Graff）原画而作之铜版画。

是风雪交加，然后天气转好，街上都是冻得结结实实的冰块，就跟新年时一样。我之前叫了抄谱员过来，而这会儿他就已经在为你抄写三套不同的变奏曲【K.398、455 与 460？】，我会付钱给他。然后我会催他写好那些华彩【沃尔夫冈的钢琴协奏曲】，再把他出版的乐谱都买过来……在大斋期那时候，你弟弟的大姨姐朗格夫人【阿罗西亚·朗格】是在慕尼黑，他们俩【她和她丈夫约瑟夫】被请去在当地的剧院里演戏，而且收入颇丰……现在我听过朗格【夫人】两次由钢琴伴奏的演唱，唱了 5 首或【空白的】咏叹调，唱得非常令人愉悦。无法否认她的演唱极其富有表现力：我常常向其他人问起她，而现在我终于能够明白为什么有人说她的声音很弱——而其他人说她的声音很响亮。两种说法都是真的：她的延长音和那些她着力表达的声音，都非常响亮；而那些复杂的部分、过渡段落、装饰音和高音则又处理得十分精细，所以在我看来可能这两者之间的对比过于强烈，而在一个普通房间里，那些响亮的部分就过于刺耳，而在剧场里，那些精细的部分则又要求听众足够安静并且认真聆听。我们见面的时候再细谈这点……朗格夫人的……丈夫是个不错的画家，昨天晚上他在一张红纸上给我画了一幅速写，非常像，而且画得非常漂亮【这幅画很可能已经不存】……[14]

非常谨慎的利奥波德在寄往圣吉尔根的信里省略了某些事情，那就是他毫无疑问在他儿子，可能还有其他共济会成员（海顿、廷第男爵、索嫩费尔斯、帕尔亲王，以及朗格本人）的鼓励下，决定要申请加入共济会。根据维也纳国家档案馆收藏的秘密文件里的记录，在 1785 年 3 月 28 日，利奥波德·莫扎特和约瑟夫·巴希（Joseph Bashy）被提名，而且"因为两人都必须在不久之后离开，需要特别安排分配"[15]。因此通常都会有的考察期——利奥波德在 4 月 6 日正式入会——被缩短了，同时他升级到第二等级和第三等级的时间也被缩短，他在"真和谐之路"会所分别于 4 月 16 日与 22 日经历了这两个仪式。利奥波德在 4 月 16 日给他女儿的信中写道："下周二瓦尔德施塔腾男爵夫人会派马来接我们，我们会去克洛斯特新堡看她（她现在一直住在那里），一起吃午饭然后晚上再回来：我很期待见到这位我心中的女子，因为我也在无形中成为她心中的男子……"[16]

　　4 月 24 日，在维也纳的"希望之王"会所为著名的矿物学家伊格纳

莫扎特的康塔塔《共济会之欢乐》（K.471）的封面，这部作品包括了男高音独唱、男声合唱和管弦乐团，其首演是为了纪念伊格纳兹·冯·波恩（左图为其肖像，由 J.G. 曼斯菲尔德根据 F.H. 福格尔的一幅已经不存的肖像而作的铜版画，1787 年）。

托马斯·阿特伍德，年轻时曾经在维也纳向莫扎特求学。油画肖像，作者已不可考。

兹·冯·波恩^①举行了一场庆祝仪式，他是海顿在"真和谐之路"的导师。利奥波德和他儿子都出席了，莫扎特在几天前为此创作了一首康塔塔《共济会之欢乐》（K.471）。当天约瑟夫二世皇帝授予波恩"帝国骑士"的头衔。[17]

利奥波德在次日上午 10 点半离开了维也纳，他在 4 月 30 日从林茨寄给他女儿的信里写道："在你弟弟和他妻子的陪同下，我们在普克斯多夫【距离维也纳 12 千米的一处驿站】一起吃了午饭，然后他们返回维也纳……"[18] 这对父子此后未曾再见面。利奥波德也到了回去的时间：科勒雷多大主教已经留意到他的副指挥的休假已经逾期，而且在 1785 年 5 月 2 日的一份诏令中，他已经表明如果"利奥波德·莫扎特没有在这个月的下半月回到这里的话，就应停发他的薪水，直到另行通知为止……"[19]

利奥波德在圣灵降临节（5 月 15 日）前回到了萨尔茨堡。此后他和他的儿子一直分隔两地，尽管就许多方面来说，利奥波德仍然是他儿子最富洞察力和同情心的批评者、朋友与顾问。如果莫扎特能够在很多事务上听从他父亲的建议的话，可能一切都会变得更好，但看上去他并没有寻求更多的建议。

* * *

莫扎特此时有一位从伦敦来的作曲学生，名叫托马斯·阿特伍德（Thomas Attwood，1765—1838 年），这位精明的人保留下了他当时学习的笔记，从而为我们提供了一份莫扎特教学方式的独特记录。当时的威尔士亲王（后来的乔

130

---

① Ignaz Edler von Born（1742—1791 年），矿物和冶金学家，以共济会导师和反对宗教迷信的作家身份知名，在启蒙运动时期是神圣罗马帝国境内具有领袖意义的科学家。

治四世）资助阿特伍德前往欧洲大陆学习，这位年轻人先到了意大利，在那不勒斯跟随两位音乐大师——菲利佩·钦科（Felipe Cinque）和加塔诺·拉提拉（Gaetano Latilla，1711—1788 年）学习了两年。他在 1785 年年中来到了维也纳，并跟随莫扎特（但没有住在他家里）学习了一年半。这对师生之间用意大利语交流，但莫扎特也在尝试重新捡起英语——很明显他已经把二十年前在伦敦学到的东西都忘了——他和阿特伍德之间交流用的便条也常常用英语写成，例如："周四，阿特伍德去莫扎特先生那里，希望这个范例能够达到他的期望，因为他已经尽可能地小心，没有修正的空间。我主纪元 1785 年 8 月 23 日"；（莫扎特：）"今天下午我不在家，因此我祈祷你明天三点半来。莫扎特"；以及（在一份对位练习的末尾处）："你个混蛋。"但莫扎特对这个英国学生也很头疼，有时甚至会整个改写阿特伍德提交的作业。阿特伍德后来成为一位在英国音乐生活中颇为成功的管风琴家和作曲家。[20]

　　1785 年 9 月 1 日，莫扎特为他在阿塔利亚出版的六部题献给海顿的四重奏写了一份意大利文的献辞。这可以说是历史上最具君子风范的记述友谊的文献之一。

131

　　致我亲爱的朋友海顿：

　　　　一个决定把他的孩子送去大千世界的父亲，认为应当把监护与引导孩子的责任交付给另一位知名人士，而且十分幸运地，此人也是这位父亲的好友。——而作为我最亲爱的朋友的这位知名人士，这里是我的六个儿子。——他们的确是长时间辛劳的成果，但很多朋友加强了我的这个希望，希望这份辛劳能够至少在某种很小的程度上得到补偿，也会鼓舞和安慰我，在某一天，这些孩子将会成为令我欣慰的源泉。——您，我最亲

莫扎特题献给海顿的六部弦乐四重奏初版封面，由阿塔利亚公司在 1785 年以作曲家"作品第十号"的名义出版。右图是绘制于同年的一幅海顿的象牙迷你肖像，作者已不可考。

爱的朋友，上一次在首都逗留期间，曾经对我表达过您对这些作品的满意。——而您的赞许对我是莫大的鼓舞，因此我将他们奉献给您，并且希望他们不会完全不值得您的喜爱。——请亲切地收下他们，并且做他们的父亲、向导和朋友！从此我将我对他们的全部权利让渡给您：我祈祷您能够宽容他们的那些可能逃过了偏私的生父的眼睛的缺点，并请您不要因此而介意，继续以您的慷慨来庇护他们，而他们也会对此感激涕零。这是我内心深处的期望，最亲爱的朋友。

你最真诚的朋友，

W.A. 莫扎特

维也纳，1785 年 9 月 1 日 [21]

9 月 17 日的《维也纳日报》上刊登了这几部四重奏的出版启事[22]，但是一星期前，当莫扎特和阿塔利亚读到同一份报纸上的一篇小广告时，一定愤怒不已：这篇广告来自阿塔利亚的竞争者克里斯多夫·托利切拉，声称"莫扎德【原文如此】为 2 把小提琴、中提琴和大提琴而作的六部四重奏将以极低的价格出版，在我位于科尔市场米兰【咖啡馆】旁边的店铺有售"。这些四重奏是莫扎特早期的四重奏作品（K.168—173），托利切拉买来了这些乐谱并且将其翻印。阿塔利亚和莫扎特的回复如下：

在阿塔利亚公司门店……即将上架：由指挥家 W.A. 莫扎特先生创作的六部全新的四重奏……作品第 10 号，全新刻版，售价 6 福林 30 克罗伊策。——莫扎特的作品无需言辞赞美，溢美之辞是多余的，人们唯一能够确认的是，这是大师杰作。作曲家将这一系列作品题献给他的朋友——埃斯特哈齐亲王宫廷乐正约瑟夫·海顿，而海顿对此以对待一位伟大天才的掌声作为回报，这可以使人们对这些作品更富信心。因此出版商不遗余力地将这套作品提供给有识之士——不仅仅具备印刷版的优美与清晰，其纸张和印制工艺也是不惜工本——并保证售价公道合理，毕竟这套四重奏有 150 页，如请人抄写至少要花费 12 福林。

鉴于艺术品商人托利切拉最近在报纸上也公布将以极低的价格出售六部莫扎特的四重奏，而并未说明它们是手抄的还是印刷的，是旧作还是新曲，莫扎特先生认为他有责任告知可敬的公众，这些四重奏并非新作，而是他在十五年前的旧作品。他表示这样的话，那些期待他的新作的内行人士就不会买错。

132

伊格纳兹·普莱伊尔 1792 年在伦敦时的肖像。由 W. 努特（W. Nutter）在 1793 年根据托马斯·哈蒂的油画像而作的铜版画。他的六部四重奏（作品第一号）在 1783 年由鲁道夫·格拉夫（Rudolph Graeffer）在维也纳出版，其封面标明题献给拉迪斯劳斯·厄道第（Ladislaus Erdödy）伯爵。

托利切拉立刻发表了他的回复，表示阿塔利亚的公告是"一份几乎完全没有必要的"警告。托利切拉向公众保证，他出版的这些四重奏"有【莫扎特的】名字保证而无需其他推荐"。他也对那组四重奏新作附上了一句模糊的批评，"它们具有非常特别的品位"，并且说那些老作品对于内行人来说仍然新鲜，而这些人也无需担心被赝作蒙骗，"因为这些作品，也是莫扎特本人的孩子"。

* * *

约瑟夫和迈克尔·海顿的名字有时会出现在莫扎特家族的书信里，但是（很明显是出于地域的原因）迈克尔更加频繁地成为他们评论的对象。实际上在 1784 年 4 月 24 日莫扎特给他父亲的信之前，他们从未正式提到过约瑟夫·海顿："那么，最近出现了一些由某位普莱伊尔创作的四重奏，他是约瑟夫·海顿的学生。如果你还没了解这些作品，试着去买几首，你会发现它们值得花点工夫去寻找。这些作品都写得很好，而且令人愉悦，你会立刻感受到里面的高明之处。如果普莱伊尔能够取代海顿在我们这个时代的地位，这对音乐来说是一大幸事。"[23] 如果我们考虑到海顿之后的音乐创作，这封信所表述的可以说是一个令人惊讶的意见：认为海顿即将被他的学生，当时刚刚开始他的传奇事业的伊格纳兹·普莱伊尔（Ignaz Pleyel，1757—1831 年）取代。但要为莫扎特辩护的话，需要指出当时很多人都抱有类似的看法，因为普莱伊尔的音乐比起海顿的作品更容易为人理解。

　　海顿—莫扎特之间的关系一直是很多评论的对象，而其中大多数（至少在十九世纪与二十世纪的莫扎特学术界中）都包含着某种轻微的大惊小怪，这是因为大部分莫扎特学者——但并非莫扎特本人——一直将海顿视作一位二流的

莫扎特对海顿的歌剧《阿尔米达》（Armida）第一幕结束时的二重唱的修订。这部歌剧于1784 年在埃斯特哈扎首演。这些修订说明莫扎特也许打算在他自己的维也纳音乐会之中演出这段二重唱。

作曲家，不值得这位后辈音乐大师对他本人及其作品表现出如此的爱戴与关注。在同时代或年代详尽的文献中记录了很多莫扎特对海顿的景仰与尊重的表现，例如在弗兰茨·夏维耶·涅梅切克（Franz Xaver Niemetschek）于1798年撰写的莫扎特传记中，有如下基于康斯坦策和其他可信资料的记述：[24]

> 伟大而不可比拟的约瑟夫·海顿已经成为音乐之荣耀，而莫扎特……成为他的一名最为真诚的景仰者，而现在，即使在莫扎特逝世之后，这份友谊仍然深得我们喜爱，并且是我们的喜悦之源。莫扎特经常称呼海顿是他的老师。

> 【关于1785年题献给海顿的四重奏】鉴于莫扎特本人的卓越才华，像他这样的艺术家向海顿致敬不仅提升了海顿的名望，也对莫扎特本人的信誉大有裨益，并使我们能够认识到他的情怀中的温柔之处。

> 确实没有比这些四重奏能够更好地表达莫扎特对海顿的景仰之情的作品了，这些四重奏不仅是珍贵乐思的宝藏，也是货真价实的创作范本。

> 在内行人眼中，这部作品的重要性可以与他的任何一部歌剧巨作相提并论。其中的方方面面都经过仔细考量并进行了打磨，以臻完美。任何人都能看到他为此所经历的辛劳，值得海顿的赞美。

> 134　当我们得知他习惯于在优秀的音乐作品演出中感动流泪，尤其是在聆听两位伟大的海顿的作品时，我们可以判断他拥有多么纤细精致的心灵，以及多么敏锐的艺术触感。

> 他在提到两位海顿或者其他音乐大师时总是会表现得十分动容，以致人们可能会觉得这不是伟大的莫扎特，而只是那些音乐大师的一个弟子。

> 他最大的喜悦总是来自音乐。如果他妻子想要在家庭庆典上给他一个

特别惊喜，她就会私下里安排一场演出，上演迈克尔·海顿或者约瑟夫·海顿的新的宗教音乐作品。

莫扎特对海顿的音乐的反馈，某种程度上可以说就是两位伟大艺术家之间正常的惺惺相惜的体现——可以在列奥纳多·达·芬奇、米开朗基罗和拉斐尔之间看到同样的现象：以各自的作品为模范，相互模仿并试图超越。就莫扎特而言，可以找到几个典型的范例：

1. 在 1784 年圣诞节前，库普夫—席卡内德剧团在克恩滕门剧院上演了德

海顿《忠贞的回报》第二幕终曲的开始部分，来自作曲家可能在 1784 年的维也纳演出时用过的总谱，乐谱上包括了手写的附加内容（左下角的"慢板"）和更正。

语版本的海顿歌剧《忠贞的回报》，约瑟夫二世皇帝和整个宫廷都出席，莫扎特也有机会听到了这部作品。在这部歌剧中有两段富有魅力且辉煌宏大的终曲（第一幕和第二幕结束时），两段都包含了多个乐章，在调性和声乐及器乐的丰富程度、时间长度，以及所表达的心理复杂程度上，都超越了当时意大利作曲家的一切作品（是意大利作曲家创造并发扬了这样的终曲设计）。一年后，莫扎特将海顿笔下的这两段终曲的风格进一步发扬，写出更加恢弘华丽的杰作——参见《费加罗的婚礼》的第二、三、四幕。而再过五年，他还会在创作《女人心》时采用海顿的调性结构。

135
　　2. 莫扎特指挥音乐家协会在 1785 年大斋节期间的维也纳音乐会时，演出曲目以海顿的 D 小调第 80 交响曲开始——这是一部奇妙的作品，以一段阴暗和冷漠的主调旋律开始，但很快就转入第二主题如华尔兹一般的轻快乐句；同样的情绪交替在作品后面的段落中持续进行，慢板乐章宛如沉思，而以切分音为特色的结尾，不仅转换到了 D 大调，而且将原本严肃的作品变成了喜剧。在 1785 年初，莫扎特肯定已经知道了音乐家协会选择了海顿的这部交响曲。2月 10 日，莫扎特创作了他的 D 小调第 20 钢琴协奏曲（K.466），它的调性不仅来自这部海顿的交响曲，也与那位作曲家的开创性的弦乐四重奏（作品 9 之4 号，1768—1770 年前后）以及莫扎特自己在 1784 年创作的四重奏（K.421）相一致。莫扎特强化了海顿在 D 小调的处理中所展示的所有严肃的方面，并将其提升到了一个新的音乐体验层面。

　　3. 海顿在 1785 与 1786 年完成了他的六部"巴黎"交响曲，当海顿在1786 年的圣诞节从埃斯特哈扎来到维也纳时，莫扎特可能看到了这六部作品的抄本。但在一年后，维也纳的阿塔利亚出版了这些作品之后，莫扎特可以更加轻松地研究它们。"巴黎"交响曲中的前三部（按照阿塔利亚出版时的顺序）分别是 C 大调、G 小调和降 E 大调。莫扎特从 1788 年 6 月开始创作他的最后三部交响曲，引人注目的是他将调性分别定为降 E 大调（第 39 交响曲，K.543）、G 小调（第 40 交响曲，K.550）和 C 大调（第 41 交响曲，K.551）。与"巴黎"交响曲的相似之处还不仅如此。其中一项有力的特色是在 K.543 的第一乐章中所应用的特别的 3/4 拍乐段（在引子之后），是一段柔和、绵长、富于歌唱性的主题，这在莫扎特进入成熟期的交响曲的第一乐章中很少见——从第 35 交响曲（K.385）到第 41 交响曲中，只有第 39 号出现了这样的元素，而这也是海顿的"巴黎"交响曲之第 85"女王"中非常富有特色的一段，也出现在第一乐章（在慢速的引子之后）。

4. 海顿的 C 小调第 78 交响曲——另一部在严肃气氛中开始，以热闹场面结束的作品，只不过此次是在 C 小调与 C 大调的调性上，而且后者最终在没有"严肃"对手的情况下胜出——在 1785 年春由阿塔利亚出版。这部作品以一个非常罕见的齐奏主题开始，然后令人惊奇地引导到一段由弦乐奏出的神秘的过渡段落，并标注为"极弱"。

一年后，莫扎特写出了他的 C 小调第 24 钢琴协奏曲（K.491），而这部作 136

品很明显"记住了"海顿作品开始时的部分（我们从莫扎特的目录中摘录了K.491 的主题）：

它还让人想起了海顿开头的四个音符通过对位互相结合时展现出的大胆和微妙，不仅听起来很自然，而且很轻松。而莫扎特却将海顿的 C 小调提升到了激情的新高度，其外在——就仅是因为配器更为庞大而复杂（海顿运用了长笛、双簧管、大管和圆号，莫扎特的乐谱需要长笛、双簧管、单簧管、大管、圆号、小号和定音鼓）——无限丰富，光彩夺目。海顿的这部交响曲事实上在今天已经被遗忘，而莫扎特的协奏曲仍被普遍景仰。

海顿的乐队首席路易吉·托马西尼（Luigi Tomasini）的第一小提琴分谱——为了 1790 年在埃斯特哈扎上演莫扎特的《费加罗的婚礼》而特别准备的。

海顿对莫扎特在 1781—1790 年间的作品有多少了解呢？很难详细列举，但从能够找到的证明中可以发现，他听过《费加罗的婚礼》《唐·乔瓦尼》和《女人心》，以及他有很多机会可以听到《后宫诱逃》，比方说在 1786 年 1 月 [25]。海顿自然很熟悉题献给他的六部四重奏（K.387 等），而在埃斯特哈扎的时候他也了解到了那首小咏叹调"晨吻"（Un bacio di mano，K.541），但这首作品没有在那里演出过。布达佩斯的埃斯特哈齐家族档案馆收藏着莫扎特的最后三部交响曲的乐谱（K.543、550 与 551），但不知道这些乐谱是什么时候抵达那里的，也很难想象他们在 1790 年前演出这些作品的场景，因为海顿在那里的乐队没有小号和单簧管（对于 K.550 的初版来说倒不是问题）。海顿到底是打算如何处理这个问题来上演《费加罗的婚礼》呢？他准备在 1790 年上演这部歌剧，但尼克劳斯·埃斯特哈齐亲王去世了，然后当地的歌剧团就被解散了。他可能现场聆听过莫扎特的一些钢琴协奏曲，而且我们知道他参加了莫扎特晚期的五重奏（K.515、516、593）的演出。

在莫扎特维也纳时期的作品中我们能够找到清晰的受海顿影响的段落——D 大调第 16 钢琴协奏曲（K.451）的结尾就是典型样本之一——不过这些段落相对数量不多，而且它们之间相隔甚远。从海顿的作品来看，我们相信在他的"普鲁士"四重奏（作品第 50 号，1787 年）之前，莫扎特的影响几乎可以忽略不计，即使有，也是消极影响，就像贝多芬的情况一样，海顿要么不再创作某些门类的作品（歌剧、钢琴协奏曲，以及五重奏），要么就竭尽全力来试图保留自己的独特之处。在海顿的音乐中偶尔出现的以半音"滑行"回到主音的方式以及其他类似的借用，并不能改变这样一个事实，即无论莫扎特的音乐的个性如何宏大，其对海顿的直接影响远没有通常所说的那么大：大多数评论家　137
对海顿的音乐的了解还不到其作品总数的十分之一，因此根本没有资格写出关于海顿的权威性文章。

这两位作曲家之间的主要区别几乎是众所周知的，无需评论，但也许可以提到一些技术细节。在配器上，莫扎特的主要特色是他的密度，这当然也是他的思维密度的体现。他将小号运用在一个较低的音域内，而在海顿笔下的小号仍然是巴洛克式的，或者至少是前古典主义风格的。海顿作品中的英国管相当于莫扎特的单簧管，但整体来说，在莫扎特的乐谱中值得惊叹的是，一支第二长笛、两支单簧管、两支大管（海顿常常只有一支）和两支小号能够创造出如此大的不同。海顿的精简配器自有其精致之美，但不可避免的是，在莫扎特的笔下创造出来的华丽的音乐色彩面前，海顿的声音就显得苍白了。海顿是讽刺的大师，而莫扎特则是矛盾性的大师，这种微妙性（例如在《女人心》中）可以达到这样的境界：在某些时候音乐所表达的感情会在高峰时被彻底颠覆。

遗憾的是，"绅士般的"这个词如今已经有了一层略带贬义的意思，而这与它的原始含义完全无关。它原本可以用来很好地描述《唐·乔瓦尼》里的一段伟大场景（第一幕第 20 场；第二幕第 13 场；*NMA* 11/5【1968】，212，393）。尽管冒着反复强调与无处不在的节奏型♩♫♩♩相关的观点的风险，这种不可或缺的特色不仅是莫扎特复杂的个性中绅士气质的一部分，也是他的乐谱中那种更为紧密而令人振奋的节奏的标志。海顿乐谱中的智性魅力与莫扎特的作品相得益彰，而后者更是披上了光彩夺目的外衣。

莫扎特的乐谱中另一个跳入我脑海的特征是快板乐章中逐渐加速的节奏，4/4 拍取代 8/8 拍，而普通拍（C）又取代 4/4 拍，但需要在一个更大的范围中考虑这种加速的节奏。海顿的歌剧剧情缓慢，在埃斯特哈齐的观众们有着充足得近乎无限的时间，尤其是尼克劳斯亲王，"对他来说没什么东西是太长的"，莫扎特音乐的流变更为快捷，而且不仅仅是在快板乐章里。[26] 我相信，是莫扎特多变的节奏感直接启发了海顿想象力的多面风格中的一个方面。如果读者觉得将这项理论化的概念应用到实际乐谱中有困难的话，可以考虑一下《创世记》的第一部分，我们能在这里感受到同样的前进的动力感，而且完全没有被开场时代表着"混沌"的缓慢移动的广板，或者其他慢于慢板的部分（例如"阴沉的黑夜，在圣光下消失，第一个白昼来临"，行板；"高山上有起伏、壮丽的森林，田野披着葱翠的衣裳，这景象令人愉快欢乐"，行板；以及"日出"，行板）减缓；向前运行的动力势不可挡，就如同《圣经》中的《创世记》一样。而我们也不应当忘记，博马舍的《费加罗的婚礼》的另一个标题是《疯狂的日子》（*La folle journée*），标志着整部戏（以及以此为基础的歌剧）的剧情发生在 24 小时之内[27]。通过这部歌剧的时间概念，我们能够意识到莫扎特在创作这部杰作时还只是一个 29 岁的年轻人。

海顿在他给布拉格的一位名为弗兰茨·罗斯（Franz Roth，或罗特）的剧院管理人的一封现在已经非常有名的信里，总结了他对莫扎特的看法。这位弗兰茨每年在他自己的房子里举行几场音乐会。这封写于 1787 年 12 月的信，于 1798 年首次收录在涅梅切克撰写的传记（这本传记题献给海顿）里。

你想问我要一部喜歌剧。如果你是为了自己一个人，想要一部我写的声乐作品的话，我非常乐意。但如果你打算在布拉格把它搬上舞台的话，我就没法配合你的愿望，因为我所有的歌剧都与我们个人的生活圈（在匈牙利的埃斯特哈扎）紧密相关，我在创作的时候都是让它们与当地的情况保持一致，以至于它们在其他地方都无法创造出合适的效果。如果我有好运气能够为你的剧院创作一部全新的作品的话，那就是另外一回事了。即使那样我也要冒不小的风险，因为几乎没有人能够与伟大的莫扎特相提并论。

如果我能在每一位音乐界朋友，尤其是那些重要人物的灵魂里刻下印迹的话，我想说：莫扎特的作品是多么地不可复制，多么地深刻，多么地富有音乐智慧，又是多么地敏锐（这是我对它们的理解，我对它们的感受）——各国为了在自己的疆域内拥有这样的瑰宝而你争我夺也就是出于这样的原因。布拉格应该紧紧抓住他不放——但也应该奖励他，因为如果

没有这一点，伟大的天才的历史确实是可悲的，对后人进一步的努力不会
产生什么鼓励；不幸的是，这就是为什么这么多有前途的人才最终会被淘
汰。如此不可比拟的莫扎特最终却没有被任何皇帝或国王雇用，这使我愤
怒不已！如果我的话过分了，请原谅我，但我是如此深爱那个人。

约瑟夫·海顿

我们于此可以一瞥临近职业生涯巅峰的莫扎特，他的大部分音乐会（但也
有重要的例外）场场爆满，托利切拉和阿塔利亚都乐于出版他的作品，他们甚
至都开始出版他年少时的旧作——所以在 1785 年的时候，莫扎特这个名字就
是魔法。回到萨尔茨堡之后的利奥波德期待他儿子的消息——但常常等不到，
或者不是像利奥波德所喜欢或者期待的那样——他在 11 月 3 日给他女儿的信
里提到了一个熟人对他说的话：

> 你儿子现在正在出版的作品数量令人吃惊：在每一个与音乐相关的公
> 告里我只能看到莫扎特的名字。柏林的关于【题献给海顿的】四重奏的公
> 告里这么说："它们出自莫扎特先生的手笔，这就足够了。"我没法回他
> 话，因为我也不知道，他【沃尔夫冈】上一次寄信给我还是六个星期之
> 前。他【那位熟人】也提到了关于一部新歌剧【《费加罗的婚礼》】的事。
> 这小子！毫无疑问，我们很快就会听够这种话……[28]

此时在维也纳的莫扎特关注着两件迫切的音乐事务。其一是为了纪念梅克
伦堡－斯台利茨公爵乔治·奥古斯特与弗兰茨·埃斯特哈齐伯爵而创作的《共
济会葬礼音乐》（K.477）。为这两位而举行的追思集会在 11 月 17 日举行，而

莫扎特的新作——由客座共济会弟兄们在最后一刻组成了一支管乐队（双簧管、单簧管、三支巴塞管、两支大管和两支圆号）——在此首演，至少是以这个名义进行首演[29]。这部作品代表了莫扎特试图融汇天主教和共济会这两大世界的伟大尝试，他以来自这两大世界的符号来充实这部作品。它包含三个部分（典型的共济会概念），整部作品的基本调性是 C 小调，而中间部分是降 E 大调。莫扎特在此运用了一段名为"旅者颂音"的古老的素歌[①]，这段旋律与复

139

左：莫扎特在比安奇（Francesco Bianchi）的《被诱拐的乡下女孩》(La villanellarapita) 中的插入曲四重唱"至少说来"（Dite almeno，K.479）的开头部分，来自一份同时期的维也纳抄本 [可能由文泽尔·索科夫斯基（Wenzel Sukowsky）抄录]。

莫扎特的插入曲在 1785 年 11 月的演出中上演，表演者包括女高音切勒斯塔·科泰里尼（Celesta Coltellini，右上）和男高音温琴佐·卡尔维希（Vincenzo Calvesi，右下），他后来在 1790 年首演了《女人心》中的费兰多一角。由 G. 斯特鲁皮（G. Struppi）绘制之铜版画和由耶罗尼米斯·罗森科尔绘制的剪影画。

---

① *Tonus peregrinus*，选自格里高利圣咏，又称第九声。

场刊中有一页标明了莫扎特的贡献。

活节一周中时常应用的"哀歌"紧密相连。莫扎特曾经在他的清唱剧《得救的拜图里亚》(*Betulia liberata*,1771)中运用过这段素歌，但更为重要的是，迈克尔·海顿同年将其应用在他为施拉滕巴赫大主教所写的安魂曲的开头部分的中段。而令人惊奇的是，莫扎特1791年再度运用了这段旋律，用在他自己的《安魂曲》中，而且是在与迈克尔·海顿的作品中相应的位置。"旅者颂歌"是安魂弥撒中"求主垂怜"部分的旋律，而且像上文所述，常用于复活节一周中——因此将此符号运用于共济会的追思集会是十分合适的。这部作品的最后一个和弦在 C 大调上，是一个安抚的符号，就像一幅中世纪绘画中的圣母，以其宽广的披风包容着所有的默哀者——《共济会葬礼音乐》是莫扎特精神精华之体现，展现的是他的人文精神和（各种意义上）的情怀。

莫扎特下一项主要工作与歌剧院有关——与追思集会之间有着不少的距离。1785 年 11 月 25 日，弗朗切斯科·比安奇（1752—1810 年）所作的大受欢迎的歌剧《被诱拐的乡下女孩》在维也纳城堡剧院首演，这部戏最早是在威尼斯的圣摩尔塞剧院首演的，而它在维也纳的首演阵容包括了切勒斯塔·科泰里尼、温琴佐·卡尔维希、斯蒂凡诺·曼迪尼和弗兰切斯科·布桑尼（Francesco Bussani）。莫扎特为这部歌剧写了两首非常重要的插入曲，首先是（完稿于 11 月 5 日的）四重唱"至少说来"(K.479)，然后是（完稿于 11 月 21 日的）三重唱"可爱的曼蒂娜"（Mandina amabile，K.480）。这两首重唱歌曲超越了其他作曲家为这类意大利语歌剧创作的插入曲的范畴，包括在时长

和规模上的突破，尤其展示了莫扎特富有特色的角色勾画——在此是用丰富的 140
喜剧性绘出的。乐谱的配器（配有单簧管）和内容都具有那种魔法般的、二元
对立的深刻性，让我们可以断言这与莫扎特最为伟大的特色紧密相关。这两首
曲子都具有作为这一幕终曲的品质，而且确实其中之一在剧中就发挥了这样的
功用。爱因斯坦曾经说过，"莫扎特所有在音乐上的力量都是汇聚起来直至爆
发"[30]，而这种爆发就将是《费加罗的婚礼》。

在前往莫扎特主宰的两个世界——钢琴协奏曲与歌剧——之前，让我们总
结一下他在 1785 年底的状况。涅梅切克撰写的传记提供了一些有趣的画面：

> 在维也纳，他的钢琴技艺尤其被人景仰。虽然维也纳有很多擅长这门
> 乐器的大师，他们也获得了大众的喜爱，但没有人能够与我们的莫扎特相
> 比：他那令人钦佩的灵巧，尤其在左手和低音部分独树一帜，他的乐感和
> 精细性，以及优美的表现力……这些都是他演奏的魅力所在，再加上他丰
> 富的构思和对作曲的知识，一定会让每个听众着迷，使莫扎特成为那个时
> 代最伟大的钢琴家。
>
> 【《后宫诱逃》】掀起了一阵风潮，而那些狡诈的意大利人很快就意识
> 到，这样一个人可能对他们那些小孩子把戏水平的作品造成威胁。他们的
> 嫉妒很快就伴随着典型的意大利式毒液而复活。皇帝陛下被他的音乐深深
> 打动，于是对莫扎特说："亲爱的莫扎特，这音乐对我们的耳朵来说太美
> 好了，包含的音符也太多了。""陛下，不多不少，刚刚好。"他的回复既
> 有高贵的尊严，又体现了伟大的天才常常具有的那种坦率。他意识到那句
> 话并不是出自皇帝本人的意见，而只是重复其他人说过的话……
>
> 我无法以我自己的体验来描绘它【那部歌剧】在维也纳掀起的风

潮——但我见证了它在布拉格的无论是文雅之士还是无知路人之中造成的
狂热追捧。就好像之前从未有过这样的音乐。每个人都被其吸引——包括
新奇的和声和独有的木管乐器片段。[31]

乔万尼·帕伊谢洛在 1784 年访问过维也纳，并听过几次莫扎特的演出，
他对莫扎特有怎样的看法呢？在一本名为《G.G. 费拉利生活趣事轶事集》
(*Aneddoti piacevoli e interessante，Occorsi della vita di G.G. Ferrari*) 的非常
珍贵的小书中有一段记录，由《美乐集》(*The Harmonicon*) 月刊翻译并登出，
可以帮助我们重绘这幅画面：

此后不久，不幸的是，我的好朋友阿特伍德不再陪伴我左右，他出
发前往维也纳，为了跟随著名的莫扎特完成他的学业。他抵达那里的时
候，那位伟大的作曲家正好出版了题献给海顿的六首四重奏，阿特伍德寄
给我一套乐谱作为礼物，并附上一封信，建议我在听过这些曲子若干遍之
前，最好不要对它们产生什么评价或者意见。我听从他的嘱咐，与我的朋
友中的几位业余爱好者和教授一起试奏了这些曲子，但我们只能演奏出那
些慢乐章，而且即使那些也无法打动人。我抄写了部分的谱子，其中包括
第一部四重奏中的那段 G 大调赋格，拿给【著名的作曲家加塔诺·】拉提
拉①，而他看完第一个乐章后，就认定这是一部大师杰作；当他研读了第二
部分中巧妙的组合和转调后，再读到主题重新回归的那几个小节时，他把
乐谱抄本放到桌上，极其热情地赞美道："这是我此生看到过的最美妙的

---

① Gaetano Latilla（1711—1788 年），活跃于那不勒斯的意大利歌剧作曲家。

音乐。"……罗马的一个名叫加斯帕洛尼（Gasparoni）的剧院经理曾经去拜访过帕伊谢洛，他想了解这位作曲家是否可以将某位才华出众的作曲大师推荐给他，因为帕伊谢洛自己，抑或古格列米（Guglielmi）或者奇马罗萨（Cimarosa）都不行，他在意大利找不到值得一提的作曲家。帕伊谢洛立刻推荐了莫扎特这个有着超凡才华的年轻人。他补充道："他不能保证他的音乐是否在一开始就能令大众开心，因为某种程度上它过于复杂；但如果莫扎特真的来的话，欧洲有好几位大师就要完蛋了。"[32]

142

141

蜡质莫扎特肖像，制作于 1785 年前后，收藏在米兰斯卡拉剧院的博物馆。

耶罗尼米斯·罗森科尔于 1785 年绘制的莫扎特剪影肖像，收录于 1786 年出版的《音乐与戏剧年鉴》(*Musik-und Theater-Almanach*) 中。

142　　　这一幕发生在意大利，海顿和莫扎特的音乐当时在那里少有人问津。这段
记录也展示了，至少在十八世纪，不是所有意大利人都像阿尔卑斯山北边的作
家认为的那么沙文主义。

　　莫扎特的音乐过于困难、面对很多阻力，这些当然也是真的。在 1799 年
的《音乐通报》(*AMZ*) 里有一篇关于莫扎特的文章[33]，（按照他的遗孀所述）
描述了他的生活中的诸多细节，其中提到四重奏 K.421 的小步舞曲和三重奏部
分，是在康斯坦策生下第一个孩子的时候写出来的。那篇报告继续提道：

> 这些四重奏【指题献给海顿的一套六部四重奏】有时会遭遇某种奇
> 怪的命运。当已经去世的阿塔利亚先生将这些乐谱送去意大利时，它们
> 被退了回来，"因为有太多印刷者的错误"。但这些乐谱逐渐也被接受了。
> 可是在日耳曼地区，莫扎特的作品也没得到比较好的待遇。比方说格拉
> 撒科维奇亲王[①] 曾经让他的宫廷乐团的部分乐手演奏这些四重奏，而他就
> 一次次对他们喊叫"你们拉得不对"，而当乐手们向他保证他们是按照乐
> 谱演奏时，他当场就把乐谱撕了。[34]

＊　　＊　　＊

　　我们已经看到，莫扎特不仅是当时维也纳在海顿之外最受欢迎的非歌剧
作曲家，而且他的音乐会为他带来了大笔的收入。那么，为什么莫扎特会在
1785 年 11 月 20 日，向他的新出版商——维也纳的弗兰茨·安东·霍夫梅斯
特（Franz Anton Hoffmeister）寄出这样一封信呢？

---

　　① 此处可能是指来自克罗地亚的匈牙利贵族格拉撒科维奇家族的安东二世亲王（Antal II. Prince Grassalkovich de Gyarak，1734—1794 年），这个家族和埃斯特哈齐家族亲缘密切。

　　我在困难中向你求助，请资助我一些钱，我现在有燃眉之急……

　　请原谅我总是麻烦你，但你了解我，明白我多么希望你的事业能够兴旺发达，因此我也相信你不会误会我的叨扰，而会向我提供协助，就像我也会对你那样。[35]

弗兰茨·安东·霍夫梅斯特，作曲家和出版商。由 F.W. 奈特林（F.W. Nettling）所作之铜版画。

　　霍夫梅斯特在信封上简单地标注了"两达克特"。

　　毫无疑问，这就像是盛宴上的石像：莫扎特已经说服了霍夫梅斯特——成功的作曲家，后来还是他所在会所的弟兄——出版他的钢琴四重奏（K.478、493），这是莫扎特认为的他能够提供的一种完全不同以往的新形式。他在 1785 年 10 月 16 日写出了第一部钢琴四重奏，并由霍夫梅斯特在 12 月出版[36]。莫扎特看来相信他能从他的下一部四重奏上赚到一点钱（但他直到《费加罗的婚礼》之后才完成了这部作品）。但是，他需要向霍夫梅斯特借贷的事实奏出了一个阴郁的音符，并以此结束了这段本该成为他职业生涯巅峰的记录。

第七章原注：

1. 莫扎特《书信》第三卷，第 361 页。
2. 出处同上，第 368 页。
3. 出处同上，第 370 页。
4. 德斯齐《文献》，第 208 页。

5. 此课题的标准文献是 Joachim Hurwitz, "Haydn and the Freemasons", *Haydn Yearbook* XVI（1986），第 5—98 页。

6. 莫扎特《书信》第三卷，第 372—374 页。

7. 出处同上，第 374—377 页。

8. 德斯齐《文献》，第 211 页起。

9. 莫扎特《书信》第三卷，第 378 页起。

10. 现在由本书作者收藏。

11. 诺维洛，第 158 页。其实这段"三重唱"（Terzetto）并不是新创作的，而是这部弥撒曲中"Quoniam tu solus sanctus（唯有您是圣洁的）"这段的改编。新写的两段是第 6 号，即男高音咏叹调"A te, fra tanti affani（你有这么多的痛苦）"和第 8 号，即女高音咏叹调"Tra l'oscure ombre funeste"（分别是 K.469 的 No.6 与 No.8）；莫扎特在第 10 号合唱"Chi in Dio sol spera"的结尾处也为两个女高音和男高音独唱加入了类似华彩的唱段（改编自弥撒曲中的"Cum Sancto Spiritu"）。这些新增的咏叹调使独唱部分的分布更加平均。即：

No.1 合唱 "Alzai le flebili voci al Signor"（= 垂怜经）

No.2 合唱 "Cantiamo le glorie"（= "至高无上的荣耀"的开头）

No.3 咏叹调（第二女高音）"Lungi le cure ingrate"（= 赞美你）

No.4 合唱 "Sii pur sempre benigno, oh Dio"（= 感恩）

No.5 二重唱（第二女高音）"Sorgi, o Signore, e spargi"（= 哦，上主）

No.6 咏叹调（男高音）：见上文

No.7 合唱 "Sei vuoi, puniscimi"（= 免除世罪者）

No.8 咏叹调（第一女高音）：见上文

No.9 三重唱（第一、二女高音，男高音）"Tutte le mie speranze"（= 唯有你）

No.10 合唱 "Chi in Dio sol spera"（= 耶稣基督），在结尾处有新的华彩段落。

12. *NMA*, Serie I, Werkgruppe 4, Band 3（Monika Holl），1987.

13. 莫扎特《书信》第三卷，第 380 页。

14. 出处同上，第 380 页第二项。

15. 德斯齐《文献》，第 213—216 页。

16. 莫扎特《书信》第三卷，第 388 页。利奥波德对这位男爵夫人的印象如果有记录的话，也没能保存至今。

17. 关于为波恩举行的庆祝仪式，参见德斯齐《文献》，第 216 页。

18. 莫扎特《书信》第三卷，第 380 页。

19. 德斯齐《文献》，217 页。

20. *NMA*, Serie X, Werkgruppe 30, Band I（Erich Herzmann, Cecil B. Oldman, Daniel Heartz and Alfred Mann, 1965）. 莫扎特一直强调歌唱性的线条，他曾写道"因为歌唱性线条的关系而更好"（meglio ancore per la Cantilena）。在阿特伍德的记录中也反映了莫扎特对单簧管的偏爱："单簧管是非常有用的，而双簧管不是。"也可参见莫扎特《书信》第六卷，第 238 页。

21. 兰登. *Haydn: Chronicle and Works, Haydn at Esterháza*, 1766—1790, 673.

22. 出版启事参见德斯齐《文献》，第 220—222 页。

23. 这句话源自一封现已不存的信件，只有尼森在传记的第 481 页记录了片段，参见莫扎特《书信》第 311 页。

24. 涅梅切克，第 31 页起。

25. *Wiener Theaterkalender auf das Jahr 1787* [Vorwort: 1 Dec., 1788]. 1 月在克恩滕门剧院上演了莫扎特的歌剧。2 月上演了《剧院经理》以及萨列里的 *Prima la musica, poi le parole*.

26. 例如《费加罗的婚礼》，第一幕：序曲，急板，普通拍子。No.1（二重唱），快板，4/4；No.2（二重唱），快板，2/4；No.3（船歌），小快板，3/4；No.4（咏叹调），快板，4/4；No.5（二重唱），快板，4/4；No.6（咏叹调）活泼的快板，普通拍子；No.7（三重唱），足够快的快板，4/4；No.8（合唱）快板，6/8；No.9（咏叹调）活跃的，4/4。从一开始到第二幕开始时伯爵夫人的咏叹调"求爱神给予我安慰"（Porgi amor）之前，完全没有慢乐章。而作为对比，海顿的《忠贞的回报》可能是其最为成功的大制作歌剧（以时长、参演者人数和总体复杂度来看）。第一幕：序曲，急板，6/8。No.1（入场曲）快板，3/4 – 慢板，普通拍子 – 快板，3/4；No.2（咏叹调），急板，6/8；No.3（咏叹调与宣叙调）【略慢板】，3/4；No.4（咏叹调），急板，4/4；No.5（咏叹调），充满活力的快板，4/4；No.6（咏叹调），慢板，3/4；No.7（咏叹调），略慢的行板，2/4；No.8（咏叹调），慢板，3/4；No.9（咏叹调），很快的快板，普通拍子 – 慢板 – 急板 –

慢板－急板；No.10（咏叹调）足够快的快板，普通拍子；No.11（咏叹调），行板，2/4－广板，普通拍子－快板，4/4；No.12（咏叹调），活跃地，4/4－慢板，3/4－【快板】，4/4－急板，3/4；No.13，终曲：足够活跃地，4/4－慢板，3/4－急板，2/4－急板，6/8－足够活跃地，4/4－慢板，普通拍子－急板，2/4－急板，4/4－急板，普通拍子。只有到了结束处我们才能感受到类似《费加罗的婚礼》中那种典型的快速前进的步调。虽然驱动第一幕的动力（恰好）与一整串快速或相对快速的节奏相关，但其间是否有慢板或广板段落，与这个快速运动的整体概念并没有太大影响。关于尼克劳斯亲王的引言引自 Edward Olleson, "Georg August Griesinger's Correspondence with Breitkopf & Härtel", *Haydn Yearbook* III（1965），36。

27. 卢奇诺·维斯孔蒂（Luchino Visconti）在罗马歌剧院 1963/1964 年的那个魔法般的制作［由卡洛·玛利亚·朱里尼（Carl Maria Giulini）指挥］是第一个完整地再现了这一整天的制作。

28. 莫扎特《书信》第三卷，第 439 页。

29. 关于这部作品可能有过的更早的演出，参见 P.A. Autexier, *Mozart & Liszt sub Rosa*, Poitiers 1984，19ff. *NMA*, Serie IV，Werkgruppe II, Band 10（Landon），1978。

30. *Mozart, His Character, His Work*, London 1946, 429.

31. 涅梅切克，第 31 页起。

32. G.G. Ferrari, 2 vols London 1830；*Harmonicon* 1830，第 371 页起。

33. *AMZ*（1799），第一卷，第 854 页起。

34. 这一段基于兰登：*Haydn: Chronicle and Works, Haydn at Esterháza, 1766—1790*，第 510—511 页。

35. 莫扎特《书信》第三卷，第 454 页。

36. 1785 年 12 月 2 日，利奥波德·莫扎特在信里写道，前一天邮差给他送来的包裹里包含了"今年 10 月 16 日"创作的那部新的钢琴四重奏。他也补充说这部作品的小提琴和中提琴分谱已经付印。参见 Haberkamp, Textband, 240f. 有一套留有莫扎特的一个订户"奥斯贝尔格伯爵夫人埃内斯汀，母姓施瓦岑贝格女亲王"印记的乐谱留存至今。

第八章　题献给海顿的弦乐四重奏；莫扎特与钢琴协奏曲

143　　莫扎特在其生涯中创作了大量的室内乐，从四部小提琴奏鸣曲（K.6—9）开始（他父亲于 1764 年在巴黎出版了这些作品），一直到 1791 年 4 月完稿的降 E 大调弦乐五重奏（K.614），以及为盲人玻璃琴演奏家玛丽安妮·科齐盖斯纳① 创作的玻璃琴、长笛、双簧管、中提琴和大提琴回旋曲（K.617）。从 1764 年到 1791 年，他创作了一系列杰出的作品：小提琴奏鸣曲、钢琴三重奏、弦乐四重奏与五重奏、钢琴四重奏，以及各种各样的特别的乐器组合作品，例如著名的单簧管五重奏（K.581）或者超凡绝伦的降 E 大调钢琴、双簧管、单簧管、大管与圆号五重奏（K.452），这部作品对年轻的贝多芬产生了深刻的影响，他美丽的第 16 五重奏（完稿于 1797 年）就以莫扎特的作品为范本，使用了同样的调性与乐器组合。莫扎特的室内乐作品品质超凡，其中颇有大胆创新之作，而几乎每一部作品——如果我们略过某些少年习作的话——都展示出了一种令人称奇的技艺，然而这一点也总是隐藏在被打磨得漂漂亮亮的外在之

---

① Marianne Kirchgessner（1769—1808 年），出生于巴登—符腾堡的玻璃琴演奏家，4 岁时因天花而致盲。她从 6 岁开始学习键盘乐器，随后转向玻璃琴，并凭此在欧洲各地常年巡回演出，曾经四次为普鲁士国王腓特烈二世演奏，同时也与诸多作曲家合作。莫扎特为她创作的这部作品是这种冷门乐器曲目清单中的杰作。

下——汉斯·凯勒 ① 描述莫扎特"作品的外在与内在具备同样的高水准，内外兼修……他的公开的秘密"[1]。

考虑到莫扎特为各种不同的室内乐组合都创作过作品，我们将选取两类来简单核视一下：弦乐四重奏和（之后的）弦乐五重奏。选择这两类作品有以下理由：首先，这两类作品中的所有晚期作品都是大师杰作——也许用这个词来评价他的每一部小提琴奏鸣曲的话，人们会有点犹豫不决，因为其中有些作品是为大众写的炫技曲；其次，从数量上看，四重奏和五重奏的杰出作品数量众多，前者有十部，后者有五部，这样一来，就有了很大的多样性——而钢琴四重奏只有两部［虽然这两部都是杰作，G 小调（K.478）比起后来创作的降 E 大调（K.493）更加出色］，双簧管四重奏、单簧管五重奏、单簧管三重奏等都只有一部；最后，很显然，他在室内乐的创作中运用了很多他的"私人"的想法，而在歌剧和交响乐这些"公众"形式的作品中，这些"私人"的，而且一般来说都是隐秘而繁复的思考，都必须在被改写之后，才能出现在那更为广阔的画布上。莫扎特的室内乐，尤其是他的四重奏和五重奏——不仅仅是那部著名的"不协和音"四重奏——都包含了他的交响曲、协奏曲或歌剧里少有耳闻的不协和音。当然，要让四十名乐手一致地进行复杂的移调是很难的，而四五名演奏家一旦经常在一起演奏，就可以完成各种微妙的变化，而这是管弦乐队所不能完成的，例如升高导音（由于明显的技术原因，管乐器将困难许多），在伴奏中去掉重音，就像这样，♩♪，等等。海顿和贝多芬的四重奏也以同样的方式包含了很多在他们的交响曲中找不到的东西，而莫扎特的弦乐室内乐作品展示了他的多面性中全新的也是最为复杂的一面。

144

---

① 　Hans（Heinrich）Keller（1919—1985 年），生于奥地利的英国音乐家与作家，对音乐批评与音乐学贡献卓著，于 1959—1979 年在英国广播公司工作。

　　海顿的室内乐非常接近莫扎特的四重奏，甚至可以说也包括五重奏（虽然海顿从未写出过任何成熟的五重奏作品）。莫扎特就像每个有思想的音乐人一样，都曾被海顿在 1772 年创作的四重奏（Op.20）打动，这组四重奏与莫扎特的一套六首"海顿"四重奏和贝多芬的四重奏（Op.18）一起，可以被看作这个音乐体裁在十八世纪最富革命性的三套作品（贝多芬的这一套作品在 1799 年即已完稿）。莫扎特在接触到海顿的这组四重奏后——与他平时的作风一致——就立刻坐下来写出了一套六首四重奏（K.168—173，创作于 1773 年），以海顿的作品（Op.20）为样板。而海顿在此时已经将他的卓越才华运用在交响曲的创作上，他的下一组四重奏（Op.33）要到 1781 年才问世。那之后不久，海顿和莫扎特相遇，并且成就了一段被视为佳话的友谊。在 1783 年时，莫扎特的宏大计划成型了——创作六部弦乐四重奏并将其题献给海顿。莫扎特曾经说过："我从他那里学到了如何创作四重奏。"1785 年 1 月 14 日——在这部作品首演前一天——莫扎特完成了这一套中的最后一首，即"不协和音"四重奏。

　　这六部作品包括了：G 大调（K.387）、D 小调（K.421）、降 E 大调（K.428）、降 B 大调（K.458，"狩猎"）、A 大调（K.464，贝多芬最喜爱的一首）和 C 大调（K.465，"不协和音"）。我之前已经提到过，这些富有创新意义的四重奏常常遭遇趣味保守的音乐爱好者的误解；这些作品包含着高度浓缩的丰富内在 [也是海顿（Op.20）以及贝多芬（Op.18）作品的特色]、悲楚的半音风格和极其先锋的现代性——所有这些特色使当时的很多人紧张而迷惑。但当时一定也有其他人了解到了这些"海顿"四重奏的美好之处——不仅仅是接受题献的人，也包括了那些有文化的维也纳人，例如李希诺夫斯基亲王和凡·斯威腾男爵，而且我们也可以确定这些作品也被当时在莱茵河畔的波恩的一个年轻的钢琴家和作曲家仔细研读——那就是贝多芬。

莫扎特与钢琴协奏曲

十八世纪时，大部分的作曲家也是舞台上的演奏大师。（海顿是一个重要的例外，这也是为什么协奏曲在他宽广的作品范畴中的比重如此之小。）这其中的意义在于，不仅是作曲家演奏，也是演奏家谱曲。演奏家勤于作曲的部分原因是如果某种乐器问世不久，那么可能没有足够多的演奏曲目，或者可能现有的曲目不足以展示一位杰出的演奏家的独到技艺。莫扎特的单簧管与巴塞管演奏家安东·斯塔德勒自己也为巴塞管作曲，而除此之外几乎就没有为这种乐器创作的曲目了。另一方面，这些表演者们也经常请著名的作曲

145

著名的单簧管演奏家安东·斯塔德勒，莫扎特为他创作了单簧管五重奏（K.581）与单簧管协奏曲（K.622）。无名氏所作之剪影肖像。

家为他们创作协奏曲，因此我们可以看到海顿的小号协奏曲是为一位维也纳小号演奏家安东·魏丁格[①]而作，而莫扎特的单簧管协奏曲（K.622）则是为斯塔德勒而作。在莫扎特的作品中，大部分的协奏曲是为他自己创作的：首先在十八世纪七十年代创作了一系列著名的小提琴协奏曲，然后随着莫扎特的兴趣更加倾向于钢琴，钢琴协奏曲在他的艺术生涯中占据了一个非常核心的位置。

莫扎特的所有协奏曲的第一乐章都遵循一个相同的曲式（虽然在细节上有很多可以灵活变通之处）。其最简单的曲式如下图：[2]

---

① Anton Weidinger（1766—1852），古典时代的奥地利小号大师，海顿与胡梅尔的小号协奏曲都是为他而创作的。

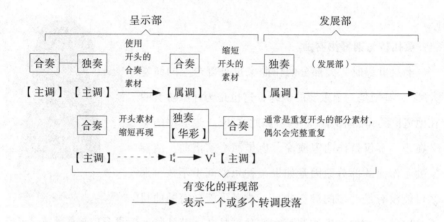

这种模式化的曲式的主要优点在于它自动地创造了整体上的一个优美而比例协调的对称结构，与此同时在看似严格的模式中也包含了丰富的自由度。莫扎特在此尤其擅长的一点是将丰富的交响乐元素与传统的巴洛克协奏曲曲式相结合。在那部规模宏大但并没有那么出名的 C 大调第 13 钢琴协奏曲的第一乐章中，如果不是像事实那样，音乐没有转向从属部分的话，那么它的开头部分可以完全像是一部雄浑的交响曲。在另外两部 C 大调的协奏曲——第 21 号（K.467）和第 25 号（K.503）里也应用了这样富于交响性的手法，令人印象深刻。莫扎特逐渐也开始应用一种在维也纳流行的交响曲中的典型手法——动机带动音乐。维也纳的作曲大师们使这种手法作为创造紧张性的一种方式，同时也用来满足他们富有学养的维也纳听众们的需求[3]。这些动机通过对位手法转换后能够为交响曲带来一种全新维度上的丰富性与深刻度，而在莫扎特笔下，他的协奏曲也拥有了这样的特性。

146　　　协奏曲的第二乐章在其正常曲式中拥有更多的灵活性。我们可以看到有一些作品运用了相对简单的 A-B-A 三段式结构，也有变奏曲式、回旋曲式——

简而言之，任何形式都是可能的。而莫扎特自然而然地，以实践超越了所有的教条：比方说，降 E 大调第 22 钢琴协奏曲（K.482）的慢乐章就仅仅由管乐声部演奏，甚至没有独奏钢琴参与。在这类乐章中，往往没有弦乐或者弦乐被加上了弱音器，而且莫扎特喜欢在这里运用小调，从而与有力或者欢快的首尾乐章形成对比，K.482 即是一例，还有尤其令人感动的第 23 钢琴协奏曲（K.488）。

最后一个乐章通常以某种回旋曲式写成：A-B-A-C-A 是一种典型的回旋曲的结构。但莫扎特不止一次地（例如在 K.482 中）在中间加入了一节慢速段落，而就整体来说，他笔下的末乐章的多样性更是令人眼花缭乱。他在音乐中保留了各种各样的惊奇，甚至在一声细语中结束了宏大的 C 大调第 13 钢琴协奏曲。

在当时，键盘乐器还需要实现第二功能：演奏通奏低音部分，就是像管风琴在弥撒曲中那样，填充低音线条中的和弦，与此同时还要演奏独奏部分。如今，莫扎特钢琴协奏曲中的通奏低音部分正在重回舞台，因为它使得独奏家与伴奏乐队更加融为一体，也更凸显独奏家的中心地位，并从头到尾都能发挥作用。这种通奏低音逐渐不被人使用的部分原因是十九世纪时器乐演奏家的态度——例如李斯特——喜欢孤芳自赏、独领风骚，与乐团里的凡夫俗子隔绝开来。另一个同等重要的原因是，以斯坦威为代表的现代音乐会三角钢琴的声音完全不适合这种通奏低音的角色。莫扎特的钢琴的音色更加精细而富于金属色彩，能够与乐团优美地融为一体，并展现出多样的音色——在现代的钢琴上要做到这一点，难度极高。

莫扎特在丰富前古典主义协奏曲的历程中，成功提升了这种音乐形式整体的智性水平。如今，我们很难意识到当时很多这种由演奏家创作的协奏曲的质

阿达伯特·基洛维茨（1763—1850 年），一位多产且广受欢迎的作曲家，他在 1786 年离开维也纳前往意大利。莫扎特在"面粉坑"的一场音乐会中指挥过基洛维茨的一部交响曲。J.G. 曼斯菲尔德所作之铜版画，1793 年。

量是何等低劣：我们可以通过波希米亚作曲家阿达伯特·基洛维茨 [1] 的自传中的一个故事来一瞥当时的普遍情况。莫扎特在一场自己的音乐会中向维也纳音乐界介绍了这位作曲家。基洛维茨告诉我们，当时著名的小提琴家乔万尼·M. 贾诺维奇 [2] 曾请他为这位小提琴家的协奏曲中的乐队部分谱曲，结果是一锅典型的大杂烩。[4]

莫扎特的学生中有众多维也纳的贵族与富人，因此莫扎特能够继续拓展他的音乐探索——不仅是通过公开音乐会，也通过有才华的个人例如李希诺夫斯基亲王（后来他成为贝多芬最重要的赞助人）。因此贝多芬在很多方面需要感谢莫扎特，尤其是因为莫扎特为他铺垫了基础，所以当他在

贝多芬十六岁时的剪影肖像。约瑟夫·尼森（Joseph Neesen）绘制，1786 年。

1792 年终于来到这里跟随海顿学习时，同一批曾经熟知并欣赏莫扎特的维也纳听众已经准备好在精神上鼓励、在物质上支持正处于个人风格形成时期的年轻的贝多芬。贝多芬在 1795 年的首次公开亮相毫无疑问也是莫扎特遗产的一部分，他在城堡剧院登台，以独奏家的身份演奏了他自己的降 B 大调钢琴协奏曲

① Vojtěch Matyáš Jírovec（Adalbert Gyrowetz, 1763—1850 年），来自波希米亚的作曲家，创作过大量交响乐、四重奏、钢琴奏鸣曲等器乐作品，在歌剧领域也颇有建树。
② Ivan Mane Jarnović（意大利文全名：Giovanni Mane Giornovichi, 1747—1804 年），小提琴家与作曲家，他年轻时的经历不明，成年后曾频繁地在欧洲各地巡演，先后活跃于法国和英国，最后终老于圣彼得堡。

莫扎特 C 大调第 15 钢琴协奏曲 1785 年在维也纳出版时的封面页。在这个版本中省略了在完稿之后才被加入的小号与定音鼓分谱。

（Op.19），而且当然，他也坐在键盘前指挥乐队。

华德斯坦伯爵曾经在贝多芬的留言册里写道，贝多芬应当"从海顿手中接过莫扎特的精神"。而我们可以愉悦地看到，海顿指挥的很多音乐会中，由贝多芬作为独奏向维也纳公众展示了他最新的钢琴协奏曲。这几乎是华德斯坦伯爵先知般的愿望的具体实现。

*　　*　　*

莫扎特的钢琴协奏曲超越同时代所有其他作品的最重要的一点是其极度丰富多元的艺术风格。（之前提到过，海顿的 D 大调钢琴协奏曲【XVIII：11】创

作于 1779 年前后，是一部非常吸引人的作品，但也标志着他此后不再创作此
类作品。）莫扎特在维也纳早期创作的一些协奏曲具有特意的室内乐风格——
最为著名的可能是 A 大调第 12 钢琴协奏曲（K.414），这首曲子甚至以弱奏开
始，从而向我们展示这是一部应当如何被期待的作品。而就像我们即将展示的
那样，莫扎特在创作这些协奏曲时运用了许多不同类型的音乐。一部宏大而富
于交响性的协奏曲也可以由弱奏开始。这可能是某种达成"惊奇"效果的手
法：当他的 C 大调第 13 钢琴协奏曲（K.415）开始时，听众们无法确定接下

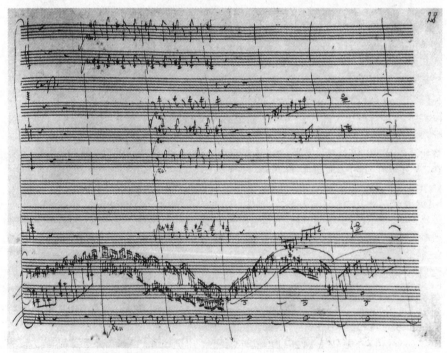

D 小调第 20 钢琴协奏曲（K.466）慢乐章中的一页，展示了莫扎特对当时钢琴全音域的探
索，以及他本人知名的左手技术。

来听到的是什么，而且要等到第一次乐队整体合奏之后才能明晰，这是一部交响曲性质的作品（尤其体现在加入小号和定音鼓的第二版中）。如之前所述，交响曲对这些格局宏大的协奏曲的音色（配器）施加了主要的影响，这些协奏曲 包 括 了 D 大 调 第 16（K.451）、D 小 调 第 20（K.466）、C 大 调 第 21（K.467）——这部作品在开始时的弱奏部分里已经展现了其交响化的特色，还有降 E 大调第 22 钢琴协奏曲（K.482），以及尤其明显的 C 大调第 25 钢琴协奏曲（K.503）——这一系列作品中最为宏大、最为困难，也最富交响性的一部，以及最后一部，D 大调第 26 钢琴协奏曲"加冕"（K.537）。此外还包括为不那么出彩的 D 大调第 5 钢琴协奏曲（K.175）创作的不同寻常且富有震撼力的回旋曲（K.382）。

148

另一个重要的影响因素是皇家乐团为当地提供的出色的管乐队，没有他们的存在，那些协奏曲听上去就会更像海顿的作品，或者像那些室内乐协奏曲：对管乐队的运用有时非常广泛，以至于到了会完全阻断"协奏曲进行"的程度，例如上面提到的 K.482 的情况。当时参加演出的管乐队的优秀程度也在其他方面展示出来，例如在一种更为室内乐的环境里：在他的降 B 大调的作品中运用了某种最富原创性的配器——例如第 15 钢琴协奏曲（K.450）和第 18 钢琴协奏曲（K.456）——声入云霄的降 B 调圆号成为莫扎特在这个调性上的一大特色［也可以在他于前维也纳时期创作的第 33 交响曲（K.319）以及在 G 小调第 40 交响曲中的一支圆号上发现这一特色］。

这些协奏曲也受到了歌剧音乐的强烈影响，包括喜歌剧与正歌剧。在钢琴与乐队灵活交错的时候人们常常能够感受到喜歌剧的色彩——就像歌手对舞台上逗趣的动作插嘴评论——而在慢乐章中则能够感受到正歌剧的影响，尤其是那些以小调写成的作品，常常让人想起正歌剧中孤独的女性英雄角色。在 A 大

149　调第 23 钢琴协奏曲（K.488）的慢乐章中就明显地展示了这种色彩，这个乐章有着精细而缜密的结构与温柔的忧郁感，是他最为含蓄的作品之一。而他的最后一部钢琴协奏曲第 27（K.595）的开头，则几乎就是一首咏叹调，在乐队的引子之后，听众几乎可以期待一位女高音登场，而不是钢琴的进入。

　　有两部协奏曲结合了所有这些元素，以及另一种鲜明的特性——一种不祥的预感和恐惧感，一种极端的戏剧感：这就是 1785 年创作的 D 小调第 20 钢琴协奏曲（K.466）和 1786 年创作的 C 小调第 24 钢琴协奏曲（K.491）。它们也许是这一整个系列里最为出色的两部，而且当然也是最富有前瞻性的作品。在 D 小调的这部协奏曲中，切分音和低声咆哮的低音线条刻画了一种不安的情绪——几乎像是某种阴暗的警告。当时的维也纳人对这些超凡脱俗的，与过去多年来的音乐完全不同的作品有什么想法吗？——确实，上一个小调音乐杰作辈出的时代是十八世纪六十年代末七十年代初，最主要的贡献者当然是海顿。他创作了升 F 小调第 45 交响曲"告别"、E 小调第 44 交响曲"悲伤"、C 小调第 52 交响曲、F 小调第 49 交响曲以及 G 小调第 39 交响曲，还有他以小调写成的钢琴奏鸣曲和弦乐四重奏（Op.9、Op.20）。其他作曲家对此也有贡献，例如 J.B. 万哈尔，他模仿海顿以小调创作了一系列交响曲，还有莫扎特他自己，创作了 G 小调第 25 交响曲（K.183）。

　　我们也许可以说明，莫扎特在十八世纪八十年代初开始在协奏曲中应用一种技术难度很高但又令人惊叹的原创性手法，最终在这部 D 小调协奏曲中将这种手法发挥出了极度的戏剧性。我们在此是指圆号中被称为"阻音"的演奏技巧。莫扎特年轻时代的狩猎号角演变得愈发小巧，其不久之后也被称作"手号"，因为演奏者可以轻松地将乐器抱在身体的右侧，并将右手放入喇叭口中，这样就能将正在吹奏的音符下降半音、全音（手伸进去更深的状态），甚至如果需要的话，可以做到一个半音加一个全音。当时的圆号（以及小号）只能演奏和声小调音阶：

↑＝不容易吹准的音符

在圆号协奏曲中，独奏家们当时开始探索一种非常大胆的技巧：在用阻音手法演奏的同时借助"超吹"，能够演奏出低音谱号中的某些特定的音。莫扎特有一位从萨尔茨堡来到维也纳，并在《后宫诱逃》中参加了宫廷乐团的圆号演奏家朋友——约瑟夫·卢格勃①。莫扎特开始为他创作圆号协奏曲的时候，他也在经营一家奶酪店（当圆号演奏者开始掉牙的时候，他的音乐家生涯就结束了）。在莫扎特的维也纳时代完成了四部这样的协奏曲：K.412、417、447 和495。很显然卢格勃掌握了阻音手法，例如在 K.447 里面的这个段落：

+ ＝闭塞音

150

但是没有人会期待一个普通乐团里的圆号演奏者能够解决这类问题，这种乐团里肯定都是些根本不会演奏阻音的"普通"演奏者。因此，当我们开始细看为普洛伊尔而作的第 14 钢琴协奏曲（K.449）时，就可以惊喜地发现在小行板乐章的第 15 小节后（以及第 112 小节后）的第一圆号有这样的段落：

---

① Joseph Leutgeb（或 Leitgeb，1732—1811 年），奥地利圆号演奏家，曾活跃于维也纳与萨尔茨堡。书中说的他的奶酪店其实是他本人信中的笔误，实际上是指他岳父开的香肠铺子。

随后在结尾处（第 24 小节后）：

但直到第 19 钢琴协奏曲（K.459）我们才发现，第一圆号运用了阻音技巧，在第一乐章的华彩段开始之前增加紧张感：

上面所提到的例子也可以被归纳为"炫技"，但在第 20 钢琴协奏曲（K.466）中，莫扎特开始运用阻音手法实现一种戏剧化的效果，首先是第 174小节后，在 F 大调上的这段"突然袭击"（从一个相邻的、"无阻"的音符更容易转到阻音）：

接下来一组对阻音的运用（与 K.459 类似）是在华彩段之前：

在末乐章最为令人不安和充满戏剧性的段落（第 183 小节之后）中，再一 151
次看到了如下音符：

而且此次第二圆号也被要求如此演奏。我觉得，我们现在必须假定，这些
作品首演时的第一圆号都是由卢格勃演奏的。但莫扎特很难期望别的地方的圆
号演奏者也能顺利演奏出这些段落。他一直没有将从第 14（K.449）到第 27
（K.595）协奏曲的这些作品出版［除了第 17（K.453）］，这也许就是原因之一。
（另一个原因是，这样这些作品就由他个人占有。）今天必须说明的是，我们无
法听到这些作品在创作时原本想要的声音了，因为阻音的效果与一个"无阻"
的音符已经完全不同。在第 20 钢琴协奏曲（K.466）的华彩段之前的悠长的长
号旋律应当听起来（字面意义上）是被噤声的、阴险的。一百五十年来，或者
说自从阀键圆号流行之后，这种声音不复存在。

在第 22 钢琴协奏曲（K.482）这部受人喜爱的降 E 大调作品中，管乐器占
有重要的地位——单簧管取代了双簧管，但在降 E 大调协奏曲中第一次运用了
小号和定音鼓，其他常见的管乐器（长笛、大管、圆号）也一应俱全——也包
括了圆号运用阻音手法演奏的出色范例，这在一开始的齐奏中就能见到：

然后是当钢琴进入时（第 99 小节后）以及再现部（第 269 小节后）
中——圆号以阻音吹出的音符在这里第三次被运用，增强了华彩段之前乐队齐

奏的紧张感（圆号在这里也富有突然性）：

在行板乐章中也有阻音（第 70 小节后），以及（第二圆号）在第 89 小节后：

152 　　在海顿的《忠贞的回报》中也能找到这种写作手法，而莫扎特可能在 1784 年 12 月听到过这部歌剧。[5]

　　末乐章包含了当时所有协奏曲中对阻音这一技法最为大胆的运用：

　　在这个乐章中间的慢速部分，莫扎特还写下了如下片段：

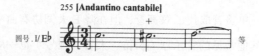

　　但是，在 C 小调第 24 钢琴协奏曲（K.491）里，只出现了一处圆号的阻音（又是在华彩段之前的齐奏部分，从第 485 小节开始），这可能是因为这里圆号和小号的配器法与 K.466 相比颇有不同：在 K.466 中，这两种乐器都在 D 调（主调）上，而在 K.491 中，小号在 C 调，而圆号在关系大调降 E 大调上，这就意味着不需借用阻音手法，莫扎特就能用圆号和小号创造出 C 小调"和弦"。还可以补充说明的是，在第 21（K.467）与第 25（K.503）这两部 C 大调"交

响性的"钢琴协奏曲中，都完全没有出现阻音。歌剧《剧院经理》中也没有，而在《费加罗的婚礼》中，它出现在第 14（*NMA* 版本，其他版本是第 13）唱段，即苏珊娜、伯爵夫人与伯爵的三重唱"苏珊娜，你给我出来"（Susanna or via sortite）里，位于第二幕，伯爵走开去拿凯鲁比诺躲藏其中的柜子的钥匙时。在这段的第 49 小节，出现了整部歌剧中的唯一一个阻音：

　　这是一个非常小的技术细节，但也说明了莫扎特对细节的细致入微的关注，这也是他所有乐谱的共同特点。在 D 小调第 20 钢琴协奏曲（K.466）中带有阴险意味的圆号阻音增强了戏剧性的张力；在降 E 大调第 22 钢琴协奏曲（K.482）中这样的手法展示了皇家管乐队成员的技艺，其中圆号也占有重要的地位；在《费加罗的婚礼》中它们提升了紧张感，尽管也许是在某种讽刺的方向上。必须记住的是，圆号在所有的角色之外，总是代表着偷情的符号。此处我们已经来到了《费加罗的婚礼》，这是一套伟大的三部曲的开山之作，这三部相互之间差异巨大的歌剧杰作，都由莫扎特与洛伦佐·达·蓬特合作完成。

第八章原注：
　　1. *The Mozart Companion*, London 1956，第 102 页。
　　2. 出处同上，第 239 页。
　　3. 动机带动音乐是指用单独的一个片段来创建一整个乐章的手法，两个典型的例子分别是海顿的第 103 交响曲（1795 年）的末乐章，以及贝多芬第 5 交响曲（1808 年）的第一乐章。
　　4. *Lebensläufe deutscher Musiker von ihnen selbst erzählt*, ed. Alfred Einstein. Band III/IV: Adalbert Gyrowetz, Leipzig, n.d.【可能是 1924 年】第 13 页。
　　5. 兰登：*Haydn: Chronicle and Works, Haydn at Esterháza, 1766—1790* 的第 539 页的一个谱例。

第九章　达·蓬特歌剧

153

诗人洛伦佐·达·蓬特和莫扎特合作构想了三部不朽的歌剧杰作。这场伟大的合作在 1785 年正式开始，但我们将其部分归功于五年前发生的一件事，那时莫扎特在慕尼黑准备他的第一部伟大的歌剧《伊多美尼欧》。在 1780 年 11 月 29 日，即《伊多美尼欧》的首次乐队排练两天前，玛利亚·特蕾莎皇后驾崩了。当莫扎特只有 6 岁时，在 1762 年 10 月，他就曾在美泉宫以其熟练的技艺迷倒了整个宫廷。然而遗憾的是，当

洛伦佐·达·蓬特，与莫扎特合作的剧作家。作者不详的水彩画（原作今已不存）。

时作为掌权者的皇后陛下虽然实现了大权在握的奇迹，但对莫扎特始终不是很上心。她的儿子斐迪南大公（当时就任意大利的伦巴第行省总督和军队统帅）曾经委约莫扎特创作一部歌剧《阿尔巴的阿斯卡尼奥》（*Ascanio in Alba*，K.111），以庆祝他与玛

利亚·比阿特丽采·德·埃斯特公主的婚礼 ①。这部歌剧在 1771 年 10 月大获成功，使得斐迪南郑重考虑要不要聘用莫扎特。作为一个听话的儿子，他写信向他母亲咨询这件事。而在 1771 年 12 月 12 日，皇后陛下的回复是：

> 你问我是否可以聘用那个年轻的萨尔茨堡人为你服务。我无法想象这件事，因为我无法相信你会需要一个作曲家或者此类无用人物。但如果确实这会为你带来欢愉，我也不想从中作梗。我想说的是，不要为无用的人费心，而且绝对不要为这类人赋予头衔，他们必然会滥用，各处跑动犹如乞丐。除了上述这些之外，那个人有个大家庭。[1]

客气地说，玛利亚·特蕾莎对音乐的认识是不到位的。这位女皇也非常保守，尤其是在舞台演出方面。她禁止海顿的歌剧《扭曲的魔鬼》②上演，因为这部歌剧带有政治嘲讽意味和性暗示情节。在她统治时期，无法想象《费加罗的婚礼》《唐·乔瓦尼》或者《女人心》的剧本能通过审查。女皇设立了一个严格的审查机构，由凡·斯威腾领衔，阻止任何不合适的书籍流入奥地利。由此造成的结果是，奥地利文学界的品位和水准远远落后于英国与法国，甚至不如当时的日耳曼诸国。女皇亲自过问审查工作，并常常与凡·斯威腾争论。有一本在巴伐利亚出版的月刊以善意的口吻嘲讽了一些人的口音和其他一些特征，她就禁止进口这本刊物，并指示说："我对任何嘲讽刻薄的言辞毫无好感……这与'要爱你的邻人'南辕北辙。为什么人们要浪费时间来写或者来读这样的

154

---

① 此处是指 Archduke Ferdinand Karl of Austria-Este（1754—1806 年）与 Princess Maria Beatrice Ricciarda d'Este（1750—1829 年）。1771 年时斐迪南是米兰公爵与总督，尚未成为伦巴第总督。他在 1780 年授封这个职位。

② *Der Krumme Teufel*，约瑟夫·海顿于 1751 年创作的第一部歌剧，以德语表演，首演两场后就被查禁，但后来改名后又得以上演。剧本保留至今，但海顿的配乐今已不存。

东西？"²

　　从 1765 年起，玛利亚·特蕾莎允许她的儿子约瑟夫与她共治，但约瑟夫作为在启蒙时代长大的一代人，期待能够实行一系列的改革，但他的母亲随着年迈而愈发保守，总是从中作梗。在哈布斯堡皇室历代君王中，约瑟夫二世是最有意思，可能也是最有问题的一位，而《费加罗的婚礼》和《女人心》这两部达·蓬特—莫扎特歌剧能够问世——以及《唐·乔瓦尼》能在维也纳上演——很大程度上都是因为约瑟夫二世。在他母亲去世，约瑟夫二世终于能够亲政之后——他在 1781 年 3 月 13 日满 40 岁——他立刻着手将奥地利皇室推动进入启蒙时代，而他最早的几项改革之一就是对审查部门加以限制，尽管不是完全废除审查制度。在十八世纪八十年代中，维也纳见证了各种政治性的传单、讽刺画、文章和图书的蓬勃爆发，这会让玛利亚·特蕾莎惊恐不已。教会的权力在政治上与经济上都被打破。为此教皇还在 1782 年亲临维也纳来与约瑟夫二世谈判，但并无建树。皇室旗下的大量修道院的规模都被大幅缩减。对局外人来说，奥地利看上去越来越像世外桃源。酷刑被废止，

155　而以往执行死刑时惯用的残暴方式，例如酷刑轮，也成为例外。当法国大革命在 1789 年爆发的时候，可以肯定地说约瑟夫二世之前进行的改革在部分意义上保障了奥地利不会陷入类似的境地，但是教会和贵族（他们的封建权力被打破）痛恨约瑟夫二世。与此同时，在农民、文人、商人、犹太人、新教徒、社会底层人士和穷人的心目中，约瑟夫二世拥有神一般的地位。当他停下他的马车，跳下车来，并亲手扶犁耕地时，他成为农民的英雄：这一招也被拿破仑记住了。

　　在这样的背景下，我们仔细审视了在 1785 年的维也纳与洛伦佐·达·蓬特这位不同凡响的人物相关的一系列事件。此人放浪形骸、装腔作势，是个改

教皇庇护六世（Pope Pius VI，1717—1799 年），他在 1782 年前来维也纳与约瑟夫二世会面。左图是 J.F. 贝尔（J.F. Beer）所作之铜版画肖像。右图描绘的是教皇在当年的复活节周日（3 月 31 日）穿过维也纳的车马行列，耶罗米尼斯·罗森科尔所作之铜版画。在画面左侧的背景中可见霍夫堡教堂，教皇曾经在那里的露台上向维也纳人民祝福。

了宗的犹太人、有教养的饱学之士、半途而废的牧师，以及御用作曲家安东尼奥·萨列里的受保护人。达·蓬特无论在个人方面还是政治方面都已经远离了他的故乡意大利，他曾经先后出没于威尼斯与特莱维索，随后他在权宜之下前往德累斯顿，在那里他获得了一封给萨列里的推荐信，并在 1782 年初递交了这封信。萨列里当时名闻四方，刚刚亲政的皇帝陛下也对他关照有加，他也将达·蓬特介绍给了约瑟夫二世，而这位意大利人被这位皇帝"极度简朴的举止与服装"[3] 深深打动。在他的《回忆录》（Memoirs，成书于多年之后，因此并非全部可信）中，达·蓬特特别提到，由于他的"毅力与坚定，在很大程度上使得欧洲乃至世界能够拥有【莫扎特】这位令人景仰的天才的如此精美的声乐作品"。达·蓬特还提到他是在魏茨腊男爵家里见到莫扎特的，那之后不久他就向莫扎特提议进行歌剧方面的合作。莫扎特的回答是："我十分乐意，但我很确定我无法获得许可。"达·蓬特回复："这让我来搞定。"

关于《费加罗的婚礼》的概念成型，达·蓬特的记录如下：

> 在某天与我的谈话中……他问我是否可以很容易地根据博马舍的喜剧《费加罗的婚礼》写一部歌剧。我很喜欢这个提议，并且承诺会写一部。但那时有一个很大的困难需要克服。几天前，皇帝禁止在德语剧院常驻的剧团上演这部剧，理由是他认为这部剧对有自尊的观众来说太过低俗：那么如何向他提议上演这样一部歌剧呢？魏茨腊男爵以贵族般的慷慨提出了一个建议，他会为了剧本付我一个好价钱，然后，如果无法在维也纳上演的话，他就会把这部歌剧搬去伦敦或者法国。但我拒绝了这个提议，并建议在私下里先把这部歌剧的台本和音乐准备起来，等到一个合适的时机，再向【剧院的】监督们或者皇帝本人展示这部作品，而到了需要与皇帝沟通的地步的话，我很自信地自愿为此负责。马蒂尼【作曲家文森特·马丁·索勒，达·蓬特的朋友，并与他合作创作了大受好评的歌剧《仁慈的伯贝罗》(*Il burbero di buon cuore*)】是唯一一个从我这里得知这个美丽的秘密的人，而且他作为一个值得尊敬的高尚的人，也由于他对莫扎特的尊重，同意我在完成《费加罗的婚礼》之前可以暂缓与他合作的工作。我按照计划开始落笔，而且莫扎特为剧本谱曲的速度几乎与我同步。在六星期内一切就已就绪。莫扎特的幸运星使得当时的歌剧团在那个时候正好无事可做。我抓住了这个机会，没有跟其他任何人打招呼，将《费加罗的婚礼》献给了皇帝。"什么？"他说，"你不知道，虽然莫扎特是器乐的奇

才，但只写过一部毫不出色的歌剧么？"【约瑟夫二世指的是《后宫诱逃》，
1782 年在维也纳首演。他显然不知道莫扎特在此之前写过的歌剧，也对
《后宫诱逃》一无所知。】

　　"是的，陛下，"我轻声答复，"但在您的恩典之下，我才能在维也纳
写出第一部歌剧！"

　　"可能确实如此，但是这部《费加罗的婚礼》——我刚刚才禁止德语
剧团上演这部戏！"

　　"是的，陛下，"我回答，"但我写的是歌剧而不是话剧，我必须删除
很多场景，其他情节也会大幅精减。皇室可能出席这场演出，所以我已经
省略或删减了任何可能会冒犯高尚品位或公共礼仪的内容。如果可以的话
我想补充，这部戏的音乐，在我能够判定的范围内，是极其美妙的。"

　　"好！如果情况是这样的话，我会信赖你的品位，包括在音乐上的判
断，以及你对于道德界线的智慧。把谱子送去抄谱者那里吧。"

　　我直奔莫扎特家，但我还没说完这个好消息的时候，皇帝的一名信使
已经来了，宣诏要求他立刻带上乐谱去皇宫觐见陛下。他服从了这个命
令，让皇帝听了好几个选段，使他十分高兴，或者如果不夸张地说，使他
震惊。

　　对于这种多年之后回顾往事的记录文本，人们的第一反应自然是半信半
疑，后来约翰·斯通（John Stone）发现了他在 1823 年出版的《回忆录》的
一个较早版本（后文简称此版本为《简版》）[4]，其中并未包括很多类似上文的
繁复对话，这使他的《回忆录》更加可疑。在 1819 年的《简版》中，达·蓬
特认定喜歌剧的"第一个笑料"是其成功（或者失败）的决定性因素——作为

背景，他提到了弗兰切斯科·贝努奇。在 1823 年版本中，"第一个笑料"的相关内容不见了。在《简版》中，造访布拉格的意大利剧院运营者多米尼克·瓜达索尼（Domenico Guardasoni）曾经告诉莫扎特他计划上演乔万尼·伯塔蒂（Giovanni Bertati）创作脚本的歌剧《唐·乔瓦尼》——达·蓬特在 1823 年的版本中将此删去了，因为他希望能够向自己的大部分读者隐瞒伯塔蒂在当时的贡献，最好是让他的读者一无所知。最终，达·蓬特在《简版》里提到萨列里——莫扎特的死对头——1785 年不在维也纳，而是在为巴黎歌剧院创作，但他搞混了时间顺序，这件（对莫扎特来说毫无疑问的）高兴事直到 1786 年才发生。丹尼尔·哈兹（Daniel Heartz）表示："这里的前后矛盾累积起来，已经足以让人怀疑达·蓬特记录中的重点，关于他如何在皇帝面前为新歌剧扭转乾坤……如果我们相信达·蓬特，那就是说皇帝变脸就跟喜歌剧里面的小丑一样快。这让大部分读者难以置信。约瑟夫二世从一开始就建议对这部剧作进行修改以使其免于低俗，他对这部戏展现出的兴趣比达·蓬特更深……"[5]

这么来看，达·蓬特记述的《费加罗的婚礼》之诞生是不是纯属编造呢？也许不是。在《回忆录》中，达·蓬特确实记录了他邀请约瑟夫二世前来旁听彩排。虽然这是极度不寻常的举动——一般来说皇帝不会旁听话剧或者歌剧的彩排——但这是真的。钦岑多夫伯爵记录了当天——1786 年 4 月29 日——"我去奥园找皇帝【他常常在那里】，但他去城里看那部歌剧的排练了……"[6]

现在我们来仔细看看达·蓬特的《回忆录》，并用其他同时代资料中的证据为他的故事添加更多的真材实料。很长一段时间以来，人们都倾向于怀疑达·蓬特声称的整部《费加罗的婚礼》在六周内完成了剧本创作和谱曲。莫扎特的手稿——开头两幕保存在柏林，后面两幕出现在于克拉科夫发现的前格鲁

索西里西亚修道院 ① 的珍贵馆藏里——说明了这部作品的乐谱一开始是以某种形式的缩谱写成的，包含了演奏主要动机的乐器，以及各个部分的声乐。路德维希·菲舍尔（Ludwig Finscher）作为新版《新莫扎特全集》中收录的《费加罗的婚礼》的编辑[7]，认为六个星期的时间是完全可能的，而且从多处都能找到证据，说明这部作品是在1785年10月至11月间完成的。从当时的缩谱中就可以抄写出给各个声乐演唱者的分谱，而莫扎特可以在声乐排练的时候再完成配器。

我们接下来看到的信息也能够证明这部歌剧创作时的惊人速度。在爱德华·霍尔姆斯（Edward Holmes）撰写的莫扎特传记里，我们能够读到这位作曲家花了两个晚上加一个白天就写完了第二幕的终曲，其中的第二个晚上他感觉身体非常不好，以至于他必须搁笔，留下了好几页乐谱等待配器（这是对莫扎特作曲方式的又一个证明）[8]。莫扎特的英国学生托马斯·阿特伍德的一本未曾出版过的回忆录（1981年5月在伦敦的苏富比拍卖行售出）中也有关于莫扎特本人身体状况饱经压力的记录。阿特伍德从1785年6月开始跟随莫扎特学习，他写道："在我跟随莫扎特的时候，他一直保持着愉悦的心情，但他的身体不是那么结实。因为他作曲需要长时间伏案工作，他被迫为自己准备了一张很高的桌子，让他能够站着谱曲……"

莫扎特选择了博马舍的《塞维利亚理发师》的续篇也有若干个原因，其中最为明显的应该是因为当时《塞维利亚理发师》已经由乔万尼·帕伊谢洛写成歌剧，并闻名四方。帕伊谢洛的这部歌剧在圣彼得堡女沙皇叶卡捷琳娜大帝的

---

① Kloster Grüssau，一座位于波兰下西里西亚克热舒夫［Krzeszów，德文名格鲁索（Grüssau）］的历史悠久的修道院，始建于1242年，当时隶属于本笃会。西里西亚地区自1740年起被纳入普鲁士版图，后来也成为德意志帝国的一部分。1942年起，为了避免在空袭中受损，柏林国家图书馆将大部分珍贵馆藏转移到格鲁索修道院保存，它们在战后被管理该地区的波兰政府转运至克拉科夫的雅盖隆图书馆收藏。而这批藏品是否应当归还德国，至今仍是德国与波兰之间未能解决的问题。

宫廷中首演，此后，单单在 1782 年，这部歌剧就已经走遍欧洲各地，并在 1783 年登上了维也纳的舞台。这部歌剧的成功促成了皇帝陛下请帕伊谢洛再创作了一部新的歌剧，名为《威尼斯的泰奥多罗亲王》，在 1784 年首演，又获得了巨大的成功。因此在莫扎特和达·蓬特的脑海中已经有了帕伊谢洛的《塞维利亚理发师》的地位，维也纳的歌剧观众们对此也了如指掌。帕伊谢洛的这部歌剧于 1783 年 8 月 13 日在维也纳首演时轰动全城，连演 60 场，成为整个十八世纪维也纳剧院中最受欢迎的一部歌剧。

因此可以确定，城堡剧院里的观众们会将莫扎特的《费加罗的婚礼》视为帕伊谢洛的《塞维利亚理发师》的续作（就像博马舍原作的顺序那样）。当莫扎特开始为《费加罗的婚礼》谱曲时，他不厌其烦地强调在《塞维利亚理发师》中出现的人物的前后一致性。例如在帕伊谢洛的杰作中——确实如此，尽管如今它已基本被遗忘（虽然不是完全湮没无闻）——罗西娜，尚未嫁给（伪装成伯爵的）林多洛，她在第一幕结束时首次登场，演唱了这部歌剧中最为美妙的旋律之一——咏叹调"天堂啊，你知道的"（Gusto ciel, che conoscete）。它的节奏舒缓（广板），是一首爱之歌（她在此抒发她对林多洛隐藏已久的情意），以降 E 大调写成，包含了重要的单簧管段落。在《费加罗的婚礼》中，伯爵夫人已经成婚，日子过得并不幸福，当她首次出现并倾吐内心时也是在降 E 大调

158

费加罗，博马舍创造的台上英雄。1785 年巴黎出版的剧本中的水彩插图。

159

博马舍以及他这部引发高度争议的剧作的封面（1785年）。这部戏1784年在巴黎由法兰西喜剧院上演，一炮而红。左图描绘的是阿尔玛维瓦伯爵发现凯鲁比诺时的情景，摘自1785年在凯尔出版的德语正式译本。

158 上，在舞台上独自一人，单簧管也在伴奏的音乐中占有重要地位。对维也纳观众来说，这样的前后关系是一目了然的，丹尼尔·哈兹已经指明，莫扎特"选择了同样的调性、节拍、速度以及和声。这种相似性并不止于此。他在降 B 调上运用了'渐强渐弱唱法'（messa di voce）……他在这里的配器令人惊异地简洁，只有两支单簧管与两支大管相互呼应。他们低声的叹息包含了许多相同的阴郁的半音。这里对调式音级（例如第 22 小节里的 II 与 VI）的强调是不是听起来很熟悉？下属音与主音之间的六—四关系中流连的甜蜜感是不是也是这样？也许，第 11—13 小节中以切分节奏起伏的旋律最能证明他对帕伊谢洛的咏叹调的迷恋"。[9]实际上，《费加罗的婚礼》在每一分钟的细节上都计划作为《塞维利亚理发师》的真诚续作。

博马舍笔下的这部续作，《费加罗的婚礼》，引发了历史上与戏剧相关的最大的丑闻之一。当作者在 1781 年向法兰西喜剧院提交了这部作品后，路易十六本人通读了这部剧本并认定："这部作品一塌糊涂，绝对不能上演！"但是在层出不穷的计谋与反制和各种各样的压力下，皇室终于允许它在热讷维利耶城堡闭门上演。然后，在 1784 年 4 月 27 日，法兰西喜剧院终于在巴黎上演了《费加罗的婚礼》，成为当时最成功的作品，此后反复演出了 68 次。

这部戏剧中的政治内容一直是人们热烈讨论的对象。这是不是法国大革命的先声？这些被认为风险很大的政治内容在多大程度上影响了莫扎特和达·蓬特，使他们选择这部作品来改编为歌剧？在 1785 年已经出现了这部戏剧的几个德语译本，包括一部由博马舍本人认可的版本，在与斯特拉斯堡隔着莱茵河的凯尔（Kehl，法国）出版。莫扎特拥有其中一个译本，在他死后用于估价的遗产清单中被编为第 41 号。

无论我们如何看待这部作品在政治上与道德上的内容，很清楚的是约瑟夫二世认为上演这部戏风险很大，但就像我们看到的那样，阅读剧本却没什么风险：谁都可以找剧本来读。我们不知道在这部戏的歌剧剧本的整体规划中，多少是出自莫扎特的想法，又有多少来自达·蓬特，但我们可以假设这是一次真正的合作。在与博马舍原作相比对时能够发现的诸多改动里，我们也许可以选出两处：话剧第五幕包括了一段费加罗的漫长独白——非常政治化、极具煽动性——占了好几页的篇幅[10]，在歌剧里则变成了第四幕中费加罗著名的关于女性的警告："睁开你们的双眼"（Aprite un po' quegl' occi, uomini incauti e sciocchi）。这样的替换能够从两个方面让皇帝满意：第一，它将法语原版中的政治嘲讽内容全部抹去；第二，它用丰富的细节描绘了男人是如何被女人引诱的，并以著名的台词"我不再多说了，人人对此都了如指掌"（il resto nol dico, già ognuno lo sa）作为结尾。随后奏响的是独奏的圆号，该乐器意大利文的名字（corni）在字面上也可以指头上长角，在西方语言里这是妻子不贞的丈夫的传统标志。这与约瑟夫二世对女性的矛盾态度是一致的，而我们也可以想象，当莫扎特在他面前为他演奏这部歌剧的音乐时，他在听到这段圆号独奏时发出嗤嗤笑声。

160

　　事实上，达·蓬特的剧本和莫扎特的音乐联手而实现的诸多辉煌之处中的重要一点就是，对《费加罗的婚礼》中的所有女性角色所表现出的极大的理解：在伯爵夫人这个角色上，他们的取向与博马舍有着很大的不同。第二幕中她在孤独中的登场，是达·蓬特与莫扎特精心安排的结果。在原作中，伯爵夫人是在第一幕后半部分与众多其他角色一起登场的，而在歌剧中她的登场则是在第二幕开始。莫扎特在调性上为这一刻做了铺垫，并且用了一种极其简洁但有效的方式：伯爵夫人单独开始了她的那首慢节奏的咏叹调，并且其调性与序曲完全不同。这部歌剧以 D 大调开始，但第一幕以费加罗著名的军队主题场景

结束，因此顺理成章地转到了雄壮的 C 大调上，然而伯爵夫人的咏叹调却是降
E 大调，与歌剧开始时相差甚远。

　　莫扎特在创作《费加罗的婚礼》期间与他父亲的通信如今大部分已经不
存，但有部分内容被他父亲引用在写给他姐姐的信里。比方说在 1785 年 11 月
11 日，利奥波德写道：

奥西尼－罗森伯格伯爵，宫廷歌
剧团总监。根据 J. 亚当所作画
像而作的铜版画，1783 年。

　　我终于收到了你弟弟的信，就只有十二行
字。他给自己找的理由是他正忙着写完那部歌
剧——《费加罗的婚礼》……我知道这部戏，它
不太容易，而将法语剧本翻译成歌剧脚本一定得
有自由发挥，这样这部歌剧才有可能成功。上帝
保佑的话，能有比较好的结果，而且我对音乐的
品质也毫不怀疑。但这会让他反复修改与讨论，
直到剧本有足够的条理让他能够以此作曲——而
且他也会对剧本不满意，花很多时间慢慢修改，
就像他一直以来的那样，而现在他必须老实工
作，因为罗森伯格伯爵在催着他。[11]

　　利奥波德以为莫扎特对剧本会不满意。事实
上《费加罗的婚礼》的乐谱不仅有着精心的计划，而且完全没有条理凌乱的迹
象——与猜测的情况完全相反。

　　在《费加罗的婚礼》排练时，莫扎特必须克服一系列的诡计与困难。当时
在歌剧里安排了一小段芭蕾（至今犹存），但当时原则上是禁止芭蕾的。宫廷

剧团的总监奥西尼 – 罗森伯格伯爵为此召见达·蓬特，而达·蓬特就记录下了
如下对话：[12]

"那么，编剧先生为《费加罗的婚礼》安排了一段芭蕾？"

"是的，阁下。"

"编剧先生不知道皇帝已经禁止在他的剧院里表演舞蹈吗？"[13]

"不，阁下。"

"这样的话，编剧先生，我现在告诉你了。"

161

"是的，阁下。"

"而我还会进一步告诉你，编剧先生，你必须拿掉这一段！"

他每次说到"编剧先生"时都有某种独特的音调，以至于为这个头衔
赋予了"笨蛋先生"或者类似的意思。但我的"是的，阁下"与"不，阁
下"也有它们的弦外之音。

"不，阁下。"

"你带着剧本么？"

"是的，阁下。"

"有舞蹈的是哪一段？"

"在这里，阁下。"

"我们就这么处理【它】。"

他一边这么说，一边从我的手稿里拿出那两页，仔细地把它们放在火
上，然后把剧本还给我。"你看，编剧先生，我什么都能做到。"他又用这
种语气为我赋予了第二重价值。

我赶紧跑去莫扎特那里。听到这样的遭遇，他近乎绝望——他建议

著名女高音歌唱家约瑟法·杜什切克，莫扎特一家的好友，他们去布拉格时也在杜什切克家投宿。奥古斯特·克拉尔（August Clar）根据 J.F. 哈克（J.F. Haake）绘制的肖像而作的铜版画，1796 年。

歌唱家米歇尔·凯利（Michael Kelly），他的《回忆录》为 1786 年《费加罗的婚礼》的首演提供了无比珍贵的信息。作者已不可考的水彩肖像（原作今已不存）。

我们去伯爵那里，或者去把【检察官】布桑尼【此人引发了这场危机】打一顿，或者去向皇帝求情，或者撤回这部作品。我现在的任务是要让他冷静下来。在花了不少时间后，我求他给我两天时间，让我来摆平一切。当天要举行这部歌剧的彩排。我以个人身份去邀请皇帝，而他答应会准时出席。他确实来了，带着维也纳贵族阶层的一半成员登场……第一幕在全场的掌声中结束，但是在【第三幕】结束的时候有一段伯爵与苏珊娜的近乎哑剧的表演，在这里只有乐队伴奏，芭蕾也会在这里出现。但鉴于"阁下"已经修改了这一幕，人们能看到的就只有伯爵和苏珊娜在那里指手划脚，没有音乐伴奏，看上去简直像是木偶剧。"这都是什么？"皇帝大声问道……因此皇帝陛下叫来了我……然后【在皇帝的介入下】那些被删除的场景按照原貌试演了一遍，皇帝大声说道："噢，现在这都没问题了。"

也许这段插曲导致了这部歌剧的首演从 4 月 28 日推迟到 5 月 1 日。利奥波德在给她女儿的信中，提到了那些针对这部歌剧的阴谋以及其始作俑者。他从莫扎特的朋友那里获得了消息：从布拉格来的女高音约瑟法·杜什切克（Josepha Duschek）和她丈夫刚刚抵达萨尔茨堡来演出。在 4 月 28 日，利奥波德写道：

> 你弟弟的歌剧《费加罗的婚礼》，今天会首次演出。如果它大获成功，那真的很了不起，因为我知道有着很多针对他的阴谋诡计。萨列里和他的追随者们又设下天罗地网想要打败他。杜什切克先生和夫人已经告诉我，你弟弟面对着那么多的恶意阴谋，因为他的超凡才华与机智已经为他赢得了出色的声誉……[14]

在米歇尔·凯利的《回忆录》中，我们可以找到一位参加过这部歌剧首演的歌手（饰演唐·巴西里奥和唐·库尔齐奥）写下的第一手资料。虽然成书于很久之后的 1826 年，凯利的回忆还是能够为这部歌剧的首演提供很多令人愉悦的细节。他写道：

> 在当时这部歌剧的所有演员中，只有一个人存活至今——我自己。这部

《费加罗的婚礼》首演时各位演员的剪影肖像。从左至右分别是：保罗·斯蒂凡诺·曼迪尼——阿尔玛维瓦伯爵；路易莎·拉斯齐–蒙贝利——伯爵夫人；多罗提亚·布桑尼（Dorotea Bussani）——凯鲁比诺；米歇尔·凯利——唐·巴西里奥和唐·库尔齐奥；弗兰切斯科·布桑尼——巴托洛和安东尼奥；玛利亚·曼迪尼（Maria Mandini）——马切琳娜。

安娜（南希）·斯托拉切，首演时的苏珊娜，她在1787年返回英国。由皮耶特罗·伯特利尼（Pietro Bertelini）1788年绘制之铜版画。

162

弗兰切斯科·贝努奇，首演时的费加罗。由弗雷德里希·约翰（Friedrich John）所作之铜版画。

歌剧从未有过比当时更为出色的演员阵容。这么多年来我在很多其他国家都看过这部戏，也有很出色的表演，但与首演时相比，就好像光与暗之间的差距那么鲜明。首演时所有的演员都享有一大优势，那就是作曲家本人的指导，他向他们的头脑里灌输了他本人富于启发性的意图……在第一次全体排练时，莫扎特穿着他的那件深红色的长外套，带着金色蕾丝装饰高高翘起的帽子，在舞台上为乐团指示音乐的节奏。贝努奇演唱的费加罗咏叹调"不要再去做情郎"（Non più andrai）有着雄浑的力度和强烈的动感。我当时站得离莫扎特不远，能够听到他一直在低声反复：太棒了！太棒了！贝努奇。而贝努奇用宏大有力的歌声唱出高潮段落："凯鲁比诺你很勇敢，你的前途真远大！"对当时台上的所有演员来说，那效果就宛如电流通过全身，那些乐团成员都为这喜悦的热情而激动大喊："太棒了！太棒了！大师……"[15]

　　达·蓬特在首演时印制的场刊里写了一段前言，他在其中尝试解释这部歌剧的复杂之处以及它为何如此漫长。他特别提到"各部分音乐的宽广、宏大与复杂性"和"我们有着一种强烈的渴望，向公众提供一种几乎是崭新的大型演出"。很明显，当时人们认为这部歌剧做了如此的创新，以至于需要专门解释，而且这些创新中的一个方面自然是那些演员不仅要优美地歌唱，也需要表演，更需要精彩地表演[16]。我们之前听到了费加罗"宏大有力"的歌声，来自弗兰切斯科·贝努奇。苏珊娜由南希·斯托拉切饰演（这个家族的姓氏按照意大利语的方式发音），也征服了维也纳观众的心。钦岑多夫伯爵作为女性鉴赏者的眼光胜过他作为歌剧评论者的水平，他颇为详细地描写了这位苏珊娜造型的某些细节[17]。饰演伯爵夫人的路易莎·拉斯齐是一位著名的意大利女高音，出于某种原因，她在意大利比在奥地利更受欢迎。饰演伯爵的斯蒂凡诺·曼迪尼也获得了凯利以及其他人的赞扬，与贝努奇一样，曼迪尼也是一个不错的演员。

这部歌剧首演时由莫扎特在钢琴前指挥演出[18]，当时的观众反响比较两极化，可能是因为这部作品与歌手的排练尚不充分，也因为观众中不少人还没能适应其创新。但我们可以在利奥波德从他儿子信中引用的部分看到，在第二场演出里有五首曲子被加演了，第三场则有七首加演，苏珊娜和凯鲁比诺的短小的二重唱"开门，快开门"（Aprite presto）在观众的要求下加演了两遍。第三场演出次日，约瑟夫二世命令奥西尼-罗森伯格伯爵限制加演，为此在5月12日颁布了一项公告，规定超过一个演唱者的歌曲不得被加演。

当时的评论家反响如何呢？曾经发现了很多关于达·蓬特—莫扎特歌剧及其演员的重要文献的克里斯托弗·雷布恩（Christopher Raeburn），找到了一篇刊登在1786年7月11日的《维也纳皇家日报》（*Wiener Realzeitung*）上的重要评论。它以《塞维利亚理发师》中的一句稍有删改的引文开始，这是费加罗的一句话："如今那些无法说出的话，会用歌声唱响。"[19]当时在奥地利，这部话剧（德语版的《费加罗的婚礼》）仍然被禁止上演，但是以此改编的歌剧却没有遭到如此对待，这句引文即暗指这个事实。作者接着写道：

163

　　在首演时，莫扎特先生的音乐就获得了公众普遍的赞赏，除了那些由于过高的自恋和自尊情结而只能在自己的作品里看到优点的人。但与此同时，广大观众们——观众们也常常处于这种情况中——其实也不知道在第一天应该想什么。而且说实在的，因为这部作品难度非常高，它的第一场演出并不是最佳状态。但现在复演了好几场之后，那些不认可莫扎特先生笔下的音乐是大师的艺术杰作的人，只能与那些心怀叵测或者毫无品位的人为伍了，他的音乐包含了如此之多的美丽动人之处，蕴含着如此丰富的

《费加罗的婚礼》手稿总谱的第 12 页，可见被删去的标有"稍快的行板"的段落以及双簧管的独奏。

思考，只有天才才有如此手笔。有些报纸的作者一厢情愿地描述莫扎特的歌剧并不成功，可以想象是什么样的人才会编出这样的谎言。[20]

学者们一直以追寻《费加罗的婚礼》音乐中的某些特定场景或想法的原型来自娱。例如第二幕中苏珊娜从柜子中现身的场景源自格雷特利的《嫉妒的恋人》(*L'amant jaloux*)，1780 年时曾在维也纳的歌剧院上演；第四幕中费加罗描述丈夫们时出现的圆号源自帕伊谢洛 1784 年为维也纳创作的《威尼斯的泰奥多罗亲王》中的类似段落；第二幕宏大的终曲——足足有 940 小节——源自海顿的《忠贞的回报》的第一幕以及更为宏大的第二幕终曲，莫扎特可能在 1784 年圣诞节前就听过这部作品；还有在芭蕾段落中的西班牙凡丹戈舞曲源自格鲁克的芭蕾舞剧《唐璜》(*Don Juan*，1761 年)。

但实际上所有这些相近之处都不是重点：这部歌剧确实有着与同时代其他歌剧相似的方面，但这与这部歌剧的不朽之处关系不大。即使严格按照 1786 年的标准来评判这部歌剧，它也具有丰富而耀眼的创新。其中一点是剧情中的时间以及如何运用时间。整部歌剧的剧情发生在一天中，正如原作和歌剧的副标题所说："疯狂的一天"——第一幕在上午早饭时，第二幕在正午，第三幕在下午，炽烈的西班牙阳光洒在城堡上，而第四幕是在晚上——如果我们接受卢奇诺·维斯孔蒂的遐想的话，太阳升起代表着伯爵夫人原谅了她的丈夫，大家一起高唱："这一天的煎熬、妄想与疯狂，只有通过爱，才能在约定和幸福中结束。"这是一部年轻人的歌剧：莫扎特写下这部歌剧时二十九岁，阿尔玛维瓦伯爵和他夫人都还年轻，更不用说费加罗和苏珊娜，凯鲁比诺还只是个男孩，巴巴里娜是个十二三岁的女孩。在当时这也是年轻人的音乐，第一幕音乐中的一大亮点就在于其节奏。还有一处可以展示莫扎特保持这种快速节奏连续

164

性的另一种方式。一开始，这部歌剧的序曲与我们所熟知的形式并不一样。莫
扎特原来在第二主题之后有一小段 6/8 拍的慢乐段，是带有双簧管独奏的西西
里舞曲。在这部作品创作的后期，可能甚至是在首演之后，莫扎特才决定删去
这段慢乐段。作为戏剧上的迫切需要的结果，这首序曲的最终状态引入了一个
引人注目的创新：它可能是第一首以奏鸣曲式写成但没有发展部的序曲（例如
我们熟知的他后来创作的《女人心》与《魔笛》的序曲中，再现部之前都有相
当长的一段发展部的铺垫）。另一个创新是这首序曲开头的不均衡性，这也许
是"疯狂的一天"的象征。运用这种效果使其主题只有 7 个小节的长度，而不
是通常的 8 个小节。一个平庸的作曲家可能会把它写成这样：

《费加罗的婚礼》中最为深刻的革新之一在于配器，尤其是对木管乐器的
运用——自然是变得更加丰富，因为比传统意大利歌剧使用的管乐编制更为庞
大。但其革新并不仅仅是增加乐器数量，更在于莫扎特配器的复杂作风。意大
利歌剧序曲的特征之一就是大量使用持续低音（直译为"踏板点"，是直接来
自管风琴的音乐术语，指在和声变化的时候低音音符保持不变）。莫扎特认为
这是一种非常令人满意的风格特征，在他的乐谱里也包含了许多持续低音，但
在他笔下这种手法往往标志着热烈的灵感迸发。前进的动态由一种非常古老的
传统手法来推进，即低音提琴和大提琴根据基本节奏的不同，演奏重复的八分
音符或十六分音符。这种将持续低音与渐强联合运用的手法是曼海姆学派的标
准操作。如果我们细看《费加罗的婚礼》序曲，我们可以看到，在总共 294 个
小节里，119 个——很大的一部分——运用了持续低音的形式。现在我们再看

165

看帕伊谢洛的《塞维利亚理发师》的序曲，它比《费加罗的婚礼》早三年在维也纳上演。在这部序曲中也运用了持续低音和曼海姆风格的渐强，但乐团整体编制小很多，对管乐器的使用也更加保守。与帕伊谢洛的小乐团相比——没有小号与定音鼓——莫扎特的配器更加丰富，听感更富有刺激性，这在《费加罗的婚礼》序曲中十分明显。

最后关于调还要写几句。与莫扎特后来创作的其他歌剧类似，《费加罗的婚礼》基本上也是围绕着一个核心调而转，在这里是 D 大调，也就是说，开始时的序曲和歌剧的结束都是在 D 大调上，而在剧中 D 大调也经常用在关键的段落中，例如巴托洛在第一幕的咏叹调"复仇"（La vendetta），或者伯爵在第三幕中精彩而阴郁的咏叹调"当我哀叹时岂能看到"（Vedrò, mentr'io sospiro, felice con servo mio）。但在 D 大调的两端之间，我们能够发现莫扎特对其他调的运用具有非凡的微妙感与对称性。第二幕作为这部歌剧第一段剧情告一段落之处，是在相隔甚远的降 E 大调上，而第三幕在 A 小调上开始，结束时则回到第一幕结束时的 C 大调。第四幕的花园场景开始于 F 小调，而整部作品结束于 D 大调。甚至在每一幕中间，莫扎特都为终曲设置了有如镜像的辉煌模式。第二幕是这样安排的：降 E 大调——降 B 大调——G 大调——C 大调——F 大调——降 B 大调——降 E 大调。在第四幕又出现了类似的模式：D 大调——G 大调——降 E 大调——降 B 大调——G 大调——D 大调。这在某种方式上可以说达到了形式上的圆满，并且可以说是它所代表的崇尚理性的世纪的象征。

166

此外，莫扎特还以一连串细分的调性变化来描绘动作，而这些变化自身也有着宛如镜像的完美效果。我们可以用最后一个范例来描绘莫扎特进行这种精细而均衡的设计的能力。莫扎特很看重所谓的曼海姆渐强，他在很多器乐作品里都运用了这一元素。在《费加罗的婚礼》中的第一个例子就发生在序曲结束

处（这也是这部歌剧最后完成的部分）。在第四幕结束时，一切——至少是一时——风平浪静后，一段类似的渐强出现了，也是在 D 大调，也是快速的 4/4 拍，甚至小提琴也是在同样的四度音程上——一切都在形式中呈现出完美的对称性，由定音鼓和小号奏出的莫扎特的标志性音型 ♩ ♩. ♪| ♩ ♩ 也是如此，这部作品序曲的结尾和整部作品的最后都在这一音型中结束。[21]

涅梅切克在他撰写的传记中提到了莫扎特由于《费加罗的婚礼》而遭遇到的丑闻与困难——但这也提供了一个顺利的条件：将这部歌剧从维也纳搬去了布拉格，而在那里它得到了更好的待遇。

【《费加罗的婚礼》】在维也纳是由那里的意大利歌剧团上演的。如果像人们断言的那样——而且很难不去相信那些可信的目击者——那些情况属实，那些心怀不满的歌手们，出于憎恨、妒忌和恶意，在首演中不断地犯下各种错误，想要毁掉这部歌剧，那么读者们可能能够了解到意大利歌剧界的歌手和作曲家这个小圈子对莫扎特的天才优越性有多么大的恐惧……他们对他诽谤中伤，并竭尽全力贬低他的艺术……【而在布拉格】公众【对《费加罗的婚礼》】报以了空前的热情，他们对这部戏永不厌倦。我们最出色的音乐家之一——库查兹（Kucharz）先生把它缩编成了钢琴版；还有为管乐队、五重奏和日耳曼舞曲而改变的版本……此外，我们歌剧院的无与伦比的乐队也深知如何精准而用心地展示莫扎特的理念——著名的乐队总监，即已

约瑟夫·威戈（Joseph Weigl，1766—1846 年），约瑟夫·海顿的教子，他指挥了《费加罗的婚礼》1786 年在维也纳的演出（从第二场演出之后），以及 1789 年的复排。作者不详的剪影肖像。

经去世的斯特罗巴赫（Strobach）曾经说过，他和他的同事们在每一场演出时都非常兴奋，因为他们十分乐意将这部作品从头再演奏一遍，尽管这部作品的难度很高。[22]

在维也纳，一整个音乐季里都在上演《费加罗的婚礼》，直到在 12 月 18 日的最后一场演出。从 11 月 17 日开始上演了马蒂尼（或者可能是马丁·索勒）的新歌剧《稀罕事》，也是由达·蓬特创作剧本。按照这位剧作者的自述，这部抒情性的作品的首演，迎来了"热情的欢呼声"。在接下来的两年里，《费加罗的婚礼》没有在维也纳上演，而是在布拉格，当几近破产的邦迪尼歌剧团在 1786 年上演这部歌剧时，获得了巨大的成功，使得：1. 剧团成员们没有像之前计划的那样解散，而是自我重组了；2. 他们决定邀请莫扎特本人前来布拉格，来听他们的演出。在 1787 年新年后，康斯坦策和莫扎特前往波希米亚首都，在那里获得了热烈的欢迎。作曲家获得了凯旋般的待遇，《费加罗的婚礼》也是同样。莫扎特在 1 月 17 日听了他们上演的这部歌剧，并在五天后亲自指挥他们再度演出。这期间，在 19 日他举行了一场音乐会，首演了他的"布拉格"交响曲，而听众也为他根据"不要再去做情郎"所作的的即兴改编曲而喝彩。在布拉格的演出水准似乎比维也纳更上一层楼，尤其是乐队的部分。当时一家波希米亚报纸写道："在维也纳也曾看过这部歌剧的内行人会认定这里【布拉格】的演出更胜一筹；而这很可能是因为管乐，波希米亚盛产最优秀的管乐大师，而这对整部作品意义重大；圆号与小号之间的对应尤其令人愉悦……"[23] 而对铜管家族中这两位成员的精细的区别处理，确实也是莫扎特的特色。很自然地，帕斯卡勒·邦迪尼（Pasquale Bondini）想利用莫扎特在布拉格的知名度再赚一笔，他付给莫扎特 100 达克特，来让他为 1787 年演出季

167

文森特·马丁·索勒（又名马蒂尼），当时流行的歌剧《稀罕事》和《戴安娜之树》的作曲者，达·蓬特同时创作了《戴安娜之树》《唐·乔瓦尼》和萨列里的《塔拉雷》的剧本。雅各布·亚当根据约瑟夫·克鲁辛格（Joseph Kreutzinger）原作而作的铜版画肖像，1787 年。

卡尔·迪特尔斯·冯·迪特尔斯多夫，约瑟夫二世皇帝对他的作品颇为青睐。作者不详的粉笔画，1764 年。

写一部新的歌剧，那时《费加罗的婚礼》已经不在维也纳上演，《稀罕事》正是城中热话，而德语歌剧以及音乐会的曲目则被皇帝十分青睐的作曲家卡尔·迪特尔斯·冯·迪特尔斯多夫主宰。在迪特尔斯创作了大受欢迎的德语歌唱剧、一部清唱剧、一部意大利语歌剧，以及根据奥维德（Ovid）的《变形记》（Metamorphoses）而作的十二部新交响曲的时候，莫扎特对此也有所关注。1787 年 10 月初，他带着达·蓬特的一部新剧本——《唐·乔瓦尼》——回到了布拉格。达·蓬特解释说他同时创作了三部歌剧的剧本：马蒂尼（马丁·索勒）的《戴安娜之树》（L'arbore di Diana）、萨列里的《塔拉雷》（Tarare）和莫扎特的《唐·乔瓦尼》。他具体的回忆是：

三个项目确定了，我去见皇帝，跟他陈述了我的想法，并说明我打算同时写这三部歌剧。

"你不会成功的。"他的答复是这样。

"也许不行，"我说，"但我要试试。我会在晚上写莫扎特的戏，想象我在读但丁的《地狱》；我在上午会写马蒂尼的戏，假装我在学习彼特拉克；我的下午会留给萨列里，他就是我的塔索！……"我回到家，开始工作。在桌边坐下，一口气连续十二个小时没有起身——我的右边是一瓶托考伊葡萄酒，左边是一盒塞尔维亚【烟草】，中间是一个墨水瓶。一个漂亮的十六岁女孩——我应该更喜欢只把她当作女儿那样去关爱，但是……！——跟她母亲一起住在这屋里，她母亲照料这一家，并在我一摇铃的时候就到我房间里来。说实话，那个铃铛经常响起……"[24]

达·蓬特没有提起的是，他和莫扎特已经接触过一部以唐·璜这个经典题材为基础的一部名为《石客》①的新歌剧了，由乔万尼·伯塔蒂编剧，朱塞佩·加扎尼加（Giuseppe Gazzaniga）作曲，这位作曲家从 1762 年起就在作曲上有所成就。加扎尼加的这部作品在 1787 年 1 月于威尼斯首演，很快就传遍了意大利，但直到如今才因为它与莫扎特的大作之间的微妙联系而知名。莫扎特与达·蓬特简短地使用了这部歌剧中的某些音乐与文字上的细节，但就像《费加罗的婚礼》一样，在《唐·乔瓦尼》中有许多惊人的新特色，以至于任何对他人作品的联想不仅是非必要的，而且对于我们对这部复杂歌剧的理解而言，也令人不快地无关紧要。

当莫扎特抵达布拉格准备开始排练时，他立刻发现十四天完全不够，歌剧无法在 10 月 14 日上演。之前这个日期可能是在匆忙之中决定的，为了庆贺约瑟夫二世的侄女玛利亚·特蕾莎女大公在前往德累斯顿的出嫁路上驾临布拉格。德累斯顿是她的丈夫、萨克森亲王安东的住地②。为此紧急准备了一份《唐·乔瓦尼》的剧本，并为维也纳的审查机构印制了一版——仍有一份保留至今[25]——但在其中达·蓬特谨慎地略去了第一幕的结束部分，其中包括了勾

168

---

① *Don Giovanni, o sia Il convitato di pietra*（《唐·乔瓦尼》，或称《石客》）这部独幕喜歌剧于 1787 年 2 月 5 日首演于威尼斯，同一天还有另外一部由弗兰切斯科·加尔蒂作曲的同样名为《唐·乔瓦尼》的歌剧在同城另一座剧院首演。

② 此处是指 Maria Theresia von Österreich（1767—1827 年）和她的丈夫 Anton Clemens von Sachsen（1755—1836 年），第二任萨克森国王。

引泽林娜的场景与安娜对唐·乔瓦尼破坏她名誉的描述。剧本突出强调了这场演出是为了庆祝皇室夫妇的驾临，但实际上《唐·乔瓦尼》尚未准备好上演。在阿尔弗雷德·爱因斯坦（Alfred Einstein）去世前写的一篇饶有兴味的文章 26 里提出过，是莫扎特刻意让《唐·乔瓦尼》没能上演的，因为它不适合让一位皇室新娘来欣赏，但作为替代，上演的是《费加罗的婚礼》，而至少有一位日记作家（钦岑多夫）觉得这个剧目的选择品位很差（10 月 1 日为这对年轻夫妇在维也纳上演的是《戴安娜之树》，而钦岑多夫在 10 月 19 日的日记中记道：这部歌剧刻意嘲讽贞洁观念，因此也是一个非常不合适的选择）。

玛利亚·特蕾莎女大公，约瑟夫二世的侄女。《唐·乔瓦尼》原本是为了庆祝她与萨克森亲王安东·克莱门斯成婚而在布拉格上演，但在当天（1787 年 10 月 14 日）这部歌剧尚未准备好，由《费加罗的婚礼》替代。由弗兰茨·德威尔（Franz Deiwel）绘制的剪影肖像。

这可能是莫扎特一生中仅有的展现外交式的机巧的时刻。10 月 9 日达·蓬特也来协助排练，作为一个老练的密谋者，他可能也努力抚平了很多障碍，但这部歌剧还是问题不断。在原定首演日之后一天，莫扎特写信给一个朋友："你可能认为我的歌剧现在已经上演了——但你稍稍犯了点错。首先，这里的剧团没有维也纳的那么聪明，没法在那么短的时间里把这样一部歌剧排出来。其次，抵达后我发现他们的准备和组织都很不到位，所以在 14 日演出是非常不可能的……" 27

首演最终在 10 月 29 日举行，当时仍然不能说排练到位了，而且序曲很明显完全没有排练过。报道这次首演的第一份报纸承认"这部歌剧确实非常难以表演，尽管如此，人人还都赞叹这场演出是如此精彩，尤其考虑到排练的时间是如此有限" 28。这部歌剧大获成功，莫扎特在信里希望他的好朋友们"哪怕就来这里看一晚，从而分享我的喜悦！——也许它也能在维也纳上演？——我希望如此——他们竭尽所能想要说服我在这里多待几个月来再写一部歌剧，虽然这个邀请极尽赞美，我还是没法接受……"[29]

无论是剧本还是音乐，唐·乔瓦尼这个角色对于任何歌手来说都是莫大的挑战，就像这部歌剧本身一样，这个角色也是处于极度的矛盾对立之中，好比哈姆雷特，可以包含多重不同的含义。同样的矛盾对立也存在于其他角色中。安娜是被唐·乔瓦尼引诱了吗？唐·奥塔维欧的角色性格又是什么？莫扎特自己可能都被这个角色所困扰，因为就像是为了弥补唐·奥塔维欧的僵硬，他为其创作了特别感伤而美好的音乐。这部作品是喜剧还是悲剧？当莫扎特和达·蓬特在布拉格上演这部戏的时候，唐·乔瓦尼下了地狱之后还有一段优美的六重唱，但到了1788年在维也纳上演时则不一样了。莫扎特拿掉了这段六重唱，从而创造了一个悲剧性的结尾。[30]

169

在这部歌剧丰富的创新中，有两点即使在今天也值得注意，如果我们试着去想想这部作品对1787与1788年的那些有文化的观众的影响力，这两点就尤其值得注目。首先是莫扎特将恐惧引入了音乐的世界。在此之前，亨德尔写出了描写冰雹与闪电的震撼力量的音乐段落，约翰·塞巴斯蒂安·巴赫曾经使圣殿里的帷幕碎裂成两半，而意大利的牧歌作曲家们也曾细细描绘过死亡，但从未有人刻意尝试过在舞台上或者在音乐里赤裸地描绘恐惧——即使有，也必然不在这一水准上[31]。为了给已经很丰富的配器锦上添花，莫扎特加入了长号，并再一次追随格鲁克在《阿切斯特》中的实验——当时在维也纳没有其他人这么做——将长号放在乐池里。当骑士团长的石像出现在舞台上，以诱拐、强奸和谋杀责罚唐·乔瓦尼的时候，这些乐器就代表着地狱里的魔鬼。

在莫扎特出生前几个世纪，弗莱芒作曲家们就以运用对位模式创造出最为复杂的场景的能力而闻名，在某些范例中，这些场景极为复杂，以至于无法立刻从音响上得以理解，甚至经过训练的音乐家也做不到。对音乐在数学方面的热忱在约翰·塞巴斯蒂安·巴赫的创作中发扬光大，也被接近莫扎特时代的海顿所继承。在《唐·乔瓦尼》于维也纳上演的那年，莫扎特在他的"朱庇特"交响曲的末乐章中展示了他的对位才能，足以与巴赫在独创性和复杂性上相提并论。但在《唐·乔瓦尼》中，莫扎特也被认为在配器的复杂性上达到了更高的境界。在第一幕尾声的舞会场景中，舞台上先后有三支乐队逐一进入，直到他们同台演奏。第一支乐队演奏的是著名的 3/4 拍 G 大调小步舞曲，由双簧管、圆号和弦乐演奏；接下来第二支乐队演奏的是 2/4 拍的对舞；最后第三支乐队加入，演奏 3/8 拍的日耳曼舞曲。还有一个例子是在第一幕的终曲中展现的非同寻常的形式，体现为如下的严格对立结构：

6. 快板

5. 慢板　　　7. 庄严地

4. 小步舞曲　　　　8. 小步舞曲

3. 小快板　　　　　9. 小快板

2. 行板　　　　　　10. 行板

1. 快板　　　　　　11. 快板

这部歌剧的调性运用也非同一般。举个例子来说，第二幕中的音乐离开了这部作品的主调 D 小调—大调，在泽林娜的"你就会看到"（Vedrai carino）之后，我们来到了降 E 大调，这是埃尔维拉认为她是与她毫无信义的恋人唐·乔瓦尼（实际上是莱波雷洛假扮的）在一起时的那段著名的六重唱开始时的调

性。按照达·蓬特—莫扎特合作作品的风格，她已经原谅了唐·乔瓦尼，这让我们想起在那三部达·蓬特歌剧中共同的"宽恕"元素。因为这个元素被如此强调，很明显莫扎特和他的剧作家都将爱情中的宽恕视为他们生活与戏剧中十分重要的元素。所以我们现在在降 E 大调上，看着埃尔维拉和莱波雷洛（假扮成唐·乔瓦尼）躲在"一个阴暗的地方"（un buio loco）。突然，当唐·奥塔维欧和安娜夫人一起进来时，乐曲的调性从降 E 大调转到 D 大调，莫扎特在此轻柔地用上了小号和定音鼓，这又是在他的音乐作品中经常出现的管弦乐色彩变换的一次精彩体现。接下来从 D 大调突然变为 D 小调，为什么？因为唐·奥塔维欧唱出了"你父亲的神灵会因为你的愁苦而忧伤"（L'ombra omai del tuogenitore pena avrà de tuoi martir），我们就很快地面对了这部作品的基本调性 D 小调，象征着对谋杀的惩罚。当莱波雷洛（假扮成唐·乔瓦尼）现身，音乐又转回了降 E 大调，与之前从 D 大调转为 D 小调同样迅捷，六重唱在众人的迷惑中结束。

第一幕第 20 段也尤其值得一提。唐·乔瓦尼将要举行招待会的大厅里"灯火通明，准备举行一场盛大的舞会（festa di ballo）"。在唐·乔瓦尼、莱波雷洛、马赛托和泽林娜的入场段落后，在唐·奥塔维欧、安娜和埃尔维拉——三人都戴着面具——登场时，音乐的调性转到军乐般的 C 大调。在这三位客人礼貌地问候过主人后，唐·乔瓦尼隐晦地回应道："这对所有人，所有人都是开放的，万岁，自由万岁！"（E aperto a tutti, a tutti quanti, viva, viva la libertà!）而此时这短短的一句"自由万岁"突然就引发了所有人的共鸣，莫扎特独特的小号与定音鼓在标志性的附点节奏中，融汇成了一首凯旋进行曲。就剧情环境来说，这一段无论怎么看都看不出用意为何。但这很明显是其戏剧成分中的关键一点。这能是什么意思呢？维也纳宫廷与国家档案

170

馆的克莱门斯·霍斯林格（Clemens Höslinger）曾经提出，这是达·蓬特和莫扎特对约瑟夫二世几乎不加掩饰的个人化的致意，赞美他对于自由与启蒙的理想。对十八世纪的观众而言，他们人人都能理解这个暗示。我们可以认为即使约瑟夫二世只是曾经私下里听过这部歌剧，他也会理解这个信息。在这部歌剧之后，他几乎立刻任命莫扎特为"帝国皇家内廷音乐家"，享有800盾的薪水，这是巧合吗？

达·蓬特的《回忆录》是记录接下来发生的事情的主要资料。

> 我没能在布拉格看到《唐·乔瓦尼》的首演，但莫扎特立刻给我写了信，分享了当时的热烈好评。皇帝为此厚待于我，【因为我按时完成了所有三部剧本】额外奖励给我100达克特，并告诉我他很期望能看到《唐·乔瓦尼》。因为约瑟夫二世马上要出发上战场，莫扎特回来后，他立即就把乐谱拿给抄谱员，让他们抄出分谱。这部歌剧终于登台亮相了，而……我需要回忆这一点吗……《唐·乔瓦尼》并不成功！除了莫扎特之外的其他所有人都觉得少了一点东西。在加入了额外的段落，更改了某些咏叹调后，这部歌剧第二次上演，《唐·乔瓦尼》还是不成功！而皇帝说了什么呢？他说："这部歌剧有如出自神明之手；我应该大胆地说它比《费加罗的婚礼》更加美妙。但这样的音乐并不是我的维也纳人能够吃下的！"我将这样的评价告诉了莫扎特，他平静地回答道："给他们点时间来再嚼嚼！"他没有说错。在他的建议下我力争使这部歌剧时常复演：而每次演出的掌声都更加热烈……[32]

171　　　人们总是不该破坏一个好故事，但事实上，约瑟夫二世从未在维也纳的舞台上听到过《唐·乔瓦尼》。他不可能做到这点，因为他在 3 月 25 日御驾亲征，直到 12 月 5 日才回来。这部歌剧直到 5 月才在维也纳上演，而它最后一次在维也纳上演的那天（1788 年 12 月 15 日），皇帝正在生病。[33]

约瑟夫·夸格里欧（Joseph Quaglio）为 1789 年在曼海姆演出的德语版本《唐·乔瓦尼》第二幕的墓地场景设计的舞台布景。

莫扎特对这部歌剧做了广泛的更改与替换，其中的"我的快乐基于她的安宁之上"（Dalla sua pace）已经是不朽之作，而泽林娜与莱波雷洛的二重唱则不再上演；埃尔维拉的新场景与咏叹调"这个坏人背叛了我"（Mi tradi），按照爱因斯坦所说，在戏剧上并无意义，但如今也是我们经常看到的版本的固定部分。基本上可以确认莫扎特删去了在唐·乔瓦尼被拖进地狱之后结尾的六重唱，因为（如今收藏在巴黎的）手稿上显示，歌剧在其他所有角色即兴的一声"啊！"之后结束，但这"啊！"的一声后来也被删去了。1788 年维也纳版本的剧本中自然没有结尾的六重唱，但也可能莫扎特在此后重新将其加入。首演时的乐队谱如今已经不存，因此我们对此无法确定。这部歌剧的序曲也有以 D 大调结尾的版本，而不是转移到第一幕开始时的 F 大调。所有这些更改不仅是多余的，也破坏了布拉格版本的清晰设计。

在 1788 年 5 月 7 日《唐·乔瓦尼》于维也纳首演后，有一位"R 亲王"（未能认定实际是谁）举行了一场盛大的聚会，随后的《音乐通报》刊登了对此的报道（I，52）：

> 维也纳的音乐界人士大部分都在场，约瑟夫·海顿也来了。莫扎特不在。关于他的新作品有很多讨论。在绅士淑女们寒暄之后，有一些业内人士谈到了这部作品。他们都承认这是一位多才多艺的天才的宝贵作品，包含了无穷尽的想象力，但对他们中的这位来说，这部作品太过丰富，对那位来说过于混乱，还有一位觉得它旋律性不够，最后一位觉得它不够均衡，如此这般。总的来说，人们必须承认这些意见都有其站得住脚的地方。在大家都发表过意见之后，只有海顿老爹还没表态。他们终于来向这位谦虚的艺术家咨询他的意见。他的回答带有他通常的挑剔："我无法为这场争论

做出总结。但我了解一点，"——他满怀力度地补充道——"那就是，莫扎特是现在这个世界上最伟大的作曲家。"绅士淑女们在此之后就都沉默了。

1789 年 8 月 29 日，《费加罗的婚礼》在维也纳复排上演。我们可以猜测是达·蓬特在幕后推动了这轮复排，因为莫扎特要为这部歌剧再写两首新插入的咏叹调。南希·斯托拉切已经回英国了，而新的苏珊娜是阿德里安娜·费拉雷塞·德·本尼（Adriana Ferrarese del Bene），此人刚刚成为达·蓬特的情人。两首新的咏叹调分别是"我心雀跃"（Un moto di gioia, K.579），取代了第二幕中的"走过来，跪在这里"（Venite, inginocchiatevi，未单独列入莫扎特的作品目录），以及轮旋曲"燕侣之念"（Al desio di chi t'adora, K.577），都列在目录里 1789 年 7 月的部分。康斯坦策当时在巴登接受治疗，在 8 月 19 日的时候莫扎特写信给她："我相信我给费拉雷塞写的小曲子一定会成功的，只要她能够唱得天真无邪的话，但这点我深表怀疑。她很喜欢这曲子，我在那儿吃了饭——我想《费加罗的婚礼》肯定能在星期天上演，但我会在此之前再通知你……"[34] 1789 年复排的时候还做了一些其他的调整与添加。[35]

让我们稍微考虑一下约瑟夫二世决定在城堡剧院重新上演意大利歌剧所引发的结果。帕伊谢洛的《塞维利亚理发师》获得的巨大成功，标志着约瑟夫二世的决定是他判断大众口味与喜好（就意大利歌剧而言，也是他自己的喜好）的能力的一次量度。从 1783 年 4 月 22 日意大利歌剧复演开始，到莫扎特与达·蓬特的第三部歌剧《女人心》在 1790 年 1 月 25 日上演之间，维也纳上演了 59 部意大利语喜歌剧。在所有参加创作的德奥作曲家中，莫扎特是最成功的，《费加罗的婚礼》上演了 20 场，《唐·乔瓦尼》上演了 15 场，但就流行度来说，莫扎特在当时比起最受欢迎的意大利歌剧作曲家们还差很远——像是萨

尔蒂（91 场演出）、马丁·索勒（105 场）、奇马罗萨（124 场）、萨列里（138
场）和帕伊谢洛（166 场）[36]。尽管在二十世纪，莫扎特已经完全掩盖了当时那
些意大利作曲家，但在十八世纪，实际情况是非常不同的。莫扎特的意大利语
歌剧除了在维也纳和布拉格之外，只在其他德语国家以德语上演时获得过成功。

173　当莫扎特在世时，他的意大利语歌剧从未在英国、法国、俄国、西班牙、葡萄
牙或意大利获得完整演出（当 1787 年秋季在意大利的蒙扎，以及 1788 年春
在佛罗伦萨的佩格拉剧院上演《费加罗的婚礼》时，最后两幕是由安吉洛·塔
奇[①]重新创作的）[37]。事实上，当莫扎特在世时，在维也纳与布拉格之外，《费
加罗的婚礼》只在波茨坦（1790 年秋）以及可能在埃斯特哈扎（1790 年 8
月—9 月[38]）以意大利语演出过。而《唐·乔瓦尼》的话，有记录可查，（在布
拉格和维也纳之外）举行过两场意大利语的演出，是由瓜达索尼歌剧团（邦迪
尼的后继者）从布拉格将其带到了莱比锡，以客座剧团的形式，在 1788 年 6 月
15 日举行了演出，随后他们还把这部歌剧带去了华沙（1789 年 10 月 14 日上
演）。《女人心》在莫扎特在世时分别在布拉格（1791 年某日，根据剧本上的记
录）、莱比锡（1791 年夏）和德累斯顿（1791 年 10 月 5 日）上演。[39]

　　《唐·乔瓦尼》的排练是在维也纳的奥西尼 – 罗森伯格伯爵和在战场上的
约瑟夫二世的一系列书信交流的主题。其中在 4 月，罗森伯格不得不承认这
部戏的音乐非常出色，而 5 月 3 日皇帝在一封亲笔信里嘲讽地回复道："你的
品位终于开始变得讲道理了。"（原文以法语写成）皇帝继续写道，如果这部歌
剧不受欢迎，他也并不会惊讶，因为他了解维也纳人欣赏的是什么；而正确
的做法应该是一整年都不演歌剧，从而让公众有更为合理的期待。当罗森伯

---

　　①　Angelo Tarchi（1760—1814 年），先后活跃于意大利、伦敦与巴黎的歌剧及宗教音乐作曲家。

格提到这部歌剧对演唱者有着非常高的要求时 [40]，皇帝简洁地回答道他已经认识到了"莫扎特的音乐真的对于声乐部分来说太难了" [41]，这表示他觉得莫扎特总的来说在剧场里是有问题的。约瑟夫二世因为生病而没能在 12 月 15 日去城堡剧院看《唐·乔瓦尼》，此后这部歌剧就没有在莫扎特在世时再度登上奥地利首都的舞台 [42]。钦岑多夫伯爵一直是当时高尚人群品位的温度计，当他在他的情人路易斯·冯·迪耶德（Louise von Diede）陪同下首次听到《费加罗的婚礼》时，觉得这部戏很无聊，但他逐渐喜欢上了它。而当《唐·乔瓦尼》在维也纳上演时，他在日记里写道，他的朋友德·拉·利佩（de la Lippe）夫人"觉得这音乐太精深，不适合用来歌唱" [43]。

迈克尔·罗宾森（Michael Robinson）曾经写道："在维也纳当时的政治气候里，莫扎特……是一个局外人，他虽然被公认具有非同寻常的才华，但没有获得与之相符的认可（因为他不是意大利人，也没有被意大利音乐界认定与他们同等），使他能够成为得到宫廷委约的歌剧作曲家中的佼佼者。他要如何在这些作曲家中立足呢？很自然地，他必须展示他了解意大利喜歌剧的所有传统与惯例。但这还不够。他不仅得像个意大利人那样作曲，还必须比大部分意大利人更加出色，才能获得与他们同等的地位。" [44]

莫扎特在意大利语歌剧方面获得的成功，事实上要等到他去世后才会来临，在此方面无论是音乐上还是形式上最为完美的范例就是《女人心》，这是一部在三部达·蓬特歌剧中最受毁谤，遭受最多误解，而且在相当长的一段时间内被无视的一部作品。它的剧作家自己对这部戏的缘起保持着令人好奇的低调，除了它曾经被上演之外对此几乎只字不提。当康斯坦策在 1829 年与诺维洛夫妇交流时，也是同样的只言片语。文森特·诺维洛写道："她并不欣赏《女人心》的剧情，但赞同我的观点，认为无论怎样的故事都能被那样的音乐

174

带动……"他的妻子玛丽补充道："萨列里对莫扎特写出了《女人心》充满敌意，因为他一开始想以这个剧本进行创作，但后来放弃了，认为这部剧本不值得为其配乐。"[45]涅梅切克在其书中提到这部歌剧的部分更加隐晦，尼森也部分沿用了涅梅切克的提法："莫扎特在 1790 年完成了《女人心》……这位伟大的知识分子如何能够放下架子，将他的圣洁而甜美的旋律用在如此这般低劣的垃圾文字上，这总是令人无比惊奇的。但他并不能拒绝这份委托，而且这部剧本是特别推荐给他的。"

如今普遍认为约瑟夫二世向达·蓬特和莫扎特委托了这部新歌剧，而且有一个令人好奇的有趣事实也许能够证明皇帝在此过程中的直接参与：在 1789 年 12 月 29 日或前后，莫扎特写信给迈克尔·普赫伯格（Michael Puchberg），信中有这样的语句："……下个月我应当能够从管理方那里收到（根据现在的安排来说）200 达克特作为我的新歌剧【《女人心》】的报酬……"[46]200 达克特相当于 900 盾，是宫廷剧院当时委托创作新歌剧的通常报酬的两倍。而钦岑多夫伯爵尽管平时一直对莫扎特的歌剧批评有加，此刻却首次表示"音乐富有魅力，而主题非常有趣"[47]。

在关于这部歌剧之缘起的习惯性描述中，我们可以得知以下内容（在某些版本中，下面的故事发生在亚德里亚海边的伊斯特利亚[48]，其他版本中这个故事则发生在维也纳）：在 1788 年，与奥斯曼土耳其帝国开战后的某天，维也纳的里道腾大厅里照旧举行着年度假面舞会。在那里的两位贵族男士原本要陪同他们各自的女伴，但突然都说自己被帝国战争部征召，要立刻离开去上前线。然而他们实际并没有离开，而是完全将自己假扮起来，并在一位朋友的帮助下，把自己再介绍给对方的女伴。这种"诱拐"看起来不太可能，但他们试了一次，而且成功了。

　　约瑟夫二世在1789年秋从与奥斯曼帝国的战场上回来之后，仍然记得这
桩事件。鉴于他对于女性整体来说的矛盾甚至负面的态度，这一事件也很吸引
他。由此产生了《女人心》剧本的基础。然而事实上，并没有上述事件曾经在
十八世纪真实发生过的证据（无论如何，这事情太过巧合以致不像是真的）：
对这起"真实事件"最早的有日期记录的记载是在1837年[49]。也许将来能够
发现更多的证据。

　　这部歌剧的标题有其自己的特殊故事。《女人心》这几个字来自《费加
罗的婚礼》的第一幕第七首，即苏珊娜、唐·巴西里奥与伯爵的三重唱，以
"我听见了什么"（Cosa sento!）开始。凯鲁比诺偶然听到伯爵向苏珊娜下手，
而伯爵还给了凯鲁比诺一项任务——去引诱农家女巴巴里娜。而老于世故又
愤世嫉俗的唐·巴西里奥则唱道："美丽女子的心都是这样，并没有什么新
鲜。"（Così fan tutte le belle，non c'è alcuna novità.）这一句中不仅是歌词包
含了日后这部歌剧的标题，在接下来那句的旋律中，当唐·巴西里奥复述上
一句歌词的时候：

　　这段由起伏不定的八分音符组成的旋律将成为《女人心》序曲的一部分
（在缓慢的引子之后的急板部分中）：

175

　　如此这般隐晦的指代所带来的效果是只有经过高度训练的音乐家才能够辨认出来的，但也许莫扎特将这一点暴露在他的并非音乐外行人的皇帝面前也是非常大胆的，不过此时皇帝龙体欠佳。在 1789 年 4 月中旬，约瑟夫几乎病危，但他撑了过来，不过此后一直在咳嗽。他的肺已经毁了，当他在 11 月从战场回到维也纳时，很明显已来日无多。莫扎特和达·蓬特很清楚如果皇帝在他们的歌剧上演之前驾崩，会有什么样的后果，而我们以此可以认定他们此时一定在全力创作，之前已经描绘过，他们这样的创作速度超过其他任何人。在 12 月底，第一次声乐排练已在进行中。海顿在 12 月 30 日离开埃斯特哈扎前往维也纳，而在此前一天，莫扎特写信给迈克尔·普赫伯格：

约瑟夫·埃布勒（Joseph Eybler，1764—1846 年）协助莫扎特在 1790 年准备《女人心》。作者不详的剪影肖像。

　　……明天晚上在我家里没有任何预约。——我有太多工作要做——不过如果你还是看到齐斯勒（Zisler）的话，请告诉他这点——但是在星期四【12 月 31 日】，我邀请你（但只限你一人）在上午 10 点来我家，有一场小规模的歌剧排练——只邀请了你和海顿。那时我会跟你好好描述一番萨列里的阴谋诡计，而这些伎俩最终都一无所获……[50]

　　几个星期后，1790 年 1 月 20 日，莫扎特又写信给普赫伯格：

　　明天是第一次在剧场里带乐队的排练。海顿会跟我一起去——如果你的事务安排允许，而且如果你也

想去参加排练的话，你只需要明天上午 10 点来我家，我们就一起过去……[51]

海顿在回匈牙利之前，可能去听了这部歌剧首演前三场中的任何一场，分别在 1 月 26 日、28 日与 30 日。

2 月 20 日，约瑟夫二世驾崩了。《女人心》在国丧期间不再演出。从 6 月开始到 8 月间又上演了 5 场。

从达·蓬特的《回忆录》来看，他也是个愤世嫉俗的人，而毫无疑问的是他也打算将《女人心》创作成一部非常愤世嫉俗的作品，就像这部歌剧的完整标题《女人心皆如此》或《爱人学校》(*La scuola degli amanti*) 所表达的那样。然而莫扎特在很大程度上弱化了这部歌剧的讽喻性质。与我们之前看到的前两部歌剧一样，这些作品在音乐上的两大支柱都是爱与宽恕，人类所能做到的最为深切的爱与最为深刻的宽恕。我将《女人心》视作莫扎特所表现的爱与宽恕之极致范例，因为在他这部于音乐上最为完美无瑕的歌剧之中，展现了最为丰富的谅解，因此也需要获得最多的真挚爱情。1789 年 8 月，莫扎特本人谅解了正在巴登接受治疗的康斯坦策——这是为什么呢？他在信里这样写道：

> 亲爱的小妻子：——我想非常坦率地对你说。——你没有理由感到悲哀。——你有一个爱着你的丈夫，为了你他会竭尽所能做一切事情——关于你的腿上的病情，你只需要更加耐心一点，这种【治疗】一定会对你有好处的；你高兴的话我当然也会觉得开心——真的——但我希望你不要像有时候那样经常那么做——你和某人（此处名字隐去）以及某人（此处名字隐去）在巴登的时候太过随便了——考虑到那些人与其他女性之间并没有那么粗俗，而与你相比，他们可能更了解其他那些女性，甚至某人也是

176

这样，尽管他在其他时候是个规矩得体的小子，对女性尤其尊重，但他却在他的信中能够写出最为惊人和无礼的言辞——一个女人必须维持她的自尊，不然她就会成为流言蜚语的话题——亲爱的，请原谅我对你如此坦率，但为了我的心情能够保持平静，为了我们彼此的幸福，必须这么

维也纳附近的温泉城巴登，康斯坦策曾经多次去那里疗养。洛伦茨·扬斯卡（Lorenz Janscha）在十八世纪末绘制。

做——你记得你曾经承认过自己会轻易许诺——你知道由此发生了什么——也记得你曾经对我做出的承诺——噢上帝啊！试一下吧，我亲爱的——愉悦一点，高兴一点，对我好一点——不要让不必要的妒忌来折磨你我——对我的爱有信心一点吧，你有足够的证据来支持它——而你就会看到我们能够多么幸福，你一定要相信，只有妻子的明智操守才能够像铁环那样把她的丈夫紧紧扣住——再见——明天我会再衷心亲吻你。

莫扎特 [52]

显然莫扎特认为他有理由来原谅康斯坦策，但也许他需要原谅的事情并没有他想象中那么严重，不然在莫扎特去世后康斯坦策也不太可能把这封信保留下来。

在这部歌剧的第一幕中，当恋人们依依道别时，唱起的是那段精彩而迷人的五重唱"每天写信给我"（Di scrivermi ogni giorno）。但接下来难以置信的事情纷纷发生，不仅仅是在这些恋人之间，在莫扎特笔下的音乐里也如是：这是为了要说服听众，就像"土耳其"的求婚者必须说服年轻女子对情人不忠那样，而唯一能实现这个不可能的任务的方法，当然是通过音乐。虽然第一幕的告别音乐与男人们从那不勒斯海湾驶向战场时的咏叹调"微风轻拂"（Soave sia il vento）同样感人，但莫扎特为这两对恋人交换时创作的音乐所达到的情欲和激情的深度，在这部戏开始时是无法想象的。在花园中的"好风凭借力"（Secondate，aurette amiche），即费兰多和古列尔莫设下计谋的那一段，配乐用上了一组管乐队。在此非常值得注意的是，这里的音乐与为十三件管乐器而作的小夜曲（K.361）十分相似，那部作品可能是真正的婚礼音乐。一切都无比真诚。关于操纵这一切的两位共谋者——唐·阿方索和黛斯皮娜，理查

177

德·摩尔（Richard Mohr）有话要说：

> 至于黛斯皮娜和唐·阿方索，从完整的形象而言，他们不仅仅是标准的丑角形象。甚至我们有可能对他们感到有些不安，他们的无伤大雅的玩笑也可以用更加险恶的角度来解读。他们是在这两对恋人完全沉浸在彼此感情中时的关键时刻出现的，并立即成为伊甸园中的蛇那样的角色。他们只认为爱情的开始很迷人，而他们对此的即时反应就是制造纷争和误解。[53]

当费兰多和古列尔莫从土耳其战场归来并揭开自己的身份时，我们就见证了莫扎特（以及达·蓬特）笔下最为精彩的宽恕场面。也许并不可能完美地原谅一切，所有四人——或者说所有六人，包括黛斯皮娜和唐·阿方索——都因为他们的欺骗行径而同样有错，还有更为严重的错误——对于爱的毁谤。

这部戏的出轨剧情也许是非常十八世纪风格的，十九世纪的人们对此会深感厌恶，而二十世纪的人又会对此着迷。我相信在同时期的文学作品里也有同样的对女性之残酷无情的描述，例如拉克洛的《危险关系》①这部无情杰作，于莫扎特创作《女人心》之前不久在巴黎问世。如今我们不会再为拉克洛或者莫扎特（达·蓬特）笔下的开放性关系而惊奇，但我们仍然会为剧中关于对女性的勾引与毁谤的冷漠描述而震撼。当波旁王朝在 1814 年复辟后，《危险关系》一书在巴黎被禁。与此同时也有人试图重写《女人心》的剧情，尤其在这部歌剧频繁上演的日耳曼诸国。《女人心》中的精心设计的勾引诱拐，事实上是达·蓬特（与莫扎特）思想中的一部分，而这对今天的人们来说是完全陌

178

---

① 《危险关系》（*Les Liaisons dangereuses*）是一本著名的法文书信体小说，最初于 1782 年发表，皮埃尔·肖代洛·德·拉克洛（Pierre Choderlose de Laclos）原著。小说凭借梅黛夫人（Marquise de Merteuil）和凡尔蒙子爵（Vicomte de Valmont）的书信展开，两位在情场可匹敌的朋友，利用性当作武器，去诋毁对方的名誉与地位。

生的。

　　莫扎特认识到了《女人心》与之前的达·蓬特歌剧在情感层次上的巨大差异。他对调性的运用更加错综复杂，在形式上也比以前更加完美，而且这里可以展示出他从海顿那里得到的某些东西。

　　在海顿的歌剧《忠贞的回报》（莫扎特可能在 1784 年底在维也纳听过这部戏）之中，第一幕和第二幕的终曲不是基于通常的主—属—下属的关系，而是基于三度关系。在当时这是完全的创新，而这一定也吸引了莫扎特的注意，尤其是因为海顿运用了链条般的三度下行来配合一路下坡的剧情。当故事变得越来越复杂，越来越不让人满意时，音乐的调性也随之描绘出情态的变化。海顿在第一幕终曲中的安排如下：

　　换句话说，四次下行三度，然后再下降了一个半音。而在《女人心》里面，序曲结束后，我们能看到什么呢？几乎是一样的模式：

　　莫扎特这部作品的第一幕，从一开始就小心地躲避着主调（C 大调），主调直到编号第 13 首六重唱"来吧，美丽的黛斯皮娜"（Alla bella Despina）才出现。此时是唐·阿方索将要介绍新来的"土耳其人"作为求爱者，也就是这场欺骗将要开始的时刻。而从这里开始直到第 27 首［费兰多的咏叹调"背叛、嘲弄"（Tradito Schenito）］的结尾，以及第 30 首结尾时的结论"女人皆如此"（费兰多与唐·阿方索的二重唱），在第一幕与第二幕的其他部分都完全没有出现 C 大调。

与《费加罗的婚礼》类似，《女人心》的两段终曲在调性上也有类似的对称格式：

第一幕

D – G –♭B –♭E – G –♭B – D

第二幕

C –♭E –♭A- E – D –♭E –♭B –♭E – B – F – G – C

↑

此时合唱团宣告战士们从战场归来

如果说这部歌剧开始时的链式三度向下的进行（在第一幕中）必然向了解情况的人暗示了这些恋人即将遭遇的一切都不会是好事，那么莫扎特把从海顿那里借用来的最聪明的元素留给了第二幕，而且这个借用者对借来的元素还进行了大量的扩展。在《忠贞的回报》第二幕的结尾，海顿设置了以下的三度关系：

179

这里这个明显的三度上行，然后再下行五度回到主调的手法，在《女人心》中的第二幕得到了广泛应用：

莫扎特在 1789 与 1790 年创作的这部歌剧杰作的配器与以往相比有了很大的不同：他运用 C 大调时使其有了某种晶莹而华丽的质感，而且与之前两部达·蓬特歌剧相比，小号的运用广泛得多——甚至出现在（对莫扎特来说）少见的降 B 大调之中［"如同磐石一般"（Come scoglio）］。对圆号与小号的差异音色的运用——评论家们在《费加罗的婚礼》中已经意识到这一点——在这部歌剧中更加精细。在第一幕第 3 首这段宏大的 C 大调三重唱中，莫扎特运用了小号与定音鼓，但没有圆号，他将此乐器保留给下一首中（A 大调）两位女士登场的引子。类似地，在第 8 首的小合唱中，当"远方的军乐进行曲"响起，召唤两位男士上战场时，出现的是小号和定音鼓，但没有圆号，莫扎特将圆号留给了第 10 首的三重唱——惹人怜爱的告别之歌"微风轻拂"。整部歌剧的配器可谓是无瑕地精准，与剧情的微妙之处相得益彰。然而，在这里也能发现达·蓬特的文本与莫扎特的音乐之间的一处微小然而仍具有决定性意义的意图差异。这位作曲家并不像达·蓬特那样彻底地愤世嫉俗，当角色反转时，他对剧中女性人物的命运的投入程度远远超过了剧本文字的保证。这一部分是因为莫扎特总是对女性的难题、心愿与动机展示出特别敏锐的感知，另一部分也是因为他为了让观众信服此处情节的新状况而费尽心机，甚至可能都已经说服了他自己，让自己相信那种虚构情节的真实性。

因此，我认为《女人心》的特殊的尖锐之处在于这个事实：宽恕的必要性不仅存在于歌剧的结尾，而且贯穿于整个欺骗的场景中，让观众得以了解——虽然剧中的女士们尚不知道——她们的行为比起莫扎特其他任何歌剧中的其他任何行为更需要宽恕。由此所产生的情感具有加倍强大的力量，剧本文字中的愤世嫉俗也在一定程度上得到了消解。

第九章原注：

1. Alfred Arneth, *Briefe der Kaiserin Maria Theresia an ihre Kinder und Freunde*, Vienna 1880, vol I, 92. vol II, 148f.

2. Robert Pick, *Empress Maria Theresa*, New York 1966, 236.

3. *Memoirs of Lorenzo Da Ponte*, Elisabeth Abbott 英译本，New York，1967（1929年版重印），第129页起。

4. *An Extract from the Life of Lorenzo Da Ponte, with the history of several dramas written by him, and among others, Il Figaro, Il Don Giovanni e La Scuola degli Amanti set to music by Mozart*, New York, 1819.

5. 参见 Daniel Heartz, *"Constructing Le nozze di Figaro"*, *Proceedings of the Royal Musical Association*, vol. 112, part I, 1987, 77—98。

6. 钦岑多夫的这段日记未收入德斯齐的《文献》，原文以法文写成。

7. *NMA*, Serie II, Werkgruppe 16, 2 vols（Finscher），1973。

8. *Life of Mozart*, London 1845, 269.

9. 参见引用著作，第86页。

10. 以下的费加罗独白根据约翰·伍德（John Wood）于企鹅经典（Penguin Classics）在1964年的英译版的第199页起翻译："不，我的伯爵大人，你不会拥有她，你不该拥有她！因为你是个大贵族，你就觉得你是个绝世天才……富贵、等级、地位！它们能让一个人感觉如此自豪！你自己做过什么，配得上如此的特权呢？除了出身，你别无所有！除去出身——一个普通人！……"

11. 莫扎特《书信》第三卷，第443页起。

12.《回忆录》，第159页起。

13. 奥托·米赫特纳在 *Das alte Burgtheater als Opernbühne* 一书中（第206页，n.15）解释了："自从意大利歌剧被重新引入城堡剧院后，剧中插入芭蕾舞就被禁止了。当时是歌手布鲁尼，作为新上任的'布景戏服监督'，通过对该决定的错误'解读'，试图删去第三幕中的芭蕾舞。但皇帝非常正确地看到，《费加罗的婚礼》中的这一段不是插入的芭蕾舞，而是其戏剧性的必要部分，因此他允许将这一幕包括在内。"罗森伯格本人至少在某种程度上可以名列莫扎特的敌人之一，在1793年的一篇报道（*Berlinische Musikalische Zeitung*，第141页）中他被描述为"……日耳曼人之公敌，任何不是意大利的东西对他们来说都不入耳。"（米赫特纳，同上，n.15）。

14. 莫扎特《书信》第三卷，第536页。

15. *Reminisceneces of Michael Kelly*（2 vols.），London 1826, I, 257ff。

16. 约瑟夫二世在1783年8月14日给罗森伯格的手谕中，特别关注了帕伊谢洛的《塞维利亚理发师》的表演方式："我花了点时间回复你写给我的信，让你知道昨天上演的《塞维利亚理发师》的成功。他们真实的表演超越了之前的期望，尤其是贝努奇，他有时会模仿并且超越施罗德的表演方式。斯托拉切把那首富于歌唱性的咏叹调唱得很好，虽然她模仿了亚当尼贝格许多不同的姿态，但在不同的情况下那种粗野感还是占了上风。曼迪尼很好地走出了那种不适合他以及费加罗那个角色的醉意，我们允许好几首曲子再演一遍……"米赫特纳，前引书，第158页。换句话说，当时的意大利歌手已经开始模仿由城堡剧院诞生的著名表演流派，尤其是男演员中的弗雷德里希·路德维希·施罗德和女演员中的玛利亚·安娜·亚当尼乡格（母姓贾科）。帕伊谢洛这部戏当时不仅歌唱出色，表演也好，因此，三年后原班演员演出莫扎特的《费加罗的婚礼》时，情况也当如此。

17. 钦岑多夫在1783年4月22日的日记，具体的记录是"漂亮脸蛋，丰满身材，优美胸型，美丽眼睛，白皙脖子，清新口气，细腻皮肤，富有青春的天真和娇媚，歌声犹如天使。"

18. 德斯齐《文献》，第241页，弗兰茨·卡津奇（Franz Kazinczy）的自传。

19. 法语原文的意思是"如今那些不值得说出的话，会用歌声唱响。"

20. *Österreichische Musikzeitschrift*, 1957年七八月刊。

21. 上面引用的定音鼓的韵律当然也来自这段熟悉的节奏：♩♪♩♩♩。

22. 涅梅切克：前引书，第34页起。

23. 德斯齐《文献》，第246页。

24.《回忆录》，第174页起。

25. 维也纳的音乐之友协会在1987年出版了影印本。

26. *Don Giovanni*, Haydn Society, Boston 1951.

27. 莫扎特《书信》第四卷，第54页起。

28. 德斯齐《文献》第267页收录的 *Prager Oberpostamtszeitung*, 1787年11月3日号。

29. 莫扎特《书信》第四卷，第 58 页（1787 年 11 月 4 日寄自布拉格的信件）。

30. 参见阿尔弗雷德·爱因斯坦前引书（note 26），pp vf。

31. 格鲁克在 1761 年创作的《唐·璜》也以极度恐怖的一幕结束（也是在 D 小调）。

32.《回忆录》，第 179 页起。

33. 参见原书第 173 页。1788 年 12 月 16 日约瑟夫二世写信给他妹妹玛丽·克莉丝汀，提到他"尚未去过剧院"（德斯齐《文献》，附录及勘误部分，第 58 页）。达·蓬特与约瑟夫二世这一整段对话都是虚构的吗？皇帝会举办私人的音乐晚会，能够听到当时最流行的歌剧的选段，让我们宽宏大量地假设，他在某个类似的场合听到过这部歌剧（也许是管乐队改编版本）。不然，这就是足以质疑整个达·蓬特版本记录的可信度的另一个污点了。

34. 莫扎特《书信》第四卷，第 97 页。

35. 参见 Alan Tyson, "Some Problems in the Text *of Le nozze di Figaro*: Did Mozart have a Hand in Them?", *Journal of the Royal Music Association,* vol. 112, part I, 1987, 第 99—131 页。维也纳的音乐之友协会出版了"我心雀跃"钢琴谱手稿的影印版。

36. 详细清单请参见 "Mozart and the opera buffa tradition"，收录于 *W.A. Mozart-Le nozze di Figaro,* ed. Tim Carter, Cambridge 1987, 第 11 页起。

37. Alfred Einstein, "Mozart and Tarchi," in *Monthly Musical Record 65*（1935），no. 768, July-August, 127ff. Alfred Loewenberg, *Annals of Opera*, Cambridge 1943, 211. 洛文伯格（Loewenberg）提到在蒙扎和佛罗伦萨的演出"几乎无人关注"。

38. 关于在匈牙利的演出，参见 J. Harich, *Haydn Yearbook I*（1962），第 91 页起，以及兰登: *Haydn: Chronicle and Works, Haydn at Esterháza*, 1766—1790, 第 733 页。

39. 洛文伯格前引书，第 223 页，提到《女人心》的部分是第 237 页。德斯齐《文献》第 309 页。1788 年莱比锡演出的场刊影印本，参见 R. von Freisauff, *Mozart's Don Juan ......*, Salzburg 1887。

40. 米赫特纳，前引书，第 263 页起。

41. 德斯齐《文献》，第 277 页与 290 页。

42. 出处同上，附录及勘误部分，第 58 页。

43. 出处同上，附录及勘误部分，第 50、51 与 56 页收录了钦岑多夫的相关日记。在 1786 年 7 月 4 日钦岑多夫在日记中表示"莫扎特的音乐太过单一，都是不假思索的行动……"

44. 前引书（note 36），第 12 页起。

45. 诺维洛，第 94 与 137 页。尼森，第 543 页。

46. 莫扎特《书信》第四卷，第 100 页。

47. 钦岑多夫日记原文以法文写成。

48. 达·蓬特的剧本原本设定在特里雅斯特，而非那不勒斯。

49. 参见 Rudolph Angermüller, "Anmerkungen zu 'Così fan tutte'", *Österreichische Musikzeitschrift, 7—8*（1982），第 279 页起，尤其是第 282 页。

50. 莫扎特《书信》第四卷，第 100 页。

51. 出处同上，第 102 页。

52. 出处同上，第 96 页起。

53. *Così fan tutte*, New Yotk 1968.

第十章　莫扎特的系列音乐会之尾声；奥地利之愚蠢与莫扎
　　　　特之悲哀

180

约翰·内泼姆克·胡梅尔。由南内特·罗森茨威格（Nannette Rosenzweig）绘制的象牙迷你肖像。

莫扎特在 1787 年与 1788 年的诸多学生中有一个名叫约翰·内泼姆克·胡梅尔（Johann Nepomuk Hummel）的男孩子（1778 年生于布拉迪斯拉发），此人日后继承了海顿在艾森施塔特的埃斯特哈齐亲王那里的职位，并以钢琴家和作曲家而知名。胡梅尔留下的草稿中包括了一份莫扎特的传记的开头部分："他是个小个子，面色白皙；他的面相大致上是令人感到愉悦与和善的，带着一丝忧愁的严肃；他的蓝眼睛炯炯有神。在好友相聚的时候他也会表现得非常欢乐、活泼而机智；有时他还会嘲讽各种各样的事情！……"[1]

　　另一篇对莫扎特的描述来自歌唱家米歇尔·凯利（奥凯利）。他记录了他被人介绍给莫扎特的时刻，此时的莫扎特：

以他在钢琴前演奏的幻想曲和随想曲获得了一同出席者的赞赏。他的乐感、敏捷如飞的手指，尤其是左手强大的力度与表现力，以及在转调时勃发的灵感，都令我震惊。在这段精彩的演出之后，我们坐下来吃晚饭，而我非常高兴能坐在他与他妻子之间。招待我们的那家人中的年轻人在饭后开始跳舞，而莫扎特也加入了他们。莫扎特夫人告诉我，他对跳舞的热情与他的才华一样炽烈，而且常常有人评价他的品位更倾向于舞蹈而非音乐。

他是一个引人注目的小个子，非常瘦削而苍白，有着一头漂亮而蓬松的金发。他热忱地邀请我去他家作客，而我也应邀在那里度过了许多美好的时光。他总是和善而好客地对待我。他非常热衷于潘趣酒①，我曾看到他喝了很多。他也很喜欢打桌球，在他的住处有一张非常好的桌球台。我和他不知打了多少局桌球，但我总是只能拿到第二名。他在星期天举行音乐会，而我从未错过……

我的朋友阿特伍德（一位装点了音乐世界的杰出人士）当时是莫扎特最为器重的学生，我记录下了莫扎特对我提到他时的评价，这是我莫大的愉悦，他是这么说的："我对阿特伍德这个年轻人有着某种真诚的感情和敬意；他为人处事非常得体，我很高兴地告诉你，比起我的其他任何一个学生，他对我的风格掌握得更加到位；而且我预测，他将被证明是一位可靠的音乐家。"对于那些名副其实的人，他从不吝惜他的赞扬；但对于无礼的平庸者，则是彻底的鄙视……

181

【在维也纳的那群英国人还包括了南希·斯托拉切的哥哥斯蒂芬，他】

---

① 潘趣酒（Punch），又名宾治，一种以果汁为主的混合饮料，含少许酒精，类似鸡尾酒，源自印度，由东印度公司人员带回欧洲。

美泉宫的橘园，莫扎特的《剧院经理》于 1786 年 2 月在此首演。这幅由耶罗尼米斯·罗森科尔创作的铜版画名为《冬日春节》(*Spring festival on a winter's day*)，记录了当时的场景，展示了中间的宴会席和两侧特别搭建的舞台。

为他的朋友安排了一场弦乐四重奏聚会。他们对表演者的水平相当宽容，没有哪个人在自己演奏的乐器上是专业的，但是在具体的人员安排上又有某种科学性，我可以说只要把名字列出来就一目了然了：

第一小提琴……海顿

第二小提琴……迪特尔斯多夫男爵

大提琴……万哈尔

高音中提琴……莫扎特

观众中包括了诗人卡斯蒂（Casti）和【意大利作曲家】帕伊谢洛。我也在那里，简直无法想象还能有比这更为美好的享受。

帕伊谢洛在俄国创作并带回维也纳演出的《塞维利亚理发师》已经告一段落……现在在幕后（等待上演）的有三部歌剧，一部是里吉尼的【温琴佐·里吉尼的《不可言说之恶魔》，或称《困惑的哲学家》(*Il Demogorgone ovvero Il filosofo confuso*)】，另一部是萨列里的【《特罗弗尼乌斯洞窟》(*La grotta di Trofonio*)】，还有一部是莫扎特的，由皇帝特别委约。莫扎特选择将博马舍的法语喜剧《费加罗的婚礼》改编成一部意大利语歌剧，并与能干的达·蓬特合作完成了这部作品。这三部歌剧差不多在同一时间完稿，而这三位作曲家都声称自己的作品应当首先上演。这样

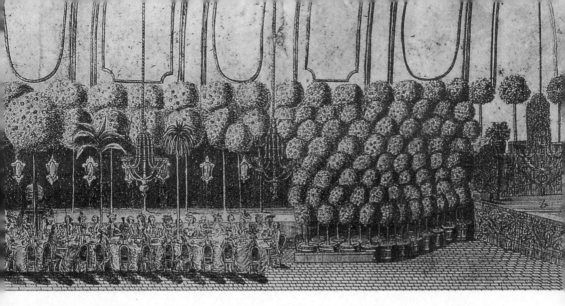

的竞争带来了不少纷扰，并各自结成了自己的支持团体。这三个人的性格都很不同。莫扎特就像火药一般一触即发，他发誓如果他的歌剧没能第一个上演的话他就把乐谱丢进火里。有一群强势人物组团为他撑腰，与之相反，里吉尼则像鼹鼠那样在暗地里争取优先权。

第三位竞争者【安东尼奥·萨列里】是宫廷乐正，是个机智而精明的人，拥有弗兰西斯·培根（Francis Bacon）所说的那种"扭曲的智慧"，而他的主张获得了歌剧团里三个主演的支持，他们合力形成了一个不容小觑的阴谋圈子。歌剧团里的每个人都参与了这次竞争。我自己自然是坚持站在莫扎特那边，因为我崇拜他的强大才华，感激他对我无数次的私人帮助，他值得拥有我最温暖的祝愿。

这场竞争最后由皇帝本人收场，他下令立即开始排练莫扎特的《费加罗的婚礼》，而没有人能够比米歇尔·凯利更高兴了，这位小个子伟人战胜了他的对手们……[2]

1785 年 2 月，约瑟夫二世在美泉宫的橘园 [1] 举行了一场午餐会。宴会的餐

---

① 美泉宫的橘园在 1755 年前后建立，是一座长 189 米、宽 10 米的温室建筑，与凡尔赛宫的橘园并称世界上规模最大的巴洛克风格橘园。约瑟夫二世十分喜爱在橘园举行社交活动。

桌布置在大厅正中，两侧有小舞台，轮流为宾客演出节目，客人们则相应地调整椅子方向。1786 年 2 月 7 日，约瑟夫二世再次在橘园安排了一场类似的"冬日春节游园会"，这次是为了他妹妹玛利亚·克里斯蒂娜（Maria Christine）女大公和她的丈夫——萨克森 - 特申的阿尔贝特公爵（Duke Albert of Sachsen-Teschen），当时是奥地利属下尼德兰地区的总督。当时上演的节目中，除了从多部德语戏剧里摘选的段落之外，还有两道"主菜"，分别是由小哥特里布·斯蒂凡尼编剧、莫扎特作曲（包括了一部序曲和四段唱段）的《剧院经理》——其中有几段难度颇高——以及萨列里作曲的一部名为《音乐先于言语》（*Prima la musica e poi le parole*）的小歌剧，在大厅的另一头上演。钦岑多夫伯爵也在场，他觉得这座大厅"比去年装饰得漂亮多了"，但那些德语戏剧极为平庸。当听众们欣赏大厅另外一侧的意大利语节目时，这位伯爵发现南希·斯托拉切非常动人。莫扎特歌剧的表演者包括阿罗西亚·朗格、卡特琳娜·卡瓦列里和约翰·瓦伦丁·亚当贝尔格。在 3 点开始用餐时，皇家管乐队演奏了《特罗弗尼乌斯洞窟》。整个活动持续了六个小时，约瑟夫二世批给奥西尼 - 罗森伯格伯爵的付款单留存至今：

> 我在此批出 1 000【达克特】于你，用于支付今日参演美泉宫游园会的艺术家们，分别如下：
>
> 萨列里 …………………………………… 100（单位：达克特）
>
> 莫扎特 …………………………………… 50
>
> 10 位德语演员，每人 50 …………………… 500
>
> 4 位意大利歌剧演员，每人 50 ……………… 200
>
> 布桑尼 …………………………………… 50

乐队 ·· 100
　　　　　　　　　　　　　　　　　　　 ————
　　　　　　　　　　　　　　　　　 1 000 达克特

（著名的喜剧演员布桑尼此时是这场活动中意大利语部分的舞台经理。）

在橘园上演的剧目很快又被搬去克恩滕门剧院上演（首演于 2 月 11 日）。
2 月 21 日《维也纳皇家日报》刊登的一篇评论中单独评价莫扎特的音乐"包
含了某些独到的美好"；随后在第二天，另一家报纸说演出中的德语部分比意
大利语部分的质量优秀很多，而且"这必然不是民族自豪感所造成的结果"。[3]　183

2 月 19 日星期天，莫扎特打扮成一个印度哲学家，去参加了里道腾大厅
举行的假面舞会。他带了一份印刷好的单页在舞会上分发，上面是八条谜语和
十四条"琐罗亚斯德语录"。这份单页并没有保存至今，但莫扎特寄了一份给
他父亲，而萨尔茨堡的一份报纸就摘录了一些选段并刊登出来。里面包括了
"人们看不到我但能拥有我""人们可以穿上我而感觉不到我""人们可以送出我
但不必拥有我"这样的谜语。而"语录"则包括了"不必要求人人谦虚：只有
伟大的人才适合这么做""赞美一个女人的最可靠和最温柔的方式是谈到她的
死对头的坏事。在这方面，又有多少男人不像个女人呢？"以及"如果你是一
个贫穷但高贵的傻瓜，就去做一切你能做的事，为了赚取你的面包。但如果你
是一个富有而高贵的傻瓜，就成为你想成为的任何人：但是成为一个明白人除
外，我不会有这种想法"。[4] 这些都展示了莫扎特思想中玄学的一面。这与他成
为共济会一员紧密相关。

除了为《剧院经理》谱曲之外，莫扎特的生活与以往一样充实。在 1785
年圣诞节前他参演了音乐家协会当年的第二组演出，主要节目是迪特尔斯多
夫的一部新清唱剧，而莫扎特演出的曲目是全新的降 E 大调第 22 钢琴协奏曲

（K.482），在 12 月 16 日刚刚完稿。他在一封给他父亲但没有留存至今的信里写道："加演了慢板乐章（这很少见）。"[5] 莫扎特在 1786 年 3 月 2 日完成了另一部精彩的钢琴协奏曲，即 A 大调第 23 钢琴协奏曲（K.488）。莫扎特可能在一两天后自己的一套三场系列音乐会上首演了这部协奏曲（按照他跟他父亲的信里所述，有 120 名观众），但没有具体的记录保存至今。

他接下来的作品反响更好，即为了在约翰·亚当·欧斯伯格亲王（Johann Adam Auersperg，1721—1795 年）宫邸里的私家剧院举行的一场《伊多美尼欧》的演出而创作的两首新的插入曲。参演的大多数是出身贵族的业余爱好者：第一首是为伊莉亚［女高音，由安娜·冯·普芬道夫（Anna von Pufendorf）饰演］和伊达孟特［男高音，由普利尼（Pulini）男爵饰演］而作的二重唱"即使我无法言说"（Spiegarti non poss'io，K.489），取代了原作中的第 20 号二重唱；另外莫扎特为了取代原来的第二幕开场，新创作了一首带有非常美妙的小提琴独奏的回旋曲式的开幕场景［由莫扎特的朋友，即年轻的奥古斯特·哈兹菲尔德（August Hatzfeld）伯爵担当独奏，他是巴伐利亚埃希施塔特主教座堂的一员］，以及男高音（由普利尼男爵演唱）的宣叙调"不再那样，我听见"（Hon piu，tutto ascoltai）和咏叹调"别害怕，我亲爱的"（Non temer，amato bene，K.490）。"别害怕，我亲爱的"堪称莫扎特所有咏叹调中最为动人的杰作之一，可以与《费加罗的婚礼》中的任何一段相提并论。莫扎特将他对这部无缘在城堡剧院上演的歌剧纠结的爱意倾注在这场演出上。其他的参演者包括豪登斯·哈兹菲尔德伯爵夫人（Hortense Hatzfeld，奥古斯特的异母兄弟克莱门斯的妻子），她母姓切罗廷，饰演埃拉克特拉；还有罗韦雷托来的朱塞佩·安东尼奥·布里迪（Giuseppe Antonio Bridi），饰演伊多美尼欧（此人后来在他在罗韦雷托的花园里竖起了一座纪念莫扎特的纪念碑）。

4月8日的《维也纳日报》报道了"莫扎特先生在7日星期五举行了一场盛大的音乐会，是【这个演出季】最后一场在【城堡】剧院举行的演出……"人们常常认为他在这场音乐会上首演了他的C小调第24钢琴协奏曲（K.491），但这仅仅是猜测，这部协奏曲完稿于3月24日，而他可能在不久之后就演奏过这部作品。

在《费加罗的婚礼》首演（1786年5月1日）后直到那年秋天，关于莫扎特一家没有什么值得一提的新闻：再度怀孕的康斯坦策生下了他们的第三个孩子，取名为约翰·托马斯·利奥波德（Johann Thomas Leopold），出生于10月18日，但在11月15日死于窒息 [6]。在此之外，莫扎特可能也会因为《后宫诱逃》继续受到欢迎而高兴，在1783年的两场演出之后，这部歌剧在1785年又演出了3场，而在1786年至少上演了11场（1787与1788年又上演了10场）。但是这些复排并不能为莫扎特带来收入，因为这部作品现在已经为宫廷剧院所有。

在萨尔茨堡的利奥波德又为我们保留了一封现已不存的莫扎特信件里面的内容，他的信写得"不清不楚"，但是"你能看到……他会在赌场里举行4场系列音乐会" [7]，"赌场"可能是指特拉特纳大楼。莫扎特为这些音乐会新写了两部精彩的作品，即C大调第25钢琴协奏曲（K.503）——12月4日完稿，可能在第二天就上演了——和D大调第38交响曲（K.504），完稿于12月6日。这部交响曲可能是这个系列中第二套曲目的重点新作，但具体日期已不可考。当这部交响曲后来在布拉格上演后，这座城市的名字就成为这部交响曲的标题。这是莫扎特到目前为止规模最为宏大的交响曲，以一段基本以小调写成的庄严肃穆的慢板作为引子，续以复杂且具有微妙的对位的快板乐段。这部交响曲没有小步舞曲乐章，但如果完整演奏（包含所有反复），这部三个乐章的作品仍然有接近 40 分钟的时长。

莫扎特当时已经在构思一个计划：当维也纳的英国人团体中的大部分人在下一年要离开维也纳时，与他们一起去英国。他想把自己的孩子们送去萨尔茨堡让利奥波德来抚养，而利奥波德则被这样的想法吓坏了。莫扎特已经得知他父亲在家里抚养小利奥波德（南妮儿的儿子）——利奥波德在给他女儿的信里说："这事我从没告诉过他，所以他或者他媳妇想出了那个伟大的主意。这肯定不会差，他们可以安安静静地上路，没准就死在哪里了，也可能就留在英国了，然后我要找到他们再把孩子送过去……混蛋！……"[8] 布拉格的一份报纸甚至公布了莫扎特计划中的旅行："著名作曲家莫扎特先生计划在来年春天前往伦敦，他收到了来自那里的丰厚邀请。他会在途中经过巴黎。"[9]

1786 年 12 月 27 日，莫扎特完成了他为南希·斯托拉切写的告别礼物，即一部以钢琴伴奏的轮旋曲，作曲家在他自己的目录里写下了这样的注脚："为了斯托拉切夫人与我。"斯托拉切一家，米歇尔·凯利还有托马斯·阿特伍德正准备离开维也纳。但如果莫扎特的父亲拒绝了他，他不可能与那些英国人一同启程的话，他和康斯坦策至少能够出发去另外一个更近的首都大城——布拉格。

我们之前已经观察到，布拉格对莫扎特和他的作品有着一种独特的迷恋。在莫扎特给他父亲的一封现已不存的信中可以看到这样一个例证：《费加罗的婚礼》在波希米亚的首都大获成功，以至于"整个乐队，以及一群音乐界业内人士和爱好者们向他奉上了一封邀请函，以及一首颂扬他的诗篇……"[10]

1787 年 1 月 8 日一早，莫扎特和康斯坦策离开了维也纳，与他们同行的

布拉格国家剧院，1786 年在这里上演的《费加罗的婚礼》获得了巨大的成功。《唐·乔瓦尼》在这里首演，而在 1791 年利奥波德二世加冕为波希米亚国王时，《狄托的仁慈》也在此首演。这是唯一一座保存至今的与莫扎特有过直接联系的主要剧院。

包括小提琴家弗兰茨·霍法（Franz Hofer，1788 年他会和康斯坦策的姐姐约瑟法成婚），单簧管演奏家安东·斯塔德勒，一个从萨尔茨堡来的年轻学生，也是他们的朋友弗兰茨·雅各布·弗雷斯塔德勒（Franz Jacob Freystädtler，此后他协助续完了莫扎特的《安魂曲》），两位从曼海姆来的女士，莫扎特家里的狗"高克"（Gauckerl），以及一个叫约瑟夫的男仆——可能是 1791 年为莫扎特送餐的"约瑟夫老大"[11]。这次旅程是莫扎特一生中最为快乐而无忧无虑的时光之一：布拉格欢迎他。他在 1787 年 1 月 15 日给他的朋友戈特弗雷·冯·雅坎①的信里这么写道：

> 当我们抵达之后（11 日星期二的中午 12 点），我们必须立刻赶去参 186
> 加 1 点钟的午餐。饭后老图恩伯爵【约瑟夫·安东（Joseph Anton）】为我

们准备了一场音乐会，由他自家人演奏，几乎一个半小时。我每天都能享受真正的娱乐。傍晚6点我和卡纳尔伯爵【约瑟夫·艾曼纽埃尔（Joseph Emanuel Canal）】一起去了传说中的布雷特菲尔德【约翰·布雷特菲尔德（Johann Bretfeld）男爵】舞会，布拉格的美女中的佼佼者都会在那里。我的朋友啊，你在那里一定会有所收获！我的意思是，我几乎都能看到你在那些漂亮女孩子和美艳妇人身边亦步亦趋的样子了——亦步亦趋，你觉得如何？——不，简直是跟在后面步履蹒跚！——我没有跳舞，也没有跟人搭讪。——这首先是因为我太累了，然后是因为我生来就是个傻子；——但看到这些人跟着我的《费加罗的婚礼》的音乐（全部改编成了对舞和日耳曼舞曲）欢乐起舞，为我带来了最大的快乐——在这里，没有什么话题能够离开——《费加罗的婚礼》；无论是弦乐、管乐、歌曲还是口哨，都只是——《费加罗的婚礼》：除了《费加罗的婚礼》之外其他歌剧没人看；这对我当然是无上的荣耀……下周五19日我将在剧院里举行一场音乐会；我可能得要再演出一场，而那会延长我在这里逗留的时间……

　　附注：如果我那时还没变聋或者瞎掉的话，星期三我会去看《费加罗的婚礼》。也许歌剧结束后我还是难逃变成那样。[12]

　　莫扎特在1月19日的音乐会上演奏了三首钢琴幻想曲，以及以《费加罗的婚礼》第一幕中的咏叹调"不要再去做情郎"即兴改编的变奏曲。他的传记作家涅梅切克当时在现场，他记录道：

　　　　作为对广大市民需求的回应，他在歌剧院里举行的盛大的音乐会中包括了一整套钢琴独奏曲目。这个剧院从来没有在这种场合如此爆满过……

实际上我们都不知道最值得赞叹的是什么，是这些伟大的音乐作品还是他超群的演奏技艺；而这两者结合起来的感染力是如此强烈，以至于我们觉得我们都着了魔……他为这个场合创作的这些交响曲是真正的杰作……步调急促而热情，充满了令人惊喜的变换，能够将灵魂提升到崇高的境界。那部 D 大调【第 38 号】交响曲【K.504】尤其配得上这样的赞美，这部交响曲尽管已经在布拉格上演过上百遍，但仍然是这里最受欢迎的作品。[13]

莫扎特在 1 月 22 日指挥上演了《费加罗的婚礼》（他此前在 1 月 17 日听了一场演出），随后在 2 月 6 日，他完成了一组由乐团演奏的活泼的日耳曼舞曲（K.509）——这是在他的新的一系列晚期舞曲中的第一部，在其中展示了与规模更加宏大的作品同等水准的技艺。但他是因为上了当才被迫在短时间内创作这些舞曲的，尼森在他所撰写的莫扎特传记中写道：

> 莫扎特在 P 伯爵【可能是帕赫塔伯爵，知名的音乐爱好者，在布拉格拥有自己的乐团】要求下为贵族社团舞会创作了一些舞曲，P 伯爵本人出任这个社团的总监。【莫扎特】答应了这件事，但并没有动笔。那位伯爵安排了一个计谋，他邀请莫扎特来吃饭，但附带条件是这顿饭比一般时间早一小时开始。莫扎特按时抵达了之后，请客的一方立刻奉上纸笔，要求他尽快为舞会完成舞曲，因为舞会第二天就要举行。在这种情况下，莫扎特就直接坐到桌前，没到半小时他就已经写完了四首为大乐团而作的对舞舞曲。[14]

实际上，这一套舞曲一共有六首，而且——保留部分诗意表达的话——莫　187
扎特可能真的是"中计"了，才会按时完成这些作品；它们的编制包括 1 支短
笛、2 支长笛、2 支双簧管、2 支单簧管、2 支大管、2 支圆号、2 支小号、定
音鼓和弦乐组，而且它们的节奏也是比正常情况（3/4 拍）更快的 3/8 拍。

3 月 2 日，很明显正在生气的利奥波德写信给他在圣吉尔根的女儿：

> ……我写信去布拉格后，并没有收到【沃尔夫冈的】回应；【但我已
> 经得知】他在布拉格赚到了（据说）1 000 福林，他刚出生的儿子利奥波
> 德死掉了，而且，像我之前说的那样，他想去英国，但他得让他的学生
> 【阿特伍德】在伦敦先做点安排，例如写一部歌剧的合同，或者一组套票
> 音乐会……因为我用作为父亲的方式写信告诉他，他如果在夏天出发，就
> 什么钱都赚不到，而且会在一个错误的时间抵达那里，这样的话他至少要
> 带 2 000 福林才能成行……他会失了心智的……[15]

1787 年 2 月 23 日，南希·斯托拉切在克恩滕门剧院举行了她的告别音乐
会（据称这场演出给她带来的收入是 4 000 盾）[16]。这位大受好评的歌唱家为
什么要离开维也纳并不清楚，但看起来似乎她在与丈夫分居后，先是成为贝努
奇的情人，后来（1786 年）又走近了年轻的巴纳德勋爵（后来的克利夫兰公
爵）①，这位勋爵是当时在奥地利首都的诸多年轻有钱的英国人之一。莫扎特在
很多人的留言册上练习用英语书写，并且与很多有头有脸的英国人交流。那些
英国人组成了一个俱乐部，在格拉本的一座房子里聚会畅饮。巴纳德勋爵有一

---

① William Henry Vane（1766—1842 年），英国贵族政治家、种植园主。他在 1792 年前的头衔是巴纳德子爵
（Viscount Barnard），1792 至 1827 年间是达灵顿伯爵（The Earl of Darlington），1827 至 1833 年间是克利夫兰侯爵（The
Marquess of Cleveland），1833 年被封为公爵，1839 年更成为嘉德骑士团一员。

本日记（用法语写成），其中详细记录了他和南希的约会：

> 【1786 年 5 月 11 日：】我 9 点起床，打网球，在米洛·格拉纳德家吃晚饭，再去曼纳先生家的舞会，一直跳到早上 7 点。【5 月 12 日：】我整个白天都在床上……【1787 年 1 月 20 日：】晚上在斯托拉切夫人家过夜。【1 月 21 日】我在斯托拉切家吃晚饭。带她去里道腾大厅跳舞，直至凌晨 4 点。【2 月 3 日：】在我住处为斯托拉切夫人办了一场舞会。天气晴朗宜人。

巴纳德勋爵出席了斯托拉切在 2 月 23 日举行的音乐会，演出后带她回家吃晚饭，第二天启程返回英国。钦岑多夫伯爵也在演出现场，并记录了一首选自歌剧《稀罕事》的二重唱被加演了三遍，另一首花腔咏叹调（可能是莫扎特的 K.505，虽然这位伯爵不太可能不提到莫扎特，如果他确有参与的话）"非常无聊"，她还唱了一首选自斯蒂芬·斯托拉切的歌剧《误解》（Gli Equivoci）中的咏叹调[17]。莫扎特为这群英国人写了一封介绍信致他父亲，当他们抵达萨尔茨堡后，他们发现大主教对在场的女士很是殷勤。

1787 年春天，利奥波德得了重病。莫扎特在 4 月 4 日写给他父亲的信成为他们之间的最后一封通信。而这封信，也成为莫扎特最为有名的信件之一。

> 现在我听说你是真的病了！不用说，我如此渴望着能够从你本人这里 　　188
> 获得一些好消息；我真的盼望着——虽然我现在已经养成了想象各种最为恶劣的情况的习惯——既然（严格来说）死亡是我们生活的真正目的地，这几年来我就对这位我们人生的真正的挚友有了更深刻的认识，他的形象

不再令我恐惧，相反却令我快慰！而我也感激上帝，以其慈悲赐予我这个机会（你理解的），让我认识到他【死亡】才是我们真正的快乐之源。（虽然我仍年轻）我在床上躺下时也已经必然会意识到我可能无法活着看到明天来临，但是没有人，尤其是那些了解我的人，会说我在平常与他们相处时是顽固或者忧郁的——为了这真正的快乐，我每天都对我的造物主无限感激，也衷心祝福每个人都会是这样。——在我那封【丢失的】信里（斯托拉切夫人放在她的行李中）已经解释过关于我的至亲好友冯·哈兹菲尔德伯爵的去世，我对此的思考方式——他只有 31 岁；像我一样——我并不为他感到遗憾——但我真诚地对自己，也对包括我在内所有认识他的人感到抱歉。——我但愿你能在我写这封信的时候有所好转，但如果与一切的希望相反，你并不能康复，我就请你看在……【莫扎特本人略去其名】的名义上不要对我隐瞒，而是写信给我，或者找人写信给我，告诉我所有的真相，这样我就能以人力可及的最快速度来到你的怀中。我凭着对我们同样神圣的一切向你如是恳求，但我相信很快就能收到你让我们宽慰的信，而在这样令人愉悦的希望中，我和妻子还有卡尔亲吻你的手一千次，而我永远是

你忠诚的儿子
W.A. 莫扎特 [18]

共济会一直认为在这封信——唯一一封提到了共济会而又没有被康斯坦策和 / 或尼森销毁的信件——里通过"你理解的"这样模糊的一句话，以及对死亡的强调，暗示着升至共济会第三等级（导师）的秘密仪式。

在这封信完稿几天后，路德维希·冯·贝多芬首次来到维也纳，应该是来

向莫扎特拜师学习作曲的。但实际上，他应该不太可能在那里上过什么课。多年之后，贝多芬说他只是经常听莫扎特演奏，而且觉得莫扎特的演奏充满断奏，换句话说就是断断续续的。贝多芬的一位好友卡尔·霍兹（Carl Holz）在回忆时提道："当他还小的时候，贝多芬被带去见莫扎特，而莫扎特让他弹琴，他就即兴演奏了一段。'这很漂亮，但是是准备过的。'莫扎特如是评价。贝多芬有点恼怒，就问莫扎特要了一个主题，他来即兴演奏。在听了他的表现后，莫扎特对一些朋友说：'关注他吧，他会告诉你一些东西。'" [19] 但是在当时，贝多芬的母亲生病了，而这个年轻人必须尽快赶回波恩。

4 月 19 日，莫扎特的作品目录里收入了他在成熟期创作的弦乐五重奏的第一部作品——C 大调（K.515）。几天后即 4 月 24 日，莫扎特一家搬去了城郊兰德大街的一套租金便宜很多的公寓，莫扎特一定认识到了住在教堂街那套大房子里的开销太大了 [20]。他在 5 月 16 日写完了第二部五重奏——G 小调（K.516）。此后不久，他将他的 C 小调管乐小夜曲（K.388）改编成了弦乐五重奏（原来的克歇尔编号是 406，现在重新编为 K.516b）。看上去莫扎特将要把这些非同一般的新作搬上舞台，因为他在一封给一个身份已不可考的朋友的信里这么写道：

189

> 请原谅我最近擅自拿走了那些海顿的四重奏【Op.50，即将由阿塔利亚出版，私抄版也在维也纳流行中】——但我一直认为，对于像我这样的小丑，我值得被特殊对待一次。——明天请一定让我借走我的 6 首【题献给海顿的】四重奏，G 小调以及那部新的 C 小调五重奏。——我会在后天附上谢意并将它们如数奉还…… [21]

《音乐的玩笑》（K.522）初版封面上的铜版画，由奥芬巴赫的 J. 安德烈出版。

利奥波德于 5 月 28 日在萨尔茨堡去世。莫扎特在 6 月 2 日写信给他姐姐，告知他无法离开维也纳。他觉得，就他父亲的房产而言，不值得他为此旅行一次，"而且我承认我完全听从你公开拍卖他的物品的想法，我只想拿到一份这些物品的清单，这样我就可以挑选一些东西……"[22] 他在圣吉尔根的亲戚们为此留给他一份总额 1 000 盾的财产，他也接受了，只要求这笔财产不要以萨尔茨堡通行的帝国通货支付，而是用维也纳通行的货币，并以汇票支付（8 月 1 日的信件）。（这其中有所差别：维也纳通货标准的 1 000 盾相当于帝国通货的 1 200 盾。）南妮儿的丈夫贝西托德·祖·索能伯格代她处理这些事务，答应了莫扎特的这个约定，而莫扎特为此（在 9 月 29 日）写信，要求将汇票"送去霍尔市场瓦赛格伯爵宅邸的迈克尔·普赫伯格处，我已授权他来收下这笔钱，因为星期一一大早我就要出发去布拉格……"[23]

莫扎特在 1787 年夏创作了或至少是完成了两部值得一提的作品。第一部是《音乐的玩笑》（*Ein Musikalischer Spaß*，K.522），在他得知父亲死讯的两周之后完稿（目录中记载的日期是 6 月 14 日）。这部戏仿当时音乐（连海顿都没能逃过：这部作品朗朗上口的末乐章，就像是海顿笔下的回旋曲的一个业余版本）的古怪作品[24]，看起来是为了某个如今已经不可知的特别场合而分段创作的（阿兰·泰松对此有研究）。有些传记作家——鉴于我们处在当今这个后弗洛伊德世界，这是可以预料的——指责莫扎特在他父亲去世后不久就创作了这样轻佻的作品，过于没心没肺，他们也将《唐·乔瓦尼》视为某种仇父情结的疯狂发泄（骑士团长被视作父亲的形象）。如此这般的"见解"只能展示出他

279 |

莫扎特弦乐小夜曲（K.525）开头部分手稿，完稿于 1787 年 8 月 10 日。

们对莫扎特的思维方式缺乏认识：他在作曲的时候，总是处于自己独特的世界之中，而他的这个内在世界与外在现实之间并没有多少联系。

那个夏天的另一部杰作是"弦乐小夜曲"（K.525），于 8 月 10 日完稿。这部小夜曲原本有五个乐章（小步舞曲和三重奏乐章未能流传下来）。人们总是被这部作品在形式上的完美以及其慢乐章的美丽与精致吸引：这可能是有史以来最为美好的音乐小品，无怪乎其长盛不衰。

莫扎特在 1787 年 10 月 1 日再度前往布拉格，康斯坦策这次也陪着他。前一次旅行中，他们在被邀请去"老"图恩伯爵家里住之前，曾经在"三狮"旅

190

店住下，而这次他们又住在那里，不过他们也经常出门去见朋友杜什切克一家，他们在贝特拉姆卡的乡间别墅如今已经变成一座博物馆。前一章里面提到过这次旅行。到了 1787 年 11 月中旬，莫扎特一家已经回到了维也纳，他们即将面对一系列非常重要的事件。

第一桩事件是在 12 月 5 日，维也纳的德语歌剧团宣告解散，阿罗西亚·朗格被纳入了意大利语歌剧团。而这意味着意大利语歌剧，至少是暂时地，在维也纳宫廷剧院的舞台上赶走了德语歌剧。其中的理由可能是最为简单的那个：意大利语的歌剧作品比起同时期的德语歌剧要优秀得多，当时的德语歌剧大多剧本平庸，而且除了莫扎特与——相对较低水准的——迪特尔斯多夫的作品之外，在音乐上也乏善可陈。而且，意大利语歌剧是国际化，甚至可以说是无国界的，因此比起其他本地制作来说更为适合这样一个大国宫廷歌剧院。至少有这些理由，再加上约瑟夫二世通常的经济性考量，使他作出了这个决定。意大利语歌剧团耗资不菲，这样为什么还要保留一个德语歌剧团呢，况且他们演出的歌剧水平不佳。

之后不久，奥西尼－罗森伯格伯爵上奏请皇帝口头确认，聘请莫扎特成为皇室内廷音乐家，年薪 800 福林 [25]。这笔薪水可能少于他的期望，但按照这位皇帝的标准来看，可不算是吝啬。1787 年时的一位内廷侍从的薪水也是 800 福林，与美景宫的"城堡队长"一样，中层官员的税前收入就是这个水平 [26]。格鲁克之前的收入是 2 000 盾，因为他更为年迈而且更加出名。1787 年，他的去世为莫扎特打开了进入宫廷的机遇，而莫扎特原本为约瑟夫二世的侄女在布拉格的婚礼创作的《唐·乔瓦尼》也可能是皇室做出这个决定的另一个因素。日后莫扎特在给他姐姐的信里写道："附注：关于你对我的任职的关心，皇帝已经将我纳入他的宫廷……目前的薪水只是 800 福林，但内廷里没有别的成员能拿到那么多……" [27]

到了年底，莫扎特的第四个孩子特蕾莎在 12 月 27 日诞生，她只活了几个月。

＊　　＊　　＊

1788 年 1 月 6 日，约瑟夫二世的侄子弗兰西斯大公与符腾堡的伊丽莎白·威廉敏娜公主成婚①。为了庆祝这个场合，约瑟夫二世向新娘赠予了价值 24 000 盾的珠宝 28，并且让宫廷歌剧团在 1 月 8 日上演了萨列里的最新舞台剧作。这是他前一年在巴黎富有开创性的歌剧《塔拉雷》的意大利语版本，由洛伦佐·达·蓬特改编剧本，并重新命名为《阿克瑟，霍尔木兹之王》(*Axur, Rèd'Ormus*)。这部歌剧上演时的阵容强大，由贝努奇担纲主演，是这个演出季的重头戏。当晚的剧院被无数蜡

小弗雷德里希·鲍曼（1764—1841 年），男低音歌手和演员，莫扎特为他在 1788 年创作了一首《日耳曼战争之歌》(K.539)，作者不详的铜版画。

烛照得灯火通明（钦岑多夫记录："有一些在剧终前就熄灭了"，他也评价这部作品"平淡"）29。无论如何，一部在这样的盛典中首演的作品可以保证日后的成功，而萨列里毫无疑问也是一位非常精明的操纵者。

在 2 月 6 日，维也纳的剧场状况发生了进一步的变化，古老的克恩滕门剧院被关闭了（直到 1791 年 11 月 16 日再重开）。这一举措出自经济目的，部分是由于德语歌剧团的解散。因此，德语戏剧和意大利语歌剧都只在城堡剧院演出。（1791 年克恩滕门剧院短暂重开，举行了一场盲人玻璃琴演奏家玛丽安妮·科齐盖斯纳的音乐会，莫扎特也间接参与其中。）1788 年 2 月 9 日，奥地利对奥斯曼土耳其帝国开战：这场无论是部署还是指挥都一塌糊涂的错误战争

---

① 参见本书第 89 页，脚注 ①。

对莫扎特的财产造成了灾难性的影响。像大部分战争那样，开战时的爱国情怀总是高涨而炽热的，三月初的时候甚至莫扎特也贡献了一首《日耳曼战争之歌》（K.539），歌曲的开头唱道"我想假如我是皇帝"，演唱者是一个名为弗雷德里希·鲍曼（Friedrich Baumann）的年轻演员，他那时在利奥波德城的一个郊区剧院登台。

莫扎特当时的演出活动仍然包括了在贵族晚会上作为嘉宾出演。钦岑多夫在 2 月 10 日由威尼斯大使举行的一场宏大的音乐会上听过他的演奏，来自宫廷歌剧团的歌手也参加了演出。时任大使是多尔芬伯爵丹尼勒·安德里亚①，他的官邸在多罗西大街上（如今的门牌号是 9 号）[30]。他是一个声望显赫的威尼斯世家的继承人，威尼斯共和国的多位总督都来自这个家族。

1788 年冬季的重要事件是莫扎特为戈特弗雷·凡·斯威腾的协会改编了 C.P.E. 巴赫的清唱剧《基督的复活与升天》（*Die Auferstehung und Himmelfahrt Christi*），并亲自指挥其上演。在佛科尔的《音乐年鉴》中收录了一份报道，记录"这部康塔塔在 2 月 26 日……以及 3 月 4 日……在约翰·【巴普蒂斯特·】埃斯特哈齐伯爵处上演，在伟大的音乐爱好者凡·斯威腾男爵的指导下，参演乐团共有 86 人，演出获得了尊贵的观众们的掌声。莫扎特先生为演出打拍子并读谱，乌姆劳夫先生演奏键盘。因为在演出前完整排练了两次，演出本身非常精彩……歌唱家阵容包括了朗格夫人、男高音亚当贝尔格、男低音萨尔【伊格纳兹·萨尔（Ignaz Saal）】，以及由 30 人组成的合唱团。3 月 7 日这部作品又在国家剧院【城堡剧院】上演"[31]。与初始的印象不同，对莫扎特而言，这样的活动并不是浪费时间。他对"旧"音乐作品有着真诚的兴趣，

①　Daniele Andrea Dolfin（1748—1798 年），意大利贵族、政治家与外交官，他的家族是在 697 年参选首任威尼斯公爵的家族之一。他本人曾经先后出使法国与神圣罗马帝国，并与本杰明·富兰克林（Benjamin Franklin）等美国建国元勋交好。他将富兰克林本人发明的暖炉和避雷针引入了威尼斯。

并且，抛开其他因素不说，他的这两位最重要的赞助人提供的这样贴心的委约，也是他额外的收入来源。很多人没有意识到的是，可能在这一系列演出的中场休息时刻，莫扎特首演了他的第 26 钢琴协奏曲"加冕"（K.537），他在C.P.E. 巴赫这部清唱剧的第一场演出两天前完成了这部协奏曲。这部作品显示莫扎特认识到了他的"严峻"风格已经不再流行（如果真的流行过的话），在2 月 24 日被列入了他自己的作品目录。而目录中的下一部作品可能更加重要，是他的最后一首花腔音乐会咏叹调（K.538），为阿罗西亚·朗格而作。这首咏叹调的草稿可以追溯到十年前，目录中对它的记述是："F 大调咏叹调一首。'天空中的仁慈之星'，为朗格夫人而作……"日期是 1788 年 3 月 4 日，正好是那部清唱剧第二场演出的当天，看起来可能在那场音乐会的中场休息时，阿罗西亚演唱了她妹夫的这部新 / 旧作。至于 3 月 7 日在城堡剧院的演出有没有上演莫扎特的这两部新作，如今已不可考。

我们现在即将看到的是莫扎特的弦乐五重奏的出版公告。已经有了很多的理论试图解释这些晚期五重奏的缘起。1786 年，路易吉·博凯里尼① 成为普鲁士国王腓特烈·威廉二世的御用作曲家，这位国王是腓特烈大帝的继任者。与其前任一样，这位新国王对音乐也抱着极大的热情，而且他本人也是一位出色的大提琴家，海顿也为他创作过弦乐四重奏。阿尔弗雷德·爱因斯坦 32 提到过，莫扎特可能是为了这位普鲁士国王而创作这些五重奏的。但这也有很多疑问，尤其是当我们检视莫扎特先后刊登在《维也纳日报》（1788 年 4 月 2 日、5日、9 日）和在魏玛出版的《奢侈与时尚杂志》②6 月号上的这篇公告：

---

① Luigi Boccherini（1743—1805 年），意大利作曲家、大提琴家，是古典主义时期最重要的器乐作曲家之一。

② *Journal des Luxus und der Moden*，1786 至 1827 年间在魏玛以德文出版的时尚杂志，是德语地区最早的时尚杂志之一。

音乐公告

　　本人将以订购形式出售三部新的五重奏乐谱，为两把小提琴、两把中提琴和一把大提琴而作，精致誊写并核对无误。订购价格为维也纳通货 4 达克特或 18 福林【盾】。——请在平日白天拜访高街市场【迈克尔·萨列特（Michael Salliet）商行】的普赫伯格先生以获取订购表单，作品将从 7 月 1 日起寄送。

现任御前宫廷作曲家莫扎特 [33]

　　如今普遍认为莫扎特创作这三部作品是为了将其以订购方式发售。他和朋友们已经把这些作品演奏了一年，然后决定将这些作品以手抄乐谱形式出售。不光彩的是，莫扎特在 1788 年 6 月 25 日的《维也纳日报》上宣布，这些五重奏得等到 1789 年 1 月 1 日才能上市 [34]。他曾经在 1783 年 1 月通过订购方式在一定程度上成功出售了他那时的三部新钢琴协奏曲（K.413—415），但如今时过境迁。1783 年的莫扎特是维也纳公众的宠儿，但在 1788 年他已经风光不再，而且他还欠着迈克尔·普赫伯格的钱。

　　这三部五重奏的音乐只能用惊心动魄来形容。熟悉题献给海顿的六部四重奏的人都会记得，其中最伟大的一部（K.465）披着 C 大调的光辉夺目的外衣，并且在这首曲子的演奏过程中，莫扎特有力地使这个调性充满了渴望的悲情。在 K.515 中，开始时极具原创性的主题以一种新的方式使用了一个传统的元素（分解三和弦），中声部以反复的颤抖产生并维持着音乐的紧张感，而大提琴中的分解三和弦则由第一小提琴用一个特殊的尖锐乐句来回应。这种模式在主题出现之前重复了三次，但莫扎特几乎没有完成主题，音乐就戛然而止。在一小节的休息后，整个过程在 C 小调中重复，而第一小提琴和大提琴的角色则颠倒过来：之前第一小提琴在"回答"中表现的凄凉，在降低三个八度抵达大提琴的最低音域后，变成了黑暗的不祥之声。

尽管有过于幻想的风险，我们还是要重申，即使对相对未受过训练的耳朵来说，这也是一种非常令人不安的转变，而且，这也不是莫扎特五年前所写的那种音乐。就 G 小调五重奏而言，它的气氛变得更加情绪化。它那不寻常的调式、戏剧性的力量、悲剧性与温柔情怀的结合，确保了它在室内乐曲目中的特殊地位。这首曲子和伟大的 G 小调第 40 交响曲（K.550，完成于 1788 年 7 月 25 日）也许构成了莫扎特笔下最具个人色彩的音乐。1787 年 5 月，当他创作这这首五重奏时，莫扎特一定很清楚，至少就维也纳而言，某种程度上他的流行魅力已经不再。G 小调五重奏是莫扎特个人悲剧的一面镜子，这位当时最伟大的音乐天才被人误解甚至排斥，同时也陷入了债务危机。

毫无疑问，近代维也纳的许多观众在面对 D 小调第 20 钢琴协奏曲（K.466，完稿于 1785 年 2 月）和 C 小调第 24 钢琴协奏曲（K.491，完稿于 1786 年 3 月 24 日）时，都会感到困惑和不安，但这些协奏曲仍然是在公共场合公开上演的作品，而那些五重奏则基本上是表达个人苦痛的音乐。类似的音乐此前少有耳闻。海顿的那些伟大的以小调写成的四重奏从作品第 20 号开始也是个人性质强烈的作品，但其中的悲剧性更为古典、更少个人性质。出售像莫扎特五重奏这样的"私人"作品的一部分麻烦是，作曲家想要吸引的正是一个开始与他的"公众"作品保持距离的群体。无怪乎 1788 年 5 月 15 日，伊丽莎白·威廉敏娜大公夫人会在给她的丈夫，未来的皇帝的信里写道："……过去几天他们上演了莫扎特的一部新歌剧【《唐·乔瓦尼》】，但并没有获得很大的成功……"[35]

鉴于莫扎特在维也纳受公众欢迎程度的跌落是本书的一个关键性的转折，

194

我们打算从两个不同的角度来研究这一现象。首先是文献资料。在他题献给海顿的四重奏的评论中，有人对其难度发表了一些意见，但在克拉迈的《音乐杂志》这本富有影响的德语期刊里（1787 年 4 月 23 日号），有一位作者写道：

> 【莫扎特是】我所听过的最优秀和最卓越的钢琴演奏家；但可惜的是，为了追求新奇，他在其充满艺术性且非常美丽的创作中，达到的境界实在太高了，这意味着感性和心灵从中能有所收获，但并不充分：他的新四重奏……他题献给海顿的作品实在是太过艰深了——有什么人的口味能长久地忍受这种感觉呢？请原谅用食谱做比喻……[36]

接下来我们可以回顾一下莫扎特在 1785 年为霍夫梅斯特而创作的 G 小调钢琴四重奏。正如我们之前所提到过的那样，其乐谱本身对维也纳而言也是一部前卫的作品，而且在钢琴部分的技术难度非常高，不仅需要专业的技艺，还需要用心聆听。下面的报道（在此收录概要）刊登于 1788 年 6 月号的《奢侈与时尚杂志》这本流行刊物：[37]

> 莫扎特现在在维也纳已经拥有了皇室御用作曲家的身份【从 1787 年开始聘用】。现在让我就他（或他的名气）所带来的一个奇异的现象说几句。不久前，市面上出现了一部四重奏（为钢琴、小提琴、中提琴和大提琴而作），每一个声部的分谱都被单独印刷出售，而且这部四重奏非常复杂，对四个声部的要求都极致精确；即使在非常成功的演奏中，这种"室内乐"只能也只应该能够取悦音乐内行人。
>
> 而这传闻是：莫扎特创作了一部新的且非常特别的四重奏，而某位公

主或伯爵夫人有了这部作品并演奏过它。这样的消息很快就传开了，激起了人们普遍的好奇心，也正是因为这个传言，人们才有了在宏大而嘈杂的音乐会上演奏这部原创作品的不明智想法。

许多其他作品都可以熬过平庸的演绎。然而，莫扎特的这一作品，如果由平庸的业余人士来演奏，并且不特别用心的话，就几乎令人无法忍受。在过去的这个冬天，发生了无数次这样的事情：在我结束旅途，被带去参加一些音乐会的时候，就会出现某些中产阶级的女士或小姐们，或者某些傲慢的业余音乐家，在喧闹的聚会上拉出这首四重奏，并假装欣赏。它无法让人愉悦，大家都在这四种乐器难以理解的噪音中无聊地打着哈欠，但它必须让人满意，必须被称赞。

当这部备受讨论的艺术作品在一个安静的房间里，由四位对它深刻研习过的熟练乐手演奏的时候，且其演奏极为精准，每一个音符的释放都不会被细心的听众的耳朵放过，而又只有两三个细心的人在场的时候，这会产生多么大的区别。但这样就不会有荣光可言，不会收到辉煌而又矜持的掌声，也不会采撷到惯例的赞美。

霍夫梅斯特在 1785 年 12 月将这部 G 小调四重奏作为一套不同作曲家的室内乐作品集的一部分出版。这一系列中属于莫扎特的部分的销售情况令人失望，霍夫梅斯特从中也赔了钱。但他仍然开始准备为这三部作品中的第二部（降 E 大调四重奏，K.493）开始刻板，只是在完成了小提琴部分后就放弃了，决定止损（为一部四重奏这样规模的作品刻板印刷耗费不菲）。根据尼森所写的传记中的记载，霍夫梅斯特"赠予大师与预付款等额的费用"，并要求与作曲家解除合同。幸运的是，莫扎特说服了阿塔利亚公司来接手这个项目。阿塔

195

利亚从霍夫梅斯特那里买来了小提琴分谱的刻板，再刻印了其他声部，并在
1787 年 7 月出版了这部作品。很明显，那时的销售状况并不足以鼓励莫扎特
去创作原来计划中的第三部四重奏。[38]

＊　　＊　　＊

　　著名的澳大利亚医生彼得·J. 戴维斯（Peter J. Davies）曾提出[39]，莫扎特
有躁狂—抑郁倾向，在面对他在十八世纪八十年代创作的那么多小调作品时，
哪怕是外行人都能够直观地感受到这一点。现在，虽然人们已经普遍认为悲剧
性不一定只能用小调来表达，而且莫扎特在大调中也常常表现出同样的怀念和
悲壮情绪（典型的例子是 G 小调五重奏和"朱庇特"交响曲中的慢乐章），但
我认为，我们还是必须把十八世纪八十年代的这些小调作品中的大多数看作远
远超出了正常的表现范围的作品（例如同时期海顿的作品），莫扎特把他最不
安、最惊心动魄甚至最为危险的音乐留给了小调。这里并不试图列出一份完整
的清单，但不会省略那些可能被遗漏的悲剧性的大调作品，以及大调作品中的
个别小调乐章，比如第 22 钢琴协奏曲（K.482）和第 23 钢琴协奏曲（K.488）
中的慢乐章。这里还是选取了一些作品供进一步研究：

　　　　1782 年
　　　　为管乐队而作的 C 小调小夜曲（K.388，具体完稿日期不明）

　　　　1783 年
　　　　D 小调四重奏（K.421），6 月（康斯坦策将她生产时的疼痛与莫扎特
　　创作这部四重奏中的小步舞曲相联系，具体日期是 6 月 17 日）
　　　　为双钢琴而作的 C 小调赋格（K.426），12 月 29 日

插图 17：约瑟夫二世皇帝在他姐姐安娜女大公和妹妹伊丽莎白女大公旁边弹琴。这位皇帝作为一个热心的业余音乐家，在莫扎特于 1781 年抵达维也纳之后不久就与他结识。画面中钢琴上的乐谱是一首由萨列里创作的二重奏。约瑟夫·豪辛格（Joseph Hauzinger）创作之油画，作于 1780 年前。

插图 18：科勒雷多伯爵耶罗尼米斯，1772 年起继任萨尔茨堡大主教，莫扎特和他父亲都曾在他手下工作。当 1781 年萨尔茨堡大主教宫廷临时驻在维也纳时，莫扎特与大主教关系决裂，而他此后也只在 1783 年回过一次萨尔茨堡，向他家人和朋友介绍他的妻子康斯坦策。油画肖像，作者已不可考。

插图 19：当时的萨尔茨堡主教宫广场，左侧是十六世纪末新建的带有钟楼的建筑，中间是主教座堂，右侧是主教宫。由 F. 穆勒（F. Müller）根据弗兰茨·冯·纽曼（Franz von Naumann）画作所作之上色铜版画。

插图 20：米歇尔广场，维也纳主要的广场之一，左侧是圣米歇尔教堂的大门，圆顶建筑是马术学校，右侧边缘处是旧城堡剧院，其内景见下图。由卡尔·舒茨 1783 年所作之铜版画。

插图 21：维也纳旧城堡剧院的内景。在这里也上演音乐会，包括莫扎特自己在 1783 年 3 月 23 日的音乐会（曲目详情参见第 112—113 页）。1830 年前后的上色铜版画，作者已不可考。

插图 22：里道腾大厅为了庆祝 1760 年约瑟夫大公（之后的约瑟夫二世皇帝）和帕尔马的伊莎贝拉成婚而举行的盛大的娱乐活动，上演了 J.A. 哈塞的《阿尔西德在比维奥》（ Alcide in Birio ）和格鲁克的《泰迪德》（ Tétide ）。由马丁·凡·梅登斯（ Martin van Meytens ）及其画室所作之画作局部。里道腾大厅是维也纳社交活动的焦点之一，时常举行假面舞会，包括莫扎特在 1783 年 1 月参加的那场。

插图 23：约瑟夫·海顿（1732—1809 年），莫扎特的长辈，也是他的挚友和仰慕者。海顿在 1790 年 12 月离开维也纳前往英国——这幅由约翰·霍普纳（John Hoppner）于 1791 年绘制的海顿的肖像画由威尔士亲王（之后成为英王乔治四世）委约——一年后海顿为莫扎特的死讯深深震动。

插图 24：美泉宫大门，1786 年在美泉宫的橘园上演了莫扎特的《剧院经理》。卡尔·舒茨 1783 年所作的铜版画局部。

插图 25—28：布拉格

作为波希米亚首府，布拉格的人们非常重视莫扎特和他的音乐。他的歌剧《费加罗的婚礼》于 1786 年在维也纳首演后，很快就在布拉格进入排练，而第二年莫扎特两次前往那里，并在第二次逗留期间创作并指挥了他的下一部歌剧《唐·乔瓦尼》。在 1791 年他被突然委约创作一部新歌剧《狄托的仁慈》，并于 9 月在那里的国家剧院上演，作为利奥波德二世皇帝加冕为波希米亚国王的庆祝活动的一部分。

左上：从西面俯瞰城市全景，利奥波德·普克特（Leopol Peuckert）所作的上色铜版画。

左中：一系列铜版画之一，描绘利奥波德二世和玛利亚·路易莎皇后的仪仗队伍前往大教堂，弗兰茨·赫格尔（Franz Heger）的铜版画。

左下：巴洛克风格的圣尼克拉斯教堂，当时的铜版风景画，莫扎特去世后在那里举行过追思弥撒。

右：1791年在布拉格国家剧院一侧建造了一个特别的大厅，用于举办诸多节庆活动；由C.普拉绪（C. Plush）根据P.赫格尔（P. Heger）与F.赫格尔的画作而作的铜版画。

插图29：1790年前后的一幅无签字的油画，描绘了维也纳的"新希望之王"共济会会所集会的场景，其中尼克劳斯·埃斯特哈齐亲王作为仪式导师，而莫扎特也在画中，坐在前景右侧，与邻人交谈中（参见第145页起）。

插图 30：卡尔·弗雷德里希·辛克尔（Karl Friedrich Schinkel）为 1816 年在柏林上演《魔笛》而作的著名的舞台设计场景之一。展示的是夜后宫殿——其建筑风格展示出浓厚的古埃及特色——的入口，后面显露出的天幕（部分可见）是夜空的蓝色，布满了整齐的对称排列的繁星，以及精细的云彩和新月

PAMINA *Du hier!* — *Gütige Götter*
Achzehenter Auftritt II. Act.

TAMINO — *Hier sind die Schreckenspforten*
Achtundzwanzigster Auftritt II. Act.

插图 31—32：《魔笛》，1791 年在维也纳的维登剧院（自由之家剧院）首演，很快就在德语区各国风靡一时。1795 年时在布伦（今布尔诺）出版的月刊《欧洲通用期刊》（*Allgemeines Europäisches Journal*）刊登了这部歌剧的六幅场景，这里展示的是第二幕的两幅，由约瑟夫和彼得·沙伏尔（Peter Schaffer）绘制的上色铜版画。

1784 年

C 小调钢琴奏鸣曲（K.457），10 月 14 日

1785 年

196

D 小调第 20 钢琴协奏曲（K.466），2 月 10 日

C 小调钢琴幻想曲（K.475），5 月 20 日

G 小调钢琴四重奏（K.478），10 月 16 日

C 小调共济会葬礼音乐（K.477），11 月 10 日（存疑）[40]

1786 年

C 小调第 24 钢琴协奏曲（K.491），3 月 24 日

1787 年

A 小调钢琴回旋曲（K.511），3 月 11 日

G 小调五重奏（K.516），5 月 16 日

C 小调五重奏［K.406，C 小调小夜曲（K.388）的改编版本，参见 1782 年］，5 月底（存疑）

《唐·乔瓦尼》（K.527）的倒数第二场，D 小调，10 月 28 日

1788 年

B 小调钢琴慢板（K.540），3 月 19 日

为弦乐而作的 C 小调慢板与赋格（K.546），6 月 26 日

G 小调第 40 交响曲（K.550），7 月 25 日

1791 年

D 小调安魂曲（K.626），10—11 月（存疑）

　　戴维斯医生提供了一份针对莫扎特的性格的长篇学术分析，其第一部分的结论是"有令人信服的证据表明，莫扎特在其刚成年时的生活中，隐秘地出现了一种慢性情绪障碍，这种障碍一直持续到他的死亡，并与病态的情绪波动有关，在躁郁与抑郁之间来回反复。很明显，这符合循环性精神障碍的诊断标准（这与狂躁抑郁的人格有关）"。这份研究报告中充满了对莫扎特的"夸张、狂躁行为"的描述。莫扎特的小姨姐索菲·海贝尔（Sophie Haibl）曾经描述过：

　　　　他总是有着很好的幽默感，即使在他心情最好的时候，他也是深思熟虑的，看人的时候表情很犀利。无论是快乐还是悲伤的问题，他的回答总是小心谨慎的，但是即使这样，他似乎还在深思着完全不同的事情。就连早上洗手的时候，他也是在房间里踱来踱去，始终不会站在一地，用脚后跟磕着另一个脚后跟，想着自己的事情。在餐桌上，他常常拿起餐巾的一角，紧紧地折起来，来回擦着上嘴唇，但似乎并没有意识到自己在做什么，同时还常常用嘴做着鬼脸。闲暇时，他总是热衷于最新的时尚，不管是骑马还是打台球。为了不让他在不值得的事上花心思，他的妻子总是耐心地与他分享一切。否则，他手脚就一刻不闲，永远在玩弄一些东西，比如他的帽子、口袋、表链、桌椅——就像他在弹钢琴一样。[41]

　　"从他的精神健康的角度来看，"戴维斯医生在另一段富有洞察力的论述里这么说：

197　　　　1787 年是他人生中最关键的一年。即使是他 1 月份在布拉格取得的巨大成功，也被他的朋友奥古斯特·哈兹菲尔德伯爵的去世而影响。然后，在 2 月他不得不面对英国朋友的离去，4 月重病又复发……然后在 9 月，他的保护者和童年的朋友齐格蒙德·巴里珊尼博士突然去世。

　　　　利奥波德·莫扎特去世的重大意义不言而喻。在他父亲去世后，他自己的一个重要部分也就不复存在了……[42]

　　其实，这样的急性抑郁的阵发性症状在此之前就已经开始了，（根据那份以小调写成的作品清单）1785 年和 1786 年上半年（第 24 钢琴协奏曲）尤为突出。戴维斯医生解释说："躁狂症持续数日至数月，有时也可能与抑郁期交织或交替出现……情绪相对正常的间歇期可能持续数月。患有周期性躁郁症的艺术家在躁狂期间能够产生惊人的生产力，此时他们自尊心膨胀、精力充沛、创造性思维敏锐、睡眠需求减少。莫扎特是这一类人在作曲家中的终极范例……"

　　在父亲去世后，莫扎特进一步拉近了与康斯坦策的关系，对她的依赖性也越来越强。他带她进行长途旅行，甚至在她怀孕后也马上带她出门（例如 1791 年）。但毫无疑问，莫扎特对她的完全依赖也是其压力的来源之一，她去巴登接受治疗是她能合法进行的少数几种逃避方式之一。戴维斯医生说过："必须强调的是，与躁郁症病人共同生活是非常艰难的。"

　　在我看来，莫扎特性格中的这种深层次的不平衡，为这一系列以小调写成的狂暴而又抑郁的作品提供了唯一令人满意的解释。在他的脑海中，当这些黑色情绪袭来的时候，他不可能去考虑创作"流行"作品的问题，如果说有什么能给他带来解脱的话，那就是将创作这些悲凉作品视为某种疗法。常常有人断言，C 小调第 24 钢琴协奏曲的手稿中出现的修正和其他的混乱迹象，是莫扎特繁忙的音乐会生活以及随之而来的所有问题所造成的。然而我认为，手稿中许多擦除痕迹的存在，尤其是大范围的修改，可能表明的是内心中的某种激烈的紧张状态，这首协奏曲在他的所有钢琴协奏曲中是最为急躁、咄咄逼人的，也反映着这一点。与这部协奏曲同一调性的为弦乐而作的 C 小调慢板与赋格（K.546，1788 年），以及 G 小调第 40 交响曲反映的也是同样的绝望的混乱。

＊　　＊　　＊

1788 年的夏天留下了一系列莫扎特向他的共济会弟兄迈克尔·普赫伯格求助的信件[43]，而他也总是会资助莫扎特一点钱。他总共给了莫扎特 1 415 盾——一笔不容小觑的数目。莫扎特在 1788 年时可谓债台高筑。一部分是因为当时与土耳其的战争战事不利，对奥地利的经济压力日益沉重，贵族们开始节衣缩食，对他们来说去音乐会并不像去看歌剧那么重要。莫扎特和他的妻子的生活开始捉襟见肘，而且康斯坦策此时也开始感受到反复怀孕对身体造成的影响，而必须去巴登接受非常昂贵的治疗。

有一封给普赫伯格的信没有日期，被归入了莫扎特在 1788 年 6 月的书信之中。然而我认为，这封信一定是在相当长一段时间之后才写的。莫扎特在信里提醒他的"弟兄"他还欠着 8 达克特，但当时无法偿还，他还想再求助——再借 100 盾，"但只到下星期（当我在赌场的音乐会开始后）……那时我应该就能拿到门票收入了，而我就能轻松而满怀谢意地还给你 136 福林"。

"我冒昧地给你两张票，请你看在弟兄的份上收下它们，无须付钱，因为无论如何，我永远无法充分回报你对我的友谊……"[44]我在别处[45]已经提到过，在赌场的这一系列音乐会确实举行了，但应该不是在 6 月，他的最后三部交响曲（第 39—41 号，K.543、550、551）分别是在 1788 年 6 月 26 日、7 月25 日和 8 月 10 日完成的，而它们是这一系列音乐会的主要曲目。因为这几部作品连同 D 大调第 38 交响曲（"布拉格"，K.504）一起，开拓了交响曲历史的一个新局面，我们来简单审视一下这些作品。

一般来说，"布拉格"交响曲都会与莫扎特最后的三部交响曲分开研究，但这种做法肯定是一个很大的错误。因为在 K.504 中，莫扎特永远地离开了他的海顿模式，进入了一个新的世界，在此后不久写的《唐·乔瓦尼》中我们也能发现这一点。事实上，K.504 的某些方面在莫扎特的所有交响乐作品中是独一无二的；如今，许多学者认为它的第一乐章是莫扎特创作的最伟大的单一交响乐章。从时间上看，它站在法国大革命爆发的前夜；从音乐上看，它的地位超越了它的时代，进入了那个超越时间或地域等概念的崇高思想世界。

在最后三首交响曲中，我们可以从鸟瞰的视角来观察作为作曲家的莫扎特的方方面面。从饱含温暖和秋日之美的降 E 大调第 39 交响曲（有单簧管但没有双簧管）[46]，到充满着疯狂和痛苦的神经质的 G 小调第 40 交响曲（单簧管是后来再加入配器的），再到雄伟的第 41 "朱庇特"交响曲（没有单簧管），莫扎特的对位法兴趣以及对巴赫和亨德尔的研习成果在这部交响曲宏大的终曲中展现出来，这是十八世纪对位音乐中最伟大的成就之一。然而，每一部交响曲的整体情绪又是惊人的多样化——在第 39 交响曲的慢板中，秋日的宁静仿佛被一场狂风暴雨所扰乱；在被近乎歇斯底里的情绪所困扰的第 40 交响曲的慢板乐章中，我们再次被引入一个神奇的世界，它与许多十四世纪意大利绘画背景中的神秘风景有着同样的深度；在"朱庇特"交响曲中，慢板乐章将某种剧烈的动荡因素引入这部作品其余部分宏大而疏离的 C 大调世界中。

我们已经提到了莫扎特音乐在这一关键时期的情绪突变：这一点在1788   199
年夏天得到了进一步的展示，在完成"朱庇特"交响曲的第二天（8月11
日），莫扎特又转向了另一首战争歌曲［K.552，《当我出发上战场》（Beym
Auszug in das feld）］，接着是一系列的卡农曲（9月2日），从凝重优美的《哈
利路亚》（Alleluja，K.553，根据格里高利圣咏中著名的复活节星期天经文而
作）到流行的《晚安，你真是个傻瓜》（Bona nox，bist a rechta Ox，K.561，
用包括维也纳方言在内的多种语言写成，至今仍然被奥地利的学生们唱来取
乐）。在月底，他完成了一部大型的为弦乐三重奏而作的嬉游曲，这是这类音

莫扎特重新编曲的亨德尔《弥赛亚》
中"我知道我的救世主还活着"（I
know that my Redeemer liveth）部
分的手稿。一个抄谱者准备了第一、
第二小提琴和低音线条的乐谱，然
后莫扎特再加入了中提琴、长笛、
单簧管和大管，以及标注为"Sop"
的女高音声部。

乐在十八世纪最伟大的作品。到了深秋时节，他又因"为斯威腾男爵"编排亨德尔的《阿西斯与该拉忒亚》（Acis and Galatea）而获得了一笔可观的收入。这部歌剧在12月30日借约翰·巴普蒂斯特·埃斯特哈齐伯爵的宅邸演出。

维也纳的歌剧界在1789年见证了又一次危机。当在战场上的皇帝，从罗森伯格那里听说意大利语歌剧团还需要一笔总额80 000盾的额外经费，考虑到正在进行的对土耳其的战争所带来的沉重财政负担，以及在这样重担下的经济状况，皇帝下令要关闭歌剧院（根据7月29日来自塞姆林【今天的泽蒙】的信件）。罗森伯格一直在尝试保住歌剧团，到了1月15日，钦岑多夫前往罗森伯格住处

参加了一个招待会，并在那里听到了达·蓬特的拯救歌剧团的计划。（达·蓬特最终成功了，这意味着没有他的介入，我们也就没有《女人心》。）[47]

3月6日，在凡·斯威腾的安排下，莫扎特改编并重新配器的亨德尔《弥赛亚》（如今对其具体情况有所争议）在约翰·巴普蒂斯特·埃斯特哈齐伯爵的宅邸上演，独唱包括了阿罗西亚·朗格，一位阿尔塔蒙特小姐（戈特弗雷·冯·雅坎的朋友），男高音亚当贝尔格和伊格纳兹·萨尔。当时印制了歌词本，而一份留存至今的副本上（收藏于克洛斯特新堡修道院）还有手写上去的独唱名单。钦岑多夫在4月7日去听了后面的一场演出，觉得它有点无聊，"尽管音乐真的十分美妙"[48]。

莫扎特在3月底写信给弗兰茨·霍夫德梅尔（Franz Hofdemel），此人是高等法庭的一名官员［后来成为冯·塞勒恩（von Seilern）伯爵的私人秘书］，莫扎特想问他借100盾。在这封信的最后[49]他写道："很快我们就能以一个更富吸引力的名字相互称呼"——这是指霍夫德梅尔即将要加入莫扎特所在的共济会会所。霍夫德梅尔把钱借给了莫扎特，条件是在签字日期1789年4月2日的四个月后归还。莫扎特也许是为了他计划中的日耳曼巡演而需要这笔钱。在最后一场《弥赛亚》的演出后（4月7日），莫扎特满怀对更加美好的未来的希望，与卡尔·李希诺夫斯基亲王一同出发。他也许还记得科勒雷多大主教的内廷总管阿尔科伯爵曾经在1781年6月对他说过[50]，当时莫扎特正要开始他的飞黄腾达之路："一个人在这里【维也纳】的成功只能维持很短的时间——开始时候他能够收获所有的赞美，也能赢得一大笔财富，这千真万确——但能持续多久？几个月后这些维也纳人就会寻求新的东西。"也许柏林会有所不同。

第十章原注：

1. 德斯齐《文献》，第 452 页。

2. *Reminiscences of Michael Kelly*（2 vols.），London 1826，卷一，第 222—225 页，以及第 237 页起。

3. 德斯齐《文献》，第 229—233 页，以及附录及勘误部分，第 48 页。

4. 德斯齐《文献》，第 234 页。近年在莱比锡发现了更多的谜语，其中颇有一些奇特的。莫扎特《书信》第六卷，第 713 页起。

5. 莫扎特《书信》第三卷，第 484 页。关于协奏曲参见第 510 页，关于《伊多美尼欧》，参见第 510 页起，以及德斯齐《文献》，第 234 页。关于系列音乐会，参见《书信》，第 484 页。

6. 德斯齐《文献》，第 245 页。关于《后宫诱逃》，参见兰登编纂的 *The Mozart Compendium* 一书中引用 Peter Branscombe 的部分。

7. 莫扎特《书信》第三卷，第 618 页。关于演出曲目参见第 616 页与第 617 页，以及德斯齐《文献》，第 246 页。

8. 莫扎特《书信》第三卷，第 606 页，利奥波德在 1786 年 11 月 17 日写给他女儿的信。

9. 德斯齐《文献》，第 248 页。

10. 莫扎特《书信》第四卷，第 7 页（1787 年 1 月 12 日）。

11. 莫扎特曾经在埃德蒙德·韦伯（Edmund Weber，莫扎特妻子的一个表弟）的留言簿上签字，此人是卡尔·玛利亚·韦伯同父异母的哥哥，而海顿邀请了他的亲兄弟弗里多林（弗里兹）·韦伯（Fridolin Weber）在 1788 年加入埃斯特哈扎的乐团。莫扎特写的是（参见《书信》第四卷，第 6 页）："你要勤奋——培养你的工作——而且不要忘了衷心爱着你的表哥沃尔夫冈·阿玛迪乌斯·莫扎特【共济会记号】维也纳，1787 年 1 月 8 日清晨 5 点出发前。"韦伯一家人也是共济会成员，并且看上去他们当时住在莫扎特的公寓里，两兄弟与他们的父亲［弗兰茨·安东（Franz Anton Weber）］以及他的第二任妻子杰诺维瓦［母姓布伦纳（Brenner）］在一起。

12. 莫扎特《书信》第四卷，第 9—11 页。

13. 涅梅切克，第 36 页起（根据原文的更正）。

14. 尼森，第 561 页。

15. 莫扎特《书信》第四卷，第 28 页起。

16. 根据同时期人在当年印制的一份记录，德斯齐《文献》，第 272 页。

17. S.M. Ellis, *The Life of Michael Kelly ...*, London 1930, 118ff. 钦岑多夫伯爵的日记原文是："去了斯托拉切的音乐会。《稀罕事》的二重唱重演了三遍，她唱的另一首咏叹调曲调非常无聊。《误解》的咏叹调相当不错……"（原文以法语写成。）

18. 莫扎特《书信》第三卷，第 40 页起。

19. 兰登《贝多芬》，第 53 页起。

20. 德斯齐《文献》，第 256 页。

21. 这封信件的原稿不久前才被人重新发现，并于 1965 年在德国马尔堡/拉恩由 J.A. 斯塔加特（J.A. Stargardt）拍卖售出，如今在美国的私人藏家手中。莫扎特《书信》第四卷，第 3 页，错误地标注了这封信的日期并将其注为写给斯威腾，但莫扎特肯定会称呼斯威腾为"阁下"，而不是毫无敬称。也可参见莫扎特《书信》第六卷，第 324 页。

22. 莫扎特《书信》第四卷，第 49 页。

23. 关于支付方式，出处同上，第 52 与 54 页。

24. 结尾处的荒唐的赋格曲是基于莫扎特的学生托马斯·阿特伍德所写的一首 C 大调赋格曲。

25. 德斯齐《文献》，第 269 页。

26. 兰登《1791》，原页码第 221 页，n.5（左侧）。

27. 写给南妮儿的信参见《书信》第四卷，第 72 页。在 HHS, Obersthofmeisteramt OMEA SR 109, Intimationsbuch vom 1775 bis ersten April 793 的记录中收有一张标有 1790 年 5 月 7 日的清单，列明了"内廷音乐家"的薪水：

姓名	木柴及特别调整	年薪	住宿费补贴
宫廷乐正萨列里		1 200 福林	152
副手乌姆劳夫	1 600 福林，用于 8 位合唱团男童	850	
管风琴家阿贝瑟		400	
管风琴家阿布莱希伯格		300	92
小提琴家弗兰茨·霍法【莫扎特的连襟】		150	
作曲家莫扎特		800	

萨列里在朱塞佩·波诺去世后于 1788 年 3 月 16 日被提拔为宫廷乐正（参见第 90 页）。

28. 维也纳宫廷与国家档案馆，XII/15 E. Oberst Kammereramt; Sonderreihe. Geheime Kammerzahlamt. A. Amtbücher Bd 8，9，10（187—9）。

29. 钦岑多夫伯爵于 1788 年 1 月 8 日的日记。

30. 这位大师之前出任驻巴黎使团领袖。M. Philippe A. Autexier 为我提供了多尔芬的重要信息（1988 年 1 月 2 日的信件）。也可参见德斯齐《文献》，第 273 页，与附录及勘误部分，第 55 页。

31. 德斯齐《文献》，第 273 页。

32. Einstein, *Mozart ...* , 第 191 页。

33. 德斯齐《文献》，第 274 页。

34. 出处同上，第 280 页起。

35. 出处同上，第 276 页。

36. 出处同上，第 255 页起。

37. 出处同上，第 279 页起。

38. 尼森，第 633 页。

39. *Musical Times,* 1987 年 3 月，第 123—126 页。

40. 第 138 页处提到了另一个可能的日期。

41. 尼森，第 627 页起。

42. 戴维斯，同前引书，第 191—196 页。

43. 莫扎特《书信》第四卷，第 65 页起，与第 69 页起。

44. 出处同上，第 65 页。

45. 兰登《1791》，第 31 页。

46. 这首降 E 大调交响曲最有趣和最有特色的特点之一是，莫扎特巧妙地将引子与乐章的其他部分联系起来。即使是业余的听众也能体会到，引子中带有附点的法式节奏，特别是在第二部分（第 14 小节后），在乐章结尾（第 299 小节后）的小号声中胜利回归。小提琴在引子的第 2 小节中的长下行音阶之后，在快板的第 72 小节重新出现，并加快了速度。所有这些都不是什么数学上的技巧，而是莫扎特试图说服听众在听觉和视觉上体验音乐演变的必然性。在"布拉格"交响曲的快板乐章中，我们可以注意到更微妙的演变，其中第二主题的音乐（第 97 小节后）变成了大管伴奏，速度上加快，节奏上压缩，直到第三主题（起拍到第 111 小节后）——从而提供了另一个无缝演变的例子。（参见 Werner Steger, "Rhythmische Kernformeln in Mozarts letzten Symphonien", *Die Musikforschung* XIII〔1970〕，第一卷，第 41 页起）甚至可以在"朱庇特"交响曲的四个乐章中找到暗藏其中的固定旋律（cantus firmus）。

47. 德斯齐《文献》，附录及勘误部分，第 58 页。达·蓬特从维也纳的贵族那里筹集到了十万盾。龚塔德（Gontard）男爵，"一个非常有钱的绅士，在维也纳广受尊敬，将收取门票费并担当经理，而我将成为助理指导。"达·蓬特《回忆录》，第 181 页。约瑟夫二世批准了这个方案。

48. 德斯齐《文献》，第 294 页，以及附录及勘误部分，第 59 页。

49. 莫扎特《书信》第四卷，第 77 页起。霍夫德梅尔的名字在 1789 年第一次在会所的名单上出现。

50. 莫扎特《书信》第三卷，第 124 页。

第十一章　两度日耳曼之旅；沃尔夫冈·阿玛迪乌斯·莫扎特走入下坡路

200

这幅十八世纪的铜版画展示了当时乘马车长途旅行的情景。

在十八世纪出门旅行，最理想的情况下也是一次令人不愉快的经历，最坏的情况则会遭遇危险。在春秋两季，大部分道路都是一片泥泞，桥梁很容易被冲毁（通常情况下几星期内都不会得到修复），并且在欧洲许多地方，盗匪四处横行。1788年12月，莫扎特的学生 J.N. 胡梅尔与父亲一起出发进行一次巡演，他们最终会来到伦敦，在那里，年轻的胡梅尔会出现在海顿—萨罗门的一场音乐会中。胡梅尔一行人先去了柏林，在那里他们见到了莫扎特。在这次旅行中，他父亲约翰内斯·胡梅尔（Johannes Hummel）写了一本日记，描述了旅行经历，并记录了开支和收入的详细情况。

从维也纳到布伦①的路程是 20 英里（约 32 千米）……当时天气极度寒冷，还下着大雪，所以我们经常要爬出马车才能继续前进……在最恶劣的天气里，我们乘着事先安排的雪橇到达了布伦。我一开始试过"雄鹿"旅店，那里太糟糕了；后来我去了"三王子"，和店主约定了四个星期的住宿费用条件，在这期间，我们举办了两次音乐会，第一次是在当地的酒馆，第二次是在"三王子"，但两次的结果都很糟糕，因为我觉得，那里的男人们穷得就像教堂里的老鼠，他们宁愿嫖娼赌博，也不愿意欣赏艺术；女人们则把一切都花在衣服等方面。最后，我去付账时，之前定好的价格是 3 福林 34 克罗伊策，但我要付给那个混蛋 5 或 6 福林外加 60 克罗伊策。我问他这怎么可能，我们已经说好了条件。他的回答是餐厅给了他这个费用总额，我追问当时的服务员，店主说那人已经不在了；天哪！我只好付了钱，因为驿马车已经在门外了……从布伦到伊赫拉瓦（又称伊格劳）②这一路上，天气非常糟糕……当我到达布拉格时，我和马车夫发生了矛盾，他不愿意带我们去我们想住的旅馆。我先是住在一个一塌糊涂的客栈里，几天后我不得不搬到杜什切克先生家，那里什么都有，而且待遇极好……布拉格非常脏，街道狭窄，这里人吃很多野味，人们可以过得不错。这里的音乐【剧场里上演着《费加罗的婚礼》和《唐·乔瓦尼》】水平不高。杜什切克夫人有一处漂亮的房产【贝特拉姆卡的别墅】……贵族们的服饰跟维也纳是一样的……去德累斯顿也是一路辛劳，我们在萨克森边境支付了 9 个帝国塔勒③，然后因为积

① 此处地名略有混乱，如果是指毗邻维也纳的山麓布伦（Brünn am Gebirge），则距离过近，而且去布拉格的路上无须经过该地，如果是指今日的布尔诺（Brno，德语也是 Brünn），虽然路线是正确的，但距离过远（约 96.5 千米）。

② 捷克语：Jihlava；德语：Iglau，又称伊格劳，位于捷克中部，传统意义上的波希米亚和摩拉维亚之间，是维索基纳州的首府所在地。伊赫拉瓦是捷克历史最为古老的矿业城市。

③ 塔勒（Thaler、Taler 或 Talir），或译为泰勒，一种曾在几乎整个欧洲使用了四百多年的银币名称及货币单位。普鲁士的帝国塔勒于 1750 年开始使用，当时的汇率大约为 1 塔勒 =1.5 盾 / 福林 =90 克罗伊策。

201

雪很厚，我们不得不乘坐雪橇，一路上苦难连连，不仅天寒地冻，雪橇还翻了。旅店的条件很差，大多数时候只能睡在稻草上。我们在"驿站"歇脚，而第一天我们在那里遭受到的服务也是一塌糊涂。德累斯顿是个相当漂亮的城市，但就艺术而言，没什么能做的……人们承诺得多，做到得少，那里的人都很饿，甚至都没人邀请我们吃饭，因为他们自己也没有什么可吃的，如果作客的话，不会超过三道菜，汤、牛肉和烤肉；白天他们大部分人就只是喝茶……音乐会的演奏水平很差……

从德累斯顿到柏林这一路我们自己租了一辆马车，花了我们 20 塔勒。在"大公鸡"旅社有一个船长的女儿能弹一手好【钢】琴，但她除了莫扎特什么都不会。旅店本身又是非常差劲，我们大部分时候只能睡在稻草上……[1]

胡梅尔一家这趟旅行（1788—1791 年）期间的花费和收入具体如下：

3 年旅行的路费		182（福林）
3 年所需的乐谱纸		39
洗衣费		156
皮匠		150
裁缝和其他花销		300
音乐会的印刷海报		
音乐会门票	日耳曼各国	150
音乐会在报纸上的广告		
购买乐谱		650

在安德烈·奥芬巴赫处购买乐谱	150
苏格兰和英格兰的音乐会花销	850
	小计：2 627（福林）

从荷兰穿越日耳曼的回程中为乐谱、海报、广告的花费	200
马车夫和旅店的小费	50
寄回家的钱	588
从汉诺威去皮尔蒙德【一个温泉】的旅费	10
12 日的餐费	24
	合计：3 499（福林）

总收入	13 276
钢琴【巡演结束时出售？】	1 000
杂项收入	30
	合计：14 306（福林）[2]

换句话说，这是一笔 10 807 盾的利润，这表明，即使像年轻的胡梅尔那样毫无知名度的艺术家，也有可能进行一次成功的音乐会旅行。它还表明，谨慎记账是有必要的，而如果要避免超支，你必须睡在普通的旅店里。

1789 年，莫扎特出发前往柏林（波茨坦）时，他是受卡尔·李希诺夫斯基亲王（后来成为贝多芬的景仰者）的邀请而启程的。毫无疑问，跟一位有钱、有修养的亲王同车旅行，能够让旅途生活变得更加惬意，但反过来一路上

卡尔·李希诺夫斯基亲王
（1756—1814 年），莫扎特
与他在 1789 年春前往柏
林。作者不详的油画肖像。

的消费却又贵了许多。假如莫扎特住破旅馆，吃差劲的食物，就能省下来不少钱，但跟着李希诺夫斯基的标准的话，必然会花费不菲。对于这次旅行我们有着最好的见证者——莫扎特本人。莫扎特写给康斯坦策的信不仅提供了一路上的生动评述，也展现了他对她付出的热情。这一系列从他们的马车进入波希米亚后开始[3]：

布德维茨① 【4 月 8 日】

最亲爱的小妻子！

当亲王正在为了马匹的事情忙着讨价还价的时候，我很高兴能够抓住这个机会来写一些话给你，我心中的妻子。你好吗？是不是像我想你那样经常想起我？我时时刻刻都看着你的肖像——并对它流泪——部分是因为喜悦，部分是因为忧伤！你要保重身体，你对我太珍贵了，然后，再见，亲爱的！不要为我担心，因为在这次旅途中我不知任何不适——或烦恼——除了你不在身边之外——而这点，因为没有办法，所以也无从改变。我写下这段文字时泪水在眼里滚动；再见——我会在布拉格给你写一封长一点也更清晰的信。

布拉格，复活节周五，1789 年 4 月 10 日

---

① 摩拉瓦布杰约维采（Moravské Budějovice，德语名 Mährisch Budwitz）是捷克的城镇，直到 1918 之前都由奥地利管辖。

最亲爱的，最好的小妻子！

我们在下午 1 点 30 分安全抵达这里……我们在"独角兽"下车，我在刮了脸、做了头发并且换了衣服后，就出门打算去找卡纳尔【伯爵】吃午饭，但既然我会经过杜什切克家，我就先去那里拜访，然后得知他们家夫人在昨天出发去了德累斯顿！！！——那么我们就在那里碰面吧。而他本人正在舍恩伯恩家【难以辨认】，我以前也经常在那里吃饭；——于是我就去了那里。——我请杜什切克过来（好像有人在跟他谈一些业务）。现在你可以想象那时的喜悦……在饭后我去了卡纳尔和帕赫塔伯爵家，但他们都不在；——于是我去见了瓜达索尼【布拉格的意大利歌剧团的经理】他已经基本确定会安排我在明年秋天为他们写一部歌剧，他会付 200达克特外加 50 达克特的差旅费[4]——然后我就回来写信给我亲爱的小妻子。——还有一件事——【双簧管演奏家】拉姆在一个星期前离开这里回家，他是从柏林来的，他说过那里的国王一直经常在问我是不是真的会过去，他还说既然我没有到，他也不会过来。——拉姆对此很失望，也试着想反过来去说服他；——有这样的消息作为基础，我的事业应该不会差劲。——现在我该和亲王驾车去杜什切克那里，他在等我们，然后晚上 9 点我们出发去德累斯顿……最亲爱的小妻子！我是多么期待你的消息啊——也许等我到了德累斯顿会有一封信等着我！啊上帝！让这样的愿望成真吧……

德累斯顿，1789 年 4 月 13 日，清晨 7 点

最亲爱的，最好的小妻子！

我们原本计划在午饭后就能抵达德累斯顿，但直到昨天，复活节周

日，晚上 6 点才到了那里；路况实在太差了。

　　我昨天去了纽曼家[5]，杜什切克夫人住在那里，我把她丈夫的信带给了她。——他们住在走廊边的三楼：从房间里就能看到每一个来来往往的人；——当我到门口的时候，纽曼先生已经在那里了，他问我尊姓大名；——我的回答是："我应该直接告诉您我是谁，但您一定是个好人，会把杜什切克夫人叫出来，这样我的段子就不会浪费。"但是在那个时候，杜什切克夫人已经站到了我跟前，因为她之前已经从窗户里认出了我，她当时就说："这里来了个看上去像莫扎特的人。"——现在大家都高兴起来了。——这个歌剧团人很多，大部分都是丑婆娘，但她们以魅力来弥补她

203

德累斯顿风景，展示了横跨易北河的桥梁，由博纳多·贝洛托（Bernardo Bellotto）根据 1749 年的油画原作而作的铜版画。

们缺失的美丽。——今天我跟亲王应该会去那里吃早饭，然后去见【宫廷音乐家约翰·哥特里布·】瑙曼（Johann Gottlieb Naumann），然后去教堂。我们明天或者后天会去莱比锡……

最亲爱的小妻子，如果我能有一封来自你的信该有多好！——如果我告诉你我对你的亲爱的肖像做的一切，你一定会常常笑出来。——例如，当我把它从套子里取出来时，我会说：“你好，斯坦策尔！——你好，你好——小调皮——小猫咪——小鼻子——小玩意儿，吻你，抱你！”而当我把它放回去时，我让它慢慢滑进去，嘴里一直在说：“突！——突！——突！”发出这个意味深长的字需要特别的重音；而在最后我还会说：“晚安，小老鼠，睡个好觉。”我想我写下的都是无与伦比的傻事（就这个大世界来说）——但对我们这样彼此相爱的人来说，就只觉得这根本不是傻事；——今天是我离开你的第 6 天，天哪！简直像一年。

德累斯顿，1789 年 4 月 16 日

夜晚 11 点半

最亲爱的，最好的小妻子！

什么？——还在德累斯顿？——是的，亲爱的；——我会详细告诉你一切；——13 日星期一，我们在纽曼家吃过早饭后都去了宫廷教堂，那里的弥撒曲由瑙曼创作（他也亲自指挥）——非常平庸；——我们当时在小教堂的另一面；——突然，纽曼戳了戳我，并向冯·科尼格①男爵介绍了我，他是【萨克森】选帝侯【弗雷德里克·奥古斯都三世（Frederick

---

① Adolph Freiherr Knigge（1752—1796 年），来自下萨克森的一个破落贵族家庭，少年时父母双亡，负债累累，后来凭借自身努力摆脱困境，出任公职并加入共济会，随后成为光明会的发起人之一，并对光明会贡献卓著，但后来因为无法忍受魏萨普的学究气与霸道作风而分道扬镳。

Augustus Ⅲ）】的娱乐事务主管，他问我是不是不想为他的领主演出。我的回答是不胜荣幸，但这并不是我自己就能决定的，而且我没法【比原定计划】逗留更长时间——当时的对话就这样结束了。我的亲王旅伴邀请纽曼夫妇和杜什切克来吃午饭；——吃到一半，来了消息说，我第二天要在宫廷里表演，14 日星期二，时间是下午五点半。——这是相当特殊的，因为在这里很难获得被人听到的机会；而且你知道我对这个地方并没有任何预想。——我们在布洛涅宾馆我们的房间举行了一场四重奏聚会。我们在小教堂里与安托万·台柏（Antonie Tayber，你认识的，他是这里的管风琴师），还有【安东·】克拉夫特（Anton Kraft）先生（埃斯特哈齐亲王那里的大提琴家）——他是在这里陪着他的儿子【尼克劳斯】——举行了音乐会；在这场小音乐会里我安排演出了那首为普赫伯格先生演奏的三重奏【要么是 E 大调钢琴三重奏（K.542），或者是为弦乐三重奏而作的降 E 大调嬉游曲（K.563）】——演出的水平还能令人接受——杜什切克唱了很多《费加罗的婚礼》和《唐·乔瓦尼》的选段；——第二天我在宫廷表演的是新的 D 大调协奏曲【第 26 钢琴协奏曲 "加冕"（K.537）】；随后那天，15 日星期三的早上，我收到了一个非常漂亮的鼻烟盒。——我们后来在俄国大使【亚历山大·米哈伊尔洛维奇·贝洛赛尔斯基（Alexander Mikhailovich Beloselsky）亲王】官邸吃了中饭，我也在那里弹了很长一段时间琴。午饭后，我们被安排去一个有管风琴的地方。——我们在 4 点到了那里——瑙曼也在那儿。——现在你应该知道，有一位【约翰·威廉·】哈斯勒（Johann Wilhelm Hässler，从埃尔福特来的管风琴家）也在这里；——他是巴赫的徒孙，他擅长弹管风琴和钢琴（确切地说应该是击弦键琴）。——此时这里的每个人都觉得既然我是从维也纳来的，我应该对这里的品位喜好和演奏风格一无所知。——所以我就坐到管风琴前开始演奏。——李希诺夫斯基亲王费了不少功夫【因为他跟哈斯勒很熟】来说服哈斯勒也来弹一段；——哈斯勒的长处在于对管风琴踏板的运用，而因为这里的踏板键盘是分等级的，这种技巧便没什么价值；在其他方面，他所做的就是用心学习了老塞巴斯蒂安·巴赫的转调与和声，但无法演奏一段像样的赋格——也没有自己稳定的演奏风格——因此远远不如【维也纳的管风琴家和作曲家，J.G.】阿布莱希伯格。——随后，我们决定再去俄国大使那里，这样的话，哈斯勒就能听到我演奏钢琴；——哈斯勒也弹了——在钢琴上我觉得【我那学生】奥恩汉默家的姑娘跟他的水平也差不多；因此你可以想象由于我的缘故，他的名望很快就会不复以往。——然后我们去看了歌剧，水平真不行……歌剧之后我们回到家；此时我迎来了这一天最为快乐的时刻；我拿到了期待已久的，来自最亲爱、最好的你的信！——杜什切克和纽曼还在那里，而我无比欢欣地回到我的房间，在打开信封前已经亲吻了它无数次，然后——我不是读了它，而是几乎将它大口吞下。——我在房间里待了很久，因为我总是读不够它，亲不够它。当我重新出现在众人之中的时候，纽曼他们问我有没有拿到信，而当我肯定回答的时候，他们都衷心地祝贺我，因为我每天都一直在哀叹怎么还没收到消息；——纽曼夫妇真是亲切的人。——然后，关于你的这封珍贵的信……

　　1. 请不要忧伤；

　　2. 小心保持健康，不要相信春天的气候；

　　3. 你不要一个人步行出门——但最好是——完全不要步行出门；

　　4. 请相信我对你的爱；——我没有哪次写信给你的时候不是对着你的

肖像的；

　　5.在行为举止方面，请考虑到你和我的名誉，也请考虑外在形象。——不要为这个请求而不快。——你一定会因为我重视名誉的一面而爱我；

205　　6.而最重要的，请你的信更详细一点。————……朗格他们会不时来拜访吗？——他的肖像画得怎么样了？——你这会儿过着什么样的生活？——我对所有这些都有着很大的兴趣。——再见了，最亲爱，最甜蜜的人……

多罗西（多利斯）·斯托克为莫扎特绘制的肖像，象牙板银笔画，1789年绘于德累斯顿，高7.5厘米。

　　莫扎特提到了朗格正在画的那副未完成的肖像（根据这封信来看是绘制于1789—1790年，尽管这幅画像常常被错误地标记为1782年前后绘制），也许是因为就在这一天在德累斯顿，多利斯·斯托克（Doris Stock，1760—1832

年）这位富有才华的画家为他绘制了一幅银笔肖像。

此后的家庭通信记录中断了一段时间，因为至少有四封莫扎特的信和五封康斯坦策的信没能保存至今。他们的旅程中接下来的大事件是在莱比锡的公开音乐会，于 5 月 12 日在老布商大厦举行。演出通知上表示音乐会门票票价 1 盾，演出于晚上 6 点开始，曲目如下：

上半场	下半场
交响曲	钢琴协奏曲
歌剧选段与歌曲（杜什切克夫人独唱）	歌剧选段与歌曲（杜什切克夫人独唱）
钢琴协奏曲	钢琴幻想曲
交响曲	交响曲【可能只是最后一个乐章】

莫扎特在排练时遇到不少麻烦，因为乐团成员都已老迈，但凭借他表面上的机智与奉承，他说服了他们按照他的希望演奏（他在排练时跺脚，以至于崩开了一个鞋扣）。当地评论家弗雷德里希·罗奇里茨 ① 当时也在场，依靠他的记录我们才能一窥当时的实际曲目，包括了降 B 大调第 18 钢琴协奏曲（K.456）和 C 大调第 25 钢琴协奏曲（K.503），咏叹调包括了 "我会忘记你吗……不要害怕，我的爱人"（Ch'io mi scordi di te，K.505），以及可能还包括了在布拉格为杜什切克夫人创作的 "我美丽的人儿"（Bella mia fiamma，K.528）。曲目中的交响曲未被注明，可能是最后 4 部交响曲（第 38 至 41 号）中的两部。钢琴独奏作品也包括了两首，C 小调幻想曲（K.475）和一组变奏曲（因为罗奇里

206

---

① Johann Friedrich Rochlitz（1769—1842 年），来自莱比锡的剧作家、音乐学家和艺术评论家，《音乐通报》的创始人之一，并从 1798 年创刊到 1818 年担任其主编。是歌德、席勒、斯波尔和卡尔·玛利亚·冯·韦伯的好友，也结识过贝多芬与舒伯特。莱比锡文化与批评学会设有以他为名的艺术评论奖。

茨提到了这是一部降 E 大调作品，可能是 K.354）。

【罗奇里茨继续写道】尽管有了这一切，举办音乐会的开支并未收回，因为音乐厅几乎是空的。这并不奇怪！因为他太超越他的时代了，世人难以欣赏他，甚至完全无法理解他。

每个认识【莫扎特】的人都拿到了赠票，大约有一半拿到票的人出席了音乐会。莫扎特对此并无关注，因为哪怕音乐厅里挤满了买票的观众，他所表现出来的幽默也不会比当时更多半分。因为这场音乐会里没有合唱，合唱团成员不能像往常那样拿到免费票。有几个人就跑到票房那里去讨票，遇到的回答是："我去问问音乐大师先生。"然后他的答复是："啊，让他们进来，让他们进来！"莫扎特回答道，"这样的事情就不要刻板计较了。"6

下一封莫扎特写给康斯坦策并且保留至今的信是 5 月 16 日7：

亲爱的，最好的心上人小妻子！

什么？还在莱比锡？我在 8 号还是 9 号写的上一封信【现已不存】里面跟你说我会在凌晨 2 点离开，但我被朋友们的各种要求说服了，让我不要侮辱莱比锡（因为一两个人的错误），在 12 日开一场音乐会。——就我收到的掌声和荣耀来说，这场【音乐会】都很精彩，收入却与之"相称"地微薄；杜什切克夫人她也在这里，担当了这场音乐会的独唱；从德累斯顿来的纽曼夫妇也在；——跟这些令人愉悦的人们待在一起的快乐……使得我的旅程一拖再拖；——昨天我想要动身，但是找不到马匹；——今天也是一样；——因为人人直到刚才才终于想要离开，而那些旅人的人数又

左：从东侧角度看到的柏林王宫，以及有安德拉斯·舒勒（Andreas Schlüter）雕刻的腓特烈·威廉（Fredrick William，勃兰登堡大选帝侯，1620—1688 年）的骑马雕像。J. 罗森伯格于 1781 年绘制的铜版画。

莫扎特获得了腓特烈·威廉二世（右图）的接待，并承诺他在普鲁士宫廷能够拥有一个职位。J. 亚当在 1793 年根据安东·格拉夫油画肖像而作的铜版画。

特别多；——但我一定要在明天早上 5 点动身。——我亲爱的！——我很遗憾，几乎是半喜半忧地得知，你也处在和我一样的处境中；但不！——我希望你永远不要处于这种境地，我当然希望即使在我写这封信的时候，你手边至少能有我的一封信……我在柏林至少要逗留 8 天；因此，我可能在 6 月 5 日或 6 日之前——也就是你收到这封信的 10 天或 12 天内——不会回到维也纳；还有另一件事与我的信没有送到相关：我在 4 月 28 日写过信给我们亲爱的朋友普赫伯格——我祈求你，以我的名义向他致以 1 000 个赞美和感谢。

事实上，莫扎特还是没能按照计划离开莱比锡，因为在他的作品目录（即使在出门旅行的时候也带着）中有这么一条记录："5 月 17 日在莱比锡。为莱比锡萨克森选帝侯的御用管风琴师恩格尔先生 ① 的留言本写了一首由钢琴演奏的小吉格舞曲。"这就是那首非同寻常的 G 大调吉格舞曲（K.574），其古怪的调式接近于十二音体系的音乐（在一开始的两个小节中出现了十二音体系中的十一个音符），其总体效果有着卡夫卡风格：诡异而略带阴险。

207　　莫扎特来到了柏林，并和他的学生胡梅尔在那里见了面（5 月 23 日），而且他也获得了腓特烈·威廉二世以及腓特烈王后的热情接待。在尼森撰写的传记里我们能够读到：

> ……这位国王总体来说热爱并且重视音乐，但他是真正的——即使不是专业人士，也至少是个有品位的爱好者。当莫扎特在柏林的时候，几乎天天都得去他的宫邸即兴演奏，也常常在国王的内廷里与王室乐团成员们合作四重奏。其中有一次，当他与国王单独相处的时候，国王问他如何评价柏林的这支乐团。莫扎特是个几乎完全不会恭维奉承的人，他的回答是："这支乐团包含了全世界最为优秀的音乐演奏家，而且我也从未听到过像这里这样的四重奏演奏；但是当所有人一起合奏的时候，还有改进的空间。"国王对莫扎特的坦诚感到很高兴，他微笑着对他说："来我这里吧，你可以指导他们如何改进！我每年会付给你 3 000 塔勒。"——"那我是不是应当完全放弃我那善良的皇帝？"这是忠诚的莫扎特的回答，尽管他也被打动了，但仍然保持沉默……国王看上去也被打动了，过了一会儿他补充道：

---

① Karl Immanuel Engel（1764—1795 年）。柴可夫斯基的《莫扎特风格曲》（管弦乐组曲第四号，Op.61）的第一乐章是根据这首吉格舞曲而作的。

"考虑一下吧——我会保留这句话，即使你很久以后才会用到它。"

这位国王对很多人都转述过这段对话，包括莫扎特的妻子【遗孀】，在她丈夫去世后她也去过柏林，而且得到了她丈夫的这位保护者的物质协助。[8]

5月19日时，莫扎特再度拿起了笔：

现在，我希望你能收到一些我写的信，因为它们总不可能全部都寄丢了；——我现在没法写很多，因为我正要结账；我就是要告诉你我要回来了……我亲爱的，能够再和你在一起是多么快乐啊！

他在5月23日继续写道：

你觉得我是在哪里写这封信？在旅店房间里？——不；——是在蒂尔加滕公园里的一座小屋里（在一座风景如画的园林建筑里），今天我在这里一个人吃饭，所以我能把我的许多思绪一起表达给你。——首先，王后想要在星期二听我【演奏】；这个机会并不会带来太多好处。但我还是同意了，因为这是这里的规矩，不然他们就会觉得被冒犯了。——我亲爱的小妻子，你应该满足于重逢的期待中，而不仅仅是期待一笔钱。——100腓特烈的钱并不是900福林，而是700福林。【可能是为国王而创作的六首弦乐四重奏以及为其女儿弗雷德里克公主创作的六部钢琴奏鸣曲的预付款】[9]，至少他们是这么跟我说的。——其次，李希诺夫斯基不得不离开我了，他必须要在一早离开，而我就必须（在波茨坦这个昂贵的地

208

方）自己照料自己了。——第三，我还得借给他100福林，因为他的钱包都空了；——我没法不这么做，你知道理由的【这位亲王也是共济会弟兄】。——第四，在莱比锡的音乐会，果然如我预想的那样，是一大失败，所以我这一路32英里（约51千米）一无所获；这都是李希诺夫斯基的错，因为他一直不让我安宁，除非我回到莱比锡。——等我见到你时再详细跟你说。——首先，在那里举行一场公开音乐会就赚不到什么钱，其次，国王也不看好这件事。——你应该对我和对这样的条件感到满意才对，能够得到这位国王的恩宠对我来说已经是幸运之极了；我跟你写的信里的内容仅限于你我之间。——到28日星期四我就该去德累斯顿，我会在那里过夜，6月1日我就应该在布拉格过夜，而到了4日——4日？就跟我亲爱的小妻子在一起了：把你那亲爱的可爱的小窝精心整理好吧，因为我的小东西真的值得拥有它，他的表现都很好，而且只想拥有你那最可爱的【此处划去】。想象一下这里有只老鼠，当我在写信的时候它爬到了桌子上来，用质疑的眼光看着我，但我精准地捶了下去——那家伙还在【跑来跑去，原词划去】而我都没法让它乖乖待着。我希望你能到第一个驿站来接我？——我应该是在4日中午抵达那里。——我希望霍法（我拥抱她一千次）也能在那里，如果可以的话也请普赫伯格夫妇来，我想让我爱的人们都在一起。不要忘了带上卡尔。——现在最重要的是，你必须找到一个可靠的人（萨特曼或者类似他那样的）并带他一起过来，然后他就得乘着我的马车带着我的行李去海关官员那里，这样的话……我才能跟亲爱的你们一起回家。——但是请保证！……

日耳曼各国的音乐行家们都被莫扎特震惊了。施派尔（Speyer）的《音乐实

时报》（*The Musikalische Real-zeitung*，6 月 17 日）刊
登了一份来自德累斯顿的报告，记述了这位作曲家为选
帝侯演出，"也在很多贵族和私人的宅邸里献艺，获得
了最不可衡量的成功。他在钢琴上的灵巧是相当难以形
容的，还必须一提的是他在视奏方面表现出的特殊能
力，接近于不可思议；——因为即使在练习一首曲子之
后，他也很难比初次视奏时有更好的表现。他还展示
了他在伟大传统中的管风琴演奏方面的巨大才能。"[10]

萨克森选帝侯弗雷德里
希·奥古斯特，I.F. 鲍
斯（I.F. Bause）根据安
东·格拉夫油画肖像而作
的铜版画。

　　但这些对莫扎特的财务状况都并无补助。相反，
不久之后他就写下了那封如今既有名又令人尴尬的
信，是在 7 月 12 日写给迈克尔·普赫伯格的：

亲爱的，最好的朋友！

　　上帝啊！我现在所处的困境，就算是我最恨之入骨的仇敌也不该体
验，而如果你，我亲爱的朋友和兄弟抛弃我这个无知而痛苦的人的话，我
和我不幸的病痛缠身的妻子还有孩子就要彻底迷失了。几天之前，当我和
你在一起的时候我曾经想要对你倾诉——但我当时没有那种勇气！——而
我直到现在也没能那么做——我只敢用颤抖的笔来告诉你——而且如果
你不是对我和我的境况如此了解，并且相信我在这种不幸而不快的局面中
是完全无辜的话——我也不敢写信告诉你。啊，上帝啊！我不仅没能满怀
谢意来回报你，而是又得向你请求新的帮助！——不是解决，而是新的需
求。如果你彻底了解我的心意，也一定能感到我的苦痛；因为这次不幸
的疾病，我无法完成我的委约工作，我不需要重复告诉你；我只需跟你

209

提到，尽管我现在状况如此不济，我还是决定要举行提前售票的系列音乐会，从而使我能够支付那些纷繁庞大而又紧迫的开支，因为我完全相信你友好的协助；但即使是这样，也未能成功。我的命运（啊，尤其在维也纳）如此与我作对，即使在我想努力谋生的时候也一无所获。在最近两星期里我发出了一份【有兴趣来听我的定期系列音乐会的】名单，我把它收回来的时候上面只有一个名字，斯威腾！不过现在（15 日）我亲爱的妻子的状况已经一天比一天好，我也期待能够尽快恢复工作，像这次的沉痛不幸并未发生过一样。——人们跟我们说她的状况正在改善——虽然昨天晚上她的情况让我震惊与绝望，我们一起都经历了这样的痛苦，但昨晚（14日）她睡得很好，今天早上感觉好多了，我对此也期望很高。现在我开始进入能够工作的状态了，但又发现自己处于另一种不同的不快之中——但愿只是暂时的！——最亲爱的、最好的朋友与兄弟——你知道我当下的处境，但你也了解我的前景……与此同时，我正在为国王写 6 首简单的钢琴奏鸣曲【最终只有 K.576 这一首完成了】和 6 首四重奏[11]，这些作品我应该都会自费在科策卢那里印刷，无论如何，有了这个题献的名义总会有所收获。在这几个月里，我的命运必将至少以某种具体而微的形式得到决定，因此你，作为我最好的朋友，不会在我这里失去什么；现在就靠你了，我唯一的朋友，如果你能并且愿意借给我 500 福林。——在我的状况解决之前，我会每月还给你 10 个福林，然后（必然是几个月之内）我会全额奉还，再加上你需要的任何金额的利息，而且我余生都会将你视作债务人，因为我永远无法足够地感谢你的友谊和爱；——好吧，感谢上帝，终于写完了，现在你知道一切了，请不要因为我的信任而不快，请想到，没有你的支持，你的这位朋友和兄弟的名誉、心境和生活都会被毁灭。永

远是你感恩戴德的仆人、真诚的朋友和弟兄

W.A. 莫扎特

1789 年 7 月 14 日，从家中寄出

上帝啊！我几乎无法让自己寄出这封信！但我必须这么做！如果没有这场病，我也不会被迫向我唯一的朋友这般无耻地索求；——但我也希望获得你的原谅，因为你了解我的情况的好坏两面，坏的一面是暂时的，而好的一面必然会长存，如果这段暂时的窘境能够度过的话。——再见了！——看在上帝的分上原谅我，请原谅我！——再见！

1789 年 7 月 17 日

……你一定是被我惹怒了，因为你并未回复我……因为在我之前给你的信里，我最好的朋友，我已经诚实地告诉了你压在我心中的所有那些重担，现在我要说的还是那些事，但我必须要补充：1. 如果不是为了我妻子高昂的治疗费，尤其是因为她必须要去巴登，我也不会需要这么大一笔钱。2. 因为短期内我的境况就会好转，我并不在意需要偿还的总额，但就目前来说我需要的钱还是越多越好。3. 我一定得向你恳求，如果现在真的不可能为我准备这么一笔钱，看在你我之间友谊与兄弟情谊的份上，无论多少金额都能支持我，不要怀疑我的正直……

附笔：我的妻子昨天病情非常严重。今天用水蛭放血后她好了很多，感谢上帝；我仍然非常苦恼！总是在恐惧与希望之间波动！——然后！——克罗赛特医生【Closset，莫扎特去世前的医生】昨天又来了。

【普赫伯格手写笔记：1789 年 7 月 17 日，同日送出 150 福林。】[12]

210

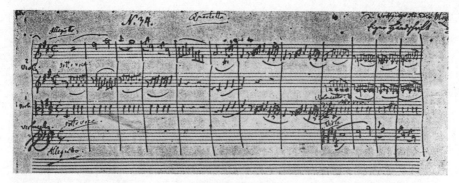

莫扎特的 D 大调弦乐四重奏（K.575）开头部分手稿，这是"普鲁士"四重奏的第一部。

　　康斯坦策当时病得很重，并发了褥疮，医生甚至认为可能已经露骨了。莫扎特在给普赫伯格的信里写道："她以一种惊人的方式屈服于自己的命运，以真正的哲学式的冷静等待着恢复或死亡。我写下这句话时眼里饱含泪水……"[13] 在那个七月，莫扎特甚至完成了一部为普鲁士宫廷创作的作品，是之前计划中的六首钢琴奏鸣曲中唯一完成的一首（K.576），以他所擅长的简单而流行的风格写成（如果他想这么写的话，可以说是轻而易举，但他已经无法以这种对当时的他来说越来越陌生的风格来完成这个系列余下的作品了）。他在日耳曼之旅结束之后，就立刻开始创作那些四重奏，在六月就完成了其中的第一部（D 大调，K.575）[14]，另外两部［降 B 大调（K.589）与 F 大调（K.590）］则要等到 1790 年再分别于五月和六月完成。

　　距离莫扎特上一次集中创作弦乐四重奏的日子已经过去了一段时间；题献给海顿的那套四重奏是在 1785 年完成的，在此之后，他在 1786 年创作了一部单独的四重奏，可能是由出版商 F.A. 霍夫梅斯特委约的。虽然这部作品（D 大调，K.499）在某些方面可以说不如题献给海顿那一系列的作品复杂，演绎难度也不那么高，但它仍然既优美又深刻（并且包含了所有十八世纪音乐中最富原创性的一个小步舞曲乐章）。最后三首四重奏是为那位国王大提琴家而创作，以特意分配的比一般情况更为突出的大提琴部分来巧妙地奉承国王，这也使作曲家重新思考了整个布局。莫扎特试图创造一种新的流行风格，在范围上（而非内容上）类似海顿已经完善的风格，他已经用这种风格赢得了欧洲音乐界的青睐。因此，从真正意义上讲，这一组"普鲁士"四重奏——这套作品被这么命名——比严谨的"海顿"系列更为"简单"，更易接近。已故的汉斯·凯勒记述了其中差异的一个方面：

> 一方面，毫无疑问，【在"海顿"四重奏中】莫扎特在乐句允许的范围内，为这位专家级的题献对象做出了特别的努力，在心理上他也准备向其倾诉他最深的秘密。另一方面，这位擅长大提琴的国王也为音乐织体创造了非常特殊而严重的问题，任何其他作曲家，甚至可能包括海顿和贝多芬在内，都无法以某种富于创造力的形式来应对。莫扎特对此的解决展示了一种几乎令人难以置信的调整能力，在简直堪称危机的情况下对音乐媒介的掌控力……[15]

康斯坦策在八月去巴登疗养。莫扎特的心理也恢复了平静，并且从八月到十月创作了不少作品——大部分是在城堡剧院演出的其他作曲家的歌剧中插入的咏叹调[16]。但莫扎特也抽出时间创作了一部更为个人化的作品，那就是为他的朋友和共济会弟兄安东·斯塔德勒而作的 A 大调单簧管五重奏（K.581）。如果有一部作品能够总结他这不幸的一年，那就是这部五重奏了——这部作品中的某些部分似乎反映了某种痛苦的绝望状态，但整部作品

211

并不是包裹在某种狂暴的小调调性中，而是在光彩四射的 A 大调里。这里的音乐透过泪水展现出微笑。它展示出了作曲家对单簧管的所有的爱与理解，并且理所当然地成为室内乐创作中针对单簧管的具有点石成金意义的作品之一。这部作品创作时，可能已经预想到为音乐家协会演出这一场合，因为它的首次公开演出，是在那一年音乐家协会在城堡剧院举行的第一场圣诞音乐会上（12 月 22 日星期二）。这部五重奏在温琴佐·里吉尼的康塔塔《阿波罗之诞生》（*Il natale d'Apollo*）的中间演出。[17]

莫扎特完成了这部单簧管五重奏之后两周（这部五重奏在 9 月 29 日被记入他的作品目录），在贝尔格莱德大胜土耳其人的捷报传来。钦岑多夫在他的日记里（10 月 13 日）记录了人们如何整夜在维也纳街头群聚，希望和平能够降临，令人恐惧的通货膨胀也能告一段落。钦岑多夫后面一天的日记里，记录了一位出身高贵的女士把她的裙子绕到了胳膊和头上，以及一个中产阶级的女孩被狂欢的人群剥得精光。这场战争造成了非常奇怪的副作用，而且并没有看到停战的迹象。物价继续飞涨。

在这样令人不安的环境中，莫扎特一家还必须经历另一场个人的不幸：在 11 月 16 日，他们的第五个孩子安娜·玛利亚，出生后一小时就死在抽搐中[18]。到年底时，莫扎特再度向普赫伯格借钱——这次是 400 盾。《女人心》即将上演，因此作曲家告诉普赫伯格，很快他就该收到酬劳了。莫扎特补充道："我真的必须付钱给医生和药剂师。"他也恳求他的朋友"从这般悲惨的处境中拯救他"。他希望能够完成他为普鲁士宫廷而作的四重奏，从而以"完整的诚意"来说服普赫伯格[19]。在同一封信里，他提到了他会邀请普赫伯格和海顿出席《女人心》的一场排练。普赫伯格的回报是送去了 300 盾。

212　　1790 年 2 月 20 日——这一年他几乎没创作任何东西——莫扎特又找普赫

约瑟夫二世在 1790 年去世前与大臣告别的情景。由奎林·马克（Quirin Mark）绘制的铜版画。

伯格要钱——"如今这事情没法再拖延了"——然后又收到了 25 盾。[20] 同一天，约瑟夫二世驾崩了，由他的弟弟继位，就是利奥波德二世。约瑟夫二世是一个充满争议且处境艰难的皇帝，他所作出的决定即使是出于最好的用意，也往往造成灾难性的后果——尤其是那一场与土耳其的无望的战争。尽管他对莫扎特的音乐的理解程度非常有限，但约瑟夫二世还是一直支持着这位作曲家。如今新皇即位，莫扎特就比较难以确认他能否保住作为御用作曲家的地位了。

连续好几周，莫扎特接连找普赫伯格借钱。在三月底或四月初，莫扎特收到了一封来自凡·斯威腾的信，他也与普赫伯格沟通了信的内容。斯威腾希望能够说服新皇帝聘请莫扎特作为首席宫廷乐正，或者更为现实地担任次席，而莫扎特以此作为希望来说服普赫伯格借给他更多的钱。这一轮书信往来的回报是 150 盾。4 月 8 日，莫扎特又跟他提起了一场新的演出，打算上演他新创作的一首三重奏，以及为斯塔德勒创作的五重奏，在约翰·卡尔·冯·哈迪克伯爵［Johann Carl von Hadik，陆军元帅安德拉斯·冯·哈迪克（Andreas von Hadik）之子］的宅邸举行，并借着这个机会又借了一笔钱，这次只有 25 盾。两周后，普赫伯格又借给他另外 25 盾，莫扎特在五月初再次叨扰了他的朋友，然后收到了 100 盾。在那封信里，莫扎特抱怨了自己的牙痛和头痛，再度提起了他在家里开定期音乐会的计划，然后告诉普赫伯格他欠一个男装配饰商人100 盾的钱，"这人如今严苛地追着我要求还钱，并有暴力迹象"。莫扎特在 5 月 17 日又写道：

> 你应该已经从你管家那里听说我昨天来找过你，尽管是不请自来（因为你之前允许我这么做），想找你吃午饭。——你知道我的境况；长话短说——因为我找不到任何真正的朋友，我只能从熟人那里借钱；但因为要

从这群不像基督徒的人里面找出一个最基督徒的人是很花时间的，我现在一贫如洗，我必须恳求你，我最亲爱的朋友，以我们所共同信仰的神圣的名义，帮助我解决最基本的需求……如果你能了解这给我带来多大的忧伤——它一直妨碍着我，让我无法完成我的四重奏【K.589】。——我现在很有希望能够获得一个宫廷的职位。因为我有可靠的信息说皇帝保留了我的申请，而并未像他对别人那样对它作出批示，无论是赞同的还是责备的。那是一个好的迹象……

　　但是，这并不是一个好迹象，尽管普赫伯格还是送过去另外 150 盾。莫扎特确实开始在弗兰西斯大公那里申请，而且谦逊地仅希望担任次席宫廷作曲家，他指出："尤其请留意，当今甚为明智的宫廷乐正萨列里并未创作过宗教风格的音乐作品，而自垂髫之年起我就对这种风格熟识于心。"他也希望他能够为皇室家庭成员教授音乐。其实关于这番申请——如果这就是莫扎特在给普赫伯格的信里提到的申请——并无真正成文或送出的记录（宫廷档案中没有保存下任何资料）。[21]萨列里仍然稳坐"宫廷乐正"一职，而副乐正的正式人选则是伊格纳兹·乌姆劳夫。[22] 但至少，莫扎特在不久之后得知，利奥波德二世皇帝保留了他原本的职位和薪酬。

奥地利大公弗兰西斯（未来的弗兰茨二世皇帝）和他的妻子玛利亚·特蕾莎（1772—1807 年）。上：铜版画肖像，由雅各布·亚当作于 1789 年，下：象牙迷你肖像，作者不明，原作也已不存。

　　1790 年五月底，康斯坦策再度前往巴登疗养。莫扎特在六月初给她写信，信中说如果她在星期六回到维也纳，她就还能"待半个星期天"。约瑟夫·埃布勒，他的学生和朋友，会在他的教区教堂里指挥一场弥撒，这座教堂在施韦夏特，是维也纳通往匈牙利的驿路上的一座小镇。"你要适当地照料好你的身体健康——N.N.（你知道我是指谁）是个混蛋——他在你面前把你恭维得天花乱坠，然后在公众场合他就开始批判《费加罗的婚礼》……"[23]

十天后，他又给普赫伯格写信：

214

> 我正要去指挥我的歌剧【《女人心》，在约瑟夫二世皇帝驾崩后的大丧期结束后，这部歌剧重回舞台】——我妻子的情况好一点了。——她已经感觉到明显的改善，但她还得至少再水疗 60 次……最亲爱的朋友，鉴于我的迫切需求，你能不能帮帮我。啊，请伸出援手吧！——为了省钱，我留在巴登，只在非常必要的时候进城。——现在我被迫交出我的四重奏（花了我大量精力的作品）来换一点小钱，就为了手里能有一点现钱……明天在巴登还有一部我的弥撒曲【可能是 K.317】要上演【由我的朋友安东·斯托尔（Anton Stoll）指挥，他是那里的音乐总监】。再见——（在 10 点）……
>
> 附言：请把中提琴送来。
>
> 【普赫伯格手写：6 月 12 日送去 25 福林】

之前普遍认为销售这些四重奏的收入是归阿塔利亚所有，但这一定是错误的：[24] 阿塔利亚不会花一年半的时间来出版这些作品。可能是某家维也纳抄谱者的公司［塔伊格（Traeg）、劳瑟（Lausch）等］或者某个类似约翰·托斯特（Johann Tost，莫扎特为他写了最后几部五重奏）的个人在销售这些四重奏。

莫扎特已经将他的一套三首五重奏中的前两首卖给了阿塔利亚，并由他们在 1789 年（K.515）和 1790 年 8 月（K.516）出版。[25] 尽管有了这些额外的收入来源，莫扎特仍然一直入不敷出——而这主要是因为康斯坦策漫长的疗养所需的开支。但是普赫伯格的资助已近枯竭——他很明显已经将莫扎特视为一个无底洞——因为在八月中旬莫扎特再度去请求了他的朋友，信里仍然是一如既往的痛苦描述（"……向你描绘我的境况——身患病痛，满心烦扰……你能忍心不施以援手略微资助吗？……"）；而从这番来往中他收到了仅仅 10 盾，是一直以来最少的一次。[26]

此时是做点大事的时机了。为了筹钱，莫扎特想出了另一个计划——前往日耳曼南部诸国举行巡演，以法兰克福为终点，并且赶上利奥波德二世在那里被日耳曼诸国推举为神圣罗马帝国皇帝的加冕礼。此时莫扎特仍然未能在利奥波德二世那里留下印象，而这位作曲家希望能以他的音乐会让皇室注意到他。他乘坐他自己的马车（所费不菲），与他的连襟，小提琴家霍法一起，在 9 月 23 日启程出发 [27]。在他回程时，他从一位名叫海因里希·拉肯巴赫（Heinrich Lackenbacher）的商人那里借到了一大笔钱——1 000 盾——以他家里所有的家具和装饰为抵押。康斯坦策尽管在结婚后已经先后在 10 处不同的出租房里面居住过，但她此时在莫扎特出门的时候，又搬了一次家，搬到了劳亨斯坦街的一座房子里。[28] 这是一间尽管有点阴暗但是空间很大的公寓，比起之前在教堂街住处的房租（每年 460 盾），这里能节省很多钱（每年 330 盾）。

在这一次的日耳曼之旅中，当地的音乐界内行人士们再度毫不吝惜地献出了他们的赞誉——在路德维希·冯·本蒂姆 - 斯坦因福伯爵 ① 的笔下，有一段

---

① Ludwig Wilhelm Geldricus Ernst zu Bentheim und Steinfurt（1756—1817 年），本蒂姆 - 斯坦因福家族一员，帝国伯爵，后来被提拔成为亲王。

关于莫扎特指挥并亲自担当协奏曲独奏的音乐会的有趣记录，[29] 这位伯爵出席了 10 月 15 日在法兰克福的这场富有历史意义的音乐会。但是音乐厅还是半空的，因为同时还举行着其他活动，而莫扎特回到维也纳时也是口袋空空。

215

小提琴家与演出策划者约翰·彼得·萨罗门，由托马斯·哈蒂于 1791 年绘制的肖像，萨罗门曾经在维也纳与莫扎特会面，随后与约瑟夫·海顿一起前往伦敦。

从伦敦也传来了有意思的邀请——首先是来自当地的意大利歌剧团经理罗伯特·布雷·奥莱利（Robert Bray O'Reilly），他想要莫扎特为他们下一个演出季创作"至少两部歌剧，正歌剧或喜歌剧皆可"。莫扎特回到维也纳后收到了这位经理写于 1790 年 10 月 26 日的信。[30] 几星期后，约翰·彼得·萨罗门（Johann Peter Salomon）来到了维也纳，这位当时首屈一指的演出策划者是来邀请海顿和莫扎特，请他们同时或先后前往伦敦的。[31] 此时尼克劳斯·埃斯特哈齐亲王已经去世，从而使海顿解脱了在宫廷中作为乐正的职责（虽然他收到了一大笔退休金，并且保留着他的薪水）并使他能够出国旅行。海顿回到维也纳时正好可以参与莫扎特最后一部弦乐五重奏（K.593），这部作品显然由海顿之前所在的埃斯特哈扎宫廷乐团里的第二小提琴首席演奏家约翰·托斯特委约。阿贝·斯塔德勒记下了这部五重奏中的演奏者是如何安排的，海顿和莫扎特分别演奏第一和第二中提琴，他们先演奏了 C 大调弦乐五重奏（K.515），"然后再献上了 G 小调（K.516）"，

216   然后（按照文森特·诺维洛的记述[32]）斯塔德勒"特别提到了 D 大调的第 5 号五重奏，哼出了低音提琴声部的旋律"（应当是 K.593）。

在萨罗门带海顿前往伦敦的那天，12 月 15 日，莫扎特一整天都陪伴着海顿。当分离的时刻到了，莫扎特的眼中涌出了泪水，他说："这可能是我们此

生最后一次道别。"海顿当时 58 岁，他以为这句话是因为他已年迈，他无法想象他会比这位年轻的朋友活得更久。[33]

＊　　＊　　＊

到了 1791 年，莫扎特一家的财务状况出现了明显的改善。[34]莫扎特在

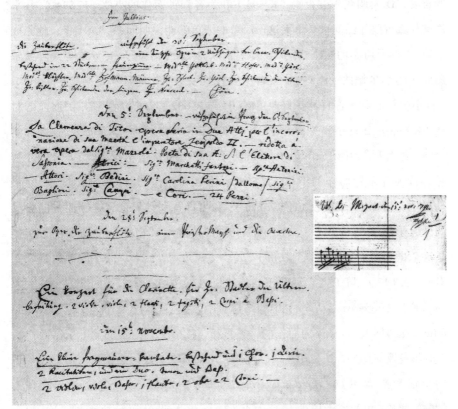

莫扎特自己的作品目录（从 1784 年开始，参见第 131 页）里最后几项条目。包括了最后两部歌剧——《魔笛》与《狄托的仁慈》——以及 A 大调单簧管协奏曲（K.622），最后一项的日期是 11 月 15 日，作品是《共济会小康塔塔》（K.623），旁边是这部作品手稿第一页的一处细节，显示了莫扎特的签字和相应的完稿时间——11 月 15 日。

1790 年借到的那一大笔钱（1 000 盾）对他们重新立足有着非常迫切的意义。然后他接到了两部重要歌剧的委约，分别是《魔笛》和出乎意料的布拉格加冕礼歌剧《狄托的仁慈》。1791 年是莫扎特最为多产的年份之一，不像 1790 年——这一年可以说是莫扎特创作生涯中的灾年，除了余下的两部"普鲁士"四重奏，D 大调弦乐五重奏（K.593）和为音乐钟而作的小曲（K.594），几乎没有什么重要作品问世。下面这份简单的清单就能说明问题：1791 年，他完成了第 27 钢琴协奏曲（K.595）、3 首艺术歌曲（K.596—598）、6 首为大管弦乐团而作的小步舞曲（K.599）、6 首为大管弦乐团而作的日耳曼舞曲（K.600）、4 首小步舞曲和 4 首日耳曼舞曲（K.601 与 K.602）、2 首为管弦乐团而作的对舞（K.603）、2 首小步舞曲（K.604）和 2 首日耳曼舞曲（K.605）、对舞舞曲"女性之胜利"（Il trionfo delle donne，K.607）和 6 首连德勒舞曲（K.606）、另一首为音乐钟而作的小曲（K.608）、为莱勒而作的对舞（K.610）和为莱勒三重奏而作的日耳曼舞曲（K.611）、为男低音和独奏低音提琴而作的咏叹调"为了那美丽的小手"（Per questa bella mano，K.612）、根据歌曲"女孩是这个世界最奇妙的东西"（*Ein Weib ist das herrlichste Ding*）改编的钢琴变奏曲（K.613）、降 E 大调弦乐五重奏（K.614）、加在萨尔蒂的歌剧《乡下人的嫉妒》（*Le gelosie villane*）中的结尾合唱"我们过着幸福的生活"（viviamo felice，K.615）、为音乐钟而作的一首慢板（K.616）、为玻璃琴等乐器而作的 F 小调慢板与回旋曲（K.617）、《圣体颂》（K.618）、德语小康塔塔《纪念至高的宇宙创造者》（*Die ihr des unerme ßlichen Weltalls Schöpfer ehrt*，K.619）、《魔笛》（K.620）、《狄托的仁慈》（K.621）、A 大调单簧管协奏曲（K.622），《共济会小康塔塔》（K.623），以及很多仅开了个头的系列作品和残片断章，包括已经完成大部分的《安魂曲》（K.626）。有着这样一份令人印象深刻的作品清单，我们完全有理由认为莫扎特即将开始他职业生涯中又一个令人惊叹的成功阶段。

为布拉格的加冕礼创作的《狄托的仁慈》[35]，将莫扎特再度带回了波希米亚的首府，他的音乐在那里总是大受欢迎。我们接下来将聚焦这座城市，不过并不是为了重现利奥波德二世加冕礼的辉煌场景（见第 335 页），而是要探索当时上流社会中更为阴暗邪恶的另一面——嫌疑中的共济会阴谋。

第十一章原注：

1. K. Benyovszky, *J.N. Hummel*, Bratislava, 1934, 189ff.

2. 出处同上，197f.

3. 莫扎特《书信》第四卷，第 79 页起。

4. 这个项目从未落实，因为瓜达索尼同年被叫去华沙，在 1791 年 6 月 10 日前都未返回布拉格。

5. 约翰·利奥波德·纽曼（Johann Leopold Neumann），萨克森战争委员会秘书，他的妻子是一位钢琴家。

6. *AMZ*, I（1798），20—22, 85f., 179; XXII, 297. 尼森在他撰写的传记第 527 页起也引用了这段内容，德斯齐《文献》，第 299 页起。

7. 莫扎特《书信》，第 86 页起。

8. 尼森，第 535 页。

9. 在当时富裕人士接受题献时通常都会回报创作者，包括作曲家和作家等，但通常并不会预付款。10 年后，弗兰茨·约瑟夫·马克西米连·洛布科维茨亲王（Franz Joseph Maximilian Lobkowitz）为贝多芬题献给他的作品第 18 号弦乐四重奏，付给贝多芬 400 盾。参见雅罗斯拉夫·马切克（Jaroslav Macek）在 1987 年 9 月 28—30 日于巴登举行的贝多芬研讨会上的发言，*Musikforschung*, 41. Jg.（1988），Heft 2, 167。

10. 德斯齐《文献》，第 304 页。

11. 出处同上，第 208 与 210 页。

12. 莫扎特《书信》第四卷，第 92—94 页。

13. 出处同上，第 95 页。

14. 出处同上，第 91、109、111 页。

15. *The Mozart Companion*, 102.

16. 咏叹调 "伟大的灵魂，高贵的心"（Alma grande, e nobil core, K.578），为露易丝·维伦纽夫（Louise Villeneuve）女士而作，是奇马罗萨的歌剧《罗卡·阿祖拉的两位男爵》（*Li due baroni di Roccazzurra*）的插入曲，分别在 1789 年 9 月 6 日与 13 日在维也纳上演。咏叹调 "美好的春天已展开欢笑"（Schon Lacht der holde Frühling, K.580），为莫扎特的小姨姐约瑟法·霍法而作，当时她应布卡内德的维登剧院邀请参演德语版的帕伊谢洛的《塞维利亚理发师》，这首插入歌在 9 月 17 日首演。咏叹调 "谁知道，谁知道，这是什么"（Chi sa, chi sa qual sai, K.582），为露易丝·维伦纽夫女士而作，是马丁－索勒的歌剧《仁慈的伯贝罗》在当年 11 月 9 日复排中的插入曲。莫扎特《书信》第六卷，第 388 页起。

17. 德斯齐《文献》，第 315 页。

18. 出处同上，314 页，记述了安娜·玛利亚的死亡。

19. 莫扎特《书信》第四卷，第 99 页起。

20. 出处同上，第 102—107 页，1790 年给普赫伯格的信件。

21. 出处同上，第 107 页。

22. 源自《官绅录》，参见本书附录 4。

23. 莫扎特《书信》第四卷，第 110 页起。

24. 兰登《1791》，第 45 页。

25. Haberkamp, Textband, 281—285.

26. 莫扎特《书信》第四卷，第 111 页起。

27. 兰登《1791》，第一章。

28. 在兰登《1791》第 200 页起有艾尔丝·拉当对此的详细描述。

29. 出处同上，第 14 页。

30. 德斯齐《文献》，第 332 页。

31. 兰登《1791》，第 18 页起。

32. 诺维洛，第 170 与 347 页，n.123.

33. 兰登《1791》，第 19 页起。

34. 出处同上，第 60 页起。

35. 关于当时的观众，参见附录 7。

第十二章　1791年的共济会阴谋？

1791年10月14日，莫扎特在维也纳向他在巴登疗养的妻子寄出了一封　
热情洋溢的信。[1]他在信里用满怀天真的乐观笔触记录了他带萨列里和萨列里
的情妇，女高音卡特琳娜·卡瓦列里去看《魔笛》的经过。"他们都说这是一
部杰作……他们从未见过比这更美妙的制作。"这是莫扎特留存至今的最后一
封信件。

同一天，在维也纳的霍夫堡，利奥波德二世皇帝收到了来自一位匿名线人
的不具名信件（利奥波德二世必然能够认出这是出自何人手笔）：

> 我抱着一种恐怖的感觉来向陛下启奏……关于我昨晚收到的一份
> 令人极度好奇的报告……来自一位您应该也有所耳闻的人，埃伦贝格
> （Ehrenberg）。如果陛下恩准他能单独觐见，他希望能够亲自复述此事，
> 并告知您其他各种可疑的情况……
>
> 在弗兰西斯大公陛下【从布拉格加冕礼】返回之后的第一天，【内阁

秘书约翰·巴普蒂斯特·冯·】斯洛伊尼希① 走进埃伦贝格在内阁的办公室，并大放厥词如下，我在此重复他的那些话，其中部分是一字不差的原话，部分是根据其最重要的内容所作的复述。

"谢天谢地大公终于回来了。其实他可以多待一段时间，反正他已经耽误了我去猎野鸡。但我担心他已经受到了某些影响，因为他被带到各个地方去，而他的父亲【利奥波德二世】不想让他离开自己的视线，这样他就不会看到或经历某些事情。但一切都已经安排好了，而且我不得不说，一切都还不错，就像以前一样。

"你也知道那个奇妙的故事，关于动员 16 000 名军人到维也纳的事。他们想抵御即将到来的革命。但这对他们一点帮助也没有。革命是必要的，因为……一个只顾享受生活的统治者不配登上王位"【此处手写笔记颤抖不清】。

写下这句话让我的手指颤抖不已，但埃伦贝格愿意当着您的面发誓，他亲口听到斯洛伊尼希的嘴里吐出了这样的话语。

这个人，这个克伦威尔（Cromwell），这个谋逆者是奥地利皇太子的私人导师和日常知己；他是光明会的一名要员；他是由斯威腾男爵安插在这里的；他敢于让自己在平时并没有表现出特别的信任关系的第三方面前说出这样的话，在帝国宫邸和皇太子的内廷中大放厥词！！！在其他场合下他可能会说出什么呢，而在这个人的头脑里是在构思什么样的计划和设想呢！ 2

226

---

① Johann Baptist Freiherr Schloißnigg（1746—1804 年），奥地利法学家与政治家。曾经在奥地利—波希米亚的高等法院担任多个显要职务，并在去世前一年还被委任管理当时新纳入帝国版图的威尼斯的诸多事务。

这封信启动了一连串针对斯洛伊尼希及其活动的调查，但最有意思的一处是它提到了凡·斯威腾男爵，皇家图书馆的馆长，莫扎特的赞助人，也是各类音乐活动的总赞助者。这可以说是斯威腾并不被奥地利建制势力视为忠诚可靠者的第一个迹象。

在我们继续深究此事之前，有必要先做一些解释，以区分本章将要涉及的几种不同类型的共济会组织：首先，光明会。这个课题的经典著作由罗伯特·F.古尔德（Robert F. Gould）撰写并于1886年出版，他对此的描述是："巴伐利亚光明会的秘密社团与共济会兄弟会之间是通过可以想象到的最薄弱的线索相连的……对它的镇压导致了共济会在整个巴伐利亚和德意志南部大部分地区的消亡，一个世纪之后，共济会还没有从这一打击中恢复过来。"[3]

光明会的创始人是亚当·魏萨普教授（Adam Weishaupt，1748—1830年），他出生于巴伐利亚的因戈尔施塔特，并在那里接受了耶稣会会士的教育。他在1772年和1775年先后接任了当地大学的两个教席，这两个席位之前也都是由耶稣会会士所拥有，而此时魏萨普已经开始憎恨他们的教义。他继续以惩恶扬善的目的来组织他的会社。第一批成员在1776年加入，当时的成员只知道他们的导师，但后来，在获得提升之后，成员之间也能互相认识。在一开始的时候，并没有成员身兼共济会成员，但魏萨普他自己在1777年底加入了一个慕尼黑的"严规会"（Strict Observance），随后将共济会的仪式制度引入了他的会社。

亚当·魏萨普教授，巴伐利亚光明会运动的开创者，根据G.V. 曼辛格（G.V. Mansinger）绘制的肖像而作的铜版画。

在这个会社最初的发展阶段，只在日耳曼诸国南部以及其他一些信仰天主教的地方活跃。但

是到了 1780 年，巴伐利亚选帝侯的枢密院议员康斯坦佐·冯·康斯坦佐
（Constanzo von Constanzo）侯爵，将这个组织的影响拓展到了日耳曼诸国北
部。他成功地使得许多"严规会"的成员皈依到这个新会社，而这些成员也期
待能有一套新的仪典，尽管魏萨普尚未将他的仪典修订完整。而当一整套新的
仪典完备之后，魏萨普与他的大弟子冯·科尼格男爵之间开始争执，而后者在
1784 年退出。

伴随着法国革命情绪的高涨，像光明会这样的秘密结社所造成的威胁，引
出了 1784 年 6 月 22 日的选帝侯法令。整个巴伐利亚的光明会组织，连同所有
的共济会会所，全部被查禁了。虽然用古尔德的话说，"这个时代最伟大的一
些人"都是光明会的成员，但在光明会存在的十年中，无论在任何时候，其成
员人数最高估计都不超过 2 000 人。[4]

之前提到的共济会下属之"严规会"[5]在十八世纪中期建立后的前二十年
间都发展缓慢，但在接下来的二十年里它拓展到了整个欧洲大陆。这个组织
228 起源于苏格兰，立足于一个历史假说，相信自圣殿骑士团灭亡后的几个世纪
以来，其大宗师继承人谱系并未断绝，其中一些人设法在苏格兰（共济会的发
源地）找到了避难所。每位继任大宗师的身份在其生前都是保密的，据传查尔
斯·爱德华·斯图亚特王子（小王位觊觎者）[①]在十八世纪四十年代担任过这一
职务，尽管也有人认为基尔马诺克勋爵[②][6]才是大宗师。

洪德和阿尔藤格罗考男爵卡尔·哥特黑尔夫（Karl Gotthelf）生于 1722
年，根据记录，他在 1742 年时就已经获得了传统共济会体系的第三等级头衔。

---

① Charles Edward Stuart（1720—1788 年），是斯图亚特王朝继承人詹姆斯·弗朗西斯·爱德华的长子，在光荣革命
中被废黜的英格兰国王兼苏格兰国王詹姆斯之孙，曾经于 1745 年回到英国领导了詹姆斯党的起事，终告兵败，斯图
亚特王朝再不能东山再起，查尔斯本人也流亡欧洲大陆度过余生。
② William Boyd, 4th Earl of Kilmarnock（1705—1746 年），参与詹姆斯党起事的苏格兰贵族。

右上：布拉格，1791 年的加冕礼，皇室队列在大教堂门外的情景。

左上：玛利亚·路易莎皇后，和她的丈夫利奥波德二世，他于 1790 年在法兰克福被加冕为神圣罗马帝国皇帝，弗兰茨·赫格尔所作的铜版画。

右下：1791 年时在布拉格的圣维图大教堂举行了将他们加冕为波希米亚国王与王后的仪式，当时出版了一系列的铜版画描绘了遍布全城各地的典礼。此图描绘了加冕礼的盛况。

228　此后他活跃于巴黎（他可能在那里接受了基尔马诺克勋爵以及其他詹姆斯党支持者的影响）、法兰克福等地，并在 1750 年前后成为共济会第七省（易北河和奥德河之间的日耳曼地区）大宗师，他此后不久就开始试图重振圣殿骑士团在中欧的组织，具体被分为七个省区。洪德男爵于 1753 年向瑙姆堡的会所发出了新的授权令，此前他已经在自己位于昂伍德的庄园里建立了一个会所及省级分会。而他们是在瑙姆堡为重建圣殿骑士团的资金筹措制定了计划[7]。在这个新的体系内，每一个新入会者（学徒）都必须立誓要毫无质疑地服从其上级，"严规会"之名由此而来。成员的提拔体制被分为五个等级，最高级别类似骑士身份（一开始仅限贵族出身的成员能达到此级别，但后来也对富商开放，例如在汉堡，支付过高昂的费用后即可）。

1780 年 9 月，不伦瑞克的斐迪南公爵计划举行一次全会，来整合当时共济会体系的方方面面，包括起源、目的、仪典等，但直到 1782 年 7 月这次全会才在威尔海姆斯巴德召开。与会成员共有 35 人，而其他体系的成员，包括光明会（由科尼格代表），也都被允许在大会中发言。大会的结果对严规会来说具有逆转性的作用，使它走向了衰败。

本章节所有未经出版的资料都来自维也纳宫廷与国家档案馆，其中收录的文件显示，维也纳当局在 1790 年前后，越来越关注光明会、严规会的秘密活动，并由此而关注到共济会的所有方面。欧洲的共济会越来越受到法国大革命的思想影响，而奥地利当局也有这样的印象，相信法国的共济会在向他们的奥地利同道们施加压力，要求他们跟随法国建立君主立宪制——在 1790—1791 年间，即使在法国，大部分人的心中也尚未想到弑君这个概念。[8]

奥地利秘密警察，在国外的奥地利大使馆协助下，想要厘清以下问题：（1）领头的光明会会员是什么人，他们主要在哪里运作？（2）严规会会员有

哪些人，他们都在哪里？（3）问题（1）与（2）中的成员是否也直接就是共
济会成员？（4）这些组织是否在奥地利领土上积极助长了法国大革命的理念？
当局从一开始看上去就认为波希米亚是革命骚动的热土，以下人士被认为是波　229
希米亚光明会的成员：[9]

　　克洛沃拉特（Leopold Kollowrat-Krakowsky）伯爵，又被称为莱辛伯
格（Reichenberger），位列波希米亚首席大臣；

　　克洛沃拉特伯爵，前者的兄弟；

　　德尔·奎托（Del Cuito），现居维也纳；

　　菲利普·克拉里（Philipp Clary）伯爵；

　　上诉法庭法官绍尔（Sauer）；

　　约瑟夫·卡纳尔【无公职】；

　　拉赞斯基（Lanzansky），地方法院长官；

　　皮尼亚特利（Pignatelli）亲王，西班牙将领，不在国内；

　　冯·陶本海姆（von Taubenheim）男爵，骑兵统领。

　　这样一份名单想必不会在维也纳秘密警察的办公室里迎来一阵欢呼，因为
它包括了太多高官的名字。但这都是真的吗？普通的共济会会所保存着详细的
会员名单；光明会和严规会并不这么做。维也纳警方继续将可能的光明会会员
的名单发往巴伐利亚：在那些名单中有很多人是莫扎特的朋友和赞助人[10]——
慕尼黑的音乐事务总管西奥（Seeau）伯爵、慕尼黑的作曲家和指挥家克里斯
蒂安·卡纳比希（Christian Cannabich）、萨尔茨堡主教座堂的牧师弗雷德里
希·斯鲍尔（Friedrich Spaur）伯爵、著名的剧场改革家索嫩费尔斯自然也名

列其中，甚至还包括了莫扎特在 1781—1782 年的房东科本泽伯爵。

戈特弗雷·凡·斯威腾男爵，因为被怀疑牵涉共济会阴谋，他在 1791 年 12 月 5 日被解除了所有公职。弗朗索瓦·戈纳（François Gonard）所作之铜版画，1781 年。

1790 年 2 月 14 日，在布拉格发现了一个光明会的秘密会所，名为"爱与真理"（Liebe und Wahrheit）。利奥波德·阿洛伊斯·霍夫曼（Leopold Alois Hoffmann）教授为巴伐利亚准备的一份光明会名单【1792 年 1 月 3 日？】的附信中写道："伯爵阁下应将名单秘密复制一份，并将原件送回给莱尔巴赫伯爵。"此人是波希米亚和奥地利宫廷总理府的议员，也是帕拉丁宫廷的大臣。这份令人惊奇的文件收录在本书附录5 中。[11]

我们再次见到了凡·斯威腾的名字，名列第14 号人物。需要记住的是这位男爵曾经在柏林居住过很多年，再考虑到名单中也包括了普鲁士人士（其中有两位亲王），人们就可以假设斯威腾是在柏林期间成为光明会的一名成员。名单中的第 15 号人物贾科比男爵，当时是驻维也纳的普鲁士大使，也是莫扎特所在的共济会会所成员之一。此时奥地利当局必然十分警觉了。在这份名单出炉的时候，约翰·巴普蒂斯特·冯·斯洛伊尼希（名列第 26 号）已经失去了其原来的职位，因为他的名字旁边的注解是"弗兰西斯大公前任导师"。几乎可以确定的是，莫扎特作为一名知名的共济会成员，也难逃类似的嫌疑，而且如果没有当时发生的那些事件的话，他也保不住他的皇家内廷作曲家的职位。1791 年 12 月 5 日，有人将一份通知亲手递交给戈特弗雷·凡·斯威腾男爵，告知他已被剥夺所有公职。在这份

1792 年的光明会名单中，他已经被描述为"学习委员会前任主席"。（斯威腾 230
的外交家生涯并非一无所获，然而利奥波德二世在 1792 年 3 月 1 日驾崩，而
当下一版的《官绅录》在 1793 年印制出版时，斯威腾已经在新皇弗兰茨二世
治下恢复了之前的地位。）

　　从约瑟夫广场宏伟的帝国皇家图书馆大厦走出去
不远，就能到作曲家当时在劳亨斯坦街 970 号的住所
的朴素小楼。在那里，"在午夜之后的那一个小时，当
1791 年 12 月 5 日开始的时候，沃尔夫冈·阿玛迪乌
斯·莫扎特去世了"。[12]

＊　　＊　　＊

　　在布拉格，与莫扎特关系密切的人之一是皇室钦
差海因里希·弗兰茨·罗腾翰伯爵，曾任上奥地利
政府首脑。他是利奥波德二世的亲信，利奥波德二
世为他的这位家臣在布拉格专门设立了城堡长这一职
位——这项任命极其低调，以至于 1791 年版的《官
绅录》都未收录罗腾翰之名。但宫中人士都知道，罗

海因里希·弗兰茨·罗
腾翰伯爵，作为驻布拉
格的皇室钦差，利奥波德
二世指挥他来调查并汇报
在这座城市里酝酿的一个
共济会阴谋。约翰·博姆
（Johann Boehm）绘制
之铜版画。

腾翰的这一职位保持着巨大而隐秘的权力；钦岑多夫曾经特别提到过，《狄
托的仁慈》在布拉格首演的当晚（1791 年 9 月 6 日），"罗腾翰在皇帝的包厢
里……"[13] 而当弗兰茨二世在 1792 年即位后，他仍然记着那些对他父亲忠诚
的官员们，而我们就能看到罗腾翰位列国家内务委员会一员，他的完整头衔也
被列明（波希米亚王国之罗腾豪斯、艾德利兹、普拉滕、尼奥索布拉兹和别棱
兹的领主，圣斯蒂芬皇家骑士团大十字勋章获得者，枢密院高级议员，住所位
于克鲁格大街 1074 号）。

新的一年来临时，莫扎特已不在人世。利奥波德二世的一位亲信，骑兵统领普罗哈斯卡（Prohaska），在 1 月 26 日写信给罗腾翰，咨询著名演员卡尔·瓦尔（Carl Wahr）的信息，此人是当时一位著名的莎士比亚作品演绎者。瓦尔此时已经退休，居住在布拉格，有传言说他不仅是共济会会员，还是光明会的一名骨干。罗腾翰回复道，瓦尔确实是历史悠久的共济会苏格兰仪式会所"三星"（Zu den drei Sternen）的一名广受尊敬的成员，而这家会所的导师则是光明会成员库尼格（Künigl）伯爵和皇家区长施密德伯格（Schmidburg）男爵。[14] 此时，利奥波德二世已经开始怀疑共济会在布拉格正在进行一场阴谋。这座城市在某种意义上一直是维也纳的对手，也有很多政治上或者其他方面的"不同意见者"住在那里。皇帝本人随后直接致函罗腾翰，而伯爵在 1792 年 1 月 29 日以一封很长的信作为回复：

> 皇帝陛下：
> 您于本月 26 日的亲切来信已由普罗哈斯卡转交给我：……陛下可以放心，我将尽心尽力地完成慷慨委托给我的事业。我无法判断是否有依据可以怀疑……给我的名单上的这些人与其他居心不良的人有可疑的联系；但我将更加注意正在发生的事情，尽管如此，如果我的卑微印象没有很大错误的话，我可以向陛下完全保证这个省［波希米亚］的公共安全，而且名单上的人本身在我看来一点也不危险。除了迈尔博士（Dr Mayer）之外，他们都是共济会成员；这里的共济会成员确实有很多狂热的行为，我相信在光明会建立的时候，这里的很多共济会成员都跟从了以魏萨普为首的这个维也纳的危险组织的其他主使……但如果我考虑到这些人的日常活动和家庭背景，在我看来，整个组织就显得非常无害了。

232

维也纳的劳亨斯坦街，左侧的房子是莫扎特去世时的住所，J. 沃尔姆特（J. Wohlmuth）绘制的水彩画，1820 年前后。

维也纳城郊的圣马克斯，莫扎特在当地的公墓里下葬。卡尔·舒茨于 1792 年绘制的上色铜版画。

共济会无疑造成了非常大的消极作用：它鼓励偏见，它贬抑了真正的公共精神。最糟糕的是，那些背弃信仰、操纵群众的狡猾人士利用一切可能的机会获得任命或任何其他好处，以使人们尽可能以最佳的方式看待共济会或其个人本身。在上届政府的统治下，这种恶行达到了这样的程度，以致许多年轻人除非成为共济会成员，否则在事业上就没有任何希望……但我在这里只想说，就目前而言，除非我收到更关键的消息，否则没有理由对这个地区的共济会感到担忧。【关于光明会】这个教团的人（部分是伪君子，部分是狂热分子）企图以一种无法言表的强硬和傲慢强加他们的意志，他们的目标无非是推翻一切积极的宗教和法律与秩序……

这些改革者——日耳曼诸国几乎所有的学者，特别是普鲁士和萨克森各个公国的学者，就他们的智性原则来说，都是其中一员——是一切君主的死敌，同时也公开站到了多个阶层公民的对立面，这些公民是在君主制法律的保护下，由于他们在这个制度中的社会地位而比其他人拥有某些优越条件的人。正因为这种情况，我认为，鉴于奥地利目前的国家宪法，光明会的教义不可能带来危险。这种看法的理由，除了我们很幸运地还不至于像法国那样陷入极度的不道德以致必然会导致革命之外，还有在这里可能被认为是光明会成员的共济会成员大多数都是有产者。法国大革命的恐怖一定告诉了他们，如果他们胆敢举起反叛之手反对国家法律，将会带来什么后果……最后，在法国造成叛乱行动的原因在这里是不存在的——……鉴于目前的情况，当前秩序如果崩溃，并不可能使这里的任何人致富。在法国，某些贵族成员会放弃他们的财产和产权，因为通过革命，他们有希望窃取相当于他们以前所拥有的财产十倍以上的财富；仅仅是交付券的运作就能够使破产的有产者成为百万富翁。但这一切在日耳曼领土上都是相当不可能的，所以无论日耳曼的知识分子光明会"共和国"试图策划什么（甚至他们的组织比起法国俱乐部所造成的危险性还要更小，因为那些日耳曼学者永远都是学究），只要金融秩序良好，他们就不会对陛下在德意志各省产生影响。这需要坚持行使政府的行政管理权，一如既往地得到公众精神的支持，警惕虚假的启蒙运动，认真支持对民众有积极影响的宗教，严格的军队纪律，以及各阶层公民之间的适当平衡。

至于对那些被怀疑是光明会成员的人的个人评判，我当然无法为我对他们的一切看法找出证据，但从同样的角度来说，他们在我看来并不危险。【随后附上了一段对拉赞斯基伯爵、弗雷德里希·诺斯蒂茨（Friedrich Nostiz）伯爵、克洛沃拉特伯爵、普田尼（Putiany）男爵、卡纳尔伯爵、梅斯纳（Meissner）教授、戏剧演员施皮斯（Spies）、退休演员卡尔·瓦尔、库尼格伯爵、迈尔博士和劳卢斯（Laurus）伯爵的评价。罗腾翰继续写道：】

我难以理解迈尔博士怎么会出现在这个名单上。很久以前，在我还没有获得现在的地位的时候，也就是在他以他的观察没有任何理由来欺骗我的时候，迈尔博士就一直强烈反对光明会的发展和共济会对外界带来的压力。他如此频繁地讨论这些秘密结社的恶劣一面，以至于我推测这是由于他忧郁的心境所致。我很确定他不属于这里的任何会所……迈尔博士在从事物理学和化学的工作时，一定会与外国学者进行大量的通信，但我不能想象他允许自己涉足政治。总的来说，按照法国人的说法，迈尔博士频繁联系的那些人，更倾向于贵族而非民主派。但是，如果这个人不是我所认为的那个可靠的、诚实的科学家的话，我将尽我所能去揭穿他可能披上的任何伪装……[15]

233

利奥波德二世皇帝之死，J.G. 曼斯菲尔德在 1792 年根据金尼格（Kinninger）原画而作的铜版画。

利奥波德二世作为一位谨慎的统治者，随着欧洲政治局势的恶化，他也变得越来越狡黠，他的妹妹玛丽·安托瓦内特持续反复地大力呼吁他采取军事行动，来拯救法国君主制。他对此犹豫不决，因为他意识到这种行动的深远后果，但他在 1792 年 2 月 7 日与普鲁士签约，成立了一个防御性的联盟，双方承诺如果其中一个国家被入侵，在必要时将提供 10 000 名士兵以帮助被入侵的国家。一项秘密条款还规定在发生内乱【例如革命】时相互援助；但利奥波德二世仍然反对对法国进行军事干预，并在考尼兹大臣为柏林的鲁斯（Reuss）亲王起草的一份照会中也明确表达了这一点。[16]

利奥波德二世作为皇帝的最后一次公开露面是在 1792 年 2 月 26 日接见新 　236
任土耳其大使，代表着与伊斯坦布尔政府正式互换大使，在此之前的 2 月 11
日，当拉提夫·艾芬迪（Ratif Effendi）及其随从来到维也纳时，他们已经获
得了节日般的欢迎与庆祝。这标志着与土耳其的悲惨战争终于结束了。

在上述活动的前一天——那是一个星期六——利奥波德二世骑马前往美泉
宫，去指导夏季移驾的准备工作。由于骑马的缘故，他回来后感到十分燥热，
将他的房间窗户全部打开。到了 2 月 28 日星期二，他在左胸和脾胃的剧痛中
醒来。到上午 9 时，他已汗流浃背，面色潮红，腹痛难忍。接下来的两天他接
受了四次水蛭放血。在 3 月 1 日下午，玛利亚·路易莎皇后坐在他的卧室窗边
编织衣物；在大约 3 点 30 分时，利奥波德二世大喊他要呕吐。皇后赶到床前，
而他就在她的怀里去世了。

很快流言四起：利奥波德二世是被共济会或耶稣会或巴黎来的密使毒杀
的。这当然纯属捏造。皇后无法从这样的冲击中恢复，很快也在 5 月 15 日去
世了。新皇帝弗兰茨年轻（24 岁）而缺乏经验，奥地利政治就此逐步被拖向
右倾。法国王室的垮台和弗兰茨决定加入战争也难以改变这样的趋势（尽管当
时法国已经在 1792 年 4 月 20 日向奥地利宣战）。奥地利很快就失去了比利时，
并在 1794 年 6 月和 7 月分别在法国和荷兰遭遇了灾难性的挫败。"君主制的所
有正常资源都已耗尽；无法看到支撑新的战役的资金来源。"[17]

奥地利也正在变成一个警察国家的过程中。对共济会的压迫如此强烈，以
至于到 1793 年时很多会所已经自愿关闭。对叛国罪重新开始施以死刑，在
1794 年有一些"雅各宾派"密谋者被绞死。1795 年 1 月的一项立法禁止了
所有秘密结社，此项活动在当时的官方论调里已经与叛国密不可分，而到了
1795 年 6 月的一项法令"关闭了所有仍在活动的共济会会所"[18]。这是弗兰茨

234

《魔笛》

尽管莫扎特的这部歌剧充满了共济会的思想和象征意义，但它也具有童话般的气氛，这使它在 1791 年于维也纳维登剧院首演后的几年里，在德语国家广受欢迎（参见插图 30—32）。附录 6 讨论了十八世纪九十年代——在法国大革命的浪潮中——试图将该歌剧的意义和信息解释为政治寓言的尝试。

左上：1791 年首演时的场刊封面，由共济会弟兄伊格纳兹·阿尔伯蒂（Ignaz Alberti）创作的铜版画。这幅充满了共济会符号与古埃及主题元素的场景，在后来版本的场刊中没有再次出现。

右上：1791 年 9 月 30 日刊登的首演公告。

右下：演员 / 剧院经理艾曼纽埃尔·席卡内德（1751—1812 年），他除了与 C.L. 杰赛克（C.L. Giesecke）合作创作剧本，还饰演了帕帕基诺一角。菲利普·里希特（Philipp Richter）的铜版画。

上：1793 年慕尼黑制作这部歌剧时，由约瑟夫·夸格里欧设计的舞台布景，钢笔刷画。

235

右：1796 年《维也纳歌剧日历》（*Wienerische Opernkalender*）中刊登的插图，描绘第一幕第一场中塔米诺逃离大蛇时的场景，马蒂亚斯·路德维希（Mathias Ludwig）绘制的铜版画。

皇帝颁布给卡洛里·帕尔菲伯爵（Karóly Pálffy，匈牙利司法部长）和海因里希·冯·罗腾翰的一项手谕，罗腾翰此时是帝国司法部长。

但他们对《魔笛》这么明显的一部共济会歌剧做了什么呢？[19] 在 1794 与 1795 年，这部作品极为流行，在各地上演，以至于如果想要禁止它，很难不引起反响强烈且不受欢迎的丑闻（而且查禁它的举措也必然是徒劳而不切实际的）。警察国家找到了一个办法，他们在 1794 年"创造"并印刷了一本册子（参见附录 6），将这部歌剧中的反派定义为雅各宾主义者（夜后象征着雅各宾主义；她的女儿帕米娜象征着共和制）。到了 1795 年又颁布了一个新观点，将夜后看作前朝奥地利政府的拟人化，诸如此类。

在共济会的语言体系中，此刻是午夜时分。一座座圣殿的灯火逐个熄灭，黑暗降临，这样的时代将持续到 1918 年。莫扎特的时代已经告终。

第十二章原注：

1. 完整信件参见兰登《1791》原版页码第 144 页起。莫扎特《书信》第四卷，第 161—163 页。

2. HHS, VA 41（alt 62），fol. 353f.

3. *The History of Freemasonry*（3 vols.），Edinburgh［1886］。引用与概述来自卷三，第 121—123 页。

4. 此处引用的古尔德的论述还提到光明会"不再存在，而与他们一起消亡的是日耳曼南部诸国的共济会"。然而当时维也纳官方相信的是，这些团体只是转入了地下。1785 年 10 月 14 日，当时加入共济会不久的利奥波德在那天写给他女儿的信里提道："我了解到这里关于慕尼黑的光明会活动的讨论中，不到百分之一的内容是真实的……有一些狂热者们被放逐了或者自行离开……根据【双簧管演奏者】拉姆先生告诉我的，那些真正的共济会成员（包括了【巴伐利亚】选帝侯）对这些奇怪的绅士深感烦恼。"（《书信》第三卷，第 425 页）。关于此课题近年来的一篇权威性的论文是 Heinz Schuler, "Freimaurer und Illuminaten aus Alt-Bayern und Salzburg und ihre Beziehungen zu den Mozarts", *Mitteilungen der Internationalen Stiftung Mozarteum*, 25 Jg., Heft 1-4（1987），11ff.

5. 参见前面引用的古尔德著作第三卷，第 99 页起。

6. 从 1742 年 11 月至 1743 年 11 月担任共济会苏格兰大宗师，1746 年因叛国罪被斩首。

7. 古尔德的脚注："所有这些如是安排的计划，不仅是为了给组织积累大量的财富，而且还为官员们，甚至各会的信仰导师们提供津贴。它们在纸上说得很美，但在实践中却失败了。然而，如果把任何市侩的观点归咎于洪德和他的同僚们，那就错了，因为无论是当时还是后来，他们中除了极少数人之外，都是财力雄厚、正直可靠、地位崇高的人。他们中的许多人，确实为组织的利益做出了巨大的金钱牺牲。"

8. 参见兰登《1791》，第 132 页起。

9. HHS, Karton 41, V.A. 62/63, Logenlisten, fol. 156f.

10. HHS 同一出处，fol. 163ff. 166 Nota degli Illuminati di Bavaria ed di altri paesi［Acta del Cte di Lehrbach］.

11. HHS 同一出处，fol. 269—273.

12. 参见兰登《1791》，原版页码 168 页（尼森的记录使用了康斯坦策提供的材料）。

13. 出处同上，第 115 页。

14. HHS, Karton 41, fol. 276ff.

15. 出处同上，fol.324—339v. 这封信后附上的名单参见附录 5（b）。

16. Adam Wandruska, *Leopold II*（2 vols.），Vienna 1965, II, 381.

17. Ernst Wangermann, *From Joseph II to the Jacobin Trials*, 2nd ed., Oxford 1969, 147.

18. 出处同上，175 页。

19. 参见《1791》，第十章。

附录

1. 莫扎特在 1784 年的固定听众

248   本附录中的这份莫扎特的固定听众名单基于他在 1784 年 3 月 20 日寄给他父亲的版本。德斯齐首先在《音乐与书信》(*Music and Letters*，1941 年 7 月，简称《书信》) 和《文献》(第 485 页起) 中研究了这份名单，其中 174 个名字是按字母顺序排列的，而不是按照莫扎特列出的顺序。根据后来的研究，进一步的细节可参见《书信》第六卷第 167 页起，其中的名字是按照作曲家的原始顺序排列的。下面提供有关某些个别订阅者的补充资料和更正。一些烦琐的德语标题和有问题的术语 (如 "Truchsess"，字面意思是 "雕刻师"，但表示在宫廷中的威望地位) 没有翻译。

       其他参考资料包括：多个版本的《官绅录》(Vienna，1781—1802)；里特·冯·舍恩菲尔德·伊格纳兹 (Ritter von Schönfeld Ignaz) 的《奥地利帝国贵族图鉴》[*Adels-Schematismus des Österreichischen Kaiserstaates* (2 vols., Vienna, 1824，1825)]；多个版本的《哥达年鉴》('Gotha'-*Genealogisches Taschenbuch der deutschen gräflichen [fürstlichen, freiherrlichen] Häuser auf das Jahr* [etc.])，以及《德倍礼贵族》(*Debrett's Peerage*)。

       莫扎特的这份名单的重要性无须多言，它是独一无二的，它提供了 1784 年维也纳有修养的音乐会公众的一个剖面。当然，这并不是一份详尽的名单；如果约瑟夫二世希望参加一场音乐会，他会提前派一个仆人——在门票价格之外还会支付一笔超过票价的小费——去取票（参见第 112 页所引用的案例）。不过，这份文件可以作为研究当时维也纳音乐史的第一手主要资料。

关于某些订户的新资料和更正（括号内为莫扎特的不同拼法）：

阿彭尼伯爵夫人（Spumoni）

玛利亚·卡罗琳·洛德隆女伯爵（*1756），1779 年与安东·佐尔格·阿彭尼德·纳吉·阿彭尼伯爵结婚（1751—1817）。

亚当·欧斯伯格亲王

约翰·亚当·约瑟夫·欧斯伯格亲王（1721—1795），圣斯蒂芬骑士团大十字勋章获得者，圣雅纳略勋章皇家西西里人，内廷大臣与枢密院议员，婚姻：（1）玛利亚·卡塔琳娜·冯·申菲尔德伯爵夫人（†1753）；（2）玛利亚·威尔米娜·奈伯格女大公（†1775）。1786 年莫扎特《伊多美尼欧》的主办人。

卡尔·欧斯伯格亲王

卡尔·约瑟夫·安东·欧斯伯格亲王（1720—1800），卡尼奥拉高级世袭财务与内廷大臣，金羊毛勋章骑士，皇室内廷总管，枢密院议员。

欧斯伯格亲王夫人

玛利亚·约瑟法·罗莎里耶，婚前为特劳松女伯爵（1724—1792），卡尔·欧斯伯格亲王之妻。

卡尔·欧斯伯格伯爵

卡尔·欧斯伯格伯爵，蒂罗尔州高级世袭内廷大臣，金羊毛勋章骑士，玛利亚·特蕾莎指挥官勋章，巴伐利亚圣胡贝图斯勋章骑士，内廷大臣与枢密院议员，陆军中将元帅，1776 年与玛利亚·约瑟法·洛布科维茨女伯爵结婚。

威廉·欧斯伯格伯爵

威廉·欧斯伯格伯爵（后为亲王，1749—1822），少将，1776 年与利奥波蒂娜·弗兰切斯卡·华德斯坦女伯爵结婚。

巴塞威茨女伯爵（Passowitz）

伊丽莎白·玛丽安妮·巴塞威茨（帝国）女伯爵（*1760），1784 年与卡尔·弗雷德里希·古斯塔夫·冯·霍奇结婚，猎区主管。

布劳恩男爵

路德维希·冯·布劳恩男爵（1762—1847），在维也纳服役，后来到拿骚和黑森州，在维也纳担任特命大使和全权公使达三十年；或是他的父亲卡尔·阿道夫（Karl Adolph，†1785），来自 1764 年德国国防军，于 1760 年由弗朗西斯·斯蒂芬皇帝传唤到维也纳。

伯克哈特男爵

弗兰茨·路德维希·约瑟夫，巴特劳和斯特兰卡勋爵（*1746），下奥地利州政府议员。

伯克哈特夫人

玛利亚·克里斯蒂娜，莱卡姆男爵之女，伯克哈特男爵之妻。

乔特克

乔特科瓦与沃格宁的约翰·鲁道夫·乔特克帝国伯爵（*1749），上奥地利州世袭高级护卫，金羊毛勋章骑士，内廷大臣与枢密院议员等；或是他的父亲约翰·卡尔·乔特克（Johann Karl Chotek，1705—1787 年），上奥地利州世袭高级护卫等，后来是柏林的大使。

德戈尔曼（Toeglman）

伯恩哈特·冯·德戈尔曼男爵，波希米亚－奥地利法院总理府的枢密官（后来的枢密院议员），后（1791 年）担任法院—内阁—银行—宫廷代表团副总理。

约瑟夫·迪特里希斯特恩伯爵

约瑟夫·迪特里希斯特恩伯爵，下奥地利州州长，1783 年与卡尔·冯·钦岑多夫伯爵的一个侄女特蕾莎结婚。

欧伦费尔德（Arenfeld）

约瑟夫·弗莱赫·冯·欧伦费尔德，枢密院办事处公务员；或者是伊格纳兹·弗莱赫·冯·欧伦费尔德，联合法庭展览协议资料室负责人。

拉迪斯劳斯·厄道第伯爵（Ertödy）

可能是拉迪斯劳斯二世，厄道第·德·蒙约克罗克雷克及蒙特·克劳迪奥伯爵，瓦拉斯汀县总督等，内廷大臣与枢密院议员，伊格纳兹·普莱伊尔的赞助人及埃伯劳"金色车轮"会所的导师。但是，该家族的其他成员也有可能，例如中间一脉的拉迪斯劳斯（1746—1786）；或者幼子一脉的约瑟夫（*1754），海顿的赞助人；或者幼子一脉的约翰·内泼姆克（1723—1789），十七世纪八十年代的普雷斯堡剧院的联合经理，圣斯蒂芬骑士团大十字勋章获得者，内廷大臣与枢密院议员，匈牙利王国高级官员，匈牙利皇家议会议长。

弗兰茨·埃斯特哈齐伯爵（弗朗西斯），见第 150 页起和附录 3。

弗兰茨·埃斯特哈齐伯爵夫人，见上文及附录 3。

约翰·巴普蒂斯特·埃斯特哈齐伯爵（让），见第 147 页起及附录 3。

约翰·弗莱斯伯爵，帝国伯爵（1719—1785），实业家、银行家；或者是他的长子约瑟夫，当时 21 岁。

249　格里钦亲王（Gallitzin），俄国驻维也纳大使，见第 140 页起。

弗兰茨·菲利普·盖博施塔特尔男爵（*1796），罗恩－韦拉法兰克骑士区骑士队长，维尔茨堡元帅。

哈拉赫伯爵（Le Conte Harrach l'aîné）
卡尔·约瑟夫·冯·哈拉赫伯爵（1765—1831），他在 1784 年担任罗劳

（海顿的出生地）的高级主管；或者是约翰·内泼姆克·恩斯特·哈拉赫伯爵（1756—1829），金羊毛勋章骑士，内廷大臣，帝国法庭，莱塔河畔布鲁克次子分支的领袖。

赫伯斯坦恩伯爵

约翰·冈达克·赫伯斯坦恩伯爵（1738—1810），内廷大臣，枢密院议员，萨尔茨堡亲王大主教的狩猎导师。

约瑟夫·赫伯斯坦恩伯爵

约瑟夫·弗兰茨·斯坦尼斯劳斯·赫伯斯坦恩－毛奇伯爵（1757—1816），摩拉维亚的次子分支，克恩顿州高级财务主管与膳务总管，内廷大臣，枢密院议员，法庭庭长。

内泼姆克·赫伯斯坦恩伯爵

约瑟夫·约翰·内泼姆克·赫伯斯坦恩伯爵（1727—1809），克恩顿州高级财务主管与膳务总管，内廷大臣，枢密院议员，下奥地利州高级法官。

利奥波德·霍尧斯

约翰·利奥波德·英诺森·霍尧斯伯爵（1728—1796），内廷大臣，下奥地利州政府议员。

冯·贾科比

康斯坦斯·菲利普·威廉·贾科比男爵（1745—1816，自1786年有尊称"冯"，自1788年为克洛斯特男爵），法院和立法委员，国务大臣，1773—1792年，是普鲁士政府在维也纳的代表，莫扎特所在的会所"新希望之王"的成员。

雅恩先生

伊格纳兹·雅恩，宫廷供应商，自1776年起是美泉宫餐饮服务的供应商，也是奥园的餐饮和雅恩餐厅［这里曾举办下列音乐会：1791年4月，莫扎特在此演奏他的降B大调第27钢琴协奏曲（K.595）］的老板。

基斯（Käs）

弗兰茨·伯恩哈德·基斯阁下（1720—1795），下奥地利州上诉法院与省法院（邦法）议员，海顿的赞助人，莫扎特参加了在他家中举办的管弦乐音乐会；或者是弗兰茨·佐尔格·基斯阁下（*1747），约瑟夫二世时期的法院议员。

李希诺夫斯基亲王夫人（Lignowski）

玛利亚·克里斯蒂娜（克里斯汀），婚前为图恩女伯爵，卡尔亲王之妻（见第63页起）；或者是夏洛特·卡洛琳，婚前是阿尔坦女伯爵，卡尔亲王的母亲。

列支敦士登（Prince Louis Lichtenstein）

阿洛伊斯·约瑟夫·列支敦士登亲王（1759—1805），金羊毛勋章骑士，宫廷大臣。

玛格利克夫人（Margelique）

约翰·文泽尔·玛格利克男爵之妻，圣斯蒂芬勋章骑士，内廷大臣，波希米亚与奥地利联合法院部门秘密顾问，波希米亚州副州长，加利西亚与洛多梅里亚州副州长，居住在特拉特纳大楼。

马夏尔伯爵（Marchal）

克里斯蒂安·卡尔·奥古斯特·路德维希·马夏尔·冯·比德施泰因（1758—1827），普鲁士皇家上校兼军需官，与阿玛莉亚·冯·奎蒂埃里结婚；或者是来自巴登的卡尔·威廉·马夏尔·冯·比德施泰因（1764—1817），在1792年为巴登的政府服务。

250

蒙特库科利伯爵

路德维希·弗兰茨·马克格拉夫·蒙特库科利（1767—1827），后来是"新希望之王"会所成员。

莫顿殿下

尊敬的约翰·道格拉斯（1756—1818），十四世纪莫顿伯爵的次子一脉，在钦岑多夫伯爵1784年3月1日的日记中被提及。

尼普希伯爵

斐迪南·尼普希伯爵，陆军军官（步兵上校，1794年）；或者是约瑟夫·尼普希伯爵，冯·菲斯特与库珀伯格男爵，少校（后成为轻骑兵将军），玛利亚·特蕾莎勋章骑士。

尼普希伯爵夫人

前两者其中一位的妻子。

诺斯蒂茨将军（Nostiz）

弗雷德里希·莫里茨·诺斯蒂茨–里内克帝国伯爵，陆军元帅，利奥波德大公麾下托斯卡纳胸甲骑兵团上校，1779年，维也纳市副市长。

奥特

迈克尔·冯·奥特，俄国驻维也纳名誉大使（格里钦）。

帕尔伯爵

文泽尔·帕尔伯爵（后为亲王，1744—1813），内廷大臣，文泽尔·约翰·约瑟夫亲王（1719—1792）之子，继其父在奥利地邮政系统中担任邮政总局局长。

帕尔姆亲王

卡尔·约瑟夫·帕尔姆亲王（1749—1814），内廷大臣，枢密院议员，巴伐利亚圣胡贝图斯勋章骑士，金狮勋章骑士。

帕索里（Paszthory）

亚历山大·冯·帕索里，骑士团参事，匈牙利–特兰西瓦尼亚法庭议员，凡·斯威腾男爵研究委员会成员。

彭泽斯坦因（Pentzenstein）

约翰·彭泽奈特·冯·彭泽斯坦因，少将（后成为陆军元帅），1784—1785 年，低地国家炮兵指挥官；或者更可能是卡尔·安东·冯·彭泽斯坦因，下奥地利州政府议员。

约瑟夫·波德斯塔茨基伯爵（Potztazky）

约瑟夫·波德斯塔茨基－列支敦士登－卡斯特尔康伯爵。

冯·派松

约翰·巴普蒂斯特·派松骑士（1744［1745？］——1816，后成为男爵和帝国男爵），石匠领袖。

德·洛施蒂（Rosti）

伊格纳兹·冯·洛施蒂，上校，军械办公室区域指挥官；1794 年，炮兵少将；1791 年，"真理与团结"布拉格会所成员。

罗腾翰伯爵，见第 339 页起。

夏夫戈什（Schafgotsch），婚前为克罗尼兹女伯爵（Schaffgotsch née Kollnitsch）

玛利亚·安娜·夏夫戈什伯爵夫人（1744—1802），夏夫戈什－桑普弗雷伯爵安东·戈达之妻（1721—1811），金羊毛勋章骑士，圣利奥波德大十字勋章骑士等，内廷大臣，枢密院议员。

奥古斯特·塞勒恩伯爵

克里斯蒂安·奥古斯特·塞勒恩伯爵（1717—1801），圣斯蒂芬骑士团大十字勋章获得者，内廷大臣，高等法院院长，枢密院议员；或者是约瑟夫·约翰·塞勒恩伯爵（*1752），内廷大臣，波希米亚选帝侯驻雷根斯堡大使，1789 年。

索尔蒂克伯爵（Soldyk）

斯坦尼斯劳斯·索尔蒂克伯爵，波兰爱国者，在维也纳的间谍（1794），参与了雅各宾派的阴谋【参见恩斯特·瓦格曼（Ernst Wangermann），*From Joseph II to the Jacobin Trials*, 2nd ed., 1969, 144.】

斯特恩伯格伯爵

克里斯蒂安·菲利普·斯特恩伯格–曼德沙伊德伯爵（1732—1786），金羊毛勋章骑士，内廷大臣，枢密院议员；或者是弗兰茨·亚当·斯特恩伯格伯爵（1711—1789），内廷大臣，枢密院议员，波希米亚陆军元帅。

亚当·斯特恩伯格伯爵

亚当·斯特恩伯格（1751—1811），塞洛维茨勋爵，内廷大臣。

斯托福德子爵

詹姆斯·乔治·斯托福德（1765—1835），考敦侯爵二世之子与继承人，在 1784 年曾使用斯托福德子爵（或者不那么正式的"勋爵"）的礼仪性头衔（其父亲的附属头衔），他在 1810 年继承了其父的爵位，成为考敦侯爵三世与萨尔特斯福德男爵二世。

斯威腾男爵（Suiten），见第 134 页起。

德·特森巴赫先生

可能是特森伯格男爵，十八世纪中叶匈牙利贵族家庭成员。

特拉特纳太太

玛利亚·特雷西娅·冯·特拉特纳，母姓纳格尔，约翰·托马斯·冯·特拉特纳之妻，她是莫扎特的学生。

乌加特（Hugart）

约翰·文泽尔·冯·乌加特伯爵（1748—1796），高等法院议员；或者是他的兄弟阿洛伊斯（1749—1817），与玛利亚·约瑟法·切尔宁－库德里茨女伯爵结婚（1777）。

华德斯坦伯爵

文森茨·费雷留斯·华德斯坦与瓦滕贝格伯爵（1731—1797），波希米亚世袭高级内务主管，内廷大臣，枢密院议员，共济会成员（布拉格）；或者是弗兰茨·德·宝拉·冯·华德斯坦伯爵（1759—1823），圣约翰勋章骑士与圣利奥波德勋章指挥官，内廷大臣，中校；或者是斐迪南·恩斯特·加布里埃尔·冯·华德斯坦与瓦滕贝格伯爵（1762—1823），内廷大臣，贝多芬波恩时期的赞助人。

佐尔格·华德斯坦伯爵

佐尔格·克里斯蒂安·冯·华德斯坦与瓦滕贝格伯爵（1743—1791），波希米亚世袭内务主管，内廷大臣，与玛利亚·威尔米娜·图恩伯爵夫人的姐妹，玛丽·伊丽莎白·乌菲尔德女伯爵（1747—1791）结婚（1765）。

魏茨腊男爵（父亲，Wetzlar Père）

卡尔·亚伯拉罕·魏茨腊，普兰肯斯特恩帝国男爵，批发商与银行家。见第 88 页。

雷蒙德·魏茨腊男爵（Raymund）

雷蒙德，前者之子，莫扎特的好友，也是莫扎特住过一段时间的公寓所有者。见第 88 页。

维尔切克伯爵（Wolczek）

弗兰茨·约瑟夫·维尔切克伯爵（1748—1834），内廷大臣与枢密院议员；或者是约翰·约瑟夫·维尔切克伯爵（†1819），驻那不勒斯全权代表大臣，随后在奥地利伦巴第大区任职；或者是约瑟夫·维尔切克伯爵（*1752），内廷大臣，拉西步兵团队长。

符腾堡亲王（Württemberg）

在诸多可能的亲王人选中，所提及的可能是弗雷德里希·奥古斯特·斐迪南（*1763），帝国上校及步兵团的拥有者。

莫扎特在 1784 年 3 月 20 日寄给他在萨尔茨堡的父亲的听众名单，原尺寸 22.8 厘米 ×18 厘米。

佐瓦斯·冯·艾德斯坦

约瑟夫·佐瓦斯·冯·艾德斯坦男爵（*1741），与玛利亚·卡塔琳娜（1756—1825）结婚，她是利奥波德·冯·奥恩布鲁格博士的大女儿（奥恩布鲁格的姐妹是出色的钢琴家，海顿曾题献给她一组钢琴奏鸣曲）。

2. 两家维也纳共济会会所出版的成员名单

251　　维也纳的两家共济会会所"慈善"和"希望之王"的印刷成册的会员名单：

　　1. "慈善"，在 1785 年 6 月 24 日施洗约翰瞻礼日举行的集会（基于 Haus-，Hof-und Staatsarchiv，Vienna 的副本［V.A. 72，fol. 233—6］）。

　　在名单中值得留意的名字包括：利奥波德·莫扎特导师，No. 43，名列名誉成员；沃尔夫冈·莫扎特，No. 20，导师；《年鉴》作家约翰·佩佐，No. 24，作为发言者；约翰·巴普蒂斯特·冯·斯洛伊尼希，No. 29，皇储弗兰西斯的教师，后来被怀疑谋反（参见第 331 页起）。有意进一步了解各个成员细节的读者可以参考 Heinz Schuler，"'Mozart von der Wohltätigkeit'. Die Mitglieder der gerechten und vollkommenen St.-Johannis-Freimaurer-Loge Zur Wohltätigkeit' im Orient von Wien"，*Mitteilungen der Internationalen Stiftung Mozarteum*，36.Jg，Heft 1—4，Salzburg（July 1988）。

　　【标题页：】

　　Verzeichniß / der / Brüder und Mitglieder / der St. Johannes 　　▭ / zur / Wohltätigkeit / im Orient zu Wien【维也纳东方圣约翰慈善会所弟兄成员名单】

　　Nro...

Auf Johannis 5785

贵宾和官员

【所列的十个名字在下面的完整名单中以各自的编号标明：导师
（Master，5）；代导师（Deputy Master，18）；会监（Senior Warden，2）；
副会监（Junior Warden，7）；司书（Secretary，31）；发言人（Speaker，
24）；司库（Treasurer，33）；司仪（Master of Ceremonies，39）；司事
（Steward，36）；施赈官（Almoner，34）】

【成员（省略了各自的职位和共济会等级）：】

1. Bundsdorf, Joseph Friedrich

2. Escherich, Carl

3. Ettlinger, Ignaz

4. Fuchs, Franz

5. v. Gemmingen-Hornberg, Otto [Freiherr]

6. Gerstner, Franz

7. Gußmann, Johann Nepomuk

8. Hegrad, Friedrich

9. Hille, Ignaz

10. Hoffmann, Leopold Aloys

11. v. Hutten, Freyherr

12. v. Khevenhüller, Graf

13. v. Kreusern, Johann

14. v. Lang, Johann Baptist

15. v. Lichnowsky, Graf Carl

16. Lissel, Johann Baptist

17. de Luca, Ignaz

18. Matt, Ignaz

19. v. Mitis, Ferdinand Georg

20. Mozart, Wolfgang

21. Pauer, Johann Wolfgang

22. Pedrossy, Michael

23. Pedrossy, Franz Xaver

24. Pezzl, Johann

25. Pflaum, Andreas

26. v. Plenciz, Leopold

27. Sattler, Georg Adam

28. Scheidlein, Georg

29. v. Schloißnigg, Johann Baptist

30. Schosulan, Jacob

31. Schwankhardt, Johann Daniel

32. v. Seydel, Anton

33. v. Sonnfeld, Leopold

34. Summer, Wenzel

35. v. Tamerburg, Franz Joseph

36. v. Török, Joh. Nepomuk Maria

37. Wappler, Christian Friedrich

38. Wirth, Johann Nepomuk

39. Wirth, Franz Xaver

40. Wolf, Franz

名誉成员

41. v. Ehrenberg, Johann Adalbert

42. Mohrenheim, Joseph

43. Mozart, Leopold

44. Passy, Joseph

服务成员

1. Patsch, Carl

2. Schenk, Johann

3. Schmidt, Georg

2. "希望之王", 1790; 下奥地利的梅尔克修道院保存的副本。

【标题页：】

VERZEICHNISS / DER / MITGLIEDER / DER / GERECHTEN UND VOLLKOMMENEN / ST. JOHANNES ▭ / ZUR / GEKRÖNTEN HOFFNUNG / IM ORIENT VON WIEN【维也纳东方希望之王正义与完美的圣约翰成员名单】

【在末页重复的共济会语汇】

Nro 10【手写：】Br: Loewenfels.

5790

在背面的"贵宾与官员"的标题下，各个官员的编号在下面的完整名单中得到了确认：导师（18）；代导师（55）；会监（8）；副会监（81）；司书（22）；发言人（59）；司库（80）；司仪（19）。主要名单分为"在场成员"和后面人数众多的"不在场成员"。

在名单中值得留意的名字包括：莫扎特（No. 56）；仪式导师尼克劳斯·埃斯特哈齐亲王（No. 19），以及埃斯特哈齐家族的其他成员，弗兰茨·瑟拉芬伯爵（No. 17）与约翰·巴普蒂斯特伯爵（No. 18），参见第 147 页起的内容；约翰·内泼姆克伯爵（名列"不在场成员"中的 No. 30）不在场（参见第 147 页）。

其他在场成员包括：

维托里诺·科伦巴佐（No. 15），之前在埃斯特哈齐亲王乐团的双簧管演奏家；音乐出版商和小号演奏家约瑟夫·扎赫拉德尼特切克（No. 86）。

这份名单曾经属于发言者安东·涅林·冯·洛文菲尔斯（No. 59），有人在上面用铅笔写下了主持仪式的人员的名字。这个会所的很多成员，包括莫扎特在内，都出现在了一幅绘制于 1790 年前后的著名的集体画像中［参见插图 29，在兰登，《莫扎特与共济会》（Landon, *Mozart and the Masons*）一书中对此有完整的分析］。

Anweſende Brüder.

1	Aichelburg Cajetan Graf von.	K. K. Raitoffic. b. d. Staatsgüt. Central-Hofbuchhalt.	III
2	Aichhammer Aloys Anton.	Kanzelliſt des Hw. Br. Fürſten v. Dietrichſtein.	III
3	Alberti Ignaz.	Kupferſtecher und Buchdrucker.	III
4	Anckermüller Emanuel.	Expeditsadjunct bei den k. k. vereinigten Hofſtellen.	III
5	Antoin Johann Baptiſt.	Official im Niederländiſchen Departement.	III
6	Ballogh Joſeph von.	Der Arzneykunde Doctor.	I
7	Barth Franz Xaver.	Der Arzneykunde Doctor.	III
8	Bauernjöpel Joſeph.	Kanzelliſt bei den k. k. vereinigten Hofſtellen.	III
9	Begontina Johann von.	Der Arzneykunde Doctor.	III
10	Beniſch Franz Xaver.	K. K. Secretär.	III
11	Braunraſch Franz.	K. K. Hofagent.	III
12	Cantes Franz.	Weltprieſter und Pfarrer auf der Wieden.	III
13	Caron Karl Philipp.	Privaterzieher.	II
14	Chriſtan Thomas.	Der Arzneykunde Doctor.	III
15	Collombazzo Vittorino.	Tonkünſtler.	III
16	Diſchendorfer Franz.	Privatgelehrter.	III
17	Eſterhazy Franz Seraph. Graf.	K. K. Kämmerer.	III
18	Eſterhazy Johann Graf.	K. K. Kämmerer.	III
19	Eſterhazy Nikolaus Fürſt.	K. K. Kämmerer.	III
20	Ezelt von Löwenfels Ignatz.	Handelsmann.	III
21	Ehle Gebhard.	Graveur.	III
22	Fiſcher von Ehrenbach Karl Fried.	Sachſen Coburgiſcher Legationsrath.	III
23	Fiſcher von Riſelbach Adalbert.	Protocolliſt bei der k. k. Bankal - Direction.	II
24	Geley Michael.	Der Arzneykunde Doctor.	I
25	Gerubell Johann.	Stallmeiſter beim Fürſt Anton Eſterhazy.	I
26	Gieſege Karl Ludwig.	Schauſpieler.	I
27	Gigleituer Franz.	Intereſſent und Directeur der Mähr. Neuſtädter Wollenzeugfabrik.	II
28	Giuliani Leopold von.	Hofſecretär bei der k. k. geheimen Hof- und Staatskanzley Italieniſchen Departement.	III
29	Glaſer Johann Nepomuck.	Raitrath bei der k. k. Stiftungen - Hofbuchhalterey.	III
30	Gräffer Rudolph.	Buchhändler.	III
31	Groſchmidt Franz Xav. von.	K. K. Secretär.	III
32	Gruber Karl.	Officiant bei der Bancalgefällen - Adminiſtration.	III
33	Guepferd Valentin.	K. K. Staabschyrurgus.	III
34	Harrach Ferdinand Graf von.	K. K. Kämmerer, Feldmarſchallieut. und Innhaber eines Chev. Regiments.	III
35	Herzog Joſeph.	Fabrikinhaber.	I
36	Hirt Ferdinand.	Erzieher des jungen Fürſten von Lobkowitz.	II
37	Hofdeml Franz.	Kanzelliſt bei der k. k. oberſten Juſtizſtelle.	III
38	Holbeinsberg Philipp Edler von.	Major von Pellegrini Infanterie.	I
39	Joſchay Johann.	Privatſecretär.	III
40	Juſtinus Johann.	Stallmeiſter.	III
41	Kappler Joſeph.	Handelsmann.	III
42	Keſsler Chriſtoph Edler von.	K. K. Hofſecretär.	III
43	Königsberger Joſeph.	Obercommiſſ. bey der k. k. Tabaksgefäll. Adminiſtrat.	III
44	Kornhäuſel Johann Georg.	Baumeiſter.	III

Anweſende Brüder.

45	Kronauer Johann Georg.	Öffentlicher Sprachlehrer.	III
46	Kugler Franz.	Haushofmeiſter des Grafen Feſtetics.	III
47	Lepper Joſeph.	Fabrikinhaber.	III
48	Lerchenthal Benedict von.	Acceſſiſt bei der k. k. Stiftungen - Hofbuchhalterey.	III
49	Ligthovler Thomas.	Fabrikant.	III
50	Lindemayr Johann.	Ohne Bedienſtung.	III
51	Linhardt Franz.	Zuckerbäcker des Br. Leopold Kollowrath.	III
52	Mager Karl.	Privatgelehrter.	III
53	Majolay Bernhard Samuel von.	Kaiſerlicher Reichshofraths - Agent.	III
54	Mechetti Karl.	Ohne Bedienſtung.	II
55	Metz Joſeph von.	Official bei dem Niederländiſchen Departement.	III
56	Mozart Wolfgang.	K. K. Kapellmeiſter.	III
57	Münſterfeld Georg Brachtrupp v.	Kanzelliſt bei der k. k. Staatsrathskanzley.	III
58	Nemeth Johann Samuel.	Der Arzneykunde Candidat.	III
59	Niering von Löwenfels Anton.	Hofconcipiſt bei der k. k. geiſtlichen Hofcommiſſion.	III
60	Pfändler Georg.	Apotheker.	III
61	Pflaum Andreas Anton.	Regiſtratorsadjunct bei der k. k. oberſten Juſtizſtelle.	III
62	Plenner Ignaz.	Regiſtrant bei der k. k. Nied. Öſt. Regierung.	III
63	Prandtner Karl.	Hausdirector des Br. Leopold Graf Palfy.	III
64	Reiſer Leopold.	Wirthſchaftsrath.	III
65	Reiterer Franz.	Apotheker.	III
66	Richter Philipp.	K. K. Hoftrompeter.	III
67	Ried Joſeph.	Koch beim Br. Franz Eſterhazy	III
68	Salat Joſeph.	K. ungariſch - ſiebenbürgiſcher Hofagent.	III
69	Satsway Alexander.	Ungariſcher Zeitungsſchreiber.	I
70	Scheibenhoff v. Froſchmayr Chriſtoph.	K. K. Oberlieutenant.	III
71	Schmalfuſs Friedrich.	Commis beim Fürſten von Lobkowitz.	III
72	Schauf Franz.	Der Arzneykunde Doctor.	III
73	Schwarzhuber Lorenz.	Magiſtratsrath der k. k. Haupt- und Reſidenzſtadt Wien.	I
74	Schwingerſchuh Aloys von.	K. K. Münzwardein.	III
75	Somavilla Johann.	Commis beim Br. Hainz.	III
76	Stahremberg Gr. Louis.	K. K. Kämmerer.	III
77	Stark Joh. Mauriz.	K. K. Oberlieutenant bey Karl Toſcana.	II
78	Stromer Johann.	Ohne Bedienſtung.	I
79	Thun Joſeph Graf von.	K. K. Hauptmann bei Preys Infanterie.	III
80	Töröck Johann Nepomuck von.	Raithrath bei der k. k. Hofkriegsbuchhalterey.	III
81	Traun und Abenſperg Franz Eugen Graf von.	K. K. Kämmerer.	III
82	Trummer Johann.	Concipiſt bei der k. k. Bancalgefällen - Direction.	III
83	Wappler Chriſtian Friedrich.	Buchhändler.	III
84	Wimmer von Thurnſtein Gottfrid.	Bancaladminiſtrations-Documentenverwalter.	II
85	Wurgo Andreas.	Der Arzneykunde Doctor.	I
86	Zahradnitſchek Joſeph.	Trompeter bei der k. ungariſchen Leibwache.	III
87	Zeller Simon.	Oberchyrurg. u. Geburtshelf. im allgem. Krankenhaus.	III
88	Zinner Andreas.	Kanzelliſt bei der k. k. vereinigten Hofſtelle.	I
89	Zitterbart Bartholome.	Handelsmann.	III

Abweſende Brüder.

1	Balthaſer Phillipp Ner. Freyh. v.	K. K. Oberlieut. bei Naſſau-Uſingen Cuiraſſier.	III
2	Beaumont Johann Bapt. von.	Maltheſer Ritter.	III
3	Benelle Johann Karl.	Churſächſiſcher Legationsrath und Oberpoſtcommiſſarius zu Leipzig.	III
4	Berchtold Proſper Graf von.	Commandeur des groſsherz. toſcaniſch. St Stephansord.	III
5	Bertrand Andreas.	Herrſchaftlicher Commiſſionär.	III
6	Bethlen Joſeph Graf von.	K. K. Kämmerer und Theſauriatsrath in Siebenbürg.	III
7	Bethlen Paul Graf von.	K. K. Kämmerer und General-Major.	III
8	Biro Ladislaus von.	K. Rath und Polizeydirector zu Hermannſtadt.	III
9	Boſſet Franz Joſeph von.	K. K. Appellationsrath zu Klagenfurt.	III
10	Bozenhard Johann Gottfried.	Handelsmann in der Türkey.	III
11	Braun Wilhelm Freyherr von.	Fürſtl. Öttingenſ. Hof- und Regierungsrath und geheimer Referendarius.	III
12	Brevilliers Jakob Friedrich.	Banquier.	III
13	Callaghann Franz Ser. Freyh. von.	K. K. Oberlieut. von Schröder Gren. Batt.	III
14	Calliſch Maximilian Freyh. von.	Privatcavalier.	III
15	Canal Peter Graf.	Hauptmann in kön. ſardiniſch. Dienſten und Ritter des mil. Ordens der heil. Mauriz und Lazar.	III
16	Clouair - Briant Karl Graf von.	K. K. Hauptmann bei Carl Toſcana bei der Armee.	III
17	Colloredo - Melz Nicolaus Graf.	K. K. Kämmerer und General-Major.	III
18	Collin Anton.	K. K. Hauptmann und Lehrer in der Militäracademie zu wiener. Neuſtadt.	III
19	Danoz Joſeph.	K. K. Ingenieur-Hauptmann.	III
20	De la Caſas.	K. ſpaniſcher Geſandter am k. neapolitaniſchen Hofe.	III
21	Derbey Karl.	K. K. Ingenieur-Oberlieutenant.	I
22	Dierkes Joſeph.	K. K. Raitofficier bei der Domainen-Buchhalterey zu Linz.	III
23	Dittmer Georg Friedrich Edler von.	K. K. Factor bei dem Bergproductenverſchleiſs, churfürſtl. pfalzbayr. Hofkammerrath und Banquier zu Regensburg.	III
24	Doering Karl Gottlieb.	Privat zu Danzig.	I
25	Du Four Nicolaus.	Probſt zu Nicolsburg in Mähren.	I
26	Duras Johann Jacob.	Churpfalzbayriſcher Rath.	III
27	Dornfeld Anton von.	Gubernialrath zu Lemberg.	III
28	Elz Peter Franz von.	Churtrieriſcher Finanzrath.	III
29	Eppſtein Edl. v. Ankerberg Wenzl.	K. K. Gubernialſecretär zu Innsbruck.	III
30	Eſterhazy Johann Nepom. Graf.	K. K. Kämmerer und Gubernialrath zu Hermannſtadt.	III
31	Fodor Joſeph von.	Secretär bei der k. ungar. Statthalterey zu Ofen.	III
32	Freyra d'Entrada Gomez Graf.	K. portugieſiſcher Officier und Commandeur des Ordens del Chriſto.	III
33	Gammera Ludwig Freyherr von.	K. K. Viceconſul.	III
34	Giulay Alexius.	K. Provincialcommiſſarius in Siebenbürgen.	III
35	Giuliani Anton von.	Patritier zu Trieſt, bereiſt die europäiſchen Meerhäfen auf Befehl und Koſten des Kaiſers Majeſtät.	III
36	Gummer Franz von.	Banquier zu Botzen in Tyrol.	III
37	Günther Johann Valentin.	K. K. Hofkriegsſecretär beim Generalcommando in Siebenbürgen.	III

Abweſende Brüder.

38	Hannotte Joh. Lambert von.	Canonicus und Prälat zu Huy im Lüttich.	III
39	Harſch Almedingen Ludw. Graf. v.	K. K. Kämmerer und des St. Steph. Ordens Ritter.	III
40	Haupt Philipp von.	K. K. Rath zu Mainz.	III
41	Heiſter Philipp Graf von.	K. K. Kämmerer und Oberſtlieut. bei Gemmingen Inf.	I
42	Herbert Franz Freyh. von.	Bleyfabricant in Tyrol.	III
43	Hohenzollern Siegmaringen Anton regierender Fürſt zu.	Reichs Erbkämmerer und ſchwäbiſcher Kreisoberſter	III
44	Hopf Philipp Heinrich.	Privatgelehrter.	III
45	Horwath Johann.	Apotheker zu Presburg.	II
46	Hutten Freyherr von.	K. K. Kämmerer des mil. M. Thereſia Ordens Ritter und General-Major.	III
47	Jäger Mathias.	Pfarrer zu Horn.	III
48	Kapaun Wenzel Freyherr von.	K. K. Rittmeiſter bei Harrach Curaſſier.	III
49	Keller Adolph.	K. K. Grenadier-Lieut. vom Regiment Kaunitz.	III
50	Keller Gottfried von.	Regiſtrant bei der königl. Landtafel zu Ofen.	II
51	Kempis Maximimilian von.	Churkölluiſcher Kämmerer.	II
52	Khevenhüller Franz Graf.	K. K. Lieut. bei Ligne Infant.	II
53	Kneſevics Vincenz Freyherr.	K. K. Major beim Vukaſſovich. Freycorps.	I
54	Kolbani Paul.	Der Arzneykunde Doctor zu Preſsburg.	I
55	Kollonics Joſeph Graf.	K. K. Kämmerer und Generalmajor.	III
56	Kollowrat-Novoradsky Franz Anton Graf.	K. K. wirklicher geheimer Rath.	III
57	Koſſola de Solna Ludwig.	K. däniſcher Oberſtlieutenant.	III
58	Kreyſſern Johann von.	K. K. Hauptmann bei Migazzi Inf.	III
59	Kuzmics Joſeph von.	Rathsherr zu Debreczin in Ungarn.	III
60	Lang Friedrich Wenzl.	Fürſtl. Leiningenſch. Regierungsrath.	III
61	Laurenzin d'Ormon Ferdin. Graf.	K. K. Lieutenant bei Erzherzog Franz Carabin. Regim.	III
62	Lehrbach Ludwig Graf von.	K. K. wirkl. geh. Rath und kaiſ. Commiſſarius bei der Reichsverſammlung zu Regensburg.	III
63	Liebhardt Fridrich.	Pfarrer zu Droſendorf.	I
64	Liedemann Johann.	Negotiant.	III
65	Liſer Joſeph.	K. K. Commercialconcipiſt zu Trieſt.	III
66	Luſi Anton Spiridion Graf.	K. preuſſiſch. Geſandter am grosbritaniſchen Hofe.	I
67	Maitheni Franz von.	Privatedelmann in Hungarn.	II
68	De la Marine Franz von.	K. K. Grenadierhauptmann von S. Majeſt. des Kaiſers Inf. Regiment	III
69	Martens Johann.	Der Arzneykunde Doctor zu Hamburg.	III
70	Merzö de Szenye Joſeph.	Vormals Actuarius bei dem k. k. Gubern. zu Flume.	III
71	Mohrenheim Joſeph Freyh. von.	Ruſſiſch kaiſerl. Hofrath, dann Wund- und Augenarzt und Geburtshelfer bei Sr. kaiſerl. Hoheit dem Groſsfürſten von Ruſsland.	III
72	Montecuculi Franz Graf.	Privatcavalier.	III
73	Montecuculi Raymund Marcheſe.	K. K. Kämmerer und Oberſter in herzogl. modeneſiſchen Dienſten.	II
74	Moritſch Nicolaus.	Der Arzneykunde Doctor zu Botzen.	II
75	Okatſch Johann.	Polizeydirector zu Brünn.	III
76	Palfy Karl Graf von.	K. K. Rittmeiſter unter Erdödy Huſſar.	III

253

Abwesende Brüder.	
77	Paffy Joseph. . . . . Concipiß b. d. k. k. Domainengüt. Administrat. zu Grätz. III
78	Pauer Johann Wolfgang. . . . Der Rechten Doctor zu Grätz. III
79	Peterfon Karl Ludwig. . . . . Syndicus zu Speyer. III
80	Petersen Johann. . . . . Vormals Sachfen Gothaifcher Gefandtfchafsfecretär am k. k. Hofe. III
81	Petran Franz. . . . . Weltpriefter in Böhmen. III
82	Pinhag Veremund. . . . . . . Domprediger zu Laibach. III
83	Pintzeisz Michael. . . . . . . Wirthfchaftsrath des Hw. Br. Carl Paffy. . . III
84	Plank Franz. . . . . Wundarzt zu Presburg. III
85	Pronay von Toth-Prona Ladis-laus Freyherr. . . . . K. K. wirkl. geh. Rath, Obergefpann im Turoczer Comi-tat, Administr. u. k. Commiffär. im Neufoler-Diftrict. III
86	Pronay Alexander Freyherr. . . Ohne Bedienßung. III
87	Raday Gideon Freyherr. . . . . K. ungarifcher Rath und Beifitzer der Septemviralta-fel zu Ofen. III
88	Rheday Ludwig von. . . . . . K. K. Lieutenant bei Wurmfer Hufaren. . . . III
89	Riedl Thomas Gottlieb. . . . . Gouverneur der jungen Grafen Teleky an der Univer-Sität zu Göttingen. III
90	Salm und Reißerfcheid Karl alter Graf zu . . . . K. K. Kämmerer und Gubernialrath zu Brünn. . II
91	Schlichen Jofeph Freyherr von. . K. K. Major vom Regim. Schröder. III
92	Schretter Friedrich Ernß. . . . Gräß. Pappenheimifcher Kanzley-director. . . . III
93	Schwediauer Franz. . . . . . . Der Arzneykunde Doctor zu London. III
94	Sinßeden Michael Franz. . . . K. K. Legationsfecret. bei der Gefandtfchaft zu Maltha. III
95	Spaun Felix von. . . . . K. K. Dolmetfch bei der Armee. III
96	Spitznagel Ferdinand. . . . . . Der Arzneykunde Doctor in Ungarn. III
97	Stambach Franz Anton Graf. . . K. K. wirkl. geh. Rath, Kämmerer und Viceprafident bei dem königl. böhm. Appellationsgerichte zu Prag. III
98	Staheremberg Philipp Graf von. . K. K. Oberßwachtmeißer von der Armee. . . . III
99	Stein Karl Leopold Graf. . . . . K. K. Kämmerer, Generalsfeldmarfchall-Lieutenant, Inhaber eines Regiments zu Fuß und Commandant zu Mayland. III
100	Sulzer Heinrich. . . . . Privatgelehrter. III
101	Szapari Johann Graf. . . . . . K. K. Stadthaltereyrath zu Ofen. III
102	Sauer Wenzeslaus Graf. . . . . K. K. Kämmerer und Landgraf in Tyrol. . . . III
103	Teleky Samuel Graf. . . . . . K. K. Rittmeißer bei Naffau Ufingen Cuiraffier. III
104	Thürheim Franz Jofeph Graf. . . Ritter d. deutfch. Ord. k. k. Kämmerer u. Generalmaj. III
105	Vavaffor Franz Edler von. . . . K. K. Rittmeißer bei Naffau Ufingen Cuiraffier. III
106	Vay de Vaja Nicolaus. . . . . K. K. Hauptmann bei dem Ingenieurcorps. . . . III
107	Vukaffevics Philipp Freyh. von. . Ritter des mil. Mar. Therefienordens k. k. Oberßlieut. III
108	Welsberg Philipp Graf. . . . . K. K. wirklicher geheimer Rath. III
109	Wiefer Cafpar. . . . . Baumaterialienunternehmer bei den k. k. Fortificatio-nen in Böhmen. III
110	Wilczek Johann Jof. Graf. . . . K. K. wirkl. geh. Rath, Kämmerer und bevollmäch-tiger Minifter bei dem Gouvernement der öfter-reichifchen Lombardey. III
111	Wolf Johann Nepomuck von. . . Domherr zu Regensburg. III

Dienende Brüder.	
1	Eskmayer Ferdinand. . . . . . Kammerdiener beim Gr. Herberßein. II
2	Goldi Simon. . . . . Bedienter beim Br. Walter. I
3	Grell Johann. . . . . Bedienter beim Br. Sardagna. II
4	Hiemer Jofeph. . . . . Zimmerwarter der □. II
5	Jüngling Johann. . . . . Kaffeefieder in der Leopoldßadt. II
6	Kefsler Jofeph. . . . . Kammerdiener des Br. Stockhammern. II
7	Kraßmayer Jofeph. . . . . . . Mahler. I
8	Molitor Georg. . . . . K. K. Brieffräger. III
9	Pinßick Franz. . . . . Bedienter des Br. Callifch. I
10	Polus Joh. Jacob. . . . . Mufeums- und Bibliothekdiener. III
11	Schwarzenbrunner Anton. . . . Bedienter des Br. Johann Eßerhazy. III
12	Sipos Jofeph. . . . . Hußer des Br. Johann Eßerhazy. III

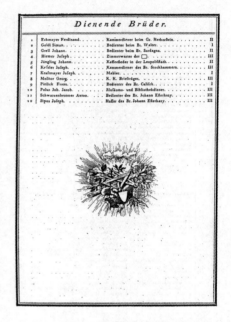

希望之王，1790
在场、不在场及服务成员名单

3. 埃斯特哈齐家族族谱

这份埃斯特哈齐家族的家谱着重于分析十八世纪4位名为约翰［János 255 （Johann）］的埃斯特哈齐伯爵，包括其家谱图表和生平细节。

作者：拉斯洛·贝伦伊

在家谱图表和生平细节中使用了如下的缩写与符号：

B. Baron（ess）男爵 / 女男爵（男爵夫人）　　　＊生于

d. daughter 女儿　　　　　　　　　　　　　　† 死于

C. Count（ess）伯爵 / 女伯爵（伯爵夫人）　　　＝结婚于

F. Fürst 侯爵

P. Prince（ss）亲王 / 女亲王（亲王夫人）

个人的名字按照匈牙利文拼写，相对应的德语名如下：

Antal	Anton（安东）	Mihály	Michael（迈克尔）
Ferenc	Franz（弗兰茨）	Miklós	Nicolaus（尼克劳斯）
István	Stephan（斯蒂凡）	Pál	Paul（保罗）
János	Johann（约翰）	Szeráf	Seraph（im）（瑟拉芬）
József	Joseph（约瑟夫）		

　　家谱图表中的四位埃斯特哈齐家族伯爵的生平细节分别按 ①、②、③、④ 标注。

　　①

　　约翰·埃斯特哈齐·德·加兰塔伯爵（János, Count Esterházy de Galántha），切斯奈克堡的世袭领主。

　　*1697；†1744 年 10 月 3 日，波兹松尼（如今的布拉迪斯拉发）；1721 年 12 月 7 日被封为伯爵。

　　拉科奇亲王中将 1718 年获得 Ius Gladii 特权（享有在自己的领地内伸张正义的绝对权利——是一种难得的荣耀）；1735 年成为枢密院议员与管理委员会成员，1741 年成为匈牙利皇家沃登勋爵。

　　1720 年 7 月 7 日在尼特拉郡博杜克成婚：贝伦伊·德·卡兰克斯-贝伦伊·芭芭拉女伯爵（Barbara, C. Berényi de Karancs-Berényi, *1697；†1759 年 12 月 3 日），是乔治·贝伦伊伯爵与他的妻子的女儿。

　　②

　　约翰·巴普蒂斯特·埃斯特哈齐·德·加兰塔伯爵（János Baptist, Count Esterházy de Galántha），弗拉克诺堡（福希滕斯坦）的世袭领主。在家族中被人称作"红约翰"。*1748 年 6 月 6 日，维也纳；†1800 年 2 月 25 日，维也纳。贝雷格与波兹松尼郡长，1771 年成为内廷大臣；枢密院议员。

　　在维也纳克鲁格大街建造了埃斯特哈齐宫（由查尔斯·莫罗设计）。因热衷于戏剧并参加业余演出而闻名。

　　1772 年 11 月 11 日在波兹松尼成婚：玛利亚·安娜·帕尔菲·冯·埃尔德

女伯爵（Maria Anna，C. Pálffy ab Erdöd，*1747 年 12 月 5 日；†1799 年 6 月
3 日，维也纳），匈牙利皇家宫廷大臣、金羊毛勋章骑士。尼古拉斯·帕尔菲
伯爵与他的妻子玛利亚·安娜·阿尔森女伯爵的女儿。

3

尼克劳斯·约翰·埃斯特哈齐·德·加兰塔伯爵（Miklós János，Count
Esterházy de Galántha），弗拉克诺堡（福希滕斯坦）的世袭领主。

*1775 年 6 月 1 日，维也纳；†1856 年 2 月 18 日，维也纳。

1796 年成为内廷大臣；1832 年成为枢密院议员。

1799 年 6 月 1 日于维也纳成婚：玛丽·弗朗索瓦·伊莎贝拉·卢瓦辛女侯
爵（Marie Françoise Isabelle，Marquise de Roisin，*1778 年 1 月 24 日，弗兰
德斯的杜亚圣雅克；†1845 年 12 月 9 日，尼斯），菲利普·阿尔伯特·德·罗
伊森侯爵与他的妻子弗朗索瓦·德·雷茨·德·布雷索尔·尚克洛斯女伯爵的
女儿。

4

约翰·内泼姆克·埃斯特哈齐·德·加兰塔伯爵（János Nepomuk，Count
Esterházy de Galántha），切斯奈克堡的世袭领主。

*1754 年 10 月 18 日；†1840 年 2 月 23 日，维也纳。

1775 年 1 月 14 日成为内廷大臣；1777 年成为下奥地利的政府议员；1789
年成为胡内德郡和泽兰德郡的长官；1792 年 6 月 6 日成为枢密院议员；1813 年
成为维斯普雷姆郡的郡长；1822 年成为特兰西瓦尼亚的副总理大臣；1824 年 3
月成为圣斯蒂芬勋章骑士，1825 年被封为匈牙利皇家宫廷首席总管。以其著

名的钱币收藏品而闻名。

　　1777 年 6 月 10 日在维也纳美泉宫小教堂成婚：艾格尼丝·班菲·德·洛森奇女伯爵（Agnes，C. Bánffy de Losoncz，*1754 年 6 月 19 日，†1831 年 11 月 14 日，维也纳），丹尼斯·班菲与他的妻子艾格尼丝·巴塞·德·纳吉 – 巴萨女男爵的女儿。

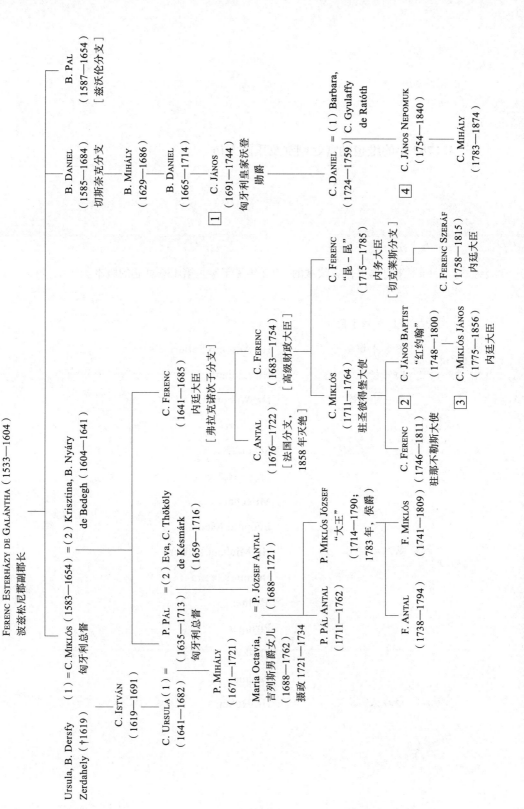

FERENC ESTERHÁZY DE GALÁNTHA（1533—1604）
波兹松尼郡副郡长

4. 1782 年的维也纳宫廷剧院及乐团人员

256   （a）来自本书作者收藏的 1782 年《年鉴》第 130 页起的版本。

VI. 管弦乐团

首席指挥	Hr. Antonio Salieri.
助理指挥	Hr. Umlauf.
第一小提琴	Hr. Woborzil.
	Rhinhart
	Scheidl.
	Franz Hoffer.
	Milechner.
	Leopold Klemm.
第二小提琴	Hr. Michael Hoffer.
	Johann Klemm
	Millner.
	Piringer.
	Plasky.
	Pachner.
中提琴	Hr. Huber.

	Mathias Zoffer.
	Nurscher.
	Purghi.
维奥龙【低音提琴】	Hr. Boldai.
	Schillinger.
	Weuig.
大提琴	Hr. Weigl.
	Orchsler.
	Packer.
双簧管	Hr. Tribensee.
	Vent［Went］
长笛	Hr. Turner
	Menschel.
大管	Hr. Kauzner
	Trubur.
圆号	Hr. Leitgeb
	Krzybanek
单簧管	Hr. Johann Stadler.
	Anton Stadler.
小号	Hr. Joseph Mayer.
	Karl Mayer.
定音鼓	Hr. Schulz.

第 VII 部分列举了剧场里的各种工作人员，具体如下：首席出纳和工资管理者；票房和支出首席控制者；戏服行头管理者；包厢管理者；助手及前排座席区预留座位检查员；监督和检查员；助理检查员；皇室成员包厢服务员；收票员；机械师；油漆师；戏服行头首席保管与检查员；戏服行头次席保管员与话剧剧场检查员；戏服行头三席保管员与歌剧剧场检查员。"在他们之下还列举了 12 名裁缝，如果工作量过大，还会从当地再雇用其他人手。在前一年的狂欢节期间，戏服与行头部门雇用了 50 人。"

第 VIII 部分列入了如下的常设受雇人员：

1 个扫烟囱的人和 4 个学徒

1 名分发门票的人

6 个木匠

9 个细木工人

4 个石匠

4 个调配油漆工人

3 个清洁灯具工人

20 名助理

2 名下级军士，作为守门人与场内保安

2 名话剧剧场脚夫

2 名歌剧院脚夫

1 名剧场工作人员脚夫

插图（本书第 382 页）展示的是剧场一层观众席与二层包厢的布局。请注意有两个皇室包厢（Hof Logen）。Theater = 舞台；Orchestra = 乐池；Parterre noble = 前排座席（一层）；Zweyler Parterre= 后排座席（一层）。

（b）来自 1791 年维也纳的《官绅录》的版本（基于维也纳 Haus-，Hof-und Staatsarchiv 收藏的副本）。下列的宫廷乐团名单（省略了各个成员的住址）记载于原书第 403—406 页。在歌唱家部分的"高音"与"中音"条目下，也列入了男童合唱团（未列明具体姓名）的项目。小号与定音鼓乐手未被列出，列为"小提琴"的名单中也包括了中提琴演奏者。长号演奏者只有一人，虽然在 1791 年通常会有 3 名长号演奏者；与之类似的是没有列明长笛演奏者，虽然他们也是当时的固定班底。在"K.K. Kammermusizi"（室内乐手）标题之下列明了莫扎特，并将他的地址注为瓦林格大街 135 号，但是在 1791 年他实际住在劳亨斯坦街（Rauhensteingasse）。同时在"Hofmusik"（宫廷乐手）与"Kammermusik""（室内乐手）条目中出现的音乐家能够享有额外的报酬。

Hofmusik- und Theatralrechnu【n】gs-Revisor（宫廷乐团及剧院人员）

约翰·巴普蒂斯特·索瓦特，内廷总管秘书，……【地址】

首席指挥	Hr. Anton Salieri
首席指挥助理	Hr. Ignaz Umlauf ......
高音	Hr. Georg Michael Schlemmer ......
	Und 4 Sängerknaben
中音	Hr. Anton Packer ......
	Und 4 Sängerknaben.
男高音	Hr. Leopold Panschab

257

	Hr. Adalbert Brichta
	Hr. Jos. Krottendorfer
	Hr. Valentin Adamberger
	Hr. Martin Ruprecht
男低音	Hr. Tobias Gfur
	Hr. Anton Ignaz Ulbrich
	Hr. Cirilins Haberta
	Hr. Jakob Wranezy
	Hr. Joseph Hofmann
管风琴	Hr. Franz Arbesser
	Hr. Joh. Georg Albrechtsberger ......
小提琴	Hr. Franz Kreybich
	Hr. Anton Hofmann
	Hr. Johann Klemp
	Hr. Joseph Scheidel
	Hr. Franz Hofer
	Hr. Wenzl Müller
	Hr. Karl Maratschek
	Hr. Thadäus Huber
	Hr. Heinrich Bauheimer
	Hr. Joseph Hofmann
	Hr. Zeno Franz Wenzl
	Hr. Peter Fuchs

	Hr. Johann Baptist Hofmann
	Hr. Joseph Pirlinger
大提琴	Hr. Johann Hofmann
	Hr. Jos. Orßler
中提琴	Hr. Leopold Krebner
	Hr. Franz Balday
长号	Hr. Ignaz Karl Ulbrich
大管	Hr. Wenzl Kauzner
	Hr. Ignaz Drobnay ......
乐器维护	Joseph Federl

K.K. Kammermusizi（室内乐手）

作曲家	Hr. Wolfgang Mozart
小提琴	Hr. Franz Kreibich
	Hr. Heinrich Bonheimer
	Hr. Thomas Woborzill
	Hr. Johann Baptist Hofmann
双簧管	Hr. Georg Triebenser［sic］......
	Hr. Johann Went ......
单簧管	Hr. Anton Stadler
	Hr. Johann Stadler ......
大管	Hr. Wenzl Kauzner

圆号　　　　　　　　Hr. Ignaz Drobnay

Hr. Martin Rupp ......

Hr. Jakob Eisen ......

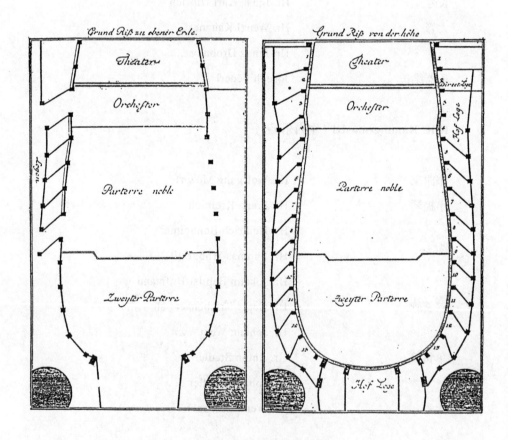

5. 光明会成员名单

（a）部分著名的光明会成员   258

Haus-, Hof- und Staatsarchiv, Vienna, Vertrauliche Akten 41（alt 62），fol. 269-73【可能编写于1792年1月2日】

1. 海因里希，普鲁士亲王。

2. 普鲁士王储。

3. 萨克森·魏玛大公。

4. 萨克森·哥达大公。

5. 奥尔良大公。

6. 达尔伯格（Dallberg）男爵，德国美因茨行省副主教。

7. 赫兹伯格（Herzberg）伯爵，前普鲁士大臣。

8. 克洛沃拉特（Kollowrat）伯爵，波希米亚与奥地利首席总理大臣。

9. 帕尔菲伯爵，匈牙利首席总理大臣。

10. 班菲伯爵，特兰西瓦尼亚总督。

11. 布里吉多（Brigido）伯爵，加利西亚伦贝格州长。

12. 施塔迪翁（Stadion）伯爵，驻伦敦皇家大使。

13. 柯雷塞尔（Kressel）男爵，波希米亚副总理。

14. 斯威腾男爵，维也纳审查委员会负责人。

15. 贾科比男爵，普鲁士驻维也纳大使。

16. 德姆（Dehm）先生，普鲁士驻亚琛大使。

17. 法国财政部长内卡（Neckar）。

18. 索嫩费尔斯，维也纳宫廷大臣。

19. 匈牙利尼克劳斯·佛卡其（Nicolaus Forkatsch）伯爵，内特拉郡长。

注：煽动匈牙利兵变。

20. 施塔迪翁伯爵，美因茨大教堂教士。

21. 洪佩施（Hompesch）男爵，施派尔大教堂教士。

22. 洪佩施男爵，前者的兄弟，一位冒险家。

23. 考文塞尔（Kowencel）伯爵，艾希施泰特大教堂教士。

24. 波德玛尼茨基（Podmanizki）男爵，维也纳政府官员。

25. 彼得·冯·巴尔洛克，【布达佩斯】奥芬法律顾问。

26. 宫廷大臣冯·斯洛伊尼希，内阁秘书，弗兰西斯大公前任导师。

27. 拉法耶特（La Fayette）侯爵。

28. 巴瓦夫（Barvave），法国前国民议会成员。

29. 布里索（Brissot），现国民议会成员。

30. 罗什富科（Rochefoucauld），现国民议会成员。

31. 福谢（Fauchet）大主教，现国民议会成员。

32. 佩因（Paine），作家及巴黎人民代表。

33. 法布里（Fabri），列日市长。

34. 范·德·诺。

35. 米拉博，已故【1791 年 4 月 2 日去世】。

36. 谢里丹（Sheridan），伦敦议会议长。

37. 冯·亚琛霍茨（von Archenholz）上校。

38. 曼韦龙（Manvillon），不伦瑞克陆军中校。

39. 维兰德（Wiland），魏玛宫廷大臣【及作家】。

40. 希罗瑟（Schloser），卡尔斯鲁厄内阁议员【后郑重放弃】。

41. 格丁根的斯皮特勒（Spittler）教授【后郑重放弃】。

42. 格丁根的梅斯纳教授【后郑重放弃】。

43. 格丁根的费德尔（Feder）教授。

44. 坎佩（Campe），不伦瑞克教育家。

45. 特拉普（Trapp），不伦瑞克教育家。

46. 格迪克（Gedicke），柏林教育家。

47. 魏劳姆（Villaume），柏林教育家。

48. Chun，卡塞尔前图书馆管理员。

49. 比斯特，柏林图书馆管理员。

50. 莱比锡的普拉特纳博士 / 教授。

51. 柏林的恩格尔教授。

52. 布拉格的梅斯纳教授。

53. 耶拿的舒尔茨（Schütz）教授。

54. 佩斯特【布达佩斯】的克赖尔（Kreil）教授。

55. 曼海姆的克莱因（Klein）教授。

56. 维也纳的丹嫩迈尔（Dannenmaier）教授。

57. 维也纳的蔡勒（Zeiler）教授。

58. 柏林司法大臣克莱因。

59. 博耶（Boye），《德意志博物馆》编辑。

60. 耶拿的莱因霍尔德（Rheinhold）教授。

61. 维也纳的冯·阿莱辛格。

62. 维也纳的布鲁茅尔（Blumauer）。

63. 维也纳的冯·维泽（von Wezer）。

64. 伦贝格的科菲尔（Köfil）教授。

65. 魏萨普，社团全权代表。

（b）罗腾翰伯爵书信附上的名单

Haus-, Hof- und Staatsarchiv, Vienna, Vertrauliche Akten 41（alt 62），

fol. 316

拉赞斯基伯爵，地方法院长官，以及他的妻子克洛沃拉特。

菲利普·克拉里伯爵。

赖歇瑙的克洛沃拉特伯爵。

布切克（Butcheck）教授。

库尼格伯爵。

弗雷德里希·诺斯蒂茨伯爵。

约阿希姆·斯特恩伯格伯爵。

普罗科普·斯特恩伯格（Prokop Sternberg）伯爵，大教堂教士。

昂格尔（Unger），图书馆管理员。

瓦尔，退休演员。

阿贝·阿诺德（Abbé Arnold），霍夫梅斯特【总管】与克洛沃拉特伯爵，
艾希施泰特大教堂教士。

施皮斯，退休演员，库尼格伯爵的行政人员。

迈尔博士。

梅斯纳教授。

科罗纳（Corona）和诺埃（Noe），耶稣会士与教授。

伯杰尔（Bergier）上校，退休。

炮兵中尉查皮茨（Chapitz）。

普田尼男爵。

劳卢斯伯爵。

居特纳（Gürtner）教授。

格鲁伯（Gruber），耶稣会士。

布莱茨（Bletz），施瓦岑贝格家族行政人员。

6. 作为政治歌剧的《魔笛》

（1）1794 年

259 随着法国大革命进入恐怖时期，奥地利当局必定对莫扎特歌剧中有关共济会的内容和信息越来越关注。人们认为，"雅各宾派"正试图通过一个巨大的共济会间谍圈来颠覆奥地利的君主制，而其总部十分接近人头攒动的巴黎。因此，维也纳当局鼓励对《魔笛》进行各种新解释，以转移人们对剧中原本有关共济会内容的注意力。在林茨出现了此类"再解释"中最有趣的一版，"由弗朗茨·奥因格于 1794 年印制并发行"，标题为"大歌剧《魔笛》详解，为理解它的真正含义"（*Die Große Oper Zauberflöte deutlich ausgelegt, um den wahren Sinn derselben zu begreifen*）。这本 14 页的小册子，以塔利亚和莫莫斯的对话（此处略去）的形式，包括了以下描述：

  作为雅各宾派的哲学，夜（后），拥有了一个女儿，那就是共和制，她希望用夜的境界来教育她，让她能拥有一个雅各宾派的婚姻和关系……雅各宾派的人当然都会告诉她具体怎么做，但他们的意见不一致，是让她嫁给一个雅各宾派的独裁者，还是嫁给 7 000 个雅各宾派的人，或者只嫁给 10 个雅各宾派的人。女儿"共和"被她的母亲"夜"带到了一个还有庙宇和牧师的地方（因为在法国已经没有牧师了，演员和牙医在讲坛上大喊大叫）——一个安全的地方……在那里，她会嫁给一个高贵的王子，他经受住了所有的考验，从而表明他是一个真正的光明之子，是一个合适的、合法的新郎……

在第一场戏中，塔米诺王子要接收法国，并由此将结束其未婚的共和状态。雅各宾派的蛇威胁他，但生活在黑夜中的一些人同情君主主义思想，并杀死了蛇。然后，在第二场戏中，帕帕基诺或雅各宾派捕鸟人出现了，他诱使人们参加雅各宾俱乐部，并被锁在国家鸟笼里，在那里他们被送去黑夜中……雅各宾派似乎无法回避国王这一存在的真相和现实……如果雅各宾派那些杀人犯真的让他们那年幼无辜的国王【路易十七】流下了无辜的血，他们就会进一步毁坏他们的事业……这三位女士，我理解为代表王室的随从，她们伪装得很巧妙，因为她们称阻碍共和国的力量为魔鬼和怪物。她们必须说雅各宾派的语言，否则她们会暴露自己……

在第七和第八场中，雅各宾派的鹦鹉……因为其谎言而受到惩罚，在嘴上被挂了锁，但又被赦免……以笛子作为王子的礼物是一个极好的设想：因为雅各宾派应当随着他的曲子跳舞。另外，把银铃送给即将被皇室说服的帕帕基诺也很合适，因为每当银铃响起……就能唤起那些在雅各宾派统治下只看到钞票的人对皇室的思绪。

那三个男孩……是法国的天才……莫诺斯特拉托斯【原文如此】已经是雅各宾派的使者，被雅各宾派说服的臣子，他在奉承主子的同时，也意图从主子那里抢走法国，以便自己和他的追随者拥有这个共和国。因此，在第19场中，他也得到了他的公正的奖赏【被打了一顿】……在一个秩序井然的国家里做奴隶，实在比在雅各宾派暴政下做奴隶要好得多，雅各宾派暴政是世界上有史以来最坏的暴政……对帕米娜作为囚犯的描述……让听众想起了已故的玛丽·安托瓦内特的残酷待遇。（在萨拉斯特罗祭司的音乐中）长号是吹向雅各宾派的死亡号角……在精彩而宏伟的第 18 场中，萨拉斯特罗展示了反对雅各宾派的统一战线。在被雅各宾派惊人地击败多次后，他应该出现在一辆凯旋的战车上……六只狮子应该带着丰富的装饰，其中一只带着日耳曼帝国和奥地利皇室的纹章，第二只带着俄罗斯的纹章，第三只带着普鲁士鹰纹章，第四只带着英国和荷兰的纹章，第五只带着西班牙和葡萄牙的纹章，第六只带着意大利诸国的纹章。

在第二幕中，萨拉斯特罗解释说，只有皇室之子（因此不是雅各宾俱乐部，或国民大会，或者十人团）才能拥有这位新娘……三个侍女……【就像那些】暗地里忠于保皇党的人一样，在公开场合下保留着夜的语言，特别是当她们接到命令要对皇室一方采取行动的时候……【这】三位女士就遭受了和雅各宾派一样的命运，与黑夜一起被毁灭，就像黑摩尔人一样，为了试图拥有共和国，公开拥护雅各宾党……他们反对的是夜之女王，这就是雅各宾派的理念，现在在法国大行其道……这些武装人员显示了那些等待着法国的新郎的考验。火和水是那些危险的元素，他以如此英勇的力量，必须通过这些元素与雅各宾派抗衡……这部作品【《魔笛》】是对抗雅各宾派最强大的武器之一……

【奥地利国家图书馆，维也纳，音乐部收藏，cat. 580058-A】

（2）1795 年

在这一年，又有人试图"重新想象"《魔笛》，以下的提纲摘自一本题为《为真理之友而编写的奥地利各州雅各宾派阴谋系统的秘密历史》（*Die geheime Gesch hte des Verschwörungssystems der Jakobiner in den österreichischen Staaten, Für Wahrheitsfreunde*）的小册子，附有虚构的"伦敦 1795"字样（应

当来自维也纳)，其中第 47—54 页：

　　根据 1789—1790 和 1791 年的情况，家喻户晓的歌剧《魔笛》(有人
相信它吗?) 的全部内容都是针对法国大革命的寓言，在上面那三年的最
后一年，这部戏首次在所谓的维登剧院上演。但我们并不想指责善良的莫
扎特，他只是优秀音乐的创造者，与作品的构思毫无关系。很可能他根
本不知道作品的基本概念。这就是为什么有些不知情的人，觉得剧情可
笑、不可理解、索然无味。因此，它【这部歌剧】在维也纳所获得的极其
巨大的成功的原因有二：一是优美的音乐，二是隐藏的信息。它连续演出　　260
了六十二场；在头两周……必须在五点钟之前找到座位，晚到的数百号观
众都被拒之门外，因为场场爆满。直到第三周开始，人们经过相当大的努
力，才得以在六点钟时获得一个座位。自然而然地，越来越多的人开始了
解这篇作品中所暗示的信息，直到发现了下面的书面解释，从而也使亵渎
的世界有幸得到了光明……

角色

夜后	前政府
帕米娜，夜后的女儿	自由，永远是专制的女儿
塔米诺	人民
夜后的三个侍女	三个采邑的代表
萨拉斯特罗	一套更好的法律的智慧
萨拉斯特罗的牧师们	国民大会
帕帕基诺	有钱人

老妇【后来的帕帕吉娜】	平等
莫纳斯塔托斯，黑摩尔人	移民
奴隶	移民的仆从与佣兵
三灵童	智慧、正义与爱国，他们引导塔米诺

这篇作品所依据的思想是：通过一套更好的法律的智慧，使法国民众从旧专制主义的手中解放出来。

剧情

一条巨蛇（象征着即将来临的国家破产）跟随着塔米诺……夜后想要拯救他，因为她与他的存在相辅相成。她无法单独做到此事，需要她的三个侍女来杀死蛇。塔米诺感激他的救命恩人，并从她们那里获得一件美好的礼物，一支神奇的长笛（能够自由说出自己的优势与抱怨）。夜后要求他解救她的女儿，一个残酷、好色而暴虐的国王萨拉斯特罗偷走了她，并把她藏在一个山洞里。她还答应把女儿嫁给塔米诺，作为对他的鼓励，尽管这并不是她的真实意图，因为她早就把【帕米娜】的手许给了莫纳斯塔托斯……通过她的侍女们，夜后告诉塔米诺，在他的冒险中必须让自己接受三灵童的引导。他现在加入了帕帕基诺（众所周知，在革命前被贵族和教会控制的富人，他们用自己的影响力帮助改变了国家之船的航向）的队伍；开始了前往臭名昭著的萨拉斯特罗的土地的旅程。【塔米诺】惊讶地发现，这个人物却与他被教导的期望相反。萨拉斯特罗实际上是一个强大而辉煌的国王，但这种强大和辉煌不是建立在他的臣民的废墟上，而是建立在最好的政府形式上，因此他的臣民崇拜他。他出现在一辆由野兽牵引的凯旋战车上，这被解释为合法的智慧驯服了人类的自然野性；整个世界都欣然臣服于它。

萨拉斯特罗以爱欢迎塔米诺，而不是（如塔米诺期望中的）敌意，并告诉塔米诺他已经被夜后背叛……【萨拉斯特罗】亲自带领【塔米诺】自由地在荣誉与幸福的圣殿游览……塔米诺被这位卓越长者的善良所感动，把自己的整个灵魂都献给了萨拉斯特罗，尤其当萨拉斯特罗郑重承诺要把荣耀的帕米娜嫁给【塔米诺】。此时萨拉斯特罗召集他的祭司们，告知他们他认为塔米诺值得名列荣誉和幸福的圣殿，并让他们对此进行表决。他们一致同意。

祭司们在接待塔米诺的时候，还用火把照亮了最可怕的地方，以表明启蒙的火把终于照进了地上最黑暗的角落。但是，在塔米诺进入幸福殿堂之前，他必须接受每个追求者必须经历的所有令人烦恼的启蒙仪式。

这些仪式包括沉默的誓言，被留在不愉快的地方，最后是可怕的火与水的考验。塔米诺通过了所有的考验，以果断的勇气被老萨拉斯特罗的善良所折服；和他的帕米娜一起，终于被幸福的圣殿接受，在那里她成为他的新娘。他的同伴帕帕基诺……底子上是个软弱而单纯的人，他虽然渴望幸福，但却讨厌任何劳累和困难，特别不愿意做出任何牺牲。当塔米诺耐心地服从摆在他面前的所有考验时，【帕帕基诺】却只想着自己的快乐，吃喝玩乐。但他很快就意识到，这一切不会给他带来真正的幸福，因此决定……上吊自杀。在最后一刻，他被善良的精灵拯救，并不情愿地去协助一个老太太，人类最古老的组成部分；而她被转化为一个亲切的年轻女孩，也为帕帕基诺带来幸福。

　　帕帕基诺的特长在于：他的虚荣心使整个人身上都披满了美丽的羽毛。牧羊人的烟斗代表了他的朴素，他的钟琴（作为财富的结果，所有人都必须为它跳舞）就像一个金碗，在富人手中流通。

　　莫纳斯塔托斯（移民）企图通过欺骗、作假与暴力，尽可能地阻止塔米诺的幸福；最后他甚至想杀死帕米娜。但萨拉斯特罗惩罚了他。他在最后集结力量，与夜后一起冲击幸福的圣殿；但他被永远地抛入了虚无……在笛声中暂时被驯服的野兽有狮子（荷兰的纹章）、豹子（英国的纹章）、老鹰（奥地利、俄国和普鲁士的纹章）。其他都是小国。

【维也纳国家图书馆，A 4949】

　　这两种政治解释中是否有任何真实的成分？ 1795 年的版本出现在维也纳对雅各宾派的审判和处决之后，它比 1794 年的小册子中相当粗糙的宣传写得更好；虽然 1795 年的版本更可信一些，但两者似乎都无法真正令人信服。需要注意的是，两篇文章都严格避免提及共济会，归根结底，《魔笛》中共济会的内容才是真实的、强大的、无所不在的。如果作者希望将共济会的"三"与"自由、平等、博爱"的概念等同起来，这些话当然不妨碍共济会的信息，但它们远非故事的全部。

7.《狄托的仁慈》首演时的观众

莫扎特歌剧《狄托的仁慈》于 1791 年 9 月 6 日在布拉格首演时的观众，　261
基于收藏在维也纳宫廷与国家档案馆未曾发布过的文件。

作者：艾尔丝·拉当

利奥波德二世在布拉格加冕为波希米亚国王的典礼，需要一个由帝国高级总管乔治·亚当·施塔尔亨贝格（Georg Adam Starhemberg）亲王主持的委员会进行大量的准备工作。从皇家车队经过的路线的修护，到布拉格的清洁和照明；从城市铺路石的改进，到"学生、犹太人和劳动学徒（在此期间，他们被禁止佩剑）的秩序"——所有这些都是委员会必须关注的事务。向新皇帝宣誓效忠的仪式需要准备，前往布拉格的路线需要规划。还有一个委员会负责为皇帝的客人提供娱乐——舞会、音乐会和戏剧。施塔尔亨贝格亲王负责确保所有这些庆典活动的顺利进行。他的委员会成员包括：已故约瑟夫二世的亲信弗兰茨·夏维耶·奥西尼－罗森伯格亲王；波希米亚政府的高级大臣利奥波德·克洛沃拉特－克拉科夫斯基伯爵；上诉法院副院长约瑟夫·科恩马尔（Joseph Kirnmayr）男爵、波希米亚宫廷议员弗兰茨·萨劳（Franz Saurau）伯爵、宫廷高级将领恩斯特·考尼兹（Ernst Kaunitz）伯爵。安东和梅拉特（Merlat）担任秘书，书记官由赫伯斯坦恩－毛奇（Herberstein-Moltke）伯爵出任。

1791 年 1 月 25 日，利奥波德二世皇帝任命宫廷联合副大臣文泽尔·乌加特（Wenzel Ugarte）伯爵成为年轻的女大公（他的女儿们）的高级总管，同时任命他为负责宫廷音乐的伯爵和宫廷剧院总监。这些额外的职责使乌加特的工资从 8 000 盾增加到 12 000 盾。乌加特由此进入了皇帝顾问的内部圈子，作为宫廷剧院总监，他不再对高级总管办公室负责，而是——像以前一样——直接对皇帝负责。由此可以推测，利奥波德二世和他已故的兄弟约瑟夫二世一样，对歌剧和作为教育民众的工具的话剧有着浓厚的个人兴趣。1 月 30 日，乌加特与新皇帝的另一位亲信海因里希·弗兰茨·罗腾翰伯爵一起宣誓就职，罗腾翰伯爵后来被要求在布拉格调查据说颇有危险的共济会（见第 339 页起）。罗腾翰在加冕礼上的工作包括分配免费的《狄托的仁慈》首场演出门票，波希米亚行省资助了这场演出。

然而，首先需要做的事情包括，邀请所有的外国政要，并要求所有新任帝国内阁成员提交贵族身份证明。在从维也纳到布拉格的途中，还需要选择合适的城堡作为皇室成员的过夜站。

在维也纳，襁褓中的玛利亚·卢多维卡公主（Maria Ludovika，1790 年 2 月出生，她的母亲，符腾堡公主，弗兰西斯王储的第一任妻子，死于分娩）在 16 个月大的时候去世了。为她接生的医生——钦岑多夫伯爵所描述的"那个禽兽般的男助产士"——用产钳弄伤了母亲和孩子。小公主在 6 月 24 日被安葬在维也纳的卡普钦修道院（哈布斯堡家族所有王室成员都安葬在那里）。8 月 5 日，波希米亚使团在利奥波德·克拉里（Leopold Clary）和文森茨·华德斯坦（Vincenz Waldstein）两位伯爵的率领下，领受了波希米亚加冕纹章，并在军队的护送下从维也纳前往布拉格。匈牙利贵族卫队也在巴克塞（Barcsay）上校的率领下从匈牙利出发前往波希米亚首都。与他们同行的还有一位"不请

自来"的法官－骑兵队长弗兰茨·沃布林格（Franz Vorbringer），他后来想报
销他的费用账单，但被回绝了。他也曾上书皇帝本人，但同样无果。1791年
10月，匈牙利贵族卫队司令安东·埃斯特哈齐亲王（海顿的赞助人）向维也
纳官方提交了一份数额为9 485盾59克罗伊策的差旅费账单。

与此同时，在布拉格，各委员会忙于筹备舞会、庆祝活动以及宾客的住宿
问题。城市里已经人满为患，像科洛雷多·曼斯菲尔德（Colloredo Mansfeld）
亲王那样能住在自己家里的人是幸运的。安东尼奥·萨列里和他带去布拉格的
七名乐师中的一名乐师住在韦尔舍广场66号；其他人则分散住在布吕肯街、
桥上和小边环。贵族的各种仆人住在为此而迅速建造的营房里。食品价格被严
格控制，一份官方清单显示，在加冕礼期间，只有牛肉价格上涨（从每磅6克
罗伊策涨到7克罗伊策）。但是，加冕典礼队列沿街两旁的观礼台的票价却出
现了繁荣的黑市。官方规定，一张站票价格为1福林30克罗伊策，座位则是
2福林20克罗伊策。

在加冕礼所有仪式结束后，账单纷纷飞往施塔尔亨贝格亲王的办公室时，
人们很快就发现实际费用远超预算。萨列里领导下的教堂音乐和背景音乐演
奏费用为883达克特（3 532盾），而上头只分配了1 000盾用于音乐费用；宫
廷厨房需要11万5千盾，而不是估计的6万5千盾。宫廷家具主任利奥波
德·勒·诺贝尔·冯·埃德列尔斯贝格（Leopold Le Noble von Edlersberg）提
交了皇室住所的家具和装饰的账单，花费了4万3千盾；宫廷邮政系统主任和
宫廷差旅主任需要6 337盾的邮政费用，以及皇帝和卡尔大公（他和他的随从
需要从布拉格回到比利时）的1万2千盾的旅行费用。马匹主管约翰·巴普
蒂斯特·迪特里希斯坦（Johann Baptist Dietrichstein）亲王要求为他的一些仆
人增加日薪以示慷慨，这得到了同意，但那些小号手和定音鼓手在布拉格期间

每人只能得到每天 3 盾的差旅补贴，而不是 1790 年在法兰克福加冕礼时期的 4 盾。

布拉格当地的宫廷在 8 月内部发布了一份名单，显示哪些行省官员将骑马或坐马车跟随皇帝。[1] 有些人以健康或缺钱为由推辞［例如文泽尔·冯·乌博尔（Wenzel von Übel）男爵］。

262 罗腾翰伯爵在 9 月接到通知，需要在国家歌剧院预留 1 358 个座位：一楼（美国说法是二楼，中国说法相同）的 1—4 号包厢供皇帝一行人使用，大中央包厢供宫廷总管和大臣使用[2]，二楼（美国说法是三楼）的大中央包厢供女官们使用。此外，"外国一级贵族"需要 28 个包厢（容纳 112 名夫人和 48 名骑士）[3]，"地方贵族"需要 22 个包厢（可容纳 88 名夫人和 66 名骑士）[4]。其余的无法进入包厢的"贵族"，则被分配到池座的位置——200 名女士坐着，150 名同行人员站着；而"二等贵族"，即各部官员，则被分配到池座的第二（后半）部分——250 名女士坐着，100 名同行者站着。"荣誉区域"一定非常拥挤，因为在楼上的四个包厢中，每个包厢都有 16 名女士和 16 名护卫，而"其余的荣誉区域"（包括 150 名女士、150 名先生）则要坐在楼座。这个剧场里，在四个宫廷包厢和两个中央包厢外，池座左边有 5 个包厢，右边有 5 个；一楼右边有 7 个包厢，左边有 11 个；二楼右边有 11 个包厢，左边有 11 个；但三楼只有左边与右边各 2 个包厢。

另一份名单详细列出了"建议提供歌剧票的人员"。包括皇后的随从人员：3 名寝宫女侍和 2 名寝宫侍从。三位女大公的随从包括了 1 位女官和 3 名寝宫女侍。来自萨克森的随从包括了 1 名女官、2 名寝宫女侍、1 名寝宫侍从。[5] 利奥波德二世皇帝的私人办公室包括了 4 个人，此外还有 3 名内廷司务、18 名寝宫侍从、12 名守门人、4 名司炉、1 名高级主管秘书、1 名私人保健师、1

名私人外科医生、1 名财务官、2 名事务官、1 位乐队指挥（宫廷乐正）、7 位乐师、8 个跑腿的、1 名宫廷饲料总管及他的 1 个助理和 1 个书记、1 名马车检查员、1 名马具仆人、7 名骑师、1 名兽医和 4 名宫廷司务。[6]因此，见证莫扎特这部歌剧首演的观众非常混杂。"高贵的皇室一行"的名单已经被人亲手转交罗腾翰伯爵，但这份名单现已不存。[7]由于布拉格市民非常喜欢莫扎特的音乐，他们也想参加（9 月 6 日）这个盛大的晚会，因此门票的分发就出现了困难。因此，当地的政府首长印制分发了一份声明，指出在分配门票时，必须保持以下优先顺序：宫廷、宫廷贵客、贵族、外国人、荣誉客人等，因此呼吁素来名声优良的布拉格公众的充分理解，必须优先考虑外国【即非本地】客人。这份声明还包括了对希望在 9 月 5 日和 6 日领取门票的贵族和贵客的指示，要求他们提供一份包括姓名和印章在内的书面文件，并让仆人把这份文件送交至当地政府办公室。剩余的门票以这样的方式分配（在政府官员、银行家、大商人、律师和教授之间——以及，不要忘记军队），一个委员会在这些不同的群体中抽选某一个幸运家庭（包括丈夫、妻子和大女儿）提供三张门票。该声明第 7 段警告说，不要徒劳无功地试图获得所分配门票以外的其他门票。第 8 段规定了马车在歌剧院落座的顺序，演出将于晚上 7 时开始（但实际上皇室成员在 7 时 30 分才姗姗来迟）；并要求公众从 5 时起驾车前往，以免妨碍皇室的马车。政府会派人对剧院进行监督，禁止没有有效票据的人进入。许多有身份的人因为没有票，不得不被拒之门外。皇帝得到了热烈的掌声，但歌剧本身只获得了中等程度的成功。第二场演出的观众人数不多，因为必须购买门票，而且价格被认为很高。9 月 8 日，第二剧团在歌剧院演出了施兰克特（Schlenkert）的序幕剧《哈布斯堡的大臣》（*Habsburgs Meistersänger*）。评论家称赞"它所包含的场面真实、深刻、伟大"，认为戏剧音乐"值得一听"。

它使人们饱含热泪，池座的观众们大声表示它完美地符合这个场合。皇帝在 9 月 9 日又来看戏，观看了科策布（August von Kotzebue）的剧目《秋日》(*Die Eifersüchtigen*) 和《妇女的雅各宾俱乐部》(*Der Jakobiner Club*)。他一直留到最后。

资料来源：

Haus-, Hof- und Staatsarchiv, Vienna：Zeremonialakten Böhmische Krönung 1791, ZA Prot. 38；Zinzendorf, ms. Diaries；Johann Debrois, *Aktenmässige Krönungsgeschichte des Königs von Böhmen Leopold des Zweiten und Marie Louisens*, Prague 1792, Erstes Heft；*Vollständiges Archiv der doppelten böhmischen Krönung Leopold des Zweiten und Maria Louisen, Infantin von Spanien, in Prag im Jahr 1791*, ed. by Albrech, Prague, n.d.

1. 这份名单由 62 位愿意骑马或搭乘马车的成员签署；最终人数接近 80 人。

2. 包括了宫廷总管施塔尔亨贝格亲王；当时已经相当年长的负责内政和外交事务的国务大臣文泽尔·安东·考尼兹亲王；各处宫室的主席——波希米亚—奥地利—克洛沃拉特—克拉科夫斯基伯爵）、匈牙利（卡尔·帕尔菲·冯·厄多德伯爵）和伊德利安［弗兰茨·德·宝拉·巴拉萨伯爵（Franz de Paula Balassa）］。驻意大利全权公使约瑟夫·维尔切克伯爵；作为会议部长的弗兰茨·夏维耶·奥西尼－罗森伯格亲王和国务兼会议部长弗兰茨·莫里茨·拉斯奇（Franz Moritz Lascy）元帅；副部长约翰·鲁道夫·乔特克（Johann Rudolph Chotek）伯爵。每个人都由自己的夫人陪同（只要这些夫人本身没有在宫廷中另有职务，如大公夫人的侍从等）。也许这些包厢里还有外国使馆的代表和公使等人。

3. 这个团体包括了作为萨克森的卢萨提亚（劳西兹）代理人的萨克森选帝侯；巴伐利亚选帝侯；作为比利茨公爵的弗兰茨·舒尔科夫斯基亲王（Franz Sulkowsky）；哥达公爵；施瓦岑贝格-鲁道尔施塔特（Schwarzenberg-Rudolstadt）亲王派出了一名使者［莱内克（Lynecker）男爵］。列支敦士登亲王［以特罗波（Troppau）公爵的名义］、洛布科维茨亲王和施瓦岑贝格亲王（以克鲁姆洛夫公爵的名义）；帝国邮政总局负责人图恩和塔克西斯亲王；条顿骑士团的大团长（作为弗洛伊登塔尔在波希米亚的代理人）。

4. 地方及其他贵族包括了波希米亚、摩拉维亚和奥地利的贵族、行省官员、拥有世袭职位的人、教会要人——布拉格和奥尔米茨的大主教，布德韦斯、布伦和科尼格拉茨的主教，斯特拉霍夫、奥塞格和托佩尔的修道院院长，主教座堂教士；在位的亲王们与他们的干系，以及"无投票权"的亲王们。卡尔·冯·钦岑多夫伯爵坐在第一层的一个包厢里，与克莱贝尔斯伯格女士（她的父亲阿达尔贝特是波希米亚地方官员）、威尔斯大使（多尔芬伯爵丹尼勒·安德里亚）和另外三位女士一起。他注意到，罗腾翰和皇帝坐在一起，演出结束后离开剧院非常困难（因为人太多了）。

5. 利奥波德的长女玛丽亚·特蕾莎在 1787 年嫁给了萨克森的安东亲王。1784 年时利奥波德曾经对他的兄弟约瑟夫二世表示，这并不门当户对。当时约瑟夫二世回应说，对一位女大公而言，能找到一个丈夫就完全是一笔巨大的财富。她以萨克森王后的身份去世。

6. 皇后的随行人员：3 名寝宫女侍 [玛格达莱娜（Magdalena）、特蕾西娅、卡塔琳娜·比安奇（Katharina Bianchi）]，2 名寝宫侍从 [玛丽亚·安娜·克罗柯（Maria Anna Kröckl）、玛格达莱娜·加斯齐（Magdalena Gäschi）]。大公夫人的随行人员：1 名女官 [安娜·科克（Anna Kock）或卡米拉·皮盖（Kamilla Piquet）]。仆人和寝宫侍从无法确定；来自萨克森的随行人员也是如此。4 名来自皇帝私人办公室的人 [可能是骑兵统领普罗哈斯卡（Prohaska）和约瑟夫·苏马汀（Joseph Sumathing）等，他们都是在 1791 年 8 月应皇帝要求被派往布拉格的]；3 名内廷司务 [约瑟夫·斯特罗布尔（Joseph Strobl）、利奥波德·冯·埃德列列斯贝格（Leopold von Edlersberg）、瓦伦丁·冯·马克（Valentin von Mack）]，寝宫侍从、守门人和司炉无法确定人名。高级主管秘书是 J.F.S. 冯·克罗恩菲尔斯（J.F.S. von Kronenfels）；私人医生是约瑟夫·塞尔布（Joseph Selb）；"宫廷乐正"以及七名乐师的名字被删除了。宫廷饲料总管 J.P. 斯蒂克·冯·海明塔尔（J.P. Sticker von Haymingthal）；他的助理布莱斯勒与斯特瑞的马克西米利安（Maximilian）；饲料书记卡尔·凯尔（Karl Keil）；1 名马车检查员 [F.P. 佩谢（F.P. Pechet）]；1 名马具仆人 [M. 绍普（M. Schopp）]：7 名骑师 [卡尔·许布纳（Karl Hübner）、约瑟夫·肖恩迈尔（Joseph Schönmayer）、J.N. 哈克（J.N. Hackh）、J.B. 豪瑟（J.B. Hauser）、卡尔·埃斯林（Karl Esslin）、利奥波德·格鲁贝尔（Leopold Gerubel）、弗兰茨·格鲁贝尔（Franz Gerubel）]；1 名兽医 [路德维希·斯考蒂（Ludwig Scotti）]。4 名宫廷司务和另一名私人保健师无法确定。

7. 我们有一份可以据此确定当晚欣赏演出观众的名单。可以从中看到："帝国皇室和主要贵族，包括库兰（Curland）公爵……"。除了皇帝和皇后之外，还出现在布拉格的人包括：玛利亚·克里斯蒂娜女大公和她的丈夫阿尔贝特·冯·萨克森-特申公爵；弗兰西斯大公（他的妻子玛利亚·特蕾莎因为尚未在他们女儿出生后恢复而未同行）；他的妹妹玛利亚·特蕾莎和她的丈夫萨克森的安东亲王；他的妹妹玛利亚·安娜，以布拉格修道院院长的身份为皇后加冕；他的弟弟斐迪南、卡尔、亚历山大·利奥波德、约瑟夫和安东，以及刚结婚不久的斐迪南还有获得自己的随行人员。当时，刚结婚不久的斐迪南还有获得自己的随行人员。不知道这对皇室夫妇的四个最小的儿子（年龄从 3 岁到 8 岁不等）是否前往布拉格，但有理由认为这些孩子留在了维也纳。库兰公爵是萨克森王子安东的叔叔；加上他后我们就能得出了皇室一行共有 12 人，如上所述。当时，刚结婚不久的斐迪南还有获得自己的随行人员。

名单中其他（包括个人描述的）条目如下：
宫廷总管乔治·亚当·施塔尔亨贝格亲王
内廷总管弗兰茨·夏维耶·奥西尼-罗森伯格格亲王
国务大臣文泽尔·安东·考尼兹亲王
马匹主管约翰·巴普蒂斯特·迪特里希斯坦亲王
弗兰茨·莫里茨·拉斯奇伯爵
路德维希·冯·科本泽伯爵
约瑟夫·冯·洛布科维茨亲王
约瑟夫·冯·克芬许勒-梅奇（Joseph von Khevenhüller-Metsch）伯爵
弗雷德里希·莫里茨·诺斯蒂茨伯爵
安东·冯·图恩伯爵
安东尼亚·巴提亚尼（Antonia Bathyani）女亲王
弗兰茨·德·宝拉·科勒雷多伯爵
文泽尔·冯·乌加特伯爵
玛利亚·弗兰奇斯卡·博兰德（Maria Franziska Boland）女伯爵
文泽尔·约翰·帕尔亲王
弗兰茨·德·宝拉·冯·迪特里希斯特恩伯爵
弗兰茨·夏维耶·冯·罗林（Franz Xaver von Rollin）与卡米洛·兰姆贝蒂（Kamillo Lamberti）伯爵
帕尔菲伯爵（被划去）
哥特弗雷·冯·华伦斯道夫（Gottfried von Warensdorf）
雷利奥·冯·斯潘诺奇（Lelio von Spannocki）少校
来自萨克森的高级官员及夫人

263

2 位宫中女士

卡尔·冯·列支敦士登亲王

4 位内廷官员 [弗雷德里希·曼弗雷迪尼（Friedrich Manfredini）侯爵、约瑟夫·埃斯特哈伯齐伯爵、约翰·克里斯塔尼希（Johann Cristalnig）伯爵，余下一人不明]

隆德里阿尼（Londriani）男爵

宫廷总管随员如下：

宫廷秘书佐尔格·瓦莱·冯·罗温格雷夫（Georg Verlet von Löwengreif）

司法常务官 1 人 [冯·斯特罗贝尔（von Strobel）的名字被划掉，出席的可能是其助理 D.F. 迪茨（D.F. Dietz）]

宫廷书记官 2 人 [J.A. 摩根贝瑟（J.A. Morgenbesser）与雅各布·齐默（Jakob Zimmer）]

仪式总管 1 人 [弗兰齐斯库斯·维尔纳（Franziskus Werner）]

宫廷牧师 2 人

宫廷保健师 1 人（约翰·冯·奥斯特）

宫廷外科医师 1 人 [安东·布兰姆比拉（Anton Brambilla）]

宫廷挂毯技师 1 人 [M. 弗拉德（M. Flader）]

匈牙利向导 [约瑟夫·冯·帕维奇（Joseph von Pavich）]

宫廷会计 2 人 [J.A. 魏替高尔（J.A. Wittigauer）、弗兰茨·索嫩迈耶（Franz Sonnenmayer）]

会计书记 1 人 [J.N. 施万德（J.N. Schwander）]

食料供给保障员 2 人 [F.J. 赫特（F.J. Herteur）、安东·赫特（Anton Herteur）]

酒窖管理 2 人 [约瑟夫·施瓦茨（Joseph Schwarz）、L. 约尔丹（L. Jordan）]

面点师 1 人 [弗兰茨·鲍尔（Franz Bauer）]

厨房检查员 3 人 [A. 胡伯特（A. Joubert）、M. 泽莱纳（M. Zelena）、J. 格里姆（J. Grimm）]

宫廷药剂师 1 人 [文泽尔·冯·切尔尼（Wenzel von Tzscherni）]

宫廷乐正 1 人（安东尼奥·萨列里）

宫廷乐师 7 人

贴身侍卫（约瑟夫·冯·洛布科维茨亲王与约瑟夫·冯·克芬许勒 - 梅奇伯爵作为侍卫队长与副队长已经列在上文名单中）

中校 1 人 [约瑟夫·冯·拉科夫斯基（Joseph von Sierakowsky）]

二等值班长 2 人

军士 30 人

外科医生 1 人（J.A. 布兰姆比拉）

助理会计长 1 人 [弗兰茨·罗迪尼（Franz Rodini）]

军需士官 1 人

匈牙利卫队 [迈克尔·冯·斯普莱尼（Michael von Spleny）男爵与亚伯拉罕·冯·巴克塞（Abraham von Barcsay）作为队长与副队长不包括在内]

二等值班长 2 人

军士 30 人

外科医生 1 人 [安德拉斯·乌拉姆（Andreas Ullram）]

军需士官 1 人

民兵卫队

弗雷德里希·莫里茨·诺斯蒂茨伯爵（队长，已经列在上文名单中）

文泽尔·冯·穆勒（Wenzel von Müller）中校

一等值班长 1 人 [约瑟夫·德尔·科雷（Joseph del Core）]

二等值班长 3 人

主计长 1 人 [约瑟夫·弗雷德里希·邦斯道夫（J.F. Bündsdorf）]

外科医生 1 人［F.X. 斯蒂勒（F.X. Stiller）］

首相府成员

枢密院与国事顾问安东·冯·斯皮尔曼（Anton von Spielmann）男爵

宫廷与国事顾问伊吉迪乌斯·冯·科伦巴赫（Egydius von Collenbach）男爵

事务官 2 人［N. 阿佩尔（N. Appel）、佐尔格·格洛斯科普夫（Georg Grosskopf）］

邮件监督 1 人［约瑟夫·普鲁克迈尔（Joseph Pruckmayr）］

邮差 8 人

关于奥地利货币的说明

10   在十八世纪八十年代的奥地利，主要的货币是莱茵盾，缩写为"fl."或者"f"，也即福林。"盾"和"福林"的名称可以混用。与英国货币在十进制改革之前类似，当时的奥地利货币体系也是基于一个六进制与十二进制混合的系统，在"盾"之下的辅币被称为"克罗伊策"，缩写为"kr."或xr."，60克罗伊策合1盾。另一个广泛被使用的币种是达克特（一种银币或金币），1达克特相当于4.5盾。在1791年，500英镑折合4 883盾。

参考书目资料的缩写
（按原文字母顺序）

AMZ	《音乐通报》(*Allgemeine Musikalische Zeitung*), Leipzig, 1798 et seq.	246
达·蓬特，《回忆录》	《洛伦佐·达·蓬特回忆录》(*Memoirs of Lorenzo da Ponte*), Elisabeth Abbott 译, Arthur Livingston 编辑批注, Thomas G. Bergin 新撰前言, New York, 1929, 1967 年再版。	
德斯齐，《图像》	奥托·埃里希·德斯齐, *Mozart und seine Welt in zeitgenössischen Bildern*（插图中带有英文图注), Kassel etc. 1961（*NMA*, Serie X: Supplement, Werkgruppe 32）.	
德斯齐，《文献》	奥托·埃里希·德斯齐, *Mozart: die Dokumente seines Lebens*, Kassel etc., 1961. Vol. II, Addenda und Corrigenda, ed. Joseph Heinz Eibl, Kassel etc., 1978.	

| 哈勃坎普 | 格特劳·哈勃坎普（Gertraut Haberkamp），*Die Erstdrucke der Werke von Wolfgang Amadeus Mozart*，2 vols，Tutzing 1986：I，"Textband"；II，"Bildband". |

| HHS | 维也纳宫廷与国家档案馆（Haus-, Hof- und Stattsarchiv, Vienna.） |

| 克歇尔 | 除了另外标明的情况，本书引用的莫扎特作品克歇尔编号源自路德维希·里特·冯·克歇尔（Ludwig Ritter von Köchel），*Chronologisch-thematisches Verzeichnis sämtlicher Tonwerke Wolfgang Amadé Mozarts...*，8th edn，Wiesbaden，1983. 在正文中标注的是"传统"的克歇尔编号，在附录中的莫扎特作品清单中也注明了新版克歇尔编号。 |

| 兰登，《贝多芬》 | H.C. 罗宾斯·兰登（H.C. Robbins Landon），*Beethoven: a documentary study*，London and New York 1970. |

| 兰登，《共济会》 | H.C. 罗宾斯·兰登，*Mozart and the Masons*，*New Light on the Lodge "Crowned Hope"*，London and New York，1982. |

| 兰登，《1791》 | H.C. 罗宾斯·兰登，*1791：Mozart's Last Year*，London and New York，1988. |

| 米赫特纳 | 奥托·米赫特纳，*Das alte Burgtheater als Opernbühne*，Vienna etc. 1970. |

| 莫扎特，《书信》 | 《莫扎特：信件与笔记》（*Mozart: Briefe und Aufzeichnungen*），ed. Wilhelm A. Bauer, Otto Erich Deutsch. Letters：4 vols，Kassel etc.，1962-3. Commentary（ed. Joseph Heinz Eibl）：2 vols，Kassel etc.，1971. Indexes（ed. Eibl）：1 vol. Kassel etc.，1975. |

莫扎特， 《手册》	Edited by H.C. Robbins Landon and Donald Mitchell, London 1956.
涅梅切克	弗兰茨·夏维耶·涅梅切克及他所著的《莫扎特的一生》(*Life of Mozart*)，英译本由 Helen Mautner 翻译并由 A. Hyatt King 作引言，London, 1956.
尼森	乔治·尼克劳斯·尼森及他所著的《W.A. 莫扎特，根据书信原件的传记》(*Biographie W.A. Mozarts nach Originalbriefen*). Leipzig, 1828. 以及 Hildesheim 于 1972 年出版的影印版。
NMA	《新莫扎特全集》(*Neue Mozart Ausgabe*)，1955 年开始编辑的莫扎特作品全集。在正文中出现的时候会注明具体标题和卷数。
诺维洛	《莫扎特朝圣之旅，文森特·诺维洛与玛丽·诺维洛 1829 年的旅行日记》(*A Mozart Pilgrimage*, *Being the Travel Diaries of Vincent and Mary Novello in the year 1829*)，由 Nerina Medici di Marignano 整理编集，ed. Rosemary Hughes, London, 1955.
佩佐	约翰·佩佐，*Skizze von Wien*, *6 Hefte* published in 2 vols., Vienna 1786—1970; new edition Graz 1923.
钦岑多夫	卡尔·冯·钦岑多夫伯爵日记（MS. Diaries of Count Carl von Zinzendorf），in the Haus-, Hof- und Staatsarchiv, Vienna.

部分书目

247　　在斯坦利·萨蒂（Stanley Sadie）编辑的《新格罗夫音乐与音乐家词典》伦敦 1980 年版的莫扎特词条中包含了一份出色的整体传记。1982 年于伦敦出版的斯坦利·萨蒂编纂《新格罗夫莫扎特》中也收录了同一份传记。1982 年及其后出版的部分有特别意义与价值的书籍与论文参见如下清单：

BRAUNBEHRENS, Volkmar: *Mozart in Vienna*, New York, 1989, and London, 1990; 由 Timothy Bell 翻译自德文版 *Mozart in Wien*, Munich and Zurich, 1986. 其中包括了对莫扎特在维也纳岁月的诸多方面的合理的重新分析，以及对他最后几年生涯的一些新的阐释。

DAVIES, Peter J.: "Mozart's Illnesses and Death", *Musical Times*, CXXV, 1984, part 1, pp. 437ff., part 2, pp. 554ff. 这是这个课题具有权威性的新研究，超越了所有以往的认识。

——"Mozart's Manic-Depressive Tendencies", *Musical Times*, CXXVIII, 1987, part 1, pp. 123—126, part 2, pp. 191—196.

EISEN, Cliff: "Contributions to a New Mozart Documentary Biography", *Journal of the American Musicological Society*, XXXIX/3（Fall 1986）, pp. 615— 632. 这篇重要的文章是在 1990 年出版的对德斯齐相关著作的重要补充的一个预告。

LANDON, H.C. Robbins, *Mozart and the Masons: New Light on the Lodge "Crowned Hope"*, London and New York, 1982. 1790 年"希望之王"会所的一张集体画像中可以辨认出莫扎特，同时他也名列会所成员名单中，名单的部分内容之前未曾出版。

MAUNDER, Richard, *Mozart's Requiem: On Preparing a New Edition*, Oxford, 1988. 是研究《安魂曲》的一本不可或缺的著作。

MORROW, Mary Sue: "Mozart and Viennese Concert Life", *Musical Times*, CXXVI, 1985, pp. 453ff. 关于此课题对现有资料的重新检视。

NEUMAYR, Anton: *Musik & Medizin am Beispiel der Wiener Klassik*, Vienna, 1987. 一位维也纳医生对莫扎特临终的病患等问题进行的重新评估。

SCHWERIN, Erna: *Constanze Mozart: Woman and Wife of a Genius*, New York, 1981. 对康斯坦策有理有据的重新评价。

——*Leopold Mozart, Profile of a Personality*, New York, 1987. 对利奥波德的性格的一份有用的调查。

——*Antonio Salieri: An Appraisal and Exoneration*: Part I, New York, 1988. 基于丰富的资源而作的对萨列里的生涯和影响的全面检视。

STEPTOE, Andrew: "Mozart and Poverty: A re-examination of the evidence", *Musical Times*, CXXV, 1984, pp. 196ff.

——*The Mozart-Da Ponte Operas. The Cultural and Musical Background to*

Le Nozze di Figaro, Don Giovanni and Cosi fan tutte, Oxford, 1988. 对本书而言，这本精彩而谦逊的著作出现得太晚了，以至于没能纳入本书内容之中。

TYSON, Alan: *Mozart-Studies of the Autograph Scores*, Cambridge, Mass., and London, 1987. 一系列关于莫扎特使用的纸张类型及水印的年代的重要研究，其证据导致了对莫扎特作品完成年代的广泛修订。

VALENTIN, Erich: *Leopold Mozart, Porträt einer Persönlichkeit*, Munich, 1987. 这是对利奥波德性格的第一次现代评估，但形式非常简略。

鸣谢

作者对以下个人和机构在本书编写过程中提供的宝贵帮助深表感谢（具体　　264
插图的来源在下文中分别列出）。

Albertina, Vienna;

Archiv der Stadt Wien;

Philippe A. Autexier, Poitiers;

Mrs Eleanor Bailie, London;

László Berényi, London;

Mrs Joan Draper, Llandaff;

Countess Monika Esterházy, Vienna;

Gesellschaft der Musikfreunde, Vienna（Dr Otto Biba）;

Galerie Gilhofer, Vienna;

Haus-, Hof- und Staatsarchiv, Vienna（Dr Clemens Höslinger）;

Historisches Museum der Stadt Wien（Dr Adalbert Stifter）;

Hofkammerarchiv, Vienna（Dr Christian Sapper）;

Dr Ulrike Hofmann, St Pölten;

Mag. Joachim Hurwitz, Rotterdam;

Frau Dr Brigitte Kolarsky, Vienna;

Stift Melk, Lower Austria;

Internationale Stiftung Mozarteum, Salzburg;

Österrichische Nationalbibliothek, Vienna（Musicsammlung）.

插图来源

彩图以罗马数字标识，黑白插图用其所在的原书页码标识。为了帮助识别，　264
使用了以下缩写；a 上，b 下，m 中，l 左，r 右。除作者的收藏品外，图片来源
如下：

By gracious permission of Her Majesty the Queen XXIII; Augsburg: Mozart Gedenkstätte 13, 15, 62, 120, 159l; Staats- und Stadtbibliothek 93al;

Beethoven Society, Hradec u Opavy, Czechoslovakia 202;

Berlin: Deutsche Staatsbibliothek 164; Bertarelli Archives, Milan 771, 200;

Bonn: Universitätsbibliothek 133;

Düsseldorf: Goethe-Museum 30a, 180;

Eisenstadt: Burgenländisches Landesmuseum 134; Esterházy Archives, Budapest 136;

Galerie Gilhofer, Vienna IX, X;

Glasgow: Hunterian Art Gallery, University of Glasgow VI;

Collection Ernst Hartmann, Vienna 234al;

Leipzig: Musikbibliothek der Stadt Leipzig 205;

London: British Library 37, 54, 56a&b, 57a, 60—61, 81b, 83r, 106r, 107, 121, 130r, 189, 207, 215l; National Portrait Gallery 53a; Royal College of Music 130, 215a; Theatre Museum（Harry R. Beard Collection）161a;

Milan: Museo alla Scala 141a;

Munich: Bayerische Staatsbibliothek 27a&br, 212; Deutsches Theatermuseum XXX, 271, 171;

Antiquariat Ingo Nebehay, Vienna 831;

New York: Pierpont Morgan Library 80;

Prague: Narodní Gallery 185: Narodní Museum XXVI, 161b, 199, 227a&br;

Private Collection V, 190;

Private Collection, Vienna 146b;

Rohrau: Haydn Gedenkstätte 114;

Salzburg: Internationale Stiftung Mozarteum I, II, III, IV, VII, 11, 12, 50r, 73al&r, 231a, 234ar; Museum Carolino Augusteum 94;

Schwarzenberg Archives, Český Krumlov, Czechoslovakia 33a&b;

Collection Hans Swarowsky, Vienna 87;

Vienna: Albertina 30m, 596, 81a, 177, 231b; Archiv der Gesellschaft der Musikfreunde XIV, XXIX, 51, 73am, 131r, 145, 148, 167b, 215br; Historisches Museum der Stadt Wien XXXI, XXXII, 32, 631, 66, 1547, 182— 183, 235b; Kunsthistorisches Museum XI, XIII, XVII, XXII, 2, 50l, 109/;

Niederösterreichische Landesregierung 77r; Österreichische Nationalbibliothek 30b, 31, 58b, 63r, 86, 93ar&b, 95, 109l, 207r, 227l;

Washington, D.C.: Whittall Foundation Collection, Library of Congress 34.

莫扎特作品索引

以下每部作品根据惯例，都以其在克歇尔目录中的原始编号来标识（见参考书目资料的缩写）；在合适的场合下，修订后的编号用方括号表示，如《共济会葬礼音乐》（*Maurerische Trauermusik*, K.477［479a］）。

歌剧

清唱剧

钢琴作品

四重唱

五重奏，9

弦乐五重奏，9

索引

索引页码为原书页码，本书中用边码体现，斜体页码指插图页码。按字母顺序排列于附录2
第二部分的个人名字（第 369—370 页），以及在本书中只出现一次的埃斯特哈齐家族成员
（第 375 页有按辈份排列的表格）则不包括在此总索引中。为了方便起见，莫扎特作品在第
416—423 页单独列出。